中国政法大学
优秀博士学位论文丛书

高童非 / 著

中国陪审实质化改革研究

RESEARCH ON SUBSTANTIATION REFORM
IN PEOPLE'S ASSESSOR SYSTEM IN CHINA

中国政法大学出版社

2021·北京

声　　明	1. 版权所有，侵权必究。
	2. 如有缺页、倒装问题，由出版社负责退换。

图书在版编目（ＣＩＰ）数据

中国陪审实质化改革研究/高童非著. —北京：中国政法大学出版社，2021.12
ISBN 978-7-5764-0238-4

Ⅰ.①中… Ⅱ.①高… Ⅲ.①陪审制度－研究－中国Ⅳ. ①D926

中国版本图书馆CIP数据核字(2022)第007123号

出 版 者	中国政法大学出版社
地　　址	北京市海淀区西土城路25号
邮寄地址	北京100088 信箱8034分箱　邮编100088
网　　址	http://www.cuplpress.com（网络实名：中国政法大学出版社）
电　　话	010-58908586(编辑部) 58908334(邮购部)
编辑邮箱	zhengfadch@126.com
承　　印	固安华明印业有限公司
开　　本	880mm×1230mm　1/32
印　　张	14.625
字　　数	380千字
版　　次	2021年12月第1版
印　　次	2021年12月第1次印刷
定　　价	79.00元

总 序

博士研究生教育是我国国民教育的顶端，肩负着培养高层次人才的重要使命，在国民教育体系中具有非常重要的地位。相应地，博士学位是我国学位制度中的最高学位。根据《中华人民共和国学位条例》的规定，在我国，要获得博士学位需要完成相应学科博士研究生教育阶段的各项学习任务和培养环节，特别是要完成一篇高水平的博士学位论文并通过博士学位论文答辩。

博士学位论文是高层次人才培养质量的集中体现。要写出好的博士论文，需要作者定位高端，富有思想；需要作者畅游书海，博览群书；需要作者术业专攻，精深阅读；需要作者缜密思考，敏于创新。一位优秀的博士生应该在具备宽广的学术视野和扎实的本学科知识的基础上，聚焦选题、开阔眼界、深耕细作、孜孜以求，提出自己独到、深刻、创新、系统的见解。

为提高中国政法大学博士学位论文的整体质量，鼓励广大博士研究生锐意创新，多出成果，中国政法大学研究生院设立校级优秀博士学位论文奖，每年通过严格的审评程序，从当年授予的200多篇博士学位论文中择优评选出10篇博士论文作为学校优秀博士学位论文，并对论文作者和其指导教师予以表彰。

优秀博士学位论文凝聚着作者多年研究思考的智慧和指导

教师的思想，是学校博士研究生教育质量的主要载体，是衡量一所大学学术研究和创新能力的重要指标。好的哲学社会科学博士论文，选题上要聚焦国内外学术前沿问题，聚焦国家经济社会发展基础命题和重大问题，形式上要符合学术规范，内容上要富有创新，敢于提出新的思想观点，言而有物，论而有据，文字流畅。中国政法大学评出的优秀博士学位论文都体现了这些特点。将中国政法大学优秀博士学位论文结集，冠名"中国政法大学优秀博士学位论文丛书"连续出版，是展示中国政法大学博士研究生的学术风采，累积法学原创成果，促进我国法学学术交流和繁荣法学研究的重要举措。

青年学子最具创造热情和学术活力。从中国政法大学优秀博士学位论文丛书上可以看到中国政法大学博士研究生的理性睿智，沉着坚定，矢志精进的理想追求；可以看到中国政法大学博士研究生的关注前沿，锐意进取，不断创新的学术勇气；可以看到中国政法大学博士研究生的心系家国，热血担当，拼搏奋进的壮志豪情。

愿中国政法大学优秀博士学位论文丛书成为法学英才脱颖而出的培育平台，成为繁荣法学学术的厚重沃土，成为全面推进依法治国的一块思想园地。

李曙光

中国政法大学研究生院院长、教授、博士生导师

序

现代意义上的陪审制度发轫于英国,是公民参与司法的重要渠道。英国1215年《大宪章》第39条规定任何人"非经同侪据国法审判不得定罪"。陪审在古代是一种限制王权、保护民众的手段。近代以来,随着权利意识的觉醒,接受陪审团审判成了英美法系国家公民的一项宪法性权利。在刑事案件中,原则上除非被告人自愿放弃陪审团审判的权利,转而通过辩诉交易等方式处理案件,否则案件必须由陪审团进行裁决。

2018年,我国颁布了《人民陪审员法》,这是中国第一部专门规定陪审制度的单行法律。该法对陪审员的选任、陪审员裁决的事项、参审范围、陪审员的退出和惩戒机制、陪审员的履职保障等重要问题作出了制度上的安排。该法的颁布对于深化我国人民陪审制度的改革具有里程碑式的意义。我国的陪审员制度体现了人民参与司法工作,司法为了人民利益的理念,是让人民群众在每一个司法案件中感受到公平正义的重要途径。

中国的陪审制度改革是司法改革的重要组成部分,为了完善陪审制,需要对其进行深入研究。高童非博士的论文《中国陪审实质化改革研究》在这方面做了很有价值的探索。高童非是我在中国政法大学指导的博士,这本专著也是在他博士论文的基础上完成的。本人在英国、美国、澳大利亚等地交流访问时，旁听了许多使用陪审团审判的案件，对陪审案件的审理程序进行了近距离的观察，也有较深的感悟。近年来，本人对陪审团裁决事由、人员回避、表决程序等问题发表了一系列观点，取得了一定的影响力。因此，我建议高童非以陪审制度为题，进行系统性的专门研究，在对人民陪审制运行中的问题进行深入剖析的基础上，提出富有创见的对策和建议。高童非最终提交了三十余万字的厚重论文，其理论意义和实践价值远超出我的预期。

高童非的博士论文在外审评阅和答辩时获得了专家和学者的一致好评，最终荣获中国政法大学优秀学位论文的称号，并得到了中国政法大学出版社的专项出版资助，对此我非常欣慰。高童非的这项研究具有鲜明的问题意识，针对我国实践中长期存在的陪审虚化或者说是陪审形式化问题细致剖析了成因，从不同主体视角出发探寻改革的推动力，进而提出了陪审实质化的建构路径。本书在梳理了我国陪审制度发展的历史脉络的基础上，围绕我国人民陪审制是否应当实质化、实质化改革是否可行、如何推进我国陪审实质化等重大理论问题进行了较为深入和全面的研究，最终从陪审员的选任制度、职权范围，以及陪审程序构建等维度对我国陪审制度的改革和完善提供了具有独创性的方案。本书结构合理、逻辑清晰、内容丰富、资料详实、论证严谨，是近年来研究该问题的一部难得的佳作。我相信本书的出版有助于推动我国陪审制度理论研究和实践应用的发展。

高童非在攻读博士学位期间一直担任我的助手，在3年的求学过程中，他在学术能力上取得了长足的进步。高童非在硕士期间师从著名法学家何勤华教授研习法律史，博士阶段投入我的门下转攻刑事诉讼法。在之前没有接受过专门、系统的诉讼法学训练的情况下，他于入学之初就十分勤奋刻苦，日夜钻研学术。他对法学问题往往嗅觉敏锐、见解独到，我经常与他在办公室探讨各种法律问题，他常有建设性的意见。

高童非博士学习刻苦，效率很高。例如，2018年3月我国《监察法》正式颁布，而我主持的中国法学会重点专项课题《监察法与刑事诉讼法衔接问题研究》需要在当年6月结项，时间非常紧迫。我与高童非一起在办公室夜以继日地写作，在他的协助下，我用3个月时间完成了国内首部研究监察法与刑事诉讼法衔接问题的专著，最终课题成果被鉴定为优秀并顺利出版，并且形成多篇论文合作在核心期刊上发表，引起了学界的广泛关注。还有一次我申报国家社科基金重大课题，我在童非的协助下在很短的时间内完成了十几万字的课题申报书，并顺利立项。

经过这些历练，高童非的诉讼法、监察法的知识水平得到了显著提高，学术能力取得了质的提升。此后，他独立发表了多篇核心期刊论文，成果两次被人大复印报刊资料全文转载，在学术界崭露头角。

获得博士学位后，高童非到中国人民大学跟随陈卫东教授从事博士后研究工作，继续在学术道路上深造精进。这一年多来，他虽然已经离开了学校，但仍旧与我保持着密切的联系，师生情谊没有丝毫减弱。本书确定付梓后，他邀请我为本书作序，我慨然应允。本书的出版只是他在学术界的又一起点，相信他经过不懈努力定能在未来取得更大成就。

是为序。

杨宇冠

2021年12月于北京

目 录
CONTENTS

总　序 / 001

序 / 003

绪　论 / 001

　　一、问题缘起与中心主题：陪审实质化 / 003

　　二、何为陪审：概念和术语的源、流、变 / 007

第一章　陪审制的中国进路
　　　　——基于谱系学的考察 / 011

　第一节　清末修律引进陪审团制度的尝试 / 015

　　一、制度移植：清末修律中的陪审制 / 015

　　二、本土渊源：西周"三刺"的传承？ / 018

　　三、初次碰撞：清末对陪审制的批判 / 022

　第二节　民国时期：从陪审向参审转型 / 030

　　一、英美陪审制的最后努力
　　　　——民国元年的"姚荣泽案" / 031

　　二、参审制的确立：广州、武汉、南京国民
　　　　政府的实践 / 038

第三节 中国共产党领导下的陪审制度 / 042
　一、革命根据地时期的陪审制度 / 043
　二、我国陪审制度的发展历程 / 051

第二章　我国人民陪审制的困境和出路：
　　　　从虚化走向实质化 / 063

第一节 陪审虚化的含义及其后果 / 064
　一、陪审的虚化与陪审形式化 / 065
　二、陪审虚化的多重意涵 / 067
　三、陪审虚化的后果 / 070

第二节 我国陪审虚化的表现和成因分析 / 075
　一、陪审虚化的表现 / 076
　二、陪审虚化的另一面：一种反思的平衡 / 083
　三、陪审虚化的历史原因：以社会变迁为视角 / 089
　四、陪审虚化的现实原因：以利益交互为视角 / 098

第三节 制度未来的走向：陪审实质化 / 107
　一、废除论：一种须认真对待的论调 / 107
　二、转型论：人民陪审团的地方尝试 / 110
　三、完善论：陪审实质化改革的路径 / 121

第三章　实质化改革的可行性分析
　　　　——探寻制度推动力 / 127

第一节 国家：从民主象征到权力监督 / 128
　一、陪审制与民主 / 128
　二、我国人民陪审制的民主思想渊源 / 136

三、作为国家民主象征的人民陪审制 / 141

四、人民陪审制应当构成对审判权的制约 / 144

第二节 法官：分享压力和责任 / 149

一、现实动因：作为廉价人力资源的人民陪审员 / 150

二、法官的压力、风险与责任困境 / 153

三、司法卸责机制的主要方式 / 156

四、卸责理念下的陪审制度优化路径 / 162

第三节 当事人：诉讼权利化 / 165

一、获得陪审的权利 / 166

二、当事人为何选择陪审 / 169

三、民事程序选择权：回应型司法与能动型司法 / 174

四、刑事程序选择权：权利放弃与正当程序 / 177

第四章 我国人民陪审员的选任 / 183

第一节 人民陪审员选任条件 / 184

一、原则与方向：放宽条件，增加数量 / 184

二、人民陪审员选任的积极条件 / 194

三、人民陪审员选任的消极条件 / 202

第二节 人民陪审员的选任程序 / 212

一、人民陪审员的选任主体 / 213

二、随机抽选名单与联合信息化建设 / 219

三、产生方式：随机抽选、个人申请与单位推荐 / 220

四、随机抽选程序的完善 / 223

第三节 人民陪审员选任类型 / 229

一、专家陪审员——专业化与大众化之间的抉择 / 229

二、乡村陪审员——城乡二元格局下的人民陪审制 / 240

三、特殊群体陪审员——正当性与必要性的论争 / 253

第五章 人民陪审员参审职权
——以事实问题和法律问题区分为视角 / 260

第一节 事实问题与法律问题区分的理论透视 / 261

一、事实问题与法律问题的区分难题 / 262

二、事实问题与法律问题的含义辨析 / 265

三、事实问题与法律问题的交织 / 270

四、事实问题与法律问题的区分路径 / 278

第二节 事实问题与法律问题区分的实践方案 / 288

一、事实问题与法律问题区分的制度基础——七人合议庭的设立 / 289

二、实践中事实问题与法律问题区分的两种模式 / 293

三、我国法官指示制度的构建 / 301

四、我国问题清单制度的建立 / 310

第三节 未完成的改革：上诉案件中的区分机制 / 312

一、陪审制度与上诉制度的冲突 / 313

二、从审判主体出发的协调模式择选 / 318

三、从审查对象出发的协调模式择选 / 322

四、我国的模式选择：以事实问题和法律问题
　　　　区分为核心 / 327

第六章　我国陪审程序的构建 / 338

　第一节　陪审案件的审前程序 / 340

　　一、陪审程序的启动 / 340

　　二、陪审员的个案遴选程序 / 349

　　三、陪审案件的庭前准备 / 356

　第二节　陪审案件的庭审程序 / 373

　　一、陪审员的回避程序 / 374

　　二、法庭调查程序 / 387

　　三、法庭调解程序 / 397

　　四、当庭宣判程序 / 405

　第三节　陪审案件的合议程序 / 413

　　一、陪审案件的评议程序 / 414

　　二、陪审案件的表决程序 / 429

　　三、陪审案件的异议程序 / 442

后　记 / 452

绪 论

2018年4月,我国第一部规定人民陪审制的专门法律《中华人民共和国人民陪审员法》[1]颁布并实施。这个具有里程碑意义的法律的出台标志着我国人民陪审制发展迈入了新阶段,也为我国陪审制度的后续发展指明了方向。该法律是在总结2015年以来新一轮人民陪审制改革试点工作经验的基础上制定而成的,从源头上看,更是将我国在近20年来为复兴陪审制度付出的诸多努力和取得的各项成果以法律的形式固定下来。作为我国社会主义民主制度的重要组成部分,陪审制度在弘扬司法民主、促进司法公开、保障司法公正、增强司法公信上发挥了重要作用。[2]最高人民法院院长周强在对《人民陪审员法》的立法原则进行说明时阐述了此次改革的方向:"第一,充分保障人民群众参与司法的民主权利;第二,坚持人民陪审员选任的广泛性和代表性;第三,强调充分发挥人民陪审员的参审作用。"[3]从中可以归纳出,本轮人民陪审制改革旨在保障人

---

[1] 为表述方便,本书中涉及的我国法律直接使用简称,省去"中华人民共和国"字样,全书统一,不再赘述。

[2] 参见周强:"关于《中华人民共和国人民陪审员法(草案)》的说明——2017年12月22日在第十二届全国人民代表大会常务委员会第三十一次会议上",载《中华人民共和国全国人民代表大会常务委员会公报》2018年第3期。

[3] 周强:"关于《中华人民共和国人民陪审员法(草案)》的说明——2017年12月22日在第十二届全国人民代表大会常务委员会第三十一次会议上",载《中华人民共和国全国人民代表大会常务委员会公报》2018年第3期。

民陪审员的实质参审权,促进我国陪审实质化。

党的十八届三中全会和四中全会对陪审制度改革作出了总体部署。[1]党中央之所以决定启动人民陪审制改革并对改革提出具体要求,是由于陪审制度长期以来存在较为严重的问题。"陪而不审""审而不议"等现象造成了"陪审虚化",使得该制度难以发挥应有的价值。[2]经过多轮改革,这些问题得到了一定的改善,尤其是新颁布的《人民陪审员法》以及随后出台的《最高人民法院关于适用〈中华人民共和国人民陪审员法〉若干问题的解释》(以下简称《人民陪审员法解释》)采取的明确陪审适用范围、扩大随机抽选比例、适度分离人民陪审员与法官职权、完善人民陪审员参审的全流程规则和程序等一系列措施将对清除人民陪审制的积弊起到重要作用。但我们也需要认识到,在可以预见的将来,人民陪审制存在的问题仍将困扰我国司法实践,需要学界予以持续关注和研究。《人民陪审员法》虽然已经颁布,但在实践中是否贯彻落实法律的要求尚存疑问,改革的红利仍未完全显现。同时,法律和司法解释的规定也较为原则化,关于具体的制度设置需要更多的解释和细则予以补充完善。此外,人民陪审制的改革是一项系统工程,不仅要着眼于陪审制本身,还需要整个诉讼制度甚至司法体制改革的协同推进。例如,以审判为中心的诉讼制度改革、庭审实质化改革、司法责任制改革等。因此,《人民陪审员法》

---

[1] 党的十八届三中全会审议通过的《中共中央关于全面深化改革若干重大问题的决定》指出:要广泛实行人民陪审员制度,拓宽人民群众有序参与司法的渠道。党的十八届四中全会审议通过的《中共中央关于全面推进依法治国若干重大问题的决定》进一步提出,完善人民陪审员制度,保障公民陪审权利,扩大参审范围,完善随机抽选方式,提高人民陪审制度的公信度,逐步实行人民陪审员不再审理法律适用问题,只参与审理事实认定问题。

[2] 参见张建伟:"审判中心主义的实质内涵与实现途径",载《中外法学》2015年第4期,第877页。

的颁行不会是改革的终点,而是新的起点,对于学术研究而言亦是如此。

一、问题缘起与中心主题:陪审实质化

虽然中央层面对陪审制度抱有较大期待,希望人民陪审员在司法活动中发挥更大的作用,也明确了实质化改革的方向,可是在实践中却存在另一种思维和图景。一位基层法官在与笔者进行交流时谈道:

> 我觉得人民陪审制就保持现在这样挺好的,既满足了人民参与司法的民主要求,又不会对办案造成太大影响,陪审员也不会有意见。如果非要陪审员承担更大的作用,那法官、陪审员、当事人各个环节都可能不适应,审判质量也不一定会提高。适当地改变"陪而不审"的状况是必要的,但让陪审员起到关键作用甚至是决定性作用也不合适。[1]

虽然当前关于陪审制度的访谈资料已经比较充分,但像这样"掏心窝"的话较难见诸报端。社会学研究指出,我国的实证调查存在被调查对象相互冲突的"心理二重区域"现象。[2]他们在与带有官方性质的调研人员通过座谈会等形式进行正式交流时往往不会表达内心的真实想法,而会努力使结果符合官方的预期。相反,在与相对平等的主体"闲聊"时,他们则更能吐露真意。上述逻辑绝非个例,甚至可能代表了法官群体中比较普遍的思维。人民陪审制改革虽然由中央自上而下推行,

---

[1] F省P市X县人民法院访谈材料。
[2] 参见李强:"'心理二重区域'与中国的问卷调查",载《社会学研究》2000年第2期,第40页。

但在实践中适用陪审制度或执行改革举措的主要是基层法院的法官。如果陪审实质化的方向不能赢得各方认可，那么人民陪审制改革的效果也就可想而知了。笔者在 H 省和 F 省的多个县市进行走访调研，了解到《人民陪审员法》颁布已逾一年，而各项改革措施却没有落实到基层，地方法院仍然按照改革前的"老一套"行事。

在与不同学者交流时，有一个印象总是不断浮现，即中国的人民陪审制度是一个"奇怪"的制度。在实践中人民陪审员几乎不发挥作用，近乎处于"可有可无"的状态。[1]陪审场域内的法官、陪审员、当事人似乎都习惯了这样的角色安排。[2]但是，陪审制度却渐渐在我国诉讼制度中扎根，并且被中央不断强调，要求人民陪审员实质参审。越是"奇怪"的制度越能激发学者的研究兴趣。正如有学者指出的，这种"悖论现象"在学者眼中恰恰是设计要研究的问题和发现新概念的契机。[3]

因此，法学理论界有必要对陪审实质化问题展开系统的研究，这也构成了本书的核心主题。笔者认为，陪审实质化具有两个层面的含义：从过程上看，人民陪审员应当实质地参与到案件审判过程中；从结果上看，陪审员的意见应当对案件的处理产生实质影响，尤其是陪审员的异议应当具有一定的效力。现行的法律基本上保障了陪审的实质化，但这种实质化不仅要

---

[1] 有学者用"食之无肉、弃之有味"形容中国式陪审。参见吴丹红："中国式陪审制度的省察——以《关于完善人民陪审员制度的决定》为研究对象"，载《法商研究》2007 年第 3 期，第 135~136 页。

[2] 例如，有研究提出陪审场域内陪审员存在规范的角色和事实的角色之间的冲突，需要予以调适。参见刘方勇：《人民陪审员角色研究》，法律出版社 2016 年版，第 35、45 页。

[3] 参见［美］黄宗智：《经验与理论：中国社会、经济与法律的实践历史研究》，中国人民大学出版社 2007 年版，第 71 页。

体现在法律文件上，还应当体现在实践中。[1]

本书的研究目的是为陪审实质化的改革方向和目标提供理论支撑，增进各方共识，寻求推动实质化改革的合力。笔者试图通过整体上的布局，统一立法理念，消除实践分歧，使人民陪审制改革获得一以贯之的主线，增进法律法规之间的融贯性和各项改革措施之间的协同性。本书的核心问题有三个：

第一，我国的陪审是否应当实质化。每当提到陪审，无论是法学界还是实务界都会脱口而出"陪而不审"和"审而不议"，进而对其提出批评。中央在对《人民陪审员法（草案）》进行说明时也指出这是一个需要着力解决的问题。但是，如果真正让人民陪审员实质参审并发挥决定性作用，可能也会带来一些潜在问题。例如，拖延诉讼效率、增加判决的不可预测性和法院审判工作的不确定性等。我国人民陪审制改革似乎陷入了两难境地。虽然顶层设计者的多项措施都指向了实质化。譬如在人民陪审员选任中的"三次随机"，意在剥离法官和陪审员之间的利益纽带；又如提出七人合议庭中的事实问题和法律问题区分，目的是让陪审员在其擅长的领域真正履行职责贡献智慧；再如对审判程序的全过程进行完善以保障人民陪审员意见对裁判结果的影响力；等等。然而，适用该程序的人员对该问题的看法却不尽相同，实质化的改革方向和措施并未被各方完全认同或者真正在实践中落地生根。因此，本书首先将探析当前陪审虚化的表现及其带来的不利后果，指明陪审实质化的重要意义。

---

[1] 有学者提醒注意司法实践对法律规范表达的背离，但主要是在传统民事实体法领域。其含义与本书这里指称的"法律执行不力"有较大差别。参见〔美〕黄宗智：《清代的法律、社会与文化：民法的表达与实践》，法律出版社 2014 年版，第 2 页。

第二，陪审实质化改革是否可行。陪审实质化固然重要，但也需要考虑国家具体的情势需要和实践反馈。如果陪审实质化改革在现阶段难以推行，旨在促进陪审实质化的措施被各地有关部门束之高阁，不仅会损害法律的权威性，还将造成实践中陪审制度运行的混乱。所以，本书需要解决的第二个问题就是可行性分析。在当前的制度运行过程中，国家、法官、当事人和陪审员之间已经形成了稳固的利益链，适用陪审制度的各方主体内部实现了利益平衡，各方高度一致地弱化陪审职能，无意推行实质化改革。所以，陪审实质化改革注定是不易实现的，除了需要依靠中央层面的强力推行，依靠外力冲破利益纽带之外，还应当为身处陪审程序中的主体寻求推动陪审实质化的动力，主动适用陪审程序并且让陪审员发挥实质作用，这样改革措施才能真正落实到实践层面。

第三，如何实现陪审实质化。在明确了我国陪审实质化的改革方向，并且论证了实质化改革具有现实可行性之后，本书将转入制度设计层面，针对我国陪审虚化的现状进行对策研究。笔者将从党中央和最高人民法院的方针政策出发，以现行法律为框架，着重对新颁布的《人民陪审员法》以及关于适用该法的司法解释中的具体规定进行较为全面和深入的探讨。虽然本轮人民陪审制改革大体上是朝着陪审实质化大步迈进，但也有一些规定出现了偏离；有一些规定虽然确实有助于陪审实质化的实现，但是考虑到一些现实因素，改革的力度稍显不足，本书也将为制度的进一步改革绘制图景；还有一些规定对促进陪审实质化至关重要，但是现有法律和司法解释仍然遵循传统上"宜粗不宜细"的立法原则，没有为司法实践提供具体规范，本书也将就相关规则的细化建言献策。

绪 论

二、何为陪审：概念和术语的源、流、变

本书的核心概念和术语是"陪审"和"实质化"。关于实质化的内涵前文已有论及，本书第二章还将对其予以着重分析。在此，本书首先将对"陪审"的含义进行界定。下文在对"陪审"的渊源进行梳理后，还将对"陪审""参审""观审"等概念进行辨析。正如有研究指出的，对于源流问题的考察关注的是"表达方式"和"叙事模式"，是对"文明"的发生学与"渊源流变"的问题观照。[1]

（一）"陪审"一词的渊源

"陪审"一词是个"舶来品"，我国古代并没有类似陪审的制度，也没有研究发现存在"陪审"这个词语。近代西学东渐之后，英美法系的陪审制度逐渐进入了国人的视野，外国传教士在对英美政治和司法制度进行介绍时首先使用了"陪审"这个术语。根据历史学的考证，首位向华人介绍"juror"的是英国传教士沃尔特·亨利·梅德赫斯特（Walter Henry Medhurst）。1819年，他在自己用中文写作的介绍地理知识的《地理便童略传》中将这个英文单词翻译成了"有名声的百姓"。[2] 梅德赫斯特采取意译的方式，突出了陪审员品行端正、公道正派的资格条件。由于此书没有在国内出版，因此影响力相当有限。

有学者大致收集和分析了1810年至1910年出版发行的文献，统计出将近有二十种书籍、报刊或法律文本使用了"陪审"或"陪审员"这两个概念。在这个时间段，对"jury"和

---

[1] 参见孟庆延："历史社会学的本土实践：'源流'研究的理论、议题与方法"，载《广东社会科学》2020年第3期，第198页。
[2] 参见熊月之：《西学东渐与晚清社会》，上海人民出版社1994年版，第115页。

"juror"的翻译起初各式各样,[1]最终"陪审"这个概念逐步被固定下来,亦被各界接纳。使外来术语的语义最终被纳入汉语词汇,外国传教士的译介仅是初步的工作,更为重要的是被我国的官员和学者们接受和使用。在后一项工作中,张荫桓扮演了重要角色。在担任驻美公使并对美国的司法制度进行考察时,他曾在日记里使用了"陪审"一词,其含义已经十分明确。[2]张氏官学两栖,长期浸淫于官场,撰写了《三洲日记》。他选择了"陪审"以及"陪审人员""陪审者"作为前述两个英文单词的中译词汇,可以被看作是彼时政学两界对该组名词认可的标志性信号。[3]

在张荫桓以后,"陪审"这个术语获得了广泛认同。郑观应、何启、胡礼垣等人,以及在《申报》上撰文的作者等知识分子,都使用了这组名词,并且对该制度大加赞赏。此外,当时还出现了"陪审官""陪审员"等相关词汇。[4]这些现象都显示出,无论是官方还是学界,均从众多的译法中最终认同了"陪审"这个意译。至此,英文单词"jury"和"juror"的中文译名基本定型,完成了这个"舶来品"的本土化过程。1906

---

[1] 在这过程中,表述"jury"和"juror"的中文词语有"有名声的百姓""呢哩""集景""乡绅""副审良民""批判士""衿耆""有声望者""陪审""陪坐听审""陪审人员""绅董""绅士""陪审者"等。参见段晓彦、俞荣根:"'陪审'一词的西来与中译",载《法学家》2010年第1期,第40页。

[2] 张荫桓记载道:"凡审问一切罪案,除官吏被劾外,须有陪审人员,又必在起草之邦审办,如起事不在各邦辖内,应于何处审办,国会议定照行。"张氏小字注释:"按陪审人员以十二人为额,择民间之殷实诚朴者当之,遇审罪案,令陪审者到听审,审司执法判案仍须陪审十二人公议允行,方得定罪。"参见(清)任青、马忠文整理:《张荫桓日记》,上海书店出版社2004年版,第90页。

[3] 参见王六二:"话说'陪审'一词",载《贵阳文史》2016年第1期,第92~93页。

[4] 参见段晓彦、俞荣根:"'陪审'一词的西来与中译",载《法学家》2010年第1期,第47页。

年,沈家本、伍廷芳等人在起草诉讼法草案时沿用了"陪审"这个词语,虽然该草案并未被真正实行,但"陪审"入法后这个概念就具有了更大影响力,成了全国范围内通行的说法。

(二)"陪审"词义的变化

在清末,无论是西方传教士还是中国政界、学界人士在使用该词时指称的都是英美法系中有关"jury"和"juror"的描述对象。如前所述,"陪审"一词从众多译法中脱颖而出,最终被知识分子所认可,成了指代英美法系陪审团的专有名词。除了英美法系的陪审团之外,俄罗斯、西班牙等欧洲大陆国家的陪审团制度也当然可以被归入此行列。所以,"陪审"的本意指的是英美法系和部分大陆法系国家的陪审团制度。

可是,近代以来,大陆法系的参审制在中国的影响力越来越大,出现了"陪审""参审"等术语的混同。参审制度指的是普通民众加入合议庭,与法官一起承担审理案件的职责。参审与陪审具有相似的理念,都是将非职业法官吸纳进审判活动。参审与陪审也有区别,主要集中表现在以下几个方面:第一,陪审制度主要是由较大数量的民众组成团体进行裁决,而参审人数通常少于陪审人数,有时只有一人;第二,参审员的职责与法官大致相同,而陪审制度中法官和陪审员之间存在严格的职权划分,例如陪审员对事实认定拥有最终决定权,法官负责适用法律;第三,从合议庭组成来看,陪审是一种"外挂式"的构造,而参审是"内嵌式"的构造。此外,二者在诉讼成本、诉讼外因素干扰、职业法官对非职业法官的影响程序等方面也具有一定的差别。[1]

大体上看,英美法系的研究者倾向于将陪审制和参审制区

---

[1] 参见张建伟:《刑事司法体制原理》,中国人民公安大学出版社2002年版,第322页。

分开来，认为二者在价值理念和技术设计上存在很大差异，甚至认为参审制虽然是公民参与司法的制度，但不属于陪审范畴。而大陆法系理论界大多将陪审与参审统一起来看待，将二者视作一个共同体进行研究。[1]在我国学术界，陪审也可以用以指称参审制度，狭义上的陪审仅指陪审团制度，而广义上的陪审则包含了陪审制和参审制。

中国共产党领导的革命根据地政权设立的公民群众参审机制被官方文件和条例称为"参审陪审""陪审"等，最后统一确定为"陪审"。我国现代的公民参与审判机制是承袭自革命根据地时期的制度，因此"陪审"这个称谓也被沿用至今。所以，当代我国人民陪审制度虽然与英美法系的陪审团制度有显著区别，实质意义上是"参审"制度，但官方仍然沿用"陪审"这一称谓。此外，我国还有一些地区将观审制视作陪审制度，例如河南、陕西等地的人民陪审团实践实质上都是观审制度，与传统意义上的陪审制和参审制的运行机制和权力分配大相径庭。

由此可见，在中国语境下，"陪审""参审""观审"等术语的选择有时会造成一些困扰。本书首先尊重我国官方的表述和约定俗成的习惯，用"人民陪审制"或"陪审制"表述我国的陪审制度，用"人民陪审团"等指称地方的一些观审实践。在对历史和域外的相关制度进行描述时，本书将尽可能地区分参审和陪审，但是有时为了论述方便也将在广义上使用"陪审"这一术语，用以称呼德国等国家的参审制度。

---

[1] 参见施鹏鹏：《陪审制研究》，中国人民大学出版社2008年版，第2页。

第一章
陪审制的中国进路
——基于谱系学的考察

现代陪审制度发端于英格兰,[1]公民参与司法审判的制度甚至可以追溯到古希腊时期。[2]梭伦改革时期,古希腊设立了陪审法庭,法庭组成人员由公民抽签产生。[3]不过,没有史料显示古希腊的公民法庭与陪审制度之间有承袭关系。[4]关于英格兰陪审团制度源自何处,历史学家们众说纷纭,至今没有定论。具有广泛影响力的说法认为,陪审制度起源于法兰克王国的宣誓调查制度。[5]可是20世纪50年代以来,不少学者发现

---

[1] 相关研究可参见王涛:"陪审制兴衰考",载《中国刑事法杂志》2016年第1期,第102~122页;李红海:"英国陪审制转型的历史考察",载《法学评论》2015年第4期,第177~189页。

[2] 先前许多国内外学者均认为陪审制源于古希腊的公民陪审法庭,但近年来,学者更愿意强调二者的差别,而非相似性。相关研究参见程汉大:"英国陪审制与欧陆纠问制探源",载《私法》2011年第1期。

[3] 参见胡骏:"古希腊民主城邦制与西方民主宪政思想的萌芽",载《华东政法大学学报》2008年第5期,第65页。

[4] 有关古希腊陪审法庭的起源与发展,以及与英格兰陪审制的区别可参见阴元涛:"试论雅典公民法庭的发展与演变",载《世界历史》2012年第2期。不过值得注意的是,古希腊埃斯库罗斯所作悲剧《俄瑞斯忒亚》中出现过由10位市民组成的"陪审团"宣誓后进行投票断案的情景。此外,还有人认为陪审团的雏形在古犹太律法中就已存在。依据是古犹太文献里文献中有这样的句子:"我们被推选组成一个法庭,并在10人面前起誓。"而且,陪审团由12人组成可能也与犹太民族由12个支派组成有关。参见梁工主编:《圣经时代的犹太社会与民俗》,宗教文化出版社2002年版,第226页。

[5] 1872年,德国史学家海因里希·布伦纳(Heinrich Brunner)在《陪审制的起源》(Die Entstehung der Schwurgerichte)中首次指出,陪审制并非起源于日耳曼,也与古希腊或古罗马的制度无关,而是源于法兰克王室的宣誓调查制度(Inquest

诺曼底或许根本不存在法兰克王室的宣誓调查制度，而且加洛林王朝的纽斯特里亚（Neustria）地区（即后来的诺曼底地区）与诺曼底公国之间其实并没有制度的连续性。[1]甚至有学者怀疑诺曼底是从英格兰引进陪审团的。[2]另一种影响力很大的说法是，陪审团起源于盎格鲁-撒克逊本土，理由是早在诺曼征服之前，英格兰就已存在这种制度了。这一说法最重要的证据是997年国王埃塞尔雷德二世（Ethelred Ⅱ）时期的记录。[3]不过，梅特兰不认为这一制度与后来的陪审团之间有直接的关联。他指出，《埃塞尔雷德二世法典》只适用于丹麦地区，而非整个王国，所以这个制度不可能在英格兰普遍适用。梅特兰据此推测在当时的斯堪的纳维亚可能已经出现了类似的制度，并且有可能是英格兰陪审制度的源头。[4]

的确，从997年到英格兰确切建立陪审制的1166年间的将近200年内，没有该制度连续使用的相关证据。[5]所以，这一说法也没有被主流意见所接受。一直以来，像陪审制起源于斯堪

（接上页）of the Frankish King）。其被用作调查国王内的相关信息，尤其是财政信息。这种解释认为陪审制是经由法拉克传至诺曼底，并在诺曼底公爵威廉征服英三岛后传入英格兰的。布伦纳认为，诺曼底国王保留了这一制度中的事实认定技术，并适用于当地的平民。由于英国法律史研究的执牛耳者梅特兰接纳了该理论，故而这一说法渐成主流。

[1] 参见施鹏鹏：《陪审制研究》，中国人民大学出版社2008年版，第13页。
[2] 参见高鸿钧、李红海主编：《新编外国法制史》（下册），清华大学出版社2015年版，第61页。
[3] 在每郡（wapontake）的民众大会上，负责向大会控诉犯罪的十二名年长的乡绅（thegn）将郡长官（reeve）的陪同下手握圣物宣誓："决不冤枉好人，也决不放掉一个坏人……"李红海："英国陪审制转型的历史考察"，载《法学评论》2015年第4期。See Dorothy Whitelock（ed.），*English Historical Documents*, c. 500—1042, Oxford, 1955, p. 7.
[4] Pollock & Maitland, *History of English Law*, Ⅰ, p. 142~143.
[5] 李红海："英国陪审制转型的历史考察"，载《法学评论》2015年第4期，第178页。

的纳维亚这样的观点也都有一席之地。[1]甚至有学者提出英格兰陪审制的产生可能是多元的，认为其既来自本土实践，也是加洛林王朝的遗迹。[2]总之，半个世纪以来，学者们关于陪审团究竟源于何处一直争论不休，至今没有定论。当前学者一般还是遵循主流的通说，即认为陪审制源于法兰克王国的宣誓调查制度。不过，相比于难以考证的起源，进入12世纪之后，陪审团的发展脉络渐渐明晰起来。

1166年，陪审团的发展迈出了关键的一步。这一年，亨利二世采取一系列措施对英格兰的司法制度进行全面改革，其中《克拉伦登巡回法庭条例》（Assize of Clarendon）就是这些举措的一部分。该法第1条规定了类似如今指控陪审制的制度，[3]所以，该法通常被认为是大陪审团的先声。[4]不过，被裁定涉嫌犯罪后，这些嫌疑人还要接受水审。可见，此时陪审团的决定并不导致被告人被定罪量刑，只有神明裁判和宣誓的结果才具有终局性。

在1215年罗马教会禁止神职人员参与神明裁判后，陪审团在英格兰司法制度中逐渐占据重要地位。[5]1220年之后，原先

---

[1] Ralph V. Turner, "The Origins of the Medieval English Jury: Frankish, English or Scandinavian?", in *Journal of British Studies*, Vol. 7, No. 2 (May, 1968), p. 6.

[2] 参见施鹏鹏：《陪审制研究》，中国人民大学出版社2008年版，第9页。

[3] 所有的郡和百户区都必须由每百户的12名以及每村镇的4名较为守法之士展开调查；他们要宣誓说出真相，即在他们的百户或村镇里是否有任何被指控或传闻涉嫌抢劫、谋杀、盗窃或窝藏前述罪犯之人。参见［英］约翰·哈德森：《英格兰普通法的形成——从诺曼征服到大宪章时期英格兰的法律与社会》，刘四新译，商务印书馆2006年版，第141～142页。法律文本可参见耶鲁大学官网：http://avalon.law.yale.edu/medieval/assizecl.asp，最后访问时间：2020年1月24日。

[4] 有学者指出：" 亨利二世的这一举措意味着将刑事嫌犯控诉至法官面前不再源于私人动议，而是施加于其邻里义务。"［英］威廉·夏普·麦克奇尼：《大宪章的历史导读》，李红海编译，中国政法大学出版社2016年版，第129页。

[5] 正如有些学者指出的，1215年对英国陪审团的发展而言最有意义的不是《大宪章》，而是英诺森三世禁止神明裁判，它使得陪审团成为重罪案件中唯一的替代方式。See Morris B. Hoffman, "Peremptory Challenges Should be Abolished: a Trial Judge's

指控陪审团所肩负的责任被扩大了,他们不仅必须做出指控,还要决定被告人有罪还是无罪。[1]也就是说,以前的指控陪审团首次转型成延续至今的刑事陪审团类型,也就是小陪审团。[2]近代以来,陪审团制度被从英格兰传播至法国、德国、俄罗斯等国家,进而影响了中国的司法制度。

对我国而言,陪审制度完全是个舶来品。我国古代并不存在普通民众参与案件决定的机制,与陪审制最为接近的制度是会审制度。会审顾名思义就是"会同审理",指的是"多人共审重大疑难或特殊类型案件的组织形式"。[3]这也是吸纳常规司法官吏之外的其他主体参与审判的机制。但无论是从制度设立的理念功能,还是从参与审理的人员主体来看,会审制度都与陪审制不具有同质性,更没有直接的渊源关系。

我国首次出现现代陪审制的元素是在清末修律之时,现行人民陪审制则是革命时期共产党司法系统中陪审制的沿革。中华人民共和国成立前后,陪审制度也几经沉浮兴衰。各个时期的陪审制度的施行目的和具体的制度安排都有所不同。

总结过往陪审制度的经验,为我国未来陪审制度的发展提供一些可行的方案的前提是对我国陪审制度的历史沿革进行梳理和

(接上页)Perspective", *University of Chicago Law Review*, Summer 1997, 64, p. 819.

[1] 一开始,英格兰人也不知道该用何种方法或程序替代神明裁判。王室训令只能无奈地声称案件交由法官依靠自由裁量和良心判断,并且竭尽所能查明事实。英格兰人的解决方法首次出现在了1220年威斯敏斯特的一场审判中。在该案中,一名叫艾丽斯(Alice)的嫌疑人对自己的杀人的犯罪事实供认不讳。为免一死,她还供认出了另外5个人。由于她是个女人,因此不能使用决斗,但被她指控的人愿意接受"不论好坏"的12个有财产的邻人的审判。邻人们很快宣誓称其中1名男子是守法之人,而其余4人则是盗窃犯,那4个人也因此被送上了绞刑架。次年夏天,7位王室法官再度到英格兰各地巡回,他们开始频繁运用这种新制度。

[2] [英]萨达卡特·卡德里:《审判为什么不公正》,杨雄译,新星出版社2014年版,第71页。

[3] 谢冬慧:"中国古代会审制度考析",载《政法论坛》2010年第4期,第86页。

分析，了解我国陪审制度的来龙去脉。只有如此才能知晓为何我国陪审制度会呈现出如今的独特样态，才能发现陪审虚化的原因，摸索陪审实质化的路径。

对于陪审制的中国进路，有学者总结成两个"第三波"。清末修律引入陪审团制度、民国时期发展参审制以及革命根据地时期的陪审构成第一个"第三波"；[1]中华人民共和国成立到20世纪六七十年代再到1998年重新重视、1998年复兴至今构成第二个"第三波"。[2]以上总结基本符合我国陪审制度的发展历程，本书也将大体按照上述划分梳理我国陪审制度的谱系。

第一节　清末修律引进陪审团制度的尝试

1902年清政府在内忧外患之下谕令变法修律，开启了自上而下的法律改革，在十年间通过立法解构了我国传统法律体系，从立法体例、原则理念、规范术语、规则内容等方面全方位地引入欧美法律制度和经验。在程序法方面，1906年制定的《大清刑事民事诉讼法草案》是陪审制与我国正式立法的初次邂逅。该草案是一个刑民诉讼的混合体，全文仅260条。从沈家本、伍廷芳进呈的奏折来看，该法只是一个诉讼法的简明版，具有暂行法规的性质。[3]

一、制度移植：清末修律中的陪审制

《大清刑事民事诉讼法草案》在第四章第二节单独设"陪审

---

[1] 参见唐东楚："人民陪审的两个'第三波'与司法群众路线"，载《中国法律评论》2017年第1期，第136页。
[2] 参见钟莉：《价值·规则·实践：人民陪审员制度研究》，上海人民出版社2011年版，第29~44页。
[3] 参见《奏进呈诉讼法拟请先行试办折》。

员"专节,共 27 条,[1]全面引入英美法系的陪审团制度。既然规定在第四章的刑事民事通用规则当中,那便意味着按照起草者的设想,陪审制不仅适用于刑事案件,也适用于民事案件,这也与英美法系相同。具体到立法的内容:首先,该草案开宗明义阐述了在公堂上设置陪审员的价值和意义,即可以对公堂秉公执法有所助益,承担使刑事案件无屈抑、民事案件审判公直的职责。[2]不过,这里并未详细论证陪审员的介入可以从哪个方面促进审判公正。紧接着该草案划定了适用陪审员审理的案件范围,陪审员审理的案件只限于较为重大的案件,如可判处 6 个月监禁和 500 元罚金以上的刑事案件,以及数额 300 元以上的民事案件。同时,该条确立了陪审员审判的前提是原告或被告方在审判开始之前提出申请,审判机关不能依职权启动。

在陪审员的资格方面,该草案规定得也相当详尽,不仅限定了陪审员的年龄,还限定了陪审员的职业类别。其设定的年龄范围为 21 岁至 65 岁;在职业和类别上,只有较为上层的社会群体成员才可选任为陪审员。[3]可见,该草案并未赋予所有公民参加陪审的资格,而是参照当时的国情将陪审员的资格限制在文化程度较高的群体。在禁止性规定方面,公职人员、司法人员、该司法机关管辖内的律师和医士药商、聋人等残疾人员以及判处监禁刑以上和声名狼藉者不得成为陪审员。此处特别免除医药人员参加陪审的义务,这在当时医疗条件较为有限的背景下具有保障民生的积极意义。

该草案规定的陪审员选取程序分为两个步骤:第一个是清

---

[1] 所参照的草案文本为见吴宏耀、种松志主编:《中国刑事诉讼法典百年》(上册),中国政法大学出版社 2012 年版,第 11~37 页。
[2] 参见《大清刑事民事诉讼法草案》第 203 条。
[3] 职业限制为退休官员、商人、士人、教习、学堂毕业之人、地主、房主等。

册的设立,第二个是案件中陪审员的抽签。陪审员名单清册每年正月更新确定一次,由司法官和警察官将辖区内所有符合资格条件之人的个人信息详细登记在册。名单确定后,制作成签放于盒子中,有案件需要陪审员审理时,从中抽取40人提前2日通知到庭参审,开庭审理当天,再从中抽取12人确定为陪审员。[1]诉讼双方可以对陪审员人选提出异议,如认为其不符合法定年龄类别、与对方有亲属关系、先前对案件有关问题存有成见等,只有在诉讼双方均无异议的情况下才能开始审判。这里有一个比较有特色的做法:该草案第222条规定,如果从名册中抽取的人均因未到庭或不合格而不能参审,在诉讼双方同意的情况下可以在观审人中选取具备陪审资格之人补充。这在不违反陪审制的目的和原则的情况下有效地提高了诉讼效率,但是前来观审的通常是关心案件之人,可能存在一定的利益冲突或成见,而该草案规定即便有一方不同意也不能中止此程序,只有提出前述法定事由才可令其回避。

  该草案还为陪审员参加的庭审程序进行了专门的规定。所有陪审员在庭审前必须经过宣誓,之后方可进入庭审环节。庭审过程中,陪审员如对证言供词有不明之处可以请承审官代为提问。法庭辩论结束后,承审官须向陪审员诵读案件所有证据,并且加以评论,再详细讲解与之有关的律例问题。此后,陪审员退堂进入静室商议,决议后对刑事案件应作出有罪或者无罪的答复。如果作出的是有罪裁决,承审官须按照法律规定进行处罚;如果作出的是无罪裁决,则将被告人释放;如果陪审员各执己见、久拖不决,承审官可解散陪审团另行组织审理。民事案件的裁决包括"寻常决词"和"特别决词",前者指的是可以清晰地判断原告的诉讼请求是否成立或部分成立的裁决,

---

[1] 1000元以下的民事案件从名册中抽取30人,开庭时再选取6人。

后者指的是案件事实情节复杂繁琐、一言难尽,陪审员需要详细回答承审官的问题而作出的特别裁决。该草案选择的陪审团决议规则为美国等大部分地区采取的多数原则,并不是英格兰地区施行的一致同意原则,不过对于可能判处死刑的情况需要经过陪审员全体一致同意。

二、本土渊源:西周"三刺"的传承?

在前述草案确定的同时,沈家本、伍廷芳奏请先行试办,在奏折中阐述了多项立法理由,其中就包含了陪审制度。沈家本、伍廷芳认为,国外通行做法中我国亟须采取的有两项措施:一是设陪审员,二是设律师。谈及为何要采用陪审员审判案件时,二人认为司法者一人知识有限,难以全面体察变幻的人情世故,同时引进陪审员可以制约刑官贪赃曲纵,防止弄虚作假、徇私舞弊。在论及陪审制的渊源时,沈家本、伍廷芳将该制度追溯到了我国周朝时期的"三刺"制度。[1]

有学者考证,西周的官职中有"司刺"一职,掌"三刺"之法,负责征询群臣、群吏和万民对案件判决的意见,[2]协助司寇审理狱讼案件。[3]"三刺"中的"讯万民"被视为陪审理

---

[1] 奏折内容参见吴宏耀、种松志主编:《中国刑事诉讼法典百年》(上册),中国政法大学出版社2012年版,第9~10页。

[2] 程政举:"《周礼》所确立的诉讼程序考论",载《法学》2018年第4期,第79页。

[3] 《周礼·秋官·小司寇》对"三刺"制度进行了解释:"以三刺断庶民狱讼之中:一曰讯群臣,二曰讯群吏,三曰讯万民。听民之所刺宥,以施上服、下服之刑。"郑玄注曰:"刺杀也;讯而有罪则杀之。宥,宽也;赦,舍也。"《周礼·秋官·司刺》有言:"司刺掌三刺、三宥、三赦之法,以赞司寇听狱讼。一刺曰讯群臣,再刺曰讯群吏,三刺曰讯万民。壹宥曰不识,再宥曰过失,三宥曰遗忘。一赦曰幼弱,再赦曰老旄,三赦曰蠢愚。以此三法者求民情,断民中,而施上服、下服之罪,然后刑杀。"

念之嚆矢，只有万民认为可杀，才可以杀之。西周的"三刺"制度是我国早期集体审判制度的代表，此后春秋战国和秦汉时期的杂治审案、廷议定罪等制度均是对该制度的发展与演变。[1]集体决狱在西周不只是停留在宣示性的文字层面，而是已形成了常规的制度化运作。[2]

对于"三刺"之法的操作程序，《礼记》有较为详细的论述。[3]从中可知，司寇听讼断狱必须经过较为繁复的集体决议。具体过程是：案件判决书拟定后，由史将判决递交给正，正审理后交于大司寇。大司寇在孤卿大夫等人的陪审下于外朝审理。大司寇将判决上达天子，天子命三公会审。三公会审后将结果交由天子审核是否符合三宥条件，然后确定刑罚。从这段史料中所载的诉讼程序来看，西周疑难案件的审理必须经过群臣、群吏的审理商议，但是没有明确指明应当征询万民的意见，也没有为其设置专门的公告等程序。"泛与众共之"中的"众"更多指的是上层王公卿臣，没有指明囊括普通民众。

王国维曾经提倡在史学研究中运用"二重证据法"进行考证，即"纸上之材料"与"地下之新材料"的互相印证。[4]判

---

〔1〕 程政举："先秦和秦汉的集体审判制度考论"，载《法学》2011年第9期，第74页。

〔2〕 周人对程序的重要性已经有了相当充分的认识。《尚书·周官》曰："议事以制，政乃不迷。"

〔3〕 《礼记·王制》记载："司寇正刑明辟，以听狱讼，必三刺。……疑狱，泛与众共之；众疑，赦之。必察小大之比以成。成狱辞，史以狱告于正，正听之。正以狱成告于大司寇，大司寇听之棘木之下。大司寇以狱之成告于王，王命三公参听之。三公以狱之成告于王，王三又，然后制刑。"

〔4〕 王国维先生论道："吾辈生于今日，幸于纸上之材料外，更得地下之新材料。由此种材料，我辈固得据以补正纸上之材料，亦得证明古书之某部分全为实录，即百家不雅驯之言，亦不无表示一面之事实。此二重证据法，惟在今日始得为之。"参见王国维：《古史新证——王国维最后的讲义》，清华大学出版社1994年版，第1~3页。

断西周是否存在现代陪审员相通的理念,即"讯万民",除了对传世文献进行解析之外,还需要考察出土的青铜器等相关文物所载当时的诉讼程序。晚清陕西境内出土的西周初年《琱生簋》上的铭文为此提供了印证的材料。《琱生簋》共为两件,即藏于中国国家博物馆的《琱生五年簋》和流失美国现收藏于美国耶鲁大学博物馆的《琱生六年簋》。两个器物上的铭文记录了一起侵占公田仆庸为私有的民事诉讼案件的审理程序以及当事人与审理官吏斡旋商议的经过。[1]该案的主审者为西周宗族召伯虎,被告为西周贵族琱生,案件处理结果是召伯虎未追究止公侵占公田奴仆的法律责任,反而承认其合法性,并且将公田被占为私田的所有权证书交予琱生。[2]

根据上述铭文篇章,有学者指出案件在作出判决之前经历了三次"讯",[3]并且以此认为这里的三次"讯"与《周礼》记载的"三刺"如出一辙。[4]然而,从铭文"余以邑讯有司,余典勿敢封。今余既讯……"来看,在该案中实际上只有一次完整的"讯",三个器物上的铭文记载召伯虎一共只征讯过群臣群吏两次意见。这里的"讯有司"中"有司"指的是就是大臣和官吏,但是问题在于其中并没有体现出实践中存在"讯万民"的做法。有研究认为《周礼》中的"讯万民"指的是讯贵族遗老而不是一般民众,[5]例如在该案中的宗君、宗妇。第一次

---

[1] 2006年12月在陕西省扶风县又出土了《琱生五年尊》,内容与之前出土的《琱生五年簋》几乎一致,表明琱生曾经在多个器物上就此事件进行记载。

[2] 文本及解析可参见冯卓慧:"《琱生簋》所反映的西周民法规范和民事诉讼程序",载张晋藩主编:《法律史研究》,广西师范大学出版社1992年版。

[3] 分别是"余既讯""余以邑讯有司"和"今余既讯有司"。

[4] 程政举:"先秦和秦汉的集体审判制度考论",载《法学》2011年第9期,第75页。

[5] 参见冯卓慧:"从传世的和新出土的陕西金文及先秦文献看西周的民事诉讼制度",载《法律科学(西北政法大学学报)》2009年第4期,第161、163页。

"讯"时,群臣一致认为对侵占公田的止公应当依法从严判决,召伯虎的父母幽伯、幽姜反对先前群臣群吏的意见,为琱生发声,最后群臣服从了幽伯、幽姜的意见,召伯虎遂作出裁决。诚然,西周时期贵族把握着很大的话语权,对国内舆论的形成具有直接引导和推动作用,贵族的意见在很大程度上就是统治者眼中万民的意见。然而,将征询贵族遗老的意见与"讯万民"等同起来是不合适的。

综上,无论是根据周易等传世文献的记载还是出土铭文的考证,都没有发现西周的诉讼程序中存在专门征询普通民众的机制。实际上,"三刺"中的"讯万民"与其说是一项诉讼程序制度,[1]更不如说是一种诉讼理念;[2]与其说是发现事实真相,[3]不如说是一种使刑罚得以正当化的机制。司法实践中没有专门询问万民意见的程序,但如果判决造成极大民愤,万民皆曰不可杀,则会影响诉讼处理的结果。

沈家本等人将陪审制的理念追溯到西周的"三刺"和孟子的"国人杀之"并非毫无道理,二者所呈现的理念与现代作为民主标志的陪审制有一定的相通之处。但是,我国古代的这些会审制度与清末修律尝试引进的陪审制以及此后我国实行的陪审制都没有直接的因果关系。在梳理我国陪审制的谱系时,不能将其与古代的司法制度联系在一起。质言之,古代的相关制度与我国现代陪审制度之间存在谱系上的断裂。当时,陪审制是英美法系的通例,如能引入陪审制对挽回治外法权定然是有所助益的。

---

[1] 程政举:"《周礼》确立的司法制度理性考论",载《中州学刊》2019年第2期,第59页。
[2] 这类似于孟子"国人杀之"的理念。孟子有言:"国人皆曰可杀,然后察之,见可杀焉,然后杀之。"参见《孟子·梁惠王下》。
[3] 程政举:"《周礼》所确立的诉讼证明制度考论",载《中外法学》2017年第5期,第1182页。

但作为草案起草者来说，在诉讼制度中写入陪审制是一项大胆的尝试，立法者也可以预见会招致许多反对意见，因此将这项制度诉诸我国先秦传统目的也是在于以"托古"的方式增强陪审制的"民族性"，使皇帝和各级官吏更容易接受这项重大改革。

三、初次碰撞：清末对陪审制的批判

《大清刑事民事诉讼法草案》的制定是中国的法律制度首次接触陪审制，以陪审制为代表的草案在公布后即遭到了各方的抵制，反对的浪潮声势汹涌。在草拟该草案时，沈家本、伍廷芳也完全预料到了新制度在推行之初会遇到许多障碍，也认为有些做法还不宜立即在全国范围内铺开。该草案对陪审人员的要求就当时来说是比较高的。沈家本、伍廷芳认为如果偏远地区没有足够的人选符合法定的条件，可以暂时不实行陪审制，待到教育普及后，当地人民文化水平有所提高，具备了陪审的知识和能力，再开始全面推行。[1]

1907年5月13日，清廷发布上谕，认为该法事关重大，要求全国各地将军、督抚、都统等体察情形，就如今民情风俗能否通行、是否有抵牾捍格之处据实发表意见。[2]从各地反馈的意见来看，封疆大吏们均认为该草案有诸多条款不方便实行，草案也随之被废弃，没有真正获得法律效力。各地官员对该草案进行了逐条驳议，几乎对每项制度都提出了批评或完善的意见和建议。其中，反驳和讨论得比较激烈的条款主要集中在改

---

[1] 沈家本等人在上书的《奏进呈诉讼法拟请先行试办折并清单》中提出："如地方僻小，尚无合格之人，准其暂缓，俟教育普被，一体举行。"参见吴宏耀、种松志主编：《中国刑事诉讼法典百年》（上册），中国政法大学出版社2012年版，第10页。

[2] 《大清德宗景皇帝实录》卷五五八，转引自李贵连编著：《沈家本年谱长编》，山东人民出版社2010年版，第143页。

革的攻坚区和深水区中与传统的纲常礼教有关的问题,如家庭财产的查封扣押、妇女上公堂作证问题;还有西方国家批评指摘或密切关注的问题,如废除刑讯、华洋诉讼等问题;另外就是一些对中国人来说相当陌生的事物,如陪审制度、律师制度等。有学者指出,大臣们的反对意见代表了一种立场和一派力量,西式新法的基础在于个人主义和平等主义,中国旧法则是以等差的家族伦理为其圭臬。[1]由此观之,以自由平等的大众司法为理念的陪审制与我国官本位的官吏掌握司法裁判权之间也存在此类张力。毕竟,传统司法的活动就是官府"为民做主"的过程,不存在民众自决的机制,官员也难以接受与人民分享裁判权,这也是陪审制遭到抵制的更深层原因。

时人赵彬将各地督抚针对草案的讨论评论编纂成册,逐条附在条文之后,取名为《诉讼法驳议部居》。[2]就陪审制度的中国进路而言,这一承载各地官员意见的汇编为理论研究提供了极佳的素材。陪审制与中国的第一次邂逅就激起了反弹,各地督抚对该草案的驳议在很大程度上展现了新的理念对我国传统司法逻辑的冲击,提出了陪审制本土化过程中需要面对和解决的问题。毫无疑问,这些传统的逻辑和理念仍然在当今的中国发挥显性或隐性的影响力,许多问题在如今的陪审制度改革中仍具有代表性,回顾并探讨这些问题对当下的一些改革也具有借鉴意义。

《大清刑事民事诉讼法草案》关于陪审的27个条文中,有

---

[1] 梁治平:《礼教与法律:法律移植时代的文化冲突》,上海书店出版社2013年版,第18页。
[2] 本书所引《诉讼法驳议部居》版本为日本东京大学东洋文化研究所藏,汉籍善本全文影印资料库。查阅和下载链接为东京大学东洋文化研究所所藏汉籍善本全文影像数据库:http://shanben.ioc.u-tokyo.ac.jp/main_p.php?nu=B3863600&order=rn_no&no=00692,最后访问时间:2020年3月21日。

13条遭到了各地巡抚的反对。发表不同意见的有湖广总督、闽浙总督、陕甘总督、湖南巡抚、浙江巡抚、新疆巡抚等,批评的内容主要集中在陪审员选任条件、与乡风民俗的冲突、中西司法观念差异等方面。

第一,关于选任条件问题。鉴于当时中国的国民文化水平较低,多数老百姓目不识丁,故而许多地方官员认为所辖地区尚未具备实行陪审制的文化教育基础。如湖南巡抚就认为英美的陪审制度得以实行有赖于当地每个人都拥有丰富的法律知识,人人都具有议员资格,而以湘省地处偏僻民智未开为由决定适用旧法。[1]张之洞对每次筛选三四十人最终只在其中选用六至十二人十分不解。在他看来,即使在通商巨埠也难以召集如此之多的人,如果互相推诿无人应征会造成审判延误。[2]新疆巡抚也宣称新疆地区既少有缙绅行士,也没有富商大贾,满足陪审员条件的合格之人甚少,人品低劣的狡诈之人较多,所以如果推行陪审定然会颠倒黑白是非。[3]这些督抚的意见是有道理的,当时国民的法治意识和观念相当单薄,古代中国社会治理和纠纷解决中重要的调解制度主持者也是宗族中占少数的德高望重的耆老,要在普通民众中选取三四十人作为案件的裁判者实属不易。在当时,实行陪审制是"三方不讨好"的局面。各地官员的反对之声不绝于耳,直接导致草案胎死腹中。民众也不愿意让群众断案,他们更愿意相信司法官吏,用陕甘总督的

---

[1] (清)朱寿朋编:《光绪朝东华录》(第5册),中华书局1958年版,第5693页。
[2] 参见(清)赵彬编:《诉讼法驳议部居》,光绪三十四年(1908年)排印本,第60页。
[3] 参见(清)赵彬编:《诉讼法驳议部居》,光绪三十四年(1908年)排印本,第57页。

第一章 陪审制的中国进路

话说就是"百姓愿印官审不顾委员审"。[1] 被选为陪审员之人一般也不愿意参加案件裁判。陕甘总督指出,那些退休的大小文武官员自然不屑于再入公门搬弄是非,即便其中有热心于某案件的也多是有利益牵涉其中或横行乡里的劣绅,做不到公正无私。至于商贾,更是没有理由放弃本业转而贪此五钱一圆的酬劳而去断案,这无异于作茧自缚。[2] 草案起草者也考虑到当时中国不具备英美陪审制那样的民智基础,所以在设定陪审资格方面设置了很大的限制,实质上只有上层社会知识分子才能成为陪审员。[3] 矛盾之处在于,在权利观念和民主观念缺失的情况下,陪审案件对这些上层人士而言没有吸引力,反而是一项沉重的负担。另一个需要注意的问题是,17世纪英国陪审团成员已经从邻人转变为陌生人。大约在15世纪晚期,英格兰的陪审员已经更多地根据法庭上的证据(而非像先前那样依靠个人对案情的知悉)进行裁断,至迟到16世纪时这种趋势已经形成。[4] 而大体上,中国仍然属于乡土社会,尤其是广大农村家族的影响力举足轻重,在权力监督制约机制还不成熟和完善的时候悍然施行陪审制的确会存在阻碍司法公正的负面影响。此外,对于该草案第222条规定的如果初次筛选满足条件的人员不足以达到法定人数则从观审之人中选取符合条件之人补充的规定,张之洞提出了批评,认为其存在巨大的漏洞。因为如果

---

[1] 参见(清)赵彬编:《诉讼法驳议部居》,光绪三十四年(1908年)排印本,第61页。

[2] 参见(清)赵彬编:《诉讼法驳议部居》,光绪三十四年(1908年)排印本,第59页。

[3] 有督抚反对将地主和房主纳入其中,这也反映出了传统社会中经商者的尴尬地位。

[4] John H. Langbein, "The Criminal Trial before the Lawyers", *The University of Chicago Law Review*, Vol. 45, No. 2, Winter, 1978.

当事人预先知晓陪审员缺额，事先让亲友到堂观审，其弊端比律师制度更甚。[1]

第二，关于配套措施问题。陪审制的引进是一个"牵一发而动全身"的改革，需要许多配套措施辅助实行，其中硬件条件的跟进也是必不可少的。清代衙门公堂的空间是比较有限的，一下子要在堂上容纳几十人就需要进行一定的改造，否则堂上将十分拥挤聒噪。陕甘总督就认为，每个陪审案件初次抽选的陪审员有三四十名，而公堂府衙较小，无地可容。[2]此外，为了防止陪审员受到外界的不当干扰，该草案规定案件审理过程中陪审员必须住在府衙或在附近的房屋居住并派员监视，这也大大加重了官府的负担。[3]

第三，关于待遇与奖惩问题。该草案第三章"诉讼费用"载明了民事案件的报酬标准："三百圆以上每日银五钱，一千圆以上每日一圆"，而其他民事案件和刑事案件则未提及。这个酬劳在当时是十分低微的，对这些上层人士而言没有多少吸引力。前文业已论及，陕甘总督认为商贾参加陪审几无回报，纯粹是一种负担，同时如果有贪图小利之人专营此道长期参加陪审更是会败坏司法风气。[4]如果案件一日内不能审结，陪审员还需住在指定的住处，虽然草案规定住所需保证舒畅，但正如闽浙总督所言，陪审之人需在署衙内或附近房屋居住，并派人监视寸步不离、层层防备约束、禁止擅自离开或交流讨论案情，对

---

[1] 参见（清）赵彬编：《诉讼法驳议部居》，光绪三十四年（1908年）排印本，第61页。

[2] 参见（清）赵彬编：《诉讼法驳议部居》，光绪三十四年（1908年）排印本，第60页。

[3] 参见（清）赵彬编：《诉讼法驳议部居》，光绪三十四年（1908年）排印本，第64页。

[4] 参见（清）赵彬编：《诉讼法驳议部居》，光绪三十四年（1908年）排印本，第59页。

第一章 陪审制的中国进路

于传统中的上层人士来说，这种"指定居所监视居住"的做法是有失身份也是有伤体面和尊严的。[1]张之洞也认为，中国束身自爱的绅士必不肯到公堂上抛头露面，宁愿被科处罚金也不愿涉足公门。[2]中国古代社会存在着"厌讼"的观念和现象，虽然近年来有不少研究对传统的厌讼观点进行了修正，提出清代部分地区相对于先前的朝代出现了一定程度的"健讼"现象，[3]但是即便清代当事人相对更愿意将争议提交官府裁断，也不代表旁人排斥上公堂的心理有了丝毫减弱。"厌讼"不只是纠纷是否愿意通过诉讼解决，而是诉讼本身被视为是不吉利的。《周易·讼》有言："讼，有孚窒，惕中吉，终凶。"公堂乃是非之地，普通百姓没有人愿意以任何缘由出现在断案争讼的场合，无论是被告还是作证抑或是陪审，这也可以从各省督抚强烈抵制草案要求的妇女上堂作证中看出。公堂成了污浊之所，到公堂之上成了有损名誉且带来不祥之运的事，这是金钱奖励无法弥补的。"厌讼"观念也是陪审制在清末推行举步维艰的一大原因，并且该观念在如今也有一定影响力，在一定程度上也阻碍着我国当代人民陪审制的实施。

第四，关于审前宣誓问题。该草案第223条规定陪审员审前应当当庭矢誓，证人作证前亦是如此，这是仿照英美陪审团和证人出庭制度的做法。英美的宣誓制度是以基督教为基础的，建立在基本的宗教认同之上，而这种基础在中国并不具备。各

---

[1] 参见（清）赵彬编：《诉讼法驳议部居》，光绪三十四年（1908年）排印本，第64页。
[2] 参见（清）赵彬编：《诉讼法驳议部居》，光绪三十四年（1908年）排印本，第57页。
[3] 参见尤陈俊："'厌讼'幻象之下的'健讼'实相？重思明清中国的诉讼与社会"，载《中外法学》2012年第4期，第816页；徐忠明、杜金："清代诉讼风气的实证分析与文化解释——以地方志为中心的考察"，载《清华法学》2007年第1期，第89页。

地督抚在对证人宣誓和拘传签发宣誓的规定进行驳议时认为，中国的矫诬之徒对宣誓毫无忌惮，誓言只是一纸空文。[1]张之洞对草案中有关宣誓的规定进行了犀利的批评，他认为古今中外背誓者不计其数，誓言断无可信之理，并且在西方教会在华势力逐渐扩大的背景下，此举更是会使神权之说在礼仪之邦大行其道，是将迷信带入法庭的愚民之法。[2]陕甘总督也认为，发誓时惊天地泣鬼神，一质询旋即改口的大有人在，所以宣誓也是不可信的。[3]

第五，关于裁判权问题。各地督抚对普通人民掌握司法裁判权反对激烈，在很大程度上是不愿意自身权力受到制约，并且失去对案件结果的控制，致使案件出现不确定因素。这在驳议时反映在诸多方面。例如，有督抚认为，陪审制会造成司法权的"分权推诿"。[4]浙江总督也认为，官员与陪审员的分权会造成"互相牵制、互相委卸"，最终造成诉讼拖延。[5]其人还根据日本地方裁判所的制度进一步进行了分析论证。他引用法学家所言："事小而多，贵迅速者，宜单独；事大而重，贵精详者，宜合议"，认为中国地域广阔，所有讼事都要前往州县，如果都采取合议庭审判而不是独任制审判，诉讼拖延的情况将更甚于前。[6]

---

[1] 参见（清）赵彬编：《诉讼法驳议部居》，光绪三十四年（1908年）排印本，第17页。

[2] 参见（清）赵彬编：《诉讼法驳议部居》，光绪三十四年（1908年）排印本，第13页。

[3] 参见（清）赵彬编：《诉讼法驳议部居》，光绪三十四年（1908年）排印本，第13页。

[4] 参见（清）赵彬编：《诉讼法驳议部居》，光绪三十四年（1908年）排印本，第56页。

[5] 参见（清）赵彬编：《诉讼法驳议部居》，光绪三十四年（1908年）排印本，第56页。

[6] 参见（清）赵彬编：《诉讼法驳议部居》，光绪三十四年（1908年）排印本，第56页。

第一章 陪审制的中国进路

综上所述,《大清刑事民事诉讼法草案》规定的英美陪审团制度要在当时推行可谓是障碍重重,几乎没有可行性,其被废弃也是情理之中的。《清史稿》记载:"……刑民诉讼律,酌取英、美陪审制度。各督抚多议其窒碍,遂寝。"[1]清末之后的立法没有再规定类似的陪审制度,英美法中的陪审团制度在我国的陪审制度演进中的谱系就此中断,《大清刑事民事诉讼法草案》对之后中国法律中的陪审制度的设置并无直接影响。

需要注意的是,虽然法律草案没有得到清政府的认可和实施,但并不意味着这个夭折的草案没有对司法实践造成实质影响。有资料表明,草案颁布后并未完全成为具文。上海审判厅曾发布公告,对苏省各审判、检察厅适用的法律情况进行了说明,允许在实践中参照清末部分法律办理,其中就包含了《大清刑事民事诉讼法草案》。[2]这说明,在当时法律体系不完备、各地司法机关无法可依的情况下,该草案在个别地方的司法实践中具有临时效力。[3]可即便如此,也没有证据显示当时上海的审判适用了陪审程序。该公告表示各审判厅、检察厅只是参照适用《大清刑事民事诉讼法草案》,对此并无强制性规定,更没有对违反草案程序的审判活动施加实体性或程序性制裁。鉴于陪审制度牵涉甚广、耗费成本巨大,更是需警察等其他各机关辅助推行,所以有关陪审的规定在实践中几乎没有实行的可能。既然该制度没有在清末司法实践的历史中留下痕迹,其对

---

[1] 参见(清)赵尔巽等:《清史稿·志一百一十七》,中华书局1976年版。
[2] "前经本都督列开此案交省议会公议,由议会议决,拟照原案所开《商法草案》《破产律》《刑律草案》、第一次《民刑事诉讼律草案》各种,均由各厅采取应用。……以后各级审判厅审理民、刑案件,均据前项议决法律为断……"参见"上海审判厅应用各种法律通告",载汪庆祺编:《各省审判厅判牍》,李启成点校,北京大学出版社2007年版,第288页。
[3] 不过在其他地区的相关资料中尚未发现适用该草案的情况。尤志安:《晚清刑事司法改革整体性探究》,中国政法大学出版社2013年版,第199页。

清政府被推翻之后的法律规定也就没有承袭借鉴关系,英美陪审团制度在中国立法的舞台上的初次亮相就如过眼云烟般稍纵即逝。民国时期的"姚荣泽案"虽然在伍廷芳的努力下采用了英美陪审团制度,但其根据并非《大清刑事民事诉讼法草案》,并且该案只是极特殊的个案,英美陪审制从未在中国得以制度化。

第二节 民国时期:从陪审向参审转型

《大清刑事民事诉讼法草案》是清末唯一效仿英美法的诉讼法草案,之后的立法转向了以德日为代表的大陆法系。其中,日本法对中国法律施加的是直接影响,德国法则更多是间接影响。[1]清末修律之士一直重视对日本法律的学习和借鉴,除前述修订法律馆翻译了多部日本诉讼法之外,法学编译会等机构以及报刊翻译介绍了大量日本诉讼法学说。[2]清政府更直接的做法是聘请日本知名法学家作为修律顾问,以日本法为蓝本制定中国法律。如1910年2月7日清政府的《法院编制法》在冈田朝太郎和松冈义正的参与下采用了日式法院等级体

---

〔1〕 参见王立民:"论清末德国法对中国近代法制形成的影响",载《上海社会科学院学术季刊》1996年第2期,第134页。

〔2〕 以刑事诉讼法为例,法学编译会组织翻译了日本法学士谷野格所著的《刑事诉讼法》并于1907年印行,陈时夏翻译了日本学者松室致的《刑事诉讼法论》由商务印书馆于1910年出版。一些留日学生在日本东京通过整理编辑日本法学家在课堂上的讲授内容,如萧仲祁编写的《刑事诉讼法》。与此同时,一些政法类的刊物也翻译并刊登了日本学者有关刑事诉讼法学方面的论文。如1906年创刊的《北洋法政学报》在其第50册至第66册即连续刊载了日本学者石光郎所著的《日本刑事诉讼法理》一文。而且,从同一时期出版的刑事诉讼法著作来看,它们大多按照日本学者的讲课笔记或有关著述编写而成。例如,张一鹏编的《刑事诉讼法》、邹麟书等人编译的《刑事诉讼法》根据日本大审院判事板苍松太郎讲堂的内容以及日本学者丰岛直通等人的讲义直接编写而成。参见陈瑞华:《刑事诉讼的前沿问题》,中国人民大学出版社2000年版,第4~6页。

系。在此过程中，大陆法系的陪审制度也受到了关注。[1]进入民国以后，袁世凯政府同样聘请了日本法学博士有贺长雄担任法制局顾问，日本法的影响仍然占据重要地位。民国初年的《刑事诉讼条例》也大量参照了日本法律的相关规定，在法制尚未完备的情况下，日本法甚至成了中国法官裁判的参照。民国元年法学研究社印发的《各省审判厅判牍》甚至直接比照日本法进行裁断。

部分基于上述原因，作为英美法系"最深刻印记"的陪审制度在此后的创制和改革过程中没有得到立法者的青睐。1927年武汉国民政府曾经发布条例，采用的不再是英美法系的陪审团制，而是大陆法系的参审制。不过，在民国元年有一个著名的案件全盘采用了英美的诉讼制度进行审判，其中包括英美的陪审团制度，在近代法律史上具有重大的研究价值，被称为"民国第一大案"。[2]

一、英美陪审制的最后努力——民国元年的"姚荣泽案"

清末的《大清刑事民事诉讼法草案》在伍廷芳的主持起草下尝试将英美的陪审团制度写入中国法律。虽然这次大胆的尝试失败了，但伍廷芳并没有就此放弃在诉讼制度改革中走英美路线的努力。有研究指出，伍廷芳在先前草案的起草工作中扮演

---

[1] 如梁启超、何国祯主编的《国风报》就刊登了宣统三年（1911年）《法部代表奏会员考察各国司法制度报告书》。其中介绍了奥匈帝国等国的陪审制度。参见"法部代表奏会员考察各国司法制度报告书"，载梁启超、何国祯主编：《国风报》[第二年（宣统三年）第十五号]，汉声出版社1909年版，第69页。

[2] 之所以称其为民国第一大案有三个方面的含义：一是时间上的最先，民国方兴就发生的残杀大案；二是案件的受关注度和所牵涉的人物，如大总统、司法总长、地方都督、社会名流；三是案件所反映的司法独立及文明审判方式在民初实施的效果。参见赵晓耕、何莉萍："法治理想与现实的反差——姚荣泽案的法学思考"，载《河南社会科学》2006年第5期，第81页。

了关键角色。[1]刘锦藻《清朝续文献通考》可以为此提供佐证,日本学者盐田环也指出伍廷芳就是草案的起草人,[2]而伍廷芳早年在英国殖民之下的香港司法机构任职,此后又留学英国的个人经历[3]更是为此论断提供了正面根据。

南京临时政府成立后,伍廷芳成为该政府第一任司法总长。这样的际遇给了伍廷芳再次推行改革措施的绝佳机会,而1912年"姚荣泽案"的审理则为其提供了施展改革想法的实践场域。该案的审理贯彻了多项现代司法原则,[4]采取了英美法系的诉讼程序,实行了中国历史上第一场控辩式审判。[5]

(一)"姚荣泽案"的基本案情

当时轰动全国的"姚荣泽案"发生在1911年11月,清朝江苏淮安府山阳县知县姚荣泽杀害了领导山阳光复的革命志士周实和阮式。这个案件在当时影响甚广,所以有大量的一手资料留存下来。[6]根据对这些一手资料的整理,该案的基本案情如下:

周实与阮式是同盟会会员,两人在家乡山阳县一起创立了"淮南社",这使二人在当地的知名人士当中具有很大影响力。

---

[1] 何志辉:《外来法与近代中国诉讼法制转型》,中国法制出版社2013年版,第108~109页。

[2] 参见[日]盐田环:"清国法典编纂事情",载《法学志林》1908年第9号。陈刚也持赞同的观点,参见陈刚:《民事诉讼法制的现代化》,中国检察出版社2003年版,第20页。

[3] 参见张礼恒:《从西方到东方——伍廷芳与中国近代社会的演进》,商务印书馆2002年版,第59页。

[4] 例如,司法独立、公开审判、程序公正、无罪推定等。

[5] 杨大春:"论辛亥革命时期中国刑事审判制度的革新——以姚荣泽案为例",载《苏州大学学报》2001年第4期,第119页。

[6] 例如官方的来往函电、受害人家属的禀状、淮安学团绅团的电文以及《民立报》《申报》《时报》等报刊的详细报道。之后,案件的部分资料还被收录到了《孙中山全集》《伍秩庸公牍》中。

当闻知辛亥武昌起义的讯息后,在南京两江师范学堂就读的周实返回家乡与当时任教于山阳高等小学堂的阮式一起同谋革命。

1911年11月17日中午,周实被姚荣泽设法引入山阳学宫,随即被典史周域手持快枪命中5发子弹殒命。在这之后,姚荣泽令人全城搜捕阮式。阮式被抓后被送至山阳学宫,遭到了剖胸挖腹,最终身亡。二人遇害后,其家人逃出城外,会同南社的领导人请求该舍成员沪军都督陈其美为二人复仇,陈应允。姚荣泽见到革命的浪潮难以抵挡,其杀害革命人士的行为必将为自己招致灾祸,便前往南通躲藏。1912年2月,得到临时大总统孙中山支持的陈其美从南通缉捕姚荣泽,并将其押往上海等待军法处置。

(二) 审前的程序商榷与陪审员的选任

"姚荣泽案"发生之后,相关报纸媒体立即对该案进行了全面报道,由于此案处置之时恰逢民国政府成立之初,该案也是政府需要面对的首个案件,所以不仅引发了全国轰动,国外人士对此也十分关注。伍廷芳作为司法总长,必然需要对此投入大量的精力。当姚荣泽在上海交由军方处置以后,当时在上海的六十余位淮安绅士希望促成调解,息事宁人。他们致信伍廷芳,建议对姚荣泽进行罚款,为两名受害的革命人士立祠出书。[1]不仅如此,两名被害人的家属也写信给伍廷芳,以证人召集困难为由,考虑到家乡人士从中斡旋也同意调解。[2]伍廷芳反对

---

[1] 山阳绅士要求私了,希望"息事宁人、勉询众以起见,以持平评论,作双方之调停",拟由姚荣泽等人罚银8000元,以赔偿周实、阮式家属的损失;罚2000元用作二人建祠、迁葬、刊稿之用;罚6000元用作地方公益。参见韩秀桃:"民国元年的司法论争及其启示——以审理姚荣泽案件为个案",载《法学家》2003年第2期,第6页。

[2] 家属提出"证人在沪多日,谋生艰难,一旦回里,实难召集",同意"自愿和平了结"。参见伍廷芳:《伍秩庸公牍》(卷上)。《周鸿蜜、阮保麒、阮玉麒、阮锦麒来呈》。

私了,他认为,该案应当以文明的程序通过审判了结。[1]伍廷芳希望在新的政权里推行法治,杀人大案应通过审判进行而不是采取军法处置或者当事人私了。此案不仅轰动全国,在国际上也有很大的影响力。伍廷芳力图使该案成为南京临时政府公开进行的第一次审判,采用西式诉讼程序对维护新政权的国际形象大有助益,相当于向世界宣告新政府决心革除旧制,接纳西方近代资本主义法治文明的成果。他在致电孙中山时提出在该案中运用陪审制度。[2]孙中山对此表示赞同,认为这个方案"极善"。对于具体采用何种程序审理,伍廷芳认为,前清的诉讼法没能颁行,并且有所疏漏,因此可将英国的刑事诉讼法略加变通加以运用。

不过这种方式对于希望将姚荣泽尽快处置之人而言显然增加了许多"不必要"的麻烦和不确定的风险。因此,针对案件管辖、临时裁判所的组成形式、是否可以由外国律师进行辩护、外国证人资格等多项问题,伍廷芳与陈其美进行了激烈的争辩。陈其美认为,不应当在政权刚刚建立时太过重视司法独立,因为此时局势尚未完全安定,不管是在法律规制配备方面还是在司法机构设立方面都不够完善。两人争辩的实质是用刑法处置还是用军法处置该案,是坚决维护司法独立,还是允许行政军政干涉司法的斗争。[3]

---

[1] 伍廷芳认为:"民国方新,对一切诉讼应采文明办法。况此案情节重大,尤须审慎周详,以示尊重法律之意。""呈南京总统电",载丁贤俊、喻作风编:《伍廷芳集》,中华书局1993年版,第501页。

[2] "拟由廷特派精通中外法律之员承审,另选通达事理、公正和平、名望素著者三人为陪审员,并准两造聘请辩护士至堂辩护,审讯时任人旁听,如此,则大公无私,庶无失出失入之弊。"参见丁贤俊、喻作风编:《伍廷芳集》,中华书局1993年版,第501页。

[3] 华友根:"民国元年姚荣泽案及其纷争述略",载《政治与法律》1989年第6期,第45页。

就选取何人充当陪审员一项，陈其美与伍廷芳也进行了一场博弈。陈其美自行委任了临时裁判所的所长以及国民代表，均为军方人士或其信任之人。[1]对于这个安排，伍廷芳表示坚决反对。首先，伍廷芳认为委派审判员的权力应当归司法部所有，对于陈其美委派律师作为国民代表的行为则更是表示难以理解，其认为陈其美对制度运作有所误会。在案件陷入僵局的情况下，为了避免诉讼拖延，伍廷芳采取了变通的办法，撤销了裁判所长的称谓，只提名了裁判员。最终，问题以伍廷芳较为满意的方式得到解决。

最后该案陪审员的选任完全依照英美法系的遴选程序进行，具体操作流程是：先在地方公道正派之人中选取二三十人至于公堂，将这些人的名字制作成签放到一个筒里，通过抓阄的方式抽出5人至7人成为陪审员。在该案的审判过程中，当事人对陪审员仍然可以提出异议要求回避，如果与原被告之间有成见或矛盾，任何一方均可以不承认其陪审员身份，此时再从之前抽签的筒中随机抽选人员补充，而后选出的陪审员也需要控辩双方没有异议方可。[2]不过，这里仍然没有授予普通大众审判权，只限于地方乡绅。并且与伍廷芳1906年起草的草案中有关陪审的规定相比，人数有所减少。

(三) 审判过程中陪审团的运用

按照伍廷芳的上述意见，司法部选派了一定数量的人员作为陪审员候选人。可是，陈其美显然没有理解伍廷芳的苦衷，对这项安排颇有意见。他提出新的政府刚刚成立，司法机关实

---

[1] 即沪军都督府军法司长蔡寅为临时庭长，日本法律学士金泯澜等为民国代表。

[2] "举地方公正绅士二三十人，将其邀请到堂，即将其人姓名置一筒内，作拈阄办法，由筒内拈出七人或五人，随同秉公裁判。""如数人中有与原被告夙有嫌怨或于此案抱有成见者，原被告可不承认，再由筒中拈出他人充补，亦须原被告承认方可。"参见丁贤俊、喻作风编：《伍廷芳集》，中华书局1993年版，第505页。

际上尚未组建完成,"姚荣泽案"事关军法,和普通的刑事案件有所不同,既然军方设立专司处理该案,况且原告被害人家属也是向沪军都督申冤,军方应当具有管辖权。当然,他也进行了妥协,提出鉴于司法部选派了人数众多的陪审员候选人,沪军都督府方面也应当选派同样数量的陪审员候选人参与遴选。在双方陷入僵局之时,孙中山出面干预协调,最终依照双方"通融"的方式进行了处理。[1]初次遴选时由伍廷芳和陈其美各自推举20名当地知名人士成为陪审员候选人。然后,在这40人名单中随机抽选7人担任正式庭审中的陪审员。

3月23日姚荣泽案在万众瞩目下初次开庭,选出的陪审员也均到庭参审。开始审理之前,法官对陪审员进行了指示。他嘱咐陪审员,按照他国通行的法律,司法审判必须有陪审员参与,而中国本来没有陪审的做法。这次陪审员责任重大,对于外界的言论,陪审员不必考虑,必须保持公平,并且下回开庭也必须到庭陪审。[2]3月30日,案件第二次开庭,次日进行第三次开庭,第三次开庭主要围绕陪审员展开。[3]主审法官丁榕依据控辩双方出示的证据和交叉询问的情况提出了该案的六个关键问题。这个做法类似于法官陪审中运用的事实问题列表,与英美陪审团有一定差异。这六个问题是:

---

〔1〕 参见韩秀桃:"民国元年的司法论争及其启示——以审理姚荣泽案件为个案",载《法学家》2003年第2期,第10~11页。

〔2〕 "照各国法律须有陪审员,中国本无此例,此次陪审员须上委任,陪审责任甚重,外面言词不必计论,必须持平,下次亦必须到堂陪审。"参见《申报》1912年3月24日。

〔3〕 案件审理程序按照伍廷芳拟定的顺序和内容进行,分别是:①承审官就席后提犯者到堂;②秘书官读罪状,责问犯者有罪或无罪;③若犯者自称无罪,秘书即传陪审员;④戒警陪审员;⑤原告律师林行规具述事由;⑥原告律师许继祥、狄梁孙传集人证(原问、反问、复问);⑦被告律师具述事由;⑧被告律师传集人证(原问、反问、复问);⑨被告律师申辩;⑩原告领袖律师金泯澜为法律上之论告;⑪承审员评论全案;⑫陪审员答报;⑬判决宣告。参见《申报》1912年3月28日。

第一，两名被害人的遇害是否是被击杀？

第二，当时是什么人主使杀害二人？

第三，姚荣泽是自己所为还是与当地各位绅士共同杀害二人？

第四，姚荣泽杀害二人是不是出于治安的需要必须为之？

第五，事后姚荣泽的各禀是不是敷衍和附会？

第六，姚荣泽的供述是否可信？

此后，主审法官要求陪审员退庭互商，讨论上述六个问题。陪审团评议后再次来到法庭上，陪审员代表胡文甫依照评议的结果对这六个问题一一作答。随后，主审法官遵从陪审团的意见当庭宣判，姚荣泽构成谋杀，处以死刑，两星期之内行刑。法官给予被告人姚荣泽5分钟做最后的陈述。另外，法官还特意说明，鉴于各位陪审员在该案中承担了极其重大的任务，准许免除5年内再次担任陪审员的义务。[1]律师退庭之后，由书记员代姚荣泽发言，向陪审员请求对其宽大处理。主审法官宣布：如果各位陪审员认为被告人存在情有可原之处，可以在3周之内书面申请大总统裁断。[2]审判结束之后，一部分陪审员为姚荣泽竭力奔走，按照程序请求大总统宽大处理。最终，袁世凯发布特赦令，赦免了姚荣泽的死刑，改判10年有期监禁。此举一出，舆论哗然，国人为之震惊，可是该程序是法律规则所允许的，所以案件结果得以维持。[3]这个特赦令被视作袁世凯窃取革命果实的罪证之一。虽然案件的结果令人遗憾，但该案的法律程序取得了良好的社会效果，由陪审员作出的裁判使"两

---

[1] 判决为："姚荣泽杀山阳周、阮一案，既据陪审员诸君认为谋杀，应处死刑，于两周内执行之。如尚有言，许于五分钟内陈说。至陪审诸君义务担此极重大之责任，应许五年内不再为陪审员。"

[2] "陪审诸君如认为有可原之处，得于二（后改为'三'）周内具书呈请大总统裁夺。"

[3] 参见《申报》1912年4月18日。

方公允,各无异言",在国际上也展现了新政权革除时弊的决心。

从上述程序内容可以看出,该案的陪审制度仍然是清末立法模式的延续。其中,伍廷芳个人在制度选择上发挥了决定性的作用。如果一项制度是建立在个人偏好之上而非基于国情作出抉择,定然是难以持久的。1912年4月,伍廷芳辞去司法总长的职务,归隐观渡庐,英美陪审制与中国的司法实践也就此渐行渐远。

二、参审制的确立:广州、武汉、南京国民政府的实践

以德国为代表的欧陆国家逐渐由陪审制转向参审制,原先德国移植了法国的陪审团制度,但却在实践中发现了诸多问题,比如陪审员资格的限制以及政府对陪审员名单的控制。1877年德国颁布法律确立了参审制和陪审制并行的模式,此后陪审团制度仍然遭到了大量的批评。1924年,帝国司法部时任部长艾明革发动司法改革废除了原先移植法国的陪审制,确立了参审制。[1]这种改革浪潮也体现在了当时中国的制度上,中国的陪审制度也开始出现了参审制的元素,总体上呈现出从陪审向参审转变的趋势。

(一)广州国民政府时期

在1925年省港大罢工期间,曾经出现过工人参与审判的陪审制度,[2]此时参审制已初现端倪。省港罢工委员会会审处和特别法庭实施的临时性司法制度和司法组织就曾经采用陪审的形式处理案件。根据《会审处组织法》和《会审处办案条例》

---

〔1〕 参见黄河:"陪审向参审的嬗变——德国刑事司法制度史的考察",载《清华法学》2019年第2期,第186~188页。

〔2〕 参见张希坡、韩延龙主编:《中国革命法制史》(上),中国社会科学出版社1987年版,第381页。

的规定，会审处设有 5 名承审员，由罢工工人选任，另外每个公会还可各选派 1 个代表担任陪审员，这些人员每日轮值前往会审处参加审判，由 9 人组成一组。[1]

为了解决罢工期间案件堆积如山的情况，罢工委员会商请国民政府下令派出司法人员与会审员一起组建特别法庭或者名曰特别刑事审判所。1925 年 10 月 1 日，特别审判庭成立，其职能是专门审判破坏罢工相关活动的重大犯罪。经委员会负责人与广州国民政府磋商斡旋后，1925 年 11 月 24 日，广州国民政府颁布了《特别陪审条例》，认可了委员会的司法裁判权。该条例规定了陪审员的选取程序，先在罢工委员会中选取所要求陪审员的 3 倍人数，在特别法庭审判所登记为陪审员。在有案件需要陪审时，该法庭并不是从名册中随机抽取陪审员出庭，而是由审判长按照名册中陪审员的名单顺序通知其到庭参审。此外，《特别陪审条例》还对陪审员的选任资格进行了限制，有 6 类人不可以成为陪审员，包括国籍限制即非中华民国国籍之人、年龄限制即未成年人、权利限制即褫夺公权尚未复权之人、生理限制即精神病人、毒品吸食限制即吸鸦片者以及文化限制即不识字者。[2] 在该法庭中，审判人员由两类人联合组成：一类为国民政府特派的审判员，另一类为罢工委员会选派的陪审员。审判人员一共 6 人，双方各派出 3 人。[3] 从这个组成方式来看，这个特别法庭实行的模式属于欧陆的参审制范畴，与英美法系的陪审团制度有所差别。

虽然此陪审制并非广州国民政府的常规司法制度，从严格

---

[1] 参见林晔晗、潘玲娜："会审处、军法处及特别法庭——追寻省港大罢工中的司法印记"，载《人民法院报》2016 年 6 月 23 日。
[2] 《市政公报》1925 年版，第 212 号令。
[3] 中国第二历史档案馆编：《中华民国史档案资料汇编》（第 4 辑·下），江苏古籍出版 1986 年版，第 547 页。

意义上说不能算是广州国民政府的参审实践,但在形式上也是该政府认可的措施。[1]在向广州国民政府主张建立特别裁判所时,委员会认为,司法权固然是国家专有,但是司法机关并非一成不变。世界各国已经通行参审陪审制,就是源于对法官的根本怀疑。因此要求设立工人裁判所。[2]对于罢工委员会而言,引进参审制不仅源于对司法人员的不信任,也出于工人阶级寻求独立自主的诉求。

(二) 武汉国民政府时期

1927年武汉国民政府颁布了《武汉国民政府新司法制度》,在乡镇一级的基层法院设置了参审员,与法官共同审理案件,既参与事实的审理,也参与法律的审理。同时,又在县市和中央法院设置陪审员,仅审理事实问题。[3]是年,武汉国民政府颁布了《参审陪审条例》,对先前建立起的参审陪审模式进行细化。这里的陪审虽然带有一定的英美法系陪审团制度的色彩,但实质上更加接近参审制度,只是设置的机构以及职权不同而已。

该条例延续了之前在不同审级设置不同形式的制度架构,是参审陪审混合模式。乡镇的基层法院采用的是"2+1"的形式,即2名审判官加1名参审员,共同审理和裁决事实问题和法律问题。该条例还考虑到了特殊案件类型及不同群体的利益和需要,由当地各个不同的群体分别推选各自的陪审员,包括党部、工会、农协、妇女部、商会等。除了基层法院之外,上

---

[1] 这些举措实际上与工人运动有关。例如,1927年上海工人武装起义后制定的《政纲草案》也规定了"法院实行陪审制度"。其实,这种理念与革命根据地的陪审理念有相通之处,不过这些陪审措施都不是建立在常设性司法机构中,不能算作人民陪审制的源头。

[2] 广东哲学社会科学研究所历史研究室编:《省港大罢工资料》,广东人民出版社1980年版,第331页。

[3]《武汉国民政府新司法制度》第36条。

级法院设置的不是参审员而是陪审员，从县市级法院一直到中央法院，在审理案件时除了庭长、审判官之外还设2至4名陪审员，负责审理事实问题。在选任方式、任职条件、任期、责任认定上，参审员与陪审员都是一致的。

需要注意的是，在选任的资格问题上，该条例要求参审员和陪审员都必须是25周岁至60周岁的本国公民，而且需要具备一定的法律知识，工作表现优异。此处要求陪审员与参审员必须具备法律知识，可见武汉国民政府也没有将普通大众吸纳进司法裁判。并且，该条例规定反革命党派者和吸食鸦片者不得充当陪审员。所谓"工作表现优异"主要指的就是政治表现良好，如国民党内部及其领导下的工农商会的积极人士。这些规定都体现了当时陪审制度的政治属性。

在合议规则上，该条例规定了少数服从多数的规则，当审判官和参审员都只有一名时，如果双方的意见不一致，则审判官拥有决定权。但是如果参审员对结果仍然持有异议，可当场提出声明，之后再在2天内通过书面形式申请上一级法院审定。在上级法院审定作出之前的期间内原审判中止。可见参审员在司法裁判中享有实质权力，其异议具有直接效力，基本上可以实现与审判员的权力平衡。

(三) 南京国民政府时期

南京国民政府成立后，司法院长王宠惠在1929年国民党三届三中全会上做工作报告时也将采用陪审制度作为工作计划的一部分。[1]王宠惠的教育经历与伍廷芳颇为相似，这也是其推行陪审制的原因之一。1934年司法院副院长覃振赴欧美考察归国后，提出了9条司法改革计划方案，其中之一就是试办

---

[1] 参见张仁善："国民政府时期司法独立的理论创意、制度构建与实践障碍"，载《法律史学研究》中国法制出版社2004年版，第235页。

陪审制度。在他看来，陪审制度的功能价值在于"辅助法院之不及"并且"防止法官越权"。[1]遗憾的是，这些方案虽然已经较为具体并且筹备推行，但是最终仍未能实现。

1929年，南京国民政府颁布了《反革命案件陪审暂行法》。其中规定在反革命案件中适用陪审制度。该法颁行时间不长，1931年即被废止。陪审制度不仅只适用于反革命等少数案件，而且只适用于非常有限的情形。即国民党地方最高级党部对一审的判决不服的，在案件发回抑或交发复审的时候适用陪审制度。[2]鉴于反革命案件在国内外引发的争议不绝于耳，为了"师出有名"，政府在此类案件中引入陪审机制，冀图使案件的裁决具有民主的形式。这也使陪审制度在训政时期成了国民党干预司法、镇压革命人士的工具。

第三节　中国共产党领导下的陪审制度

通过前文已梳理的我国人民陪审制的发展谱系可知，清末纯粹移植英美陪审团制度的方案在中国逐渐式微，中国的陪审制开始由陪审向参审转变。这一点不仅表现在国民政府的立法和司法实践中，同时也表现在共产党领导的革命根据地政权的法律体系之中。共产党法律实践中的人民陪审制虽然与国民政府的参审陪审制有诸多相似之处，但其理念却不相同。国民政府的参审条件设置得相对较高，呈现出的是精英司法的特征；共产党领导下的陪审实践更多体现的是一种群众运动和大众司法，普及程度较高。

---

[1] 参见张仁善："国民政府时期司法独立的理论创意、制度构建与实践障碍"，载《法律史学研究》中国法制出版社2004年版，第236页。
[2] 该法规定："国民党地方最高级党部对于法院的反革命案件的第一审判决不服者，当案件发回或交发复审时施行陪审制度。"

黄宗智提出，中国现代制度具有三个渊源：其一是中国古代传统制度的延续和继承；其二是通过移植西方法律引进的国外制度；其三则是中国共产党领导下的制度实践。学界在研究制度史时大多容易注意到现有制度中古代传统的因素和近代法制改革时引进的外来因素，却较少关注共产党领导的革命时期为中国制度注入的新元素。[1]包括司法制度在内，中国当代的政治制度，追寻其谱系，许多都可以在共产党革命时期政权的实践中找到其内核。陪审制度就是验证黄宗智该观点的最佳证据之一，我国现行人民陪审制的理念就成型于共产党革命根据地的实践。并且，不少困扰我国当前陪审制度的问题在那个年代也已经初现端倪。想要准确理解当前陪审制度的设置逻辑，就必须了解革命根据地时期陪审制度的运作情况，以及当时参与法制建设和法律实施之人对陪审制度的看法。因此，探知共产党领导下的陪审实践，或者说研究我国人民陪审制的谱系应当从革命根据地时期出发，之后再考察1949年中华人民共和国成立之后人民陪审制的发展脉络。基于此，本节将从革命根据地的陪审制度入手，并且梳理人民陪审制从发端直至《人民陪审员法》颁布之时的曲折历程。

一、革命根据地时期的陪审制度

如前所述，广州和上海的工人运动都采用过陪审的方式审理案件，也都吸纳了普通民众参与审判工作，但是这些陪审制度都没有被纳入正式的常规性的司法制度，只是中国法制史上的匆匆过客。真正意义上的人民陪审制需要追溯到中华苏维埃共和国时期的法制建设。

---

[1] [美]黄宗智：《过去和现在：中国民事法律实践的探索》，法律出版社2014年版，序第4~5页。

(一) 中华苏维埃共和国时期

近代中国，陪审制度通常被用于反革命案件、军事案件的审判。中华苏维埃共和国时期的陪审立法也是从军事案件开始。1932年2月1日出台的《中华苏维埃共和国军事裁判所暂行组织条例》最先将陪审纳入司法组织形式，在初级和高级的军事裁判所中都存在陪审。[1]军事法院只在初审案件中适用陪审制度，由1名裁判员和2名陪审员进行审理。该条例还规定了军事法庭陪审员的选任办法，即从士兵中选举产生，采取每周轮流参审的办法，在履行参审职责时免除其军事上的工作，参审的任务执行完毕后归队。[2]该条例影响力比较有限，因为这只是特别的专门法庭中的制度，并且只用了第12条和第13条两个条文简略地提及了适用范围和陪审员选任的基本规则。

在此之后，当年6月9日颁布的《中华苏维埃共和国裁判部暂行组织及裁判条例》用5个条文较为详细地规定了陪审员的任职资格、选任方式、程序的适用范围和陪审员的职权、陪审员的报酬和待遇、陪审员的回避等问题。[3]该条例奠定了我国人民陪审制的基本框架，[4]可被视为我国人民陪审制的源头。主要内容有：第一，选任制度。该条例规定陪审员从职工会、雇农工会、平民团等群众当中选举。可见，共产党领导下的陪审在选任人员上与国民党"精英化"的路线有很大区别。另外，担任陪审员的资格与选举权联系在一起，这与中华人民共和国国成立

---

[1] 军事裁判所一共有4种类型，分别是初级军事裁判所、阵地初级军事裁判所、高级军事裁判所和最高军事裁判所，其中两个实行陪审制度。
[2] 参见韩延龙、常兆儒编：《中国新民主主义革命时期根据地法制文献选编》（第3卷），中国社会科学出版社1981年版，第294~297页。
[3] 分别是第13、14、15、19、20条。
[4] 彭小龙：《非职业法官研究：理念、制度与实践》，北京大学出版社2012年版，第187页。

初期的做法十分相似。由于16周岁以下的未成年人不享有选举权,这就相当于将陪审员的年龄条件限制在16周岁以上。第二,参审范围。当时的审判组织形式有独任制审理和合议庭审理,如果是简单、不重要的案件,由裁判员独任审理,而案件如果采用合议庭审理则须由1名裁判员主审和2名陪审员参审。此外,该条例还规定了陪审员不得连续审理两个案件,下一个案件审理时须更换前一次的陪审员。第三,回避制度。陪审员需要回避的原因主要是有家属、亲戚和其他私人关系,这里对亲属的回避范围规定得比较宽泛,不只限于近亲属,值得肯定。第四,异议处理。该条例规定判决结果根据少数服从多数的原则产生,不过其设立的异议处理机制十分有特点。案件的裁判文书是根据多数意见作出的,并且陪审员需在判决书上签字。不过,与此同时,持不同意见或特别意见的陪审员如果执意保留其异议,可以选择将意见用信封密封发往上级裁判部供其参考。[1]第五,陪审员的报酬和待遇。该条例规定审理案件期间保障陪审员的合理收入,应当保留陪审员的中等工资。

除了上述规定之外,之后设立的一些特别法庭也采用了陪审的方式审理案件。例如1933年成立的劳动法庭也由裁判部长或科长担任主任,配备2名陪审员,只有简单、不重要的案件才由裁判员独任审理。[2]此外,《革命法庭的工作大纲》也规定了陪审制度。需要注意的是,在革命法庭中陪审员的数量大幅增加,这也是借助陪审员的名义提升判决正当性的途径。在

---

[1] 该条例第15条规定:"主审与陪审员在决定判决书时,以多数的意见为标准,倘若争执不决时,应当以主审的意见来决定判决书的内容,如陪审员之某一人有特别意见,而坚决保留自己的意见时,可以用信封封起送发上级裁判部去,作为上级裁判部对该案件的参考。"

[2] 参见韩延龙、常兆儒:《中国新民主主义革命时期根据地法制文献选编》(第3卷),中国社会科学出版社1981年版,第316~317页。

革命法庭中，陪审员的数量最低为5人，并且如果有必要还会尽量扩充人数，也就是说，原则上尽可能多地吸收群众团体代表参与此类案件的审判。

(二) 抗日战争和解放战争时期

在抗日战争和解放战争时期，中国共产党领导下的革命根据地、解放区的陪审立法更加丰富，制度化和法制化程度大为提升。当时，革命根据地颁布了大量与陪审制度有关的条例规定，从陪审员的选任、陪审员的参审范围、陪审员的回避、陪审员的职权等方面来看，都有了更加完备的规范，许多革命根据地还颁布了专门规定陪审制度的规范性文件。[1]可以说，这些规定奠定了我国人民陪审制度的基础。在此需要提醒注意的是，笔者仅是对抗日战争和解放战争时期陪审制度进行规范分析，至于这些规范是否落实到实践当中，以及当时司法实践是如何运用陪审制度的，还需要更多的实证资料予以印证。

1. 选任制度

关于陪审员的选任，马锡五在撰文回忆陕甘宁边区的陪审制度建设时指出当时主要有三个途径：第一个是审判机关邀请人员参加；第二个是由团体选举出陪审员参审；还有一种是机关、部队和团体选派代表，这种形式在抗日战争时期比较普遍。[2]

---

[1] 据不完全统计，抗日战争时期专门性的人民陪审员制度法律文件有《晋察冀边区陪审制暂行办法》（共计18条）、《晋西北陪审暂行办法》（共计21条）、《山东省陪审暂行办法》（共计13条）、《淮海区人民代表陪审条例》（共计15条），另外在《苏中区处理诉讼案件暂行办法》中也有针对人民陪审员制度的较详细规定，共有8条。此外，还散见于《苏中区第二行政区诉讼暂行条例》《晋察冀边区行政委员会关于执行改进司法制度的决定应注意事项的命令》等法律文件中。解放战争时期明确规定陪审制的有《陕甘宁边区人民法庭办事规则》等。另外，在汉奸、战犯等反革命案件中也人民陪审员制度的实施，具体法律文件有《太原军事管制委员会特别法庭暂行办法（草案）》（第2、3、5条）、《山东省审理汉奸战犯暂行办法》（第9条）。

[2] 参见马锡五："新民主主义革命阶段中陕甘宁边区的人民司法工作"，载《政法研究》1955年第1期，第12页。

有学者研究指出，在抗日革命根据地和解放区的实践当中，其他方式也得到了比较广泛的应用。[1]但是，鉴于实践资料的缺乏，笔者仍然以梳理相关文件为主要研究内容。

关于第一种形式，淮海区的陪审条例规定邀请地方公正人士1人至3人参与审理，借助当地社会有威望之人的力量实现地方社会的治理。担任陪审员的人员有一定的条件，例如在地方富有信誉、未受到抗日民主政府的刑事处罚、自己在当地政府或法院没有尚未结案的刑案，并且与当事人和本案没有关联。[2]第二种团体选举方式在当时也被多个地区的革命根据地采纳作为选任陪审员的主要方式，例如晋察冀、晋西北还有山东省抗日革命根据地的陪审暂行办法都规定了这种方式，从工人、农民、青年、妇女、文化界等团体中选举陪审员。[3]此外，还存在同级参议会驻会委员会推选参议院代表担任陪审员的形式。

2. 参审案件范围

对于在什么案件中适用陪审制度各地的规定不一，有的地方规定在普通民事和刑事案件中实行陪审制，[4]有的地方规定只有在重要的民事和刑事案件中实行陪审制，[5]还有地方规定没有明确说明案件范围。[6]此外，还有一些特别规定，例如晋察冀、晋西北等边区在不涉密案件中实行。这里出现了一个倾向，

---

[1] 彭小龙：《非职业法官研究：理念、制度与实践》，北京大学出版社2012年版，第189页。

[2] 参见韩延龙、常兆儒：《中国新民主主义革命时期根据地法制文献选编》（第3卷），中国社会科学出版社1981年版，第474页。

[3] 选举的团体包括工人抗日救国会、农人抗日救国会、青年抗日救国会、妇女抗日救国会、人民武装抗日自卫队、文化界救国会、牺盟会等等。参见韩延龙、常兆儒：《中国新民主主义革命时期根据地法制文献选编》（第3卷），中国社会科学出版社1981年版，第371、442、449页。

[4] 例如《晋察冀边区陪审制暂行办法》。

[5] 比如《山东省陪审暂行办法》。

[6] 比如《晋西北陪审暂行办法》《淮海区人民代表陪审条例》。

即认为采取陪审的方式是一个慎重的决定,应当将其限制在重大、复杂的案件中,而简单、不重要的案件不适用陪审制度。此外,当时还特别注意在特殊群体案件中使用"同类人审判"。譬如,在工人劳动案件中选取工会代表担任陪审员;在农民纠纷中选取农会代表担任陪审员;在婚姻案件中邀请妇联代表担任陪审员。[1]

3. 陪审员的职权

值得关注的是,对于陪审员是否可以展开审前调查,各地的做法并不相同。晋察冀边区规定在刑事诉讼的侦查阶段不适用陪审制,晋西北的陪审办法在此基础上还规定了陪审员不适用于民事调查。与这二者形成鲜明对比的是,山东省的陪审办法则明确规定了陪审员的审前调查权,极具特色。山东省明确规定陪审员在接到通知后应立即着手开展调查工作,并且陪审员获得的材料应在开庭前一日交给司法机关以备参考。[2]从中可以看出:第一,调查取证是陪审员的义务,而不是视情况自愿进行。法院通过这种方式发动群众深入了解案情,可以节省司法机关取证的人力资源。第二,收集的材料不具有证据资格,只是提供给司法机关作为决策的参考。这个举措与马锡五审判方式具有共通的理念,在当时并不是个例。例如,在苏中抗日民主政府的陪审制度中,陪审员同样负有帮助调查案件证据之责任。[3]这些关于陪审员协助调查职权的规定对中华人民共和国成立初期的陪审制度也产生了重大影响。例如,1951年的《人民法院暂

---

〔1〕 参见马锡五:"新民主主义革命阶段中陕甘宁边区的人民司法工作",载《政法研究》1955年第1期,第12页。

〔2〕 参见《山东省陪审暂行办法》第7条。参见韩延龙、常兆儒:《中国新民主主义革命时期根据地法制文献选编》(第3卷),中国社会科学出版社1981年版,第450页。

〔3〕 参见张希坡、韩延龙主编:《中国革命法制史》(上),中国社会科学出版社1987年版,第482页。

行组织条例》就规定人民陪审员有协助调查的职权。[1]

另外，需要指出的是，这个阶段的陪审员大多不具有实质裁判权，陪审员在庭审之后只能提供建议，而不是与裁判员共同表决，陪审员的意见对裁判员的判决结果没有实质拘束力。[2]晋察冀边区的规定要求审判员在作出与陪审员意见不同的判决时应当向其进行解释。[3]从这个意义上看，此时的陪审制更接近于观审制，与中华人民共和国成立后的陪审制度有一定区别，但这无碍于其成为我国人民陪审员的源头。当时也不是所有地方的陪审制度都只将陪审员的意见作为毫无约束力的参考意见，相关规定赋予了陪审员提出异议实质效力。例如，苏中区的规则显示陪审员的意见应当被记入笔录，之后径行作出判决；而如果多数陪审员都反对审判员的意见，则暂停判决，交由上级决定。[4]即便如此，考虑到当时陪审制度设立的初衷，以及中国共产党对群众和人民意见的重视，也不能就此认为陪审员的意见毫无约束力，审判员大多都会采纳陪审员的主张。

还需要注意的是，当时陪审员与群众在审判中的作用有一

---

[1] 1951年9月中央人民政府委员会第十二次会议通过了《人民法院暂行组织条例》。其中第6条规定："为便于人民参与审判，人民法院应视案件性质，实行人民陪审制。陪审员对于陪审的案件，有协助调查、参与审理和提出意见之权。"

[2] 《山东省陪审暂行办法》第9条规定："辩论结束后，主审应即召集陪审员开评议会，各陪审员应据个人对案情之了解提出意见以供参考（如意见不一致时亦无须表决）。"《淮海区人民代表陪审条例》："凡案件已经审理终结者，参与陪审代表应于退庭后，立即会议评论，提供意见，交由主审人参酌裁判。但对于裁判之确定无拘束力。"不过，山东的做法实际上是将陪审员与裁判员的意见均提交给行政委员会决定，无论陪审员和裁判员的意见是否一致。

[3] 《晋察冀边区陪审制暂行办法》第15条规定："审判官或军法官对于陪员提出之意见未能采纳时，得向陪审员提出解释。"

[4] 抗日战争时期的《苏中区处理诉讼案件暂行办法》第45条第2款规定："案件进行至可判决时，审判人员应召集审判会议，征取陪审员意见，以为判决之基础。有不同意见时，应记明笔录，得先径行判决；如多数陪审员反对审判员之主张时，应暂行停止判决，呈请上级决定之。"

定的界分。对此,雷经天提到,审判一般在可容纳多人的空旷场地进行,群众可以自行参加,也可以自由说话,但是判决不由群众表决。主审和陪审会听取群众意见共同讨论。雷经天指出陪审与主审具有同等的权力,正因为陪审员是代表人民参与审判,所以判决也代表了人民的意见。[1]

4. 程序设置

除了上述方面的规定之外,抗日战争和解放战争时期的陪审制度还具有许多创新之处。当时陪审员大多采取轮值的方式,司法机关会在庭审的几天之前通知陪审员参加,如果陪审员到时没有到庭,则被视作主动放弃陪审的权利,继而由其他陪审员递补。[2]

对于陪审员的义务,此时的规定也有所进步。山东省和淮海区的陪审规定一方面强调陪审员应当公开负责、忠于职务,不得与当事人共谋或接受请托,如果出现徇私舞弊等情况,情节严重的将被惩处;另一方面应当负有保密义务,不得泄露隐私使他人名誉受损。

关于陪审员回避的规定,晋察冀边区进行了非常详细的规定。有关回避的条款在亲属关系中运用了中国特色的五服制度,如七等亲、五等亲等表述。需要回避的情形还包括陪审员是该案的代理人、鉴定人、证人等;陪审员参加该案之前的审判;等等。回避的方式包括陪审员自行回避、当事人申请回避,以及审判官和军法官责令陪审员回避。[3]

---

[1] 参见雷经天:《两年半来陕甘宁边区的司法制度》1940年,陕西省档案馆档案,全宗号1,转引自侯欣一:《从司法为民到人民司法——陕甘宁边区大众化司法制度研究》,中国政法大学出版社2007年版,第354页。

[2] 参见张希坡、韩延龙:《中国革命法制史》(上),中国社会科学出版社1987年版,第483页。

[3] 参见张希坡、韩延龙:《中国革命法制史》(上),中国社会科学出版社1987年版,第481~484页。

二、我国陪审制度的发展历程

中华人民共和国成立后,革命根据地的人民陪审制得到了延续,并被国家法律正式承认,成为中国特色司法体制的组成部分。人民陪审制此后的发展并不平顺,中间经历了一些波折。总体来看,1949年之后我国人民陪审制的发展经历了四个阶段。本书在梳理人民陪审制在我国的兴衰历程的同时还将剖析同一个制度在不同时期身处不同境遇的原因,并且探究制度变迁的内在逻辑。

(一)初步确立阶段:1949年至1966年

中华人民共和国成立后人民陪审制发展的第一个阶段是从1949年至1966年。这个时期被称为人民陪审制发展的"黄金时期",[1]参加陪审的人民真正履行了审判的职权。在重视发动群众、依靠群众的年代,人民陪审制焕发的活力和人民参与国家建设的热情一样高涨和旺盛。1951年,最高人民法院针对陪审员在判决书和调解书上的署名问题作出答复,表明中华人民共和国成立后陪审制度在各级法院均有实行,但是也指出当时的制度只是试行的过渡形式,各地区在一些案件中已经酌情采用了人民陪审的形式,但对于人民陪审员的选任、职责等问题,各地的做法不一,陪审的经验还需要继续摸索和创造。[2]全国各级法院自1955年起普遍推行人民陪审员制度,[3]据不完全统

---

[1] 余森、胡夏冰:"我国人民陪审员制度的复兴",载《人民法院报(中央级)》2015年6月12日。杨凯:"制度重构:人民陪审制度改革与完善的实践路径论析",载中国法院网:https://www.chinacourt.org/article/detail/2004/10/id/137502.shtml,最后访问时间:2020年3月2日。

[2] 参见1951年"最高人民法院关于陪审员应否在判决书或调解书上署名问题的函",载胡云红主编:《人民陪审员法律手册》,中国法制出版社2018年版,第62~63页。

[3] 参见1963年《最高人民法院关于结合基层普选选举人民陪审员的通知》。

计，截至 1956 年 7 月，全国范围内选任的陪审员数量已超过 20 万人，而这个数据还不包括法院临时邀请的陪审员。[1]不过，进入 20 世纪 60 年代后，很多地方法院在审理案件时已经不采用陪审的方式。[2]

1949 年 9 月的《中国人民政治协商会议共同纲领》（已失效）规定法院审判案件实行人民陪审员制度，虽然这是中华人民共和国成立之前的规定，但在此之后具有临时宪法的性质。在 1954 年《宪法》生效之前，该文件是司法机关组织审判工作的准则。1951 年《人民法院暂行组织条例》（已失效）第 6 条首次规定了人民陪审制度，而对该条例的说明可视为对陪审工作进行了整体部署。[3]从这些规定中可知，实行人民陪审制的目的在于让人民参与司法审判，决定是否使用陪审员则需结合案件的性质进行综合考量。陪审员的职权有三项，分别是协助调查、参与审理、提出意见。[4]其中，协助调查权比较特殊，规则并没有限制人民陪审员只参与法庭调查，按此说法，人民陪审员也可以在庭外调查中协助法官。根据立法机关对条例起草的说明：首先，我国的人民陪审制是以苏联法制为参照的，二者具有相同的性质；其次，人民陪审制不是法院审判案件必须采

---

[1] 参见 1956 年《司法部关于人民陪审员的名额、任期和产生办法的指示》。

[2] 王敏远：“中国陪审制度及其完善”，载《法学研究》1999 年第 4 期，第 26 页。

[3] 《关于〈中华人民共和国人民法院暂行组织条例〉的说明》明确指出："人民陪审制与苏联法院的人民陪审制在本质上是一样的，但考虑到目前各地人民法院案件繁多，一般工作条件还不能做到普遍地实行这一制度，所以由人民法院根据实际工作情况实行人民陪审制。"参见武延平、刘根菊等编：《刑事诉讼法学参考资料汇编》，北京大学出版社 2005 年版，第 711 页。

[4] 除了法律规定的陪审员的职权之外，司法实践中，人民陪审员还承担着许多其他的工作任务，主要包括参与调解、法制宣传、宣读文书、制作判决书等。相关叙述可以参见金傅海、刘骅、裘昌禄：“我尽了人民陪审员的职责”，载《人民司法》1958 年第 Z1 期，第 21 页。

用的制度，而是各地根据实际情况酌情适用。需要注意的是，该说明允许地方暂缓实行的原因是案件繁多，法院条件有限。可见，当时让民众参与陪审并不是希望陪审员解决法院案多人少的问题，不是为了补充短缺的法官。在立法者看来，在审判中采用人民陪审员反而会增加法院的工作负担。

我国第一部明确规定陪审制度的法律是1954年《宪法》。自此，我国人民陪审制正式确立。同年通过的《人民法院组织法》第8条对《宪法》的条款进行了细化。由于这个时期《刑事诉讼法》和《民事诉讼法》都还未制定，对于如何在具体诉讼程序中落实《宪法》和相关法律的规定，各地还都在探索。不过，相关部门发布的有关规定和意见还是为人民陪审制的实行提供了初步依据。当时，司法部、最高人民法院等机关公布了许多关于陪审制度的指示和批复，这些为我国早期人民陪审制的形塑起到了重要作用。[1]

对法院来说，实行陪审制是一项比较繁重的负担。法院不仅要组织协调陪审员的选任、培训，在案件审理前还要提前通知陪审员参与，在审理过程中还要照顾到陪审员的意见。在中华人民共和国成立初期司法机关尚存在诸多问题需要研究解决的情况下，实行人民陪审制的确会大大增加司法机关的工作量。所以，《关于〈中华人民共和国人民法院暂行组织条例〉的说

---

[1] 例如，1956年司法部发布的《关于人民陪审员的名额、任期和产生办法的指示》和《关于陪审员是否可以暂代行审判员职务问题的复函》，1956年最高人民法院颁布的《各级人民法院民事案件审判程序总结》《各级人民法院刑事案件审判程序总结》，1957年最高人民法院颁布的《关于经审合议后的民事案件，审判员又独自进行调解而达成协议的，应否重新合议和应否准许被告人阅案卷内检举人不愿公开的材料以及对涉及国家机密的案件，可否为被告人指定辩护人等问题的复函》《关于"主持调解的审判人员"是否包括人民陪审员等问题的批复》，另外还有1964年最高人民法院颁布的《关于民事案件在开庭审理前试行调解时不必邀请人民陪审员参加的批复》等。

明》基于这些原因提出法院可以根据实际工作需要和条件暂缓实行人民陪审制。

法院对待人民陪审制的态度有两个极端：第一种是过度使用，另一种是不愿意使用。一些地方的司法人员担心违法，无论案件难易与否一律采取陪审的形式，每个审判员每月甚至邀请两期陪审员衔接运用。有观点认为这造成了人力和物力的浪费，所以《人民法院组织法》划定陪审案件的范围有助于缓解法院的压力。[1]但是，有的司法机关怕麻烦，或者不认为陪审员可以起到实质作用，在审理应当实行陪审的案件时，不通知人民陪审员参加审判。最高人民法院批评了该做法，认为这是违法的，应当予以纠正，不过也没有对此类违法施加任何制裁或设定任何不利后果。[2]

（二）异化和中断阶段：1966年至1978年

在20世纪六七十年代，我国的司法制度遭受了打击。正所谓"皮之不存，毛将焉附"，之前初步建立起来的人民陪审制度出现了中断。人民陪审制发展中断的重要表现在于1975年《宪法》删除了人民陪审制的内容，人民陪审不再是我国司法工作的一项原则。可是另一方面，1975年《宪法》第25条规定，司法机关应当发动群众批判，将审判作为一种群众运动进行。[3]虽然这也是广义上"民众参与司法"的一种方式，也是党的"群众路线"在司法领域的体现，但是，正如学者评价的："那种

---

[1] 邹宪民：“依靠群众办案的若干体会”，载《法学》1958年第4期，第23页。

[2] 参见1963年2月11日《最高人民法院关于结合基层普选选举人民陪审员的通知》。

[3] 正如有学者针对这一问题所指出的："依靠群众并不等于可以削弱司法机关的专门工作，更不允许以群众办案来代替司法机关的专门工作。尤其是群众不能直接行使国家赋予公安机关、检察院、法院的职权；群众提供的证据材料和意见，要经过分析、研究，鉴别真伪，不能'群众说啥是啥'，'群众要怎么办就怎么办'。"参见张子培主编：《刑事诉讼法学》，群众出版社1990年版，第88页。

作法与人民陪审员制度绝难同日而语。"[1]

1978年《宪法》第41条第2款重提了陪审,与1975年《宪法》的规定相比,1978年《宪法》有以下改动:第一,虽然提及实行陪审制,但是没有采用"人民陪审"这一术语,而是表述为"群众代表陪审",仍然延续了群众专政的思路;第二,将发动群众参与的案件范围从反革命案件扩大到所有刑事案件;第三,群众发挥的作用从宽泛的讨论批判转变为提出处理意见。

(三)恢复和虚置阶段:1979年至1998年

20世纪六七十年代末,人民陪审被视为社会主义民主的重要体现,再次被法律所强调。但是,1979年至1998年陪审制的实施也出现了波动和起伏,这与国家对陪审制的态度发生变化有关。总体来说,这个时间段陪审制的发展可以被概括为恢复和虚置,其中1979年至1982年主要处于恢复阶段,此后则进入了虚置期间。这两个期间没有明确的时间节点,是随着宏观政策的变化而逐渐转变的。与20世纪六七十年代的中断和变异相比,这一阶段的陪审制度得到了重新确认,但不论是立法者还是司法者,对人民陪审活动都没有恢复到先前的重视程度。所以,这种恢复是有限的恢复,并且出现了立法层面和实践层面不统一的现象。

1979年《刑事诉讼法》的颁布对陪审价值的匡正与陪审制度的复归起到了积极作用。该法确立了刑事诉讼的"专门机关",这对纠正群众审判现象有重大意义。关于陪审制度,该法也运用了三个条文进行规定。1979年《刑事诉讼法》在对"指导思想、任务和基本原则"进行规定时重新确立了人民陪审的原则。1979年《刑事诉讼法》不仅在第9条规定了陪审原则,且在第105条中具体规定了除自诉案件和其他轻微的刑事案件

---

[1] 何家弘:"陪审制度纵横论",载《法学家》1999年第3期,第42页。

可以由审判员一人独任审判以外，其他案件均实行陪审制，且合议庭中陪审员数量较多。同时，该条款还规定陪审员与法官同职同权。

1979年《人民法院组织法》将陪审原则覆盖到民事诉讼领域。该法在"总则"中规定了人民陪审制的适用范围，该规定与先前人民法院组织法的暂行条例规定的模式是一致的，确认了法院一审程序中以人民陪审员陪审为原则，不陪审只能是例外情况。

1982年《宪法》删除了有关人民陪审制的规定，人民陪审不再是一项宪法原则。虽然当时立法者并没有完全否定陪审制度的价值，[1]但确实影响了人民陪审制的命运。[2]紧接着，1982年试行的《民事诉讼法》第35条采取了灵活的变通方法，人民陪审制从此不再是一个原则性的规定，是否实行陪审均可由法院自行决定，法律不再做强制要求。这也导致实践中民事案件的陪审相比于刑事案件要少得多。直到1990年，新颁布的《行政诉讼法》关于陪审制度的规定仍然只是对上述《民事诉讼法》有关内容的重复。

1983年修订《人民法院组织法》时，立法者删除了对人民陪审制的原则性规定，即不再要求除了简单民事和轻微刑事案件之外其他案件必须实行人民陪审制。在删除了陪审的原则性规定后，该法对合议庭的组成方式也作出修正，规定一审案件可以只由审判员组成合议庭。此次修改也授权人民法院在所有案件中组织由没有陪审员参加的合议庭进行审判。在立法上开

---

[1] 相关起草背景和意见分歧参见肖蔚云：《我国现行宪法的诞生》，北京大学出版社2004年版，第548页。
[2] 关于文革对陪审制度的影响参见韩大元："论中国陪审制度的宪法基础——以合宪论和违宪论的争论为中心"，载《法学杂志》2010年第10期，第21页。

了口子后,各地法院出现了陪审制虚置的情况。

陪审制在恢复后旋即进入低谷的原因比较复杂。改革开放以来,党和国家吸取了历史教训,重视民主集中制,防止专断主义,强调党内生活和国家治理的民主基础,由此极大地影响了宪法规范体系的变迁。[1]人民陪审制度原本是制约国家权力的重要手段,但是《宪法》不仅没有赋予陪审制更大的使命,反倒是将其从文本中删去,必然有特殊的考量。党的十一届三中全会后,党和国家进行了全面反思,过去"群众专政"时无须司法机关起诉和审判,只要斗争大会上群众激烈批判,"反革命分子"就会被用各种手段镇压,所以中央层面对于群众参与审判的态度是比较谨慎的。并且,虽然这期间出现了权力专断缺乏制约的现象,但是司法权不包括在此内。司法权不仅没有膨胀,反而被不当地限制和干预,导致急剧萎缩。因此,这一阶段改革的目标并不是限缩司法权而是给予司法机关独立、完整行使权力的制度保障。不过,人民陪审制是社会主义民主的体现,这是任何人都不能否认的,立法者也无法轻言取消这一制度。实际上,国家仍然希望通过这一制度的实施彰显社会主义制度的优越性,而此时制度实行的障碍更多是来自基层司法机关的实践。人民陪审制的作用在当时被淡化的原因并非是否定其在社会主义民主中的地位,而是囿于硬性规定普通案件一律陪审造成在实践中执行成本过大,造成司法效率低下。[2]

---

[1] 王旭:"作为国家机构原则的民主集中制",载《中国社会科学》2019年第8期,第66页。

[2] 全国人民代表大会常务委员会在对1983年《人民法院组织法》的修改进行说明时指出了删除陪审原则和调整合议庭组成方式的立法理由:"不少法院提出,第一审都要有陪审员参加,在实践中有许多困难,特别是请有法律知识的陪审员困难很大,严重影响审判工作的进行,要求作比较灵活的规定。根据这种情况,民诉法已规定,新宪法也已将原宪法中关于实行陪审制度的规定删去。"

这里还有一个背景因素需要被考虑，从20世纪80年代起，我国进入了社会转型时期，犯罪数量大幅增加。为了应对这种变化，国家开始出台规定，[1]运用"严打"维护社会秩序的稳定。[2]尽管这项政策在遏制犯罪、保护公民安全和维持社会稳定方面起到了重要作用，减缓了社会变革过程中犯罪率的上升幅度，但也在一定程度上损害了程序公正。如学者指出的，"《刑事诉讼法》所规定的许多程序性保障机制都被取消或弱化"[3]，例如上诉制度就遭到政策性文件的削弱。[4]反革命等严重犯罪原本是人民陪审员参与的主要案件类型，用以提升司法处理的社会认可度，减少外界的负面评价，但是在追求效率的"严打"年代，通知陪审员参加审判并保障其参审权就会成为从速处理的阻滞。同时，陪审员的意见可能与党政领导的意见不一致，人民陪审员的参与可能会对政策的执行制造障碍，影响对犯罪分子的从重处理。

许多数据均表明这段时间人民陪审制在实践中受到了冷落。1993年一项对海南省10个县市的调查统计显示，只有一个法院较为完整地执行了陪审制度，除了法律规定可以不实行陪审制的案件之外合议庭中一般都有人民陪审员。除了该法院外，其余4个县法院的陪审制度都打了折扣。其中两个法庭主要是在刑事、民事案件中实行人民陪审制，其他案件则不实行陪审制。

---

〔1〕 1983年第六届全国人民代表大会常务委员会第二次会议通过的《关于严惩严重危害社会治安的犯罪分子的决定》和《关于迅速审判严重危害社会治安的犯罪分子的程序的决定》（已失效）标志着"严打"的开始，通过从重从快，稳、准、狠地打击严重危害社会治安的暴力犯罪、经济犯罪、黑社会犯罪等刑事犯罪活动。

〔2〕 陈兴良："宽严相济刑事政策研究"，载《法学杂志》2006年第1期，第17~19页。

〔3〕 陈光中："严打与司法公正的几个问题"，载《中国刑事法杂志》2002年第2期，第2~4页。

〔4〕 参见《关于迅速审判严重危害社会治安的犯罪分子的程序的决定》。

另外两个法院总体上不实行人民陪审制，只是在法庭人手不够、无法组成合议庭时才使用陪审员。其他的 5 个法院在审判时完全没有采用陪审制，1983 年"严打"之后有一个法院就不再运用陪审制，另外 4 个在 1987 年以后逐步不再采取陪审的方式审理案件。[1]从该调研中可以得知，实践中陪审制度与立法者所设想的相去甚远，相关规定并没有得到有效执行。县级人大从未任命过陪审员，有 2 个县的陪审员是法院指定的，有 2 个县的镇人大选过一次陪审员，但这些陪审员已经担任了十多年，从未换届。法院缺乏对陪审员的必要培训，有的连基本的交流能力都十分欠缺，根本无法胜任审判工作。[2]

需要澄清的是，此时各地的法院并非都不认可陪审制度。一部分法院逆势而上，积极探索了人民陪审员制度的实践运作。其中，北京市海淀区法院 1996 年时人民陪审员的数量是 120 名，陪审案件共计 1363 件。[3]1992 年上海市开始组建共青团陪审员队伍，到 1998 年的时候已有共青团陪审员 214 人，共青团陪审员主要参与少年刑事案件的审理，仅 1996 年至 1998 年三年间就参与审判案件 500 多件。[4]这个时期陪审制受到重视的地区主要是北京、上海等发达城市。这些地区的司法机关有足够的人力、物力条件大范围推行陪审制，并且这些地区拥有较完善的行政体系，社会动员能力和法律执行力强。

总而言之，政治经济中心并不排斥人民陪审制的实行，作

---

[1] 张建东："关于人民陪审制度执行情况的调查与思考"，载《海南大学学报（社会科学版）》1993 年第 4 期，第 83 页。

[2] 张建东："关于人民陪审制度执行情况的调查与思考"，载《海南大学学报（社会科学版）》1993 年第 4 期，第 84 页。

[3] "为了严肃执法——北京市海淀区法院陪审工作侧记"，载《法制日报》1997 年 3 月 1 日。

[4] "上海共青团陪审员作用大"，载《法制日报》1998 年 5 月 21 日。

为民主的象征，人民陪审制的广泛实行对司法机关"政绩"的提升有所助益。所以，这些地区在"有余力"的情况下也乐于推行陪审。从这些历史资料中可以看出，淡化陪审制的动力并非来自中央，不属于由国家自上而下推行的政策。在立法者作出此种决策时，陪审制度在司法实践中已经遭到了废弃。这种决定更多是自下而上的阻力使然，是在各地实行都遇到困难的情况下才将其有意淡化的。

（四）复苏与筹备立法阶段：1998年至2018年

1998年之前，我国人民陪审制长期处于"名存实亡"的状态。[1]1998年9月，全国人大常委会委员长李鹏提出"基层法院审判第一审案件，应当……实行人民陪审员制度"，成了决定我国人民陪审制发展的转折点。根据这一指示，最高人民法院开始推进人民陪审制的重启工作。1999年5月8日，最高人民法院将改革草案呈交给全国人大常委会，[2]开启了人民陪审制复苏的序曲。[3]

1999年10月最高人民法院发布的《人民法院五年改革纲要》对人民陪审制改革提出了总体要求，[4]自此拉开了长达近二十年的中国人民陪审制的立法进程。然而，相关法律文件的

---

[1] 参见樊崇义："关于人民法院贯彻实施人民陪审员制度的建议——北京市政协九届二次会议第04—460号提案"，载《北京观察》1999年第10期，第54页。

[2] 即《关于提请审议〈关于完善人民陪审员制度的决定（草案）〉》。

[3] 此后，李鹏同志再次作出指示："要实行人民陪审员制度，这也是促进司法公正的重要制度。人民陪审员要熟悉法律、公正、能代表人民的利益，并且要完善陪审员的产生过程。"参见"落实人民陪审员制度推进司法改革进程"，载《人民法院报》1999年6月5日。

[4] 1999年10月20日最高人民法院指出："对担任人民陪审员的条件、产生程序、参加审判案件的范围、权利义务、经费保障等问题，在总结经验、充分论证的基础上，向全国人大常委会提出完善我国人民陪审员制度的建议，使人民陪审员制度真正得到落实和加强。"参见《中华人民共和国最高人民法院公报》1999年第6期，第187页。

出台却相当曲折，最高人民法院虽然在 2000 年 9 月向全国人大常委会报送了改革的草案，但是全国人大常委会经过审议认为该规定的出台时机还不成熟，特别是对人民陪审员的职责定位和任职条件等问题还需要进一步研究，该草案的出台进程被搁置下来。最终 2004 年全国人大常委会通过了《关于完善人民陪审员制度的决定》，这在我国人民陪审制度的发展史上具有重要地位，在此后的 14 年中，该规定成了我国人民陪审制运行的最主要规范和依据。

根据最高人民法院对该决定的说明，此时国家重新重视人民陪审制的重要原因是党中央新的指导思想的提出。[1]"三个代表"重要思想阐释了中国共产党要始终代表中国最广大人民的根本利益，其本质是"立党为公，执政为民"，这也是中国共产党的执政理念。让人民参与司法裁判是上述思想的重要体现，在各个领域全面贯彻落实党中央指示的背景下，人民陪审制的复苏也在情理之中了。

至于其他理由，如人民陪审员从社会道德标准等方面衡量判断可与法官形成思维互补促进司法公正、增进司法公开和司法透明、提高判决认可度让人民群众息诉服判、加强法制宣传等，都不属于这个时期特有的因素。人民陪审制得以复苏的最重要原因仍然是党中央希望利用陪审制度彰显社会主义司法民主，落实执政为民的理念。

从 1998 年起一直到 2018 年，这二十年间人民陪审员制度的发展相较之前是一种复苏，但是如果仅仅用复苏概括该阶段

---

[1] 最高人民法院在对《关于完善人民陪审员制度的决定》出台的必要性进行说明时指出：立法完善人民陪审员制度，是司法工作实践"三个代表"重要思想和"立党为公，执政为民"要求的重要体现。参见"关于《关于完善人民陪审员制度的决定（草案）》的说明——2004 年 4 月 2 日在第十届全国人民代表大会常务委员会第八次会议上"，载《全国人大常委会公报》2004 年第 6 期。

的特征是不够准确的。1998年至2004年，我国的陪审制更多地呈现出一种复苏的态势；2004年之后，随着立法工作的不断推进，人民陪审制成了人民法院工作和司法体制改革的热点问题，不只是"恢复"而是大步向前，展现出了蓬勃发展的势头。从2004年到2018年，这个时间段都是在为最终的陪审立法做准备。

然而，与官方话语体系中的"欣欣向荣"相比，实践中陪审制度的实行仍然没有太大的改观。[1]2008年一项调查统计显示，即便是人民陪审员也认为陪审制度没有发挥实质作用，存在陪审虚化的现象。[2]实践中的陪审制不仅在微观的规则上尚无定论，而且在宏观上的价值定位和功能认识上也存在模糊不清的情况。在此之前，法院如果认为陪审制难以发挥作用，可以选择弃之不用，但在中央层面作出统一部署之后，执行政策的法院开始有意识地提高陪审的适用率，这就进一步加剧了人民陪审制的功能异化，加重了陪审制的工具化色彩。

---

[1] 黄宗智有关法律实践历史的考察表明，我国素有道德性理念与实用性实践相结合的"实用道德主义"传统，"实践是一回事，理论、表达或制度是一回事，但是在实践历史中并存、互动、结合和背离，则又是另一回事"。参见黄宗智："中国法律的实践历史研究"，载《开放时代》2008年第4期，第121页。

[2] 相关调查问卷统计参见吴丹宇："广州市人民陪审员情况调查"，载《法治论坛》2008年第1期。

第二章
我国人民陪审制的困境和出路：从虚化走向实质化

我国的人民陪审制既迥然于英美法系的陪审团制度，也与大陆法系的参审制度不尽相同，而是具有一定的中国特色。[1] 从谱系上看，虽然清末法律改革时伍廷芳等人引进了英美的陪审团制度，并且在民国时期进行过零星的尝试，但陪审团模式从未在我国落地生根，甚至没有在实践中得到制度化。我国现行陪审制度发轫于革命根据地时期，创立过程中受到苏联司法制度的影响。人民陪审制度吸收了我国革命时期的司法理念，在中华人民共和国成立后仍然葆有相当旺盛的生命力。20世纪六七十年代，人民陪审制一度被废弃，之后仍然处于被冷落淡化阶段，直到1998年党中央再次强调陪审制度的作用，才赋予了该制度二次生命。

人民陪审制在革命时期和中华人民共和国成立初期曾经在填补法律空白、解决法官专业化不足等方面发挥重要作用。然

---

〔1〕 从类型学上分析，我国人民陪审制属于参审制的范畴。从谱系上看，我国的陪审制度与苏联的陪审制度有一定联系，而苏联的制度则借鉴了德国的参审制。不过，无论从人民陪审背后的"人民司法""群众路线"等理念看，还是从具体的制度设计看，我国的人民陪审都与大陆法系的参审制有一定区别，与人民调解制度一样具有鲜明的中国特色。也有研究指出，陪审包含三种形式：一种是以英美为代表的陪审团制度，一种是以法德为代表的参审制，一种是以我国为代表的人民陪审制度。参见陈光中主编：《中国法学会诉讼法学研究会历次年会综述汇编》，中国人民公安大学出版社2001年版，第200页。笔者无意割裂我国人民陪审制与参审制之间的紧密联系，但也需要承认人民陪审制具有独特性。

而，中央在决定复苏陪审制度并在实践中推广后发现，随着社会的变迁，该制度在革命根据地时期和中华人民共和国成立之初得以发挥的优势功能（如制约相对不被信任的法官、弥补法律的不足等）已经不再重要，其工具属性弊端反倒被不断放大，以至于不得不进行大刀阔斧的改革。

实际上，自20世纪70年代从国家层面弱化人民陪审制的地位以来，人民陪审制度在我国的发展就陷入了困境。以至于到了20世纪90年代末期，即使国家开始重新重视陪审并且启动多轮改革，人民陪审制度也没能恢复往日的元气，改革效果并不显著。在我国的司法体制中，人民陪审制依然处于极为尴尬的境地，具体表现为陪审的虚化，而破解困局的关键就在于如何将陪审虚化转变为陪审实质化。

第一节 陪审虚化的含义及其后果

从整体上看，我国人民陪审制运行中的问题集中表现为"陪审虚化"，这是基于对陪审制度实践状况的观察得出的结论。虽然其含义看上去并不容易被误解，但是鉴于我国法学界有关陪审制度的学术研究不常提及"陪审虚化"，[1]因此有必要首先就何为陪审虚化进行阐释。本节将首先就陪审虚化的含义进行剖析，之后就实践中存在的现象进行实证研究，指出制度运行实际情况符合"虚化"的理论判断。

---

[1] 也有学者明确使用"虚化"来描述人民陪审制的实施情况。早在2007年就有实证研究指出："陪审制在部分中部农村司法实践中已然变形、虚化。"参见曾晖、王筝："困境中的陪审制度——'法院需要'笼罩下的陪审制度解读"，载《北大法律评论》2007年第1期，第39页。刘哲玮也指出："人民陪审制在现实中被虚化，耗费资源但却并不实用。"参见刘哲玮："人民陪审制的现状与未来"，载《中外法学》2008年第3期，第447页。在此不一一列举。

第二章 我国人民陪审制的困境和出路：从虚化走向实质化

一、陪审的虚化与陪审形式化

解释何为陪审虚化不能孤立地就虚化的含义展开讨论，而是应当结合其参照的体系（即陪审实质化）进行解读。就字面来看，一项制度的虚化一般指的是功能的虚化，即没有发挥实际作用，而实质化则是指制度发挥了实际作用。通常来说，与实质相对应的是形式，而与实质化相对应的术语为形式化。从哲学上分析，形式和实质是一种表象与本质的关系，二者是对立统一关系，本身没有明显的褒贬之分。但在我国的政治语境下，形式化有特殊的含义，它经常被与形式主义联系在一起。作为坚决打击的"四风"之一，形式主义指的是"语言上的巨人、行动上的矮子"——只会喊响亮的口号，实际上却并没有什么作为等。[1]从这个意义上看，将形式化作为陪审实质化的对立面并无不可，可以反映陪审实践中存在的"做样子""走过场"等现象。

然而，司法的形式化有其特定的意涵，是学术界的特定术语。马克斯·韦伯认为，司法形式主义可以在国家中构建严密的司法机器，未来司法像一台"自动售货机"一样运行，在形式理性、高度概念化的实体法和精密化的程序法的作用下就诉因、事实、法律、救济等因素进行分析，并且在职权主义模式下得出统一的结果。[2]韦伯认为，中国的传统司法属于一种"卡迪司法"，其特征是司法官员的非专业化以及司法裁判的实质化。质言之，中国古典司法与现代西方司法存在根本性差异，

---

[1] 参见王承哲："加强作风建设坚决整治形式主义"，载光明网：http://theory.gmw.cn/2019-08/07/content_ 33060546.htm，最后访问日期：2020年1月10日。
[2] 参见［德］马克斯·韦伯：《论经济与社会中的法律》，张乃根译，中国大百科全书出版社1998年版，第30~31页。

前者属于司法的实质化,而后者遵从司法形式化的路径。[1]当然,这只是韦伯提出的一种理想化的司法类型,但其影响力十分深远,后续理论研究者即便对此提出反对意见也绕不开韦伯先前的论述。对于此,相关学者进行了激烈的论辩,并由此衍生出了三种理论观点:一个是以韦伯、滋贺秀三、寺田浩明等人为代表,揭示我国古典司法缺乏形式性而产生的不确定性;[2]第二种是黄宗智、张伟仁等人批判和否定韦伯理论,认为中国传统司法具有确定性的理论路径;[3]三是林端、徐忠明等学者在继受上述理论的基础上发展出的"多值逻辑"及"情法两尽"等综合模式。[4]不可否认,就像徐忠明教授所提出的,实质化与形式化的融合和紧张是我国传统司法的特征,[5]但是与资本主义国家的形式主义司法相比,我国的实质主义司法特征相当明显,并由此对我国司法体制的进一步发展产生了重要影响。譬如,有学者认为司法形式化对司法组织和司法主体的要求是衡量和判断诉讼法制现代化程度的标尺。[6]有学者更是指出我国司法改革的方

---

[1] 参见[德]马克斯·韦伯:《儒教与道教》,洪天富译,江苏人民出版社1993年版,第120~124、154~156、172~174页。

[2] 参见[日]滋贺秀三等:《明清时期的民事审判与民间契约》,王亚新、梁治平编,王亚新、范愉、陈少峰译,法律出版社1998年版,第3页;[日]寺田浩明:《权利与冤抑——寺田浩明中国法史论集》,王亚新等译,清华大学出版社2012年版,第323~393页。

[3] 参见黄宗智:《民事审判与民间调解:清代的表达与实践》,中国社会科学出版社1998年版,第213~226页;张伟仁:"中国传统的司法和法学",载《现代法学》2006年第5期,第59页。

[4] 参见林端:《韦伯论中国传统法律——韦伯比较社会学的批判》,三民书局2003年版,第53页及以下;徐忠明:"清代中国司法类型的再思与重构——以韦伯'卡迪司法'为进路",载《政法论坛》2019年第2期,第67页。

[5] 徐忠明:"清代中国司法裁判的形式化与实质化——以《病榻梦痕录》所载案件为中心的考察",载《政法论坛》2007年第2期,第74页。

[6] 参见夏锦文:"司法的形式化:诉讼法制现代化的实证指标",载《南京师大学报(社会科学版)》1995年第4期,第32页。

法论原则应当坚持司法形式主义的思维方式。[1]

笔者无意参与上述论争,只是想表达"形式主义"和"形式化"在司法理论语境中具有特殊的含义,并且在很大程度上正是清末修律以来我国近代司法改革所追求的方向。它不仅是一个中性的概念,并且在许多论著中具有积极的意义。因此,在上述语境中,与司法实质化相对应的司法形式化所包含的意旨与本书所表达的与陪审实质化相对立的陪审形式化之含义存在重大差异。此"形式化"并非笔者希望用以描述人民陪审制现状的彼"形式化"。

鉴于此,虽然"陪审形式化"的表述在现代汉语中并不会产生太大的歧义,但为了减少不必要的误解,笔者选择谨慎运用"陪审形式化"的表达,转而选择采用"陪审虚化",二者的含义并无太大差别。在此需要注意的是,陪审实质化中的实质与前述韦伯等人理论中的司法实质也存在区别,但是实质化近代在诉讼法领域已经成为学界公认的术语,学者对其含义基本已达成共识,不会产生误解。也有少量研究运用了"陪审实质化"的术语,但目前尚未形成较为系统的阐述和较为深入的研究。[2]对于陪审实质化的含义,本书将在后续进行进一步阐释。

二、陪审虚化的多重意涵

前文大致将陪审虚化与陪审形式化联系在了一起,也初步

---

[1] 周永坤:"有关司法改革方向的几个司法理念与实践问题",载《政治与法律》2017年第1期,第8~9页。

[2] 在已有研究中,有少量文章明确使用"陪审实质化"一词。例如,刘计划教授提出应当对我国人民陪审制进行"实质化改造"。参见刘计划:"我国陪审制度的功能及其实现",载《法学家》2008年第6期,第73页。另外还可参见潘金贵、蔡岱燐:"论陪审实质化改革的机制构建",载《贵州民族大学学报(哲学社会科学版)》2016年第3期,第172页;施鹏翔:"人民陪审员制度实质化改革的积极实践",载《人民法院报中央级》2016年5月26日;等等。

解读了虚化的含义，但是笔者将"陪审虚化"作为我国陪审制度存在问题的提炼式的总结，对于这一抽象概念的含义就仍然需要进行更加深入的分析探讨。虚化和虚置有所不同，虚置是制度因没有适用的案件而被束之高阁。例如，尽管2018年《刑事诉讼法》为促进境外追逃追赃，增设了缺席审判制度，但截止至2021年上半年，还没有任何一个刑事案件适用外逃型缺席审判程序处理，这样便可以说刑事缺席审判程序被虚置了。然而，陪审制度不存在这个问题。实践中，陪审程序被大量运用，完全没有被虚置，反而被过度适用了。然而，陪审程序却存在虚化的情况。笔者认为，所谓"陪审虚化"具有以下几层含义：

第一，我国陪审程序的顶层设计者将陪审视作司法制度中较为边缘的部分，没有赋予其重要使命。在国家看来，陪审制度是人民参与国家管理的重要途径，但具有的更多的仅是象征意义。不仅《人民陪审员法》的制定相当滞后，直到2018年才颁布单行法律，并且法律的实施也存在严重的窒碍。法律规定本身就没有赋予陪审制度足够的重要性，具体规定落实到实践层面又大打折扣。

第二，适用该制度的各方，包括法院法官、当事双方、人民陪审员等主体通常都将该制度视为"可有可无"的存在。法官邀请人民陪审员参与审理案件却不指望陪审员可以站在独立的立场上利用自己的生活经验阅历提供有益的意见和建议，多数时候更不希望陪审员提出与专业法官不同的看法。对当事人来说，他们也不认为陪审员会作为人民群众的一员维护当事人的利益，尤其是在刑事案件中成为对抗公权力的武器。

第三，在具体的制度运行中，陪审程序没有显示出太多与其他程序间的实质性差异。陪审员虽然到庭参审，但没能有效参与庭审，绝大多数人民陪审员均不会认真听取控辩双方或各当事人的意见,更遑论主动就自己的疑问向当事人发问了。庭审中陪审员缺乏与法官的沟通,游离于庭审之外。相对于专业的法官,陪审员在开庭之前并没有对案情进行充分的了解,甚至往往连基本的了解都没有。而在庭审中,陪审员主观上缺乏了解的意愿、客观上又缺乏了解的时间和能力,由此很难理解相关案件的脉络并把握案件的层次。[1]由此可能直到案件裁决完毕,陪审员都对案情知之甚少。

第四,从案件处理结果上看,陪审员对案件裁判难以施加影响。一方面,由于多数陪审员没有实质参审,因此很难在庭审后的评议中就事实问题和法律问题提出合理、有效的意见。并且,法律没有赋予陪审员异议足够的效力,仅仅赋予其将案件送至审委会讨论的效力。而在实践中,案件被当庭宣判的情形极少,陪审员即便与法院的意见不一,在庭后各方也有足够的机会让其与法官达成"一致意见"。在实践中,法院通常都是在得出结论后再通知陪审员在裁判文书上签字,这样陪审员对裁判结果的生成便只是形式上的确认,并没有施加实质的影响。

综上,从定位、功能、运行等多个角度考察我国的陪审制度均可发现人民陪审制度存在虚化现象。那么,这种虚化是制度的应然状态吗?从世界范围来看,实行陪审制度的国家大多重视陪审程序的建设。例如,英美法系国家的陪审制度成了国家司法制度的基础和核心,国家不断发展和完善陪审程序,陪审员的决定具有最终效力。相较于国外的司法实践,我国的陪审存在虚化现象。从立法和实践的差异来看,全国人民代表大会颁布的相关规定以及人民法院关于陪审的规则大体上也是追求陪审实质化,但是这些规定很难落实到实践层面,实务部门

---

[1] 参见陈克刚:"人民陪审员何以'陪而不审'",载《西南政法大学学报》2008年第5期,第69页。

普遍不严格执行有关陪审的规定。相较于立法的规定，我国陪审实践存在虚化的现象。

三、陪审虚化的后果

我国陪审制度的多轮改革针对的实际上都是陪审虚化问题。立法者早已意识到这一问题不仅影响了我国陪审制度的有效实行，甚至还影响了整个审判工作的开展。[1]陪审虚化存在很多危害，由此成了重点治理对象。其危害主要有以下几方面的表现：

（一）导致陪审制度的功能无法实现

一般而言，学界认为政治功能和司法功能是我国陪审制度的两大功能。具体来说，政治功能被视为主导，司法功能被视为表现。[2]陪审制度的"双重面孔"使得陪审制度呈现出复杂和多元的特性，即便存在许多难以克服的问题，也不能轻言废弃。这也导致了陪审制度在虚与实之间摇摆不定。陪审的政治功能指的是陪审被国家视作公民参与政治的途径，体现了人民当家作主和人民民主专政。托克维尔指出，不能将陪审制度单纯地当作一项司法制度来看待，这样的看法是狭隘的，因为陪审制度不仅对诉讼的结果施加了重要影响，还对社会命运本身产生了重要影响，从功能上说，它首先是政治上的制度。[3]正如彭真提出的，人民陪审有两大作用：一是对于诉讼进程来说，在人民群众中选出公平公正的陪审员来参与审判，可以尽快查清案情、

---

[1] 参见"关于《关于完善人民陪审员制度的决定（草案）》的说明——2004年4月2日在第十届全国人民代表大会常务委员会第八次会议上"，载《中华人民共和国全国人民代表大会常务委员会公报》2004年第6期。

[2] 参见李玉华、张思尧、杨亮：《中国特色陪审制度的新发展》，中国政法大学出版社2014年版，第161~164页。

[3] 参见［法］托克维尔：《论美国的民主》（上卷），董果良译，商务印书馆1988年版，第213页。

第二章 我国人民陪审制的困境和出路：从虚化走向实质化

使得案件得以公平公正的处理；二是对于公民的社会责任感来说，人民陪审可以增进国家机关与人民之间的密切联系，使人民更加体会到当家做主的权利，从而提升其社会责任感。[1]这样来看，即便是陪审存在虚化的现象，也不会直接影响这种政治功能的实现。

陪审虚化主要影响的不是陪审政治功能而是陪审司法功能的实现。陪审制度的司法功能通常指的是其具有事实发现的功能，并且可以在司法裁判中引入"民间智慧"纠正职业法官可能存在的偏差。陪审制度在英格兰起源时就被用于弥补法院掌握事实不足的难题，目的是让陪审员以知情人的身份为案件事实的判断提供信息。[2]在熟人社会中，陪审员可以根据日常交流所得背景信息综合判断，而在熟人社会结构被打破后，半熟人社会中陪审的事实发现功能有所减弱。陪审制度的司法功能还体现在引入特殊知识上，虽然有学者提出了两个顾虑：一是陪审员的认知模式属于启发式的认知模式，由此其认知往往更加偏向感性而缺乏理性；二是在一定程度上陪审员可能很难改变其对某些人和事的固有印象，从而很难摘下刻板和偏见的"有色眼镜"。[3]但是在我国的官方话语体系中，陪审制度是促进司法公正的有效途径。《人民陪审员法》第1条就开宗明义地指出该法的立法目的之一就是促进司法公正。该条文不仅指陪审制度异化会影响司法公正，还指陪审制度本身可以促进司法公正。在改革者看来，陪审员可以通过社会经验处理案件，与法官的被动中立形成良性互补，陪审员可以运用朴素的正义观

---

[1] 彭真：《彭真文选（1941—1990）》，人民出版社1991年版，第238页。
[2] 李红海："英国陪审制转型的历史考察"，载《法学评论》2015年第4期，第179页。
[3] 樊传明："陪审员是好的事实认定者吗？——对《人民陪审员法》中职能设定的反思与推进"，载《华东政法大学学报》2018年第5期，第121页。

念决策,以此抑制职业法官从专业角度出发形成的机械化判断,为判决注入衡平正义。此外,让法院系统之外的群众参与裁判可以使司法决策更少地考虑司法人员的行业利益或政治因素,从这个角度看也可以有效促进司法公正。[1]

陪审虚化直接损害的就是这部分司法功能的实现,如果陪审员没有实质参审,自然就不可能站在群众的视角上为案件的裁断提供不同于专业法官的见地。这会造成陪审案件的裁判生成机制和裁判者知识背景与均由专业法官组成的合议庭或一名法官组成的独任庭没有差异。

(二) 不利于制度生命力的延续

长期以来,我国理论界和实务界关于陪审制度是否应当废除的争论一直没有停息。陪审制度虽然已被立法确定下来,成为我国司法制度的重要环节,但是由于实践中的种种问题,陪审制度很难称得上已经在我国司法土壤中立足生根。制度的生命力在于执行,如果一项制度长久以来一直处于虚化状态,也就处在了被废弃的边缘。

在 20 世纪末学界关于陪审制度存废之争的大讨论中,保留派与废除派轮番上阵,围绕陪审制度的必要性各抒己见。在废除陪审制的理由中,陪审虚化占据一席之地,成了攻击我国陪审制度的主要靶子。废除论的理由之一是陪审制度不符合宪法的规定,在 1982 年《宪法》删除关于陪审制度的原则性规定后,这种民主制度合宪性不足。[2]还有学者认为,我国古代并没有类似陪审的制度,英美法系的代表陪审制度与我国的传统

---

[1] 参见最高人民法院政治部编著:《〈中华人民共和国陪审员法〉条文理解与适用》,人民法院出版社 2018 年版,第 24 页。
[2] 王晶:"中国人民陪审制度存在问题及其完善",载北大法宝:http://www.pkulaw.cn/fulltext_form.aspx? db=art&gid=335546653,最后访问时间 2020 年 1 月 12 日。

第二章 我国人民陪审制的困境和出路：从虚化走向实质化

诉讼模式并不兼容，因此陪审制度在我国缺乏生长的土壤和环境，注定发展艰难。[1]另外，还有观点认为我国实行的人民陪审制让外行人参与司法裁判是不合理的，[2]非专业的陪审员作出的裁决体现的也是具备法律知识的法官的意志，在我国社会主义法制还未成熟的形态下，陪审制度可以作为一项临时性的制度存在，但待到民主和法制健全后，人民陪审制终将退出历史舞台。

除了上述原因外，还有学者指出了现实的问题，那就是我国陪审制度在实际运行中的"名存实亡"。陪审员本身专业能力上的缺陷以及法院系统对于陪审制度的不重视使得法院通常不愿意运用这一制度。基于对诉讼成本和效率的考虑，法院认为如果每个案件都严格执行陪审制度会妨碍法官的正常审判工作。当时，持废除论者认为，有的法院基本不实行陪审制度，有的即便邀请了陪审员参与案件审判也只是走过场而已，法院往往不会采纳陪审员的意见。[3]这里虽然没有用"陪审虚化"这个术语，但指的就是这种现象。虚化问题已经发展到了学者希望废除陪审制度的地步，因此如果无法解决这个问题，人民陪审制在将来可能会再次面临存与废的抉择。假如未来陪审制度的命运到了十字路口，在改革者考虑废除陪审制度时，陪审虚化若依然缺乏有效的方法解决，很可能成为决定陪审命运的关键因素。所以，陪审虚化显然不利于陪审制度生命力的延续。

（三）妨碍庭审实质化的实现

推进"以审判为中心"的诉讼制度改革是我国司法体制改革的重点之一。在实践中，这项改革重点针对的便是刑事诉讼

---

[1] 参见申君贵："对我国陪审制的否定性思考"，载《中国律师》1999年第4期，第14~15页。
[2] 参见龙宗智："中国陪审制出路何在"，载《南方周末》2001年2月9日。
[3] 相关观点梳理参见钟莉：《价值·规则·实践：人民陪审员制度研究》，上海人民出版社2011年版，第57页。

领域，因为民事诉讼向来就是以审判为中心，而刑事诉讼中却存在以侦查为中心等问题。[1]基于此，首先，从不同环节看，无论是侦查环节还是起诉环节，都应当服务于审判这一中心环节；其次，在审判环节中，庭审特别是一审应当是中心，而在这里，庭审实质化是保证庭审中心地位的重要因素。[2]因此，针对庭审实质化的制度改革成了重中之重。根据庭审实质化的要求，对被告人定罪量刑应当通过庭审的方式根据庭审内容作出决定。[3]与陪审相类似，庭审虚化或形式化是与庭审实质化这一目标相对应的问题，这是指对被告人的定罪量刑并不是通过庭审决定，甚至可能出现在庭审前就已经完成对案件的事实认定或者对被告人的责任认定，使得庭审成为一种形式的现象。[4]也就是说，庭审虚化或形式化就是"判决先于审判"，对于定罪量刑来说，庭审只是"排面"。[5]

那么，陪审虚化与庭审虚化具有何种关系？从字面上看，虽然陪审和庭审中的"虚化"意思比较接近，但陪审虚化与庭审虚化仍然有较大差别。首先，庭审实质化一般指的是在刑事诉讼场域内，而民事、行政等类型的案件由于不涉及公安机关、检察机关、审判机关、监察机关等国家机关间的关系，案件处理基本依靠法院通过庭审处理，庭审实质化水平相对较高。而

---

[1] 参见陈瑞华："论侦查中心主义"，载《政法论坛》2017年第2期，第3页。

[2] 参见卫跃宁、宋振策："论庭审实质化"，载《国家检察官学院学报》2015年第6期，第127页。

[3] 最高人民法院的说法是："审判案件应当以庭审为中心。事实证据调查在法庭，定罪量刑辩护在法庭，裁判结果形成于法庭。"参见《最高人民法院关于建立健全防范刑事冤假错案工作机制的意见》第11条。

[4] 参见汪海燕："论刑事庭审实质化"，载《中国社会科学》2015年第2期，第103页。

[5] 参见全国人大常委会法制工作委员会刑法室编著，胡康生、李福成主编：《〈中华人民共和国刑事诉讼法〉释义》，法律出版社1996年版，第171页。

第二章 我国人民陪审制的困境和出路：从虚化走向实质化

陪审虚化则表现在所有适用陪审程序的案件中，不限于刑事案件。庭审实质化关注的仅仅是庭审过程本身。比如，在证据方面，庭审实质化要求证人出庭、非法证据需要排除等，从而直接、公平地审查证据。[1]与之不同的是，陪审虚化不仅指庭审阶段的"陪而不审"，还包括庭前选任"任人唯亲"、庭后"审而不议"等与陪审有关的一系列制度和程序。

虽然二者具有一定的差异性，但陪审虚化与庭审虚化也存在明显的关联性。[2]可以说，陪审虚化在一定程度上也是庭审虚化的表象之一。陪审虚化的原因与庭审虚化具有很大共性，因为许多案件在审前都已经决定了，所以庭审才成了"走形式"，因此也不需要陪审员实质发挥作用，只需要其对最终裁判结果予以确认即可。庭审实质化要求审判人员根据庭审中的举证、质证、认证、调查和认定事实，准确适用法律。然而，陪审虚化使合议庭中的审判人员（甚至是多数审判人员）没能履行上述义务。如果合议庭成员将庭审视为"走过场"，再如何完善各项证据规则都是难以实现庭审实质化的。由此，陪审虚化是进行陪审实质化改革的巨大阻碍，对陪审虚化问题的重视和解决是推进庭审实质化改革的必要条件。

第二节 我国陪审虚化的表现和成因分析

人民陪审制功能无法得到发挥主要表现在人民陪审员职权行使的虚化上，而职权行使的虚化主要有两种表现形式：一是

---

[1] 参见龙宗智："庭审实质化的路径和方法"，载《法学研究》2015年第5期，第139页。

[2] 有学者指出："长期以来，人民陪审员制度不免形式化、空洞化之讥，与庭审之形式化、空洞化确有脉络的一致性。"参见张建伟："审判中心主义的实质内涵与实现途径"，载《中外法学》2015年第4期，第877页。

"以点代面",少量陪审员成为"编外"或者"驻庭"法官;二是"不审不议",陪审员只做到了"陪",并不参与"审"和"议"。究其历史原因,是我国的人民陪审制度尚未适应历史变迁后的社会需求。除了历史原因之外,还有现实因素,即人民陪审员与职业法官的关系出现了倒置的现象,并且在新的法律体系和司法体制中,人民陪审员难以找到施展其优势的空间。

一、陪审虚化的表现

对于我国陪审制度功能虚化的表现,学界已经有过一些总结:一方面,从体制关系上看,一些人民陪审员成了"编外法官"和"驻庭陪审员";另一方面,从职权行使上看,人民陪审员中存在只"陪"、不"审"、不"议"等情况。这些总结简明、形象地概括了当前陪审制度存在的问题。虽然这都属于我国陪审制度中"老生常谈"的问题,但直到如今都没有行之有效的解决路径。

(一)"编外"法官与"驻庭"陪审员

广泛性和代表性是人民陪审制民主价值的直接体现,只有吸纳足够数量的群众参与审判,陪审制才称得上是社会主义人民民主的代表。同时,陪审也是一项权利,符合条件之人都应当有渠道成为人民陪审员,只要愿意都应当获得参与审判活动的机会,实现民众政治意愿的充分表达。

然而,人民陪审制在实践中的样态却和理论阐释中的应然状态有较大差异,不仅在选任陪审员上没有将有资格之人都纳入选取范围,而且在选任陪审员后只是重复使用其中的少数人民陪审员参与审判,没能体现陪审员的"临时性"。实践中比较常见的做法是由法院长期、固定地从陪审员候选人中指定某几

第二章 我国人民陪审制的困境和出路：从虚化走向实质化

个陪审员参与庭审而不是临时、随机地抽取。[1]出现这种现象的原因一方面是法官希望选取熟悉和可信赖的陪审员组成合议庭，减少不确定因素；另一方面则是陪审员大多不愿意承担陪审的任务。很多地方的陪审员主观上缺乏责任感，[2]如果通过随机抽取来选取陪审员参与陪审，被选中的陪审员有很大概率以各种理由推脱，这将造成审判活动的大量拖延，导致司法机关工作效率低下，也会妨碍当事人诉讼权利的及时行使。因此，在没有制度强制陪审员履行义务的情况下，随机抽取在实践中几乎不具有可操作性。

上述原因将人民陪审员参审数量推向了两个极端：一方面，很大一部分人民陪审员从未参与审判，成为"挂名陪审员"，其中一部分原因是陪审员不愿意前往法院参审，但也有很大一部分原因是法院不邀请这些人员参审。与之形成鲜明对比的是部分人民陪审员常年"驻扎"在法院，和法官一样在法院"办公"，几乎随叫随到。他们参与了法院绝大多数案件的审理，成了"专职陪审员"和"驻庭陪审员"。有一项关于某县2012年陪审案件的实证研究显示：在参审数量上，参审最多的陪审员的参审案件数量是参审最少的陪审员的参审数量的36倍，高达180件；在参审比例上，在总共40个陪审员当中，仅有55%的陪审员（22人）参与过审判，剩余高达45%的陪审员（18人）未曾参与过任何案件的陪审。[3]

笔者在F省N市J区法院调研时了解到，该区法院人民审

---

[1] 参见方雷等："人民陪审员看陪审制度"，载《人民法院报》2007年8月29日。

[2] 参见周玉国："一些地方人民陪审员流失问题突出"，载《人民法院报》2007年6月20日。

[3] 张嘉军："人民陪审制度：实证分析与制度重构"，载《法学家》2015年第6期，第6页。

判员的参审比例极不均衡,有超过 1/4 的人民陪审员从未参审,而有 4 名人民陪审员则审理了超过 500 件案件(见图 2-1)。浙江省杭州市拱墅区人民法院公示的人民陪审员参审数量表显示的数量分布与笔者调研时了解的情况十分相似。从该统计表中可以看出,1/3 的人民陪审员从未参与审判活动,而有 3 位陪审员审理案件数超过了 500 件。[1] 这两种极端情况的出现也再次印证了一些陪审员只"挂名"不"审",一些陪审员则是"长年""专职""驻扎"式陪审。

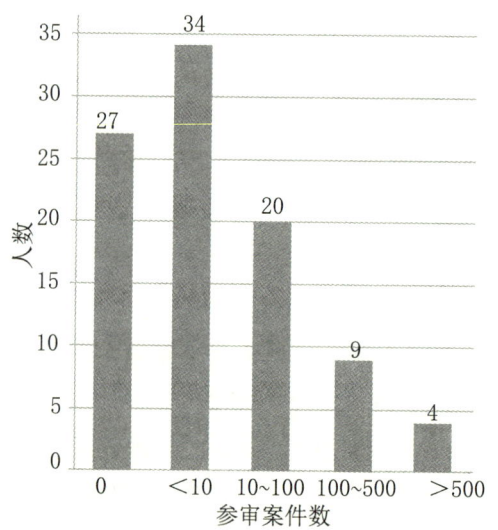

图 2-1 F 省 N 市 J 区法院人民陪审员参审数量分布图

---

〔1〕 根据浙江省杭州市拱墅区人民法院网站公示的 2017 年人民陪审员参审情况统计分析:该法院 2017 年人民陪审员共计 68 人,其中 26 人没有参加过审判,7 人参与审理超过 300 件案件,而在这 7 人中更是有 3 人参与审理案件超过 500 件,而有超过 1/3 的人民陪审员一整年来从未参与案件审判,几乎是小部分人参审了绝大多数案件。参见杭州市拱墅区人民法院网站:http://www.gongshu.gov.cn/art/2017/1/12/art_ 1230544_ 5055058.html,最后访问时间:2019 年 12 月 2 日。

第二章 我国人民陪审制的困境和出路：从虚化走向实质化

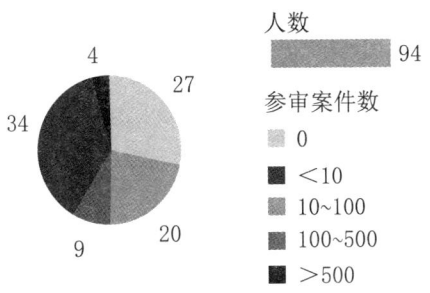

图2-2 F省N市J区法院人民陪审员参审数量比例图

立法者也注意到了这个问题，但想要解决却有很大难度。我国出台的有关陪审制的规定均没有明确禁止人民陪审员"连选连任"的情形。例如，尽管2004年人大常委会对人民陪审员任期作出了5年的时间规制，但是却有意回避了人民陪审员是否可以连任的问题。[1]这相当于默认了实践中陪审员"一次任命，一干到底"的做法。[2]

与此同时，任期超长的人民陪审员同时又是那些经常参与审判的陪审员。这就使参与陪审的群众出现了严重的"职业化"倾向。从对陪审员的管理上看，不少法院均采取培训法官的方式提升陪审员的法律知识和审判技巧。例如，通过"培训考核+经验交流"的方式来提升其对法律法规的掌握程度、增进其关

---

[1] 先前的草案规定人民陪审员可以连任，而正式法案决定将其删除。
[2] 全国人大常委会进行审议时，有委员建议将5年任期改为3年，认为缩短任期有三大好处：有利于更多的人参与到审判活动中，体现群众性；有利于提高陪审员的积极性和工作效率；有利于增加参与人数，让更多的人接受普法教育。参见杨涛："人民陪审员该由谁来遴选和管理"，载《检察日报》2004年4月7日。十届全国人大代表童海保认为，只有保证这种随机性，人民陪审制度才能超脱和公正。孙金龙委员认为，人民陪审员是代表人民群众参与到审判活动中，并对这个活动进行监督。连任固然有利于对审判工作的熟悉，但对审判监督的力度不够，会使人民陪审员成为事实上的"编外法官"。参见吴兢："中国陪审制：四方面有待形成共识"，载《人民日报》2004年4月21日。

于庭审的经验交流。此外，法院也将对法官的要求和评价体系运用到了对陪审员的考核中，并且对成绩突出者予以表彰，而考核陪审员的指标与考核法官的指标基本无异。[1]在相当长的一段时间里，"陪审专业户"们逐渐提升自身的法律专业技能，无论是知识背景还是思维方式都与大部分地区的基层法官没有太大差异，称其为"编外法官"一点也不为过。

　　这一现象造成了一系列的问题。首先，设立和保留陪审制度的一大理由就是人民可以用"朴素的正义观"判断是非，将大众观念引入司法裁判中，[2]提高判决的社会认可度，然而法官与人民陪审员知识和思维的一元化使上述目标无法实现。是否邀请陪审员参加审判对案件的事实认定和法律适用并不能产生特别的作用。其次，这些"陪审专业户"为了长期获得津贴，享受陪审带来的荣誉和地位，与法官形成的是"合作"关系，对法官的制约几乎形同虚设。此外，陪审员与法官的同质化还在陪审员与司法系统人员之间建立起了稳定的社会关系，这给司法人员、当事人及其委托代理人通过庭外手段影响司法公正提供了可能性，容易滋生贪污腐败。并且，法律和纪律对陪审员的约束远小于职业法官，几乎不存在制约权力的制度牢笼。陪审中的寻租可以说是低风险、高收益的行为，这种权力一旦被滥用将更加难以治理。

　　（二）陪而不审、审而不议

　　"陪而不审、审而不议"是在讨论我国人民陪审员制度存在何种问题时学者们都会脱口而出的回答，而这也的确是陪审制

---

　　[1] 汪建成、刘泊宁："论我国人民陪审员制度改革的方向——基于人民陪审制度功能的思考"，载《东岳论丛》2015年第8期，第120页。

　　[2] 参见王利明："我国陪审制度研究"，载《浙江社会科学》2000年第1期，第62页。

第二章 我国人民陪审制的困境和出路：从虚化走向实质化

功能虚置的真实写照。2004年全国人大常委会颁布《关于完善人民陪审员制度的决定》启动陪审制改革在很大程度上就因为实践中存在"陪而不审"的问题。[1]虽然学界对此进行了大量的讨论，但是仍然有必要结合当前司法体制改革予以观察，追问何为"陪而不审、审而不议"？其判断标准何在？会带来哪些不利影响？

首先需要明确的是，"陪而不审"和"审而不议"具有不同的含义。"陪而不审"发生在庭审阶段，指的是陪审员在庭审过程中虽然在场但没有实质参与审判。庭审对于大多数陪审员而言只是"走过场"，陪审员到庭的唯一工作就是等待庭审的结束。现实中甚至出现了人民陪审员在庭审时做与审判无关的事的现象，如玩手机、织毛衣、打瞌睡等。[2]一项对中国法院网"现在开庭"栏目中2010年全年记录的近300个刑事案件数据的分析表明，在所有有陪审员参审的近180个案件中，接近70%的陪审员未曾与审判长沟通，接近99%的陪审员没有提问。[3]在庭审中陪审员未置一词成了学界认定"陪而不审"的依据。可是即便在没有陪审员参加的审判中，担任审判员的法官没有发言的现象也十分常见。合议庭的组成中包括了审判长、审判员和人民陪审员等，审判长和其他合议庭成员在职权上本来就有划分。庭审过程中，审判长负责控制庭审的进程，讯（询）问当事人、

---

[1] "关于《关于完善人民陪审员制度的决定（草案）》的说明——2004年4月2日在第十届全国人民代表大会常务委员会第八次会议上"，载《中华人民共和国全国人民代表大会常务委员会公报》2004年第6期。

[2] 参见贾明会："陕西：全力推进陪审员制度改革"，载《人民法院报》2015年12月15日；王红伟、刘瑶："尴尬的人民陪审员：陪审员制度遭遇'七年之痒'，'陪而不审'等弊病日益凸显是体制疏漏还是成长之痛？"，载《河南商报》2012年5月5日。

[3] 何家弘："刑事庭审虚化的实证研究"，载《法学家》2011年第6期，第134页。

询问证人和鉴定人等各项工作主要也都由审判长负责,合议庭的其他成员一般只起辅助作用。在实践中,案件的主审法官一般是实际承办人,而其他审判人员通常都是为了凑齐人数召集而来参加审判。这些法官在庭审前大多也不了解案情,在庭审中也只是配角,很少发言。向陪审员施加比普通法官更多的义务是值得商榷的,更何况陪审员在庭审中不发言也不直接减损当事人的权利。

基于此,有观点认为陪审员审与不审不能以是否在庭审中发言为判断标准,陪审员在法庭调查和法庭辩论阶段的主要任务就是认真听审,围绕事实与证据发表意见。[1]该观点有一定道理,合议庭成员是否实行了"审"的行为不应当以发言与否论,不能只根据提问、交流等形式要件进行判断,而应当看其是否有效地听取了各方意见,在内心衡量证据是否确实、充分。陪审员如果能做到这些,即便未置一词也不能算作"陪而不审";而陪审员如果全程心不在焉,神游于庭审之外,最后只是象征性地提问一二,也不能算作"审"。不过,也需要承认,是否提问、交流是判断实质参审与否的外在指标,尽职尽责的人民陪审员当然应当主动向控辩双方了解案件的情况,遇到疑难情况时也应当及时与专业法官商讨请教,这是法律赋予陪审员的权利。

"审而不议"指的是庭审结束后,在合议庭评议阶段,陪审员不发表意见,只是对法官的决定予以确认和附和。"陪而不审"和"审而不议"具有因果关系,在庭审中没有了解、分析证据,没有听取控辩双方的意见,自然就难以在评议时发表对案件的看法。反过来看,如果陪审员一开始就不打算在评议阶

---

[1] 李玉华、张思尧、杨亮:《中国特色陪审制度的新发展》,中国政法大学出版社 2014 年版,第 153 页。

段发表意见,对庭审也就不会重视。

从深层次看,"审而不议"有两个方面的原因:一方面,陪审员通常在知识和权力上与法官存在较大差距,在法官面前担心自己的看法"不专业"以致贻笑大方,遂不敢独立发表观点,尤其是跟专业的法官相左的观点。有学者提出,陪审员在斟酌自己的发言时,往往会将法官的想法作为重要的考量因素,在大多数情况下会选择发表与法官意见相同的观点。[1]另一方面,职业法官对陪审员的意见大体上抱有排斥态度,他们邀请陪审员参与审判也不是希望他们能从民众的视角分析案件,而是为了解决法院人手不足的问题,并且尽可能不制造麻烦。所以,法官在很多时候甚至不征询陪审员的意见,只在法官作出决定后要求后者在相关文书上签字确认。庭审后合议是人民陪审员最重要的职责,也是陪审制度运行的核心,如果陪审员在庭审后不发表意见,陪审便会沦为摆设。

二、陪审虚化的另一面:一种反思的平衡

前文已经论述了我国陪审制度存在"陪审虚化"的现象,这是一种普遍性的判断,就像"庭审虚化"的理论归纳一样。这个概念化的术语不是对所有具体现象的描述,实践中也存在部分实质化程度较高的庭审案例。[2]同样,在我国陪审制度的实施过程中也不完全都呈现出"陪审虚化"的实践样态。在陪审机制相对完善、司法透明度较高的发达地区,陪审的实质化

---

[1] 钟莉:《价值·规则·实践:人民陪审员制度研究》,上海人民出版社2011年版,第145页。
[2] 例如,最高人民法院发布庭审实质化案例。参见汤婧婧、吴勇:"温州法院庭审实质化改革实践入选最高法首批司改案例",载浙江新闻官网:https://zj.zjol.com.cn/news/693094.html,最后访问时间:2020年2月6日。我国司法实践中也存在极少数无罪辩护成功的案例。

程度相对较高。并且，陪审实质化的水平也与陪审员个人的积极性息息相关。

李玉华教授曾经组织人员对北京陪审员进行采访，编辑出版了《京城陪审故事》一书，书中记述了大量人民陪审员参与司法活动的点点滴滴，许多故事令人感动。该书展示了普通民众在陪审工作上的努力和付出，其中也有一些案例说明了陪审员发挥的实质作用。在该书中，一位陪审员谈道：在一起偷盗电缆案件中，公诉方认定电缆长度为80米，陪审员在看到证据（即一张照片显示一辆三轮平板车上放了拳头大小的6圈电缆）后认为从生活常识看，三轮平板车的面积有限，不可能放得下80米长的电缆。最后经过重新调查，合议庭采纳了陪审员的意见。[1]除此之外，书中还有不少类似的案例。这说明陪审员在一些案件中发挥了实质作用，也借助生活常识弥补了法官在事实认定上"过于相信控方证据"的思维定式。

在专家陪审的案件中，专家通常会发挥自身在专业知识上的优势，实质参审。陪审员如果遇到与本职工作相关的案件，积极性也会大幅提升。例如，在金融街工作的北京市陪审员朱康永就曾经在一起与债券市场有关的案件中发挥了其在金融专业上的优势，在法庭上将被告人问得哑口无言，最后被告人被判侵占罪成立。[2]

可即便是专家陪审员，如果没有程序和制度上的保障，没有在庭前予以充分的引导，第一次到庭参审也仍可能发挥不了实质作用。一位从医36年的心血管内科医生作为医疗专家被选

---

[1] 参见李玉华主编：《京城陪审故事》，中国政法大学出版社2016年版，第211页。

[2] 参见李玉华主编：《京城陪审故事》，中国政法大学出版社2016年版，第37页。

第二章 我国人民陪审制的困境和出路：从虚化走向实质化

为医疗纠纷案件的专家陪审员，然而第一次开庭根本不了解需要做什么工作，需要提问时更是一个问题都问不出来，成了"陪衬"。在多次出庭熟悉了陪审工作后，其开始从陪衬转变为法官的助手，比如在一起案件中否定了医疗事故鉴定意见。[1]

专家陪审中的陪审实质化不能说明问题，因为在我国陪审制度中，绝大多数案件都不属于专家陪审，而是由不具有专业知识的普通群众参加审理。陪审实质化改革的重点不是专家陪审案件，而是普通陪审案件。官方在陪审实质化的宣传上着重强调专家陪审，从另一个层面看更是突出了普通陪审的尴尬境地。北京市于2019年发布的十大典型陪审案件几乎清一色都是专家陪审案件，这反映出普通陪审案件中陪审员几乎没有发挥实质作用，少有的一两件案件也是对刑法中"手段特别残忍""非法占有"等主观事实的判断，[2]这只是为法官的判断提供形式上的正当性依据，而不是发表不同意见或纠正法官的一些判断。笔者在与北京市法院的一些法官访谈时也了解到，即便在极少数人民陪审制实施情况较为良好的发达地区，陪审虚化的现象也是大量存在的。

虽然上述书中的案例和故事显示有部分陪审员发挥了实质作用，但也只是少数。这些案例不能否定笔者对我国司法实践中普遍存在陪审虚化问题的判断，这些精选的案例甚至可以证明这种实质参审的情况只是极少数。同时，这些相对积极参审的陪审员将很容易与法官交往过密，进而形成特定"熟人"的关系，在陪审中形成某种默契，最终异化为"驻庭陪审员"与"编外法官"，影响陪审实质化的进程。

---

[1] 参见李玉华主编：《京城陪审故事》，中国政法大学出版社2016年版，第116、118页。

[2] 参见2019年《北京法院人民陪审员参审典型案例》（内部资料）。

还需要注意的是，书中的案例更多的是运用调解等方式化解纠纷，增进与当事人的沟通，而不是通过审判的方式发挥作用。本轮人民陪审制改革将调解员和陪审员的角色予以区分，要求在审前参与调解的在审判中不得担任陪审员，[1]人民陪审员以这种方式处理案件不属于本书所指的陪审实质化的表现。

当然，还有一个问题在于，是不是每个案件都需要陪审实质化，即陪审实质化应当在什么范围和限度内实现？以刑事案件的庭审实质化为例，不同类型的案件对庭审实质化程度的需求是不一样的。从繁简分流的视角出发，庭审实质化是"繁者更繁"的要求。在控辩双方分歧较大，特别是被告人不认罪的案件中，法院必须严格贯彻落实庭审实质化的相关措施。而在被告人认罪认罚或通过速裁程序处理的简单明了的案件中，虽然犯罪事实都必须在庭审中予以认定，判决也必须在庭审过程中产生，但各方对庭审实质化的需求均有所降低。[2]

有学者在实证研究中以"对事实有异议"作为判断庭审实质化的指标之一，[3]在对事实有异议的案件中，不仅应当实现庭审实质化，还应当着重强调陪审实质化。我国法律对人民陪审员的定位是希望发挥陪审员在事实认定上的优势，这也是《人民陪审员法》提出事实问题和法律问题区分的逻辑前提。在当事人对事实认定产生分歧时，陪审员将具有更多发挥实质作用的空间。不过在实践中，事实争议案件的比例不大，是否意

---

[1] 参见《最高人民法院关于适用〈中华人民共和国人民陪审员法〉若干问题的解释》第6条。

[2] 有学者也指出，被告人认罪的案件不是推行庭审实质化的主要对象。参见魏晓娜："以审判为中心的诉讼制度改革：实效、瓶颈与出路"，载《政法论坛》2020年第2期，第157页。

[3] 参见魏晓娜："以审判为中心的诉讼制度改革：实效、瓶颈与出路"，载《政法论坛》2020年第2期，第157页。不过，这只是实质与否的标准之一，受限于裁判文书中的信息，研究者难以获取庭审过程中控辩双方的实际情况。

味着大部分案件中不需要陪审实质化？笔者认为不能这样理解，因为陪审实质化包含了两个层面的要求。其中一个要求是合议过程中陪审员的意见被充分表达并和法官的意见一样被同等考虑，尤其是陪审员的异议应当被尊重和慎重考量。从这个层面上看，对事实没有争议的案件，陪审员提出特别意见或不同意见的可能性不大，确实不是陪审实质化的重点范畴。然而，陪审实质化还有一个更基本的要求，即陪审员实质参与到庭审中，认真听取当事人的意见，查阅相关证据。从这个层面上看，无论是否是事实清楚的简单案件，陪审员都应当实质参审。

在此进一步引申，当前立法者和司法者对陪审程序的功能定位存在一定的偏差。陪审应当被定位为"繁者更繁"的措施，如果真正贯彻陪审实质化的各项要求，陪审就会成为一个成本高昂的程序。在事实毫无争议的简单案件中没有必要动用陪审程序占用普通民众工作生活的时间要求其到庭参审。在目前的实践中，一些法院将陪审员当作廉价劳动力，当作缓解法官人手不足的工具，将大量简单案件交由陪审员处理，这属于本末倒置。在事实没有争议的简单案件中，如果不是法律必须要求适用陪审程序的，可以由法官独任审理或由法官组成合议庭审理。而如果属于法律规定必须由陪审员参与的案件，即便事实没有争议，鉴于案件涉及社会公益、涉及对被告人生命的剥夺等重大决策，陪审员也应当站在人民群众的立场上尽可能为当事人提供帮助，实现实质参审。

最后需要回应的是，从陪审员意见的效力层面看，在事实认定问题上应实现陪审实质化当无异议。那么在法律问题上是否也有必要实现陪审实质化？笔者认为，由于人民陪审员基本不具备专业法律知识，虽然他们可以就法律适用发表看法，但是没有必要强行要求其对法律问题发表实质性的专业意见。因此,在现有制度框架下,人民陪审员意见效力的实质化主要指的是在事实认定问题上的实质化。当然,即便将其限定在事实认定上,现行人民陪审制距离陪审实质化也有相当大的距离。

然而,问题不止于此,笔者认为,人民陪审员在法律适用问题上也应当具有实质效力。在美国的陪审团制度中,陪审员可以无视法官对法律的指示作出与法律不一致的裁决,即享有使法律无效的权利。[1]在刑事诉讼中,该权利的行使仅限于有利于被告人的情况。陪审团使法律无效主要集中在三个情形中:第一,陪审员宣告无罪作为对公权力机关未纠正违法行为的回应,例如控方在讯问、搜查、扣押等活动中出现违法行为,虽然陪审团不会作出无罪判决放纵被告人,但会在一些次要罪名中宣告无罪以惩罚公共部门的行为,这与非法证据排除规则的理念相类似;第二,陪审团认为认定被告人有罪的法律是不正当或不公正的;第三,陪审团认为被告人的行为确实构成犯罪,按照法律也应被处以刑罚,但是担心被告人会被施行过于严苛的刑罚而判处其无罪。[2]从理论上说,我国的人民陪审员无权无视法律的规定对被告人作出有利判决,即便形式上可以通过占据多数表决且无须就结果进行说理达到上述目的。但是,鉴于法官提出异议并提请审判委员会介入,以及上诉审查制度的存在,在实践中不可能出现上述美国的情况。可是,人民陪审制设立的目的就是在司法裁判中体现民意,使司法裁判实现情理和法理的统一,旨在通过普通民众的常识纠正法官思维的固化,甚至是法律的不公正。例如,在"许霆案"中,社会公众普遍认为严格按照法律的规定进行处理是不公正的,在这种情

---

[1] 陪审团使法律无效即"jury nullification"。
[2] 相关研究可参见陈学权:"美国刑事审判中陪审团适用法律权述评",载《比较法研究》2017年第2期,第77~80页。

第二章 我国人民陪审制的困境和出路：从虚化走向实质化

况下人民陪审员是否有在法定刑之下宽大处理，[1]甚至判决无罪的权力？笔者认为，如果案件处理结果是有利于被告人的，就应当赋予人民陪审员这种权力。虽然在法律适用明显不公的情况下，法院可以依照《刑法》第63条之规定通过层报最高人民法院批准在法定刑以下量刑，但不是每个被告人都如许霆那般"幸运"，有机会得到社会、媒体和法律界的广泛关注。司法实践中的很多类似情况可能并没有通过上述复杂的机制予以处理。立法者今后可以考虑通过人民陪审员的异议启动上述机制，层报最高人民法院决定。这也相当于赋予了人民陪审员就法律适用问题发表意见的实质效力。

通过上述研究，本书实现了对陪审虚化的"反思平衡"。虽然不是所有地区的所有陪审员都存在陪审虚化的现象，但是陪审虚化作为一种理论上的命题被提出，还是可以被证成的。在我国大部分地区的司法实践中，均存在不同程度的陪审虚化现象，当无疑义。并且，这种现象的严重程度已经引发了中央的重视，必须通过自上而下的改革予以解决。

三、陪审虚化的历史原因：以社会变迁为视角

陪审虚化是多种因素共同作用的结果：既存在诉讼相关人员的主观因素，也存在现存体制的客观因素；既存在社会变迁使得制度无法适应现实情况的历史因素，也存在司法实践追求特殊价值目标的现实因素。本书将选取历史和现实两个视角分析我国陪审虚化的原因。

---

[1] 美国近来的改革也是将突破法定量刑幅度的事实（包括提高法定最高刑期和降低法定最低刑期的事实）交由陪审团决定，不再由法官根据联邦量刑指南进行强制适用。参见施鹏鹏："'新职权主义'与中国刑事诉讼改革的基本路径"，载《比较法研究》2020年第2期，第74页。

人民陪审制发展至今不足百年，而我国古代并没有人民参与司法实践的机制。可以说，陪审制在中国不存在充分的文化和制度基础。不可否认，在革命时期，人民陪审制在弥补司法人员不足、应对法律体系不完善方面具有积极作用，也确保了特殊时期我国司法活动的有序进行。但是，当一个制度孕育诞生及赖以生存的环境出现变化时，制度的价值功能就容易发生异化。当今中国社会状况与革命时期甚至中华人民共和国成立初期相比都是迥然不同的，只有认识并重视这种差异，才能真正理解我国人民陪审制当前的实施困境。

（一）革命根据地设立陪审制的原因

共产党领导下的革命根据地在司法制度中采用陪审制度是主客观多重综合因素共同促成的，其中客观因素占据了相当大的比重。对于当代中国而言，当时采用陪审制的客观因素大多已不存在，这也是如今人民陪审制出现功能异化的重要原因。究其客观原因，主要是当时革命根据地群众较为落后的文化水平使得陪审成了必然的选择。而在主观原因方面，除了受到苏联法制的影响外，陪审制度与共产党的人民民主、群众路线完全契合也是重要的原因。从某种程度上说，革命根据地的人民陪审制并非照搬英美法系的陪审制或大陆法系的参审制，也不是择选哪个国家法律制度的蓝本临摹而成，而是共产党根据自己的理念，通过实践探索而成的。

1. 专业司法人员稀缺

当时的革命根据地大多属于偏远落后的农村地区，经济基础和文化教育水平整体上落后于国统区。根据地人民群众的文化程度普遍较低，更不用说具备法律知识了。在当时这种艰苦落后的条件下，边区专业的司法人员十分稀缺。这些精英人员更多是被派往"更为关键的岗位"，当局难以选任充足的专业人

第二章 我国人民陪审制的困境和出路：从虚化走向实质化

才从事一线司法审判工作。[1]陕甘宁边区于 1937 年曾经在《新中华报》发布公告，要求各县推荐人员参加司法人员的培训，其中第一个要求是中共党员且政治坚定，第二个是可以阅读文件报告。[2]这里只需要具有一定的文化程度即可，对司法经历不作硬性要求，只是作为优先考虑的条件。当时的司法队伍以工农干部为主。对此，雷经天曾经说道："这些司法人员以工农干部为主，他们并不了解旧的法律条文，但是政治立场十分坚定，可以密切联系群众，达到教育的效果。"[3]谢觉哉对当时司法工作落后、司法人员专业素质低下的情况大为不满。他指出，大家对司法不重视，不去研究，也没有司法知识，边区设置司法机构已经七八年了但是连好坏的判例都无法举出，更遑论对立法有所贡献了。[4]李木庵等人曾经在陕甘宁边区推行司法专业化改革，然而却因为遭到原有司法人员的反对、触及一些人的利益等原因而最终以失败告终。[5]当时还有人毫不回避自己"没学过法律"，十分自信地向司法工作者布置工作。[6]1942 年前后，边区政府司法人员总共只有百余人，而且担任过司法人

---

[1] 陕甘宁边区政府 1943 年的《陕甘宁边区简政实施纲要》对区干部的评价可以充分地体现这一点：90%的区乡干部是农民革命斗争的产物，他们是紧密联系群众的积极分子。但是总的来说他们文化水平太低，因此独立工作能力有限。县级干部多数……理论水平低，文化不高，不可避免思想狭窄。参见 1943 年的《陕甘宁边区简政实施纲要》。

[2] 参见侯欣一：《从司法为民到人民司法——陕甘宁边区大众化司法制度研究》，中国政法大学出版社 2007 年版，第 107 页。

[3] 参见雷经天：《关于改造司法工作的意见》，1943 年 12 月 18 日，陕西省档案馆，全宗号 15。

[4] 参见谢觉哉：《谢觉哉日记》（上），人民出版社 1984 年版。

[5] 参见侯欣一：《从司法为民到人民司法——陕甘宁边区大众化司法制度研究》，中国政法大学出版社 2007 年版，第 153 页。

[6] 参见侯欣一：《从司法为民到人民司法——陕甘宁边区大众化司法制度研究》，中国政法大学出版社 2007 年版，第 169~170 页。

员的干部更是被频繁抽调到其他岗位，使得审判人员更为紧缺。这种人员的缺口也反映在了司法实践当中，其后果就是案件处理效率较低。[1] 在这种情况下，发动人民群众弥补专业司法人员短缺成了便捷之道。

2. 法制体系不完备

法制建设一直为革命根据地政权所重视，在新民主主义革命时期，各地政权制定和颁布了许多法律、法令、条例、训令、指示、决议等，初步建立了革命根据地法制体系。但是，这些规范性文件较为零散，多为临时性的暂行规范，虽然大多具有法律效力，但不能完全被司法裁判引为处理纠纷的依据。从总体上看，革命根据地的法律体系尚不完备，至少在初期无法可依的状况较为严重。据统计，革命根据地的立法中有关财税的规定占的比重最大，其次是工商贸易、金融、科教文卫体、产权归属、司法制度、公安交通邮政、政权机构组织，再之后才是刑法和民法等规范。刑法占总件数的 3.2%，民法占总件数的 6.7%。[2] 从该数据中可以看出，革命根据地时期的立法主要是为了建立政权的基本秩序，涉及的都是政治经济制度层面的规范，主要是发布减租减息的政策，而真正用于确立个人法律关系、解决人民群众纠纷的准则只占极少数。

这样的立法状况直接导致了法院在司法裁判时无法可依。当时延安地方法院就尖锐地提出："无法律依据，全凭良心解决不了问题。"清涧县司法处则是揭露了司法裁判缺乏法律依据的

---

[1] "关于司法的人还是比较少的，书记员只有子州两个，其他县只有一个，葭县有两个，一个还兼法警。……因此老百姓对我们反映说：案件处理太慢。"《在陕甘宁边区第二届司法工作会议上的发言》，陕西省档案馆档案，全宗号 15-194。

[2] 陈始发："革命根据地法律文献整理现状与文献特点分析"，载《中共党史研究》2018 年第 4 期，第 98~99 页。

窘境:"判决时群众提出质问根据什么法律,便无以为对。"[1]法律依据的缺失会直接导致司法权威大打折扣。在这种局面下,在司法审判中引入人民参与机制,通过陪审、调解等方式让群众通过常理进行定分止争,可以有效地弥补司法裁判正当性不足的缺陷。以人民的名义作出裁决,也可以做到让广大人民群众服判息诉。

3. 苏联法制的影响

无论是司法的价值理念,还是法律文本,抑或是制度构建,中国革命根据地的司法制度都全方位仿效了苏联的司法制度。[2]1917年十月革命之后,苏联的陪审制度发生了重大变革,从陪审团制度向参审制转变。1917年《关于法院的1号命令》确立了由基层法院所在地的人民选举产生的1名法官与2名人民陪审员进行审判的制度。在审判中,人民陪审员和法官有同等的审判权。苏联的人民陪审制度与革命根据地时期的制度,甚至是当今我国的陪审制度都十分相似。制度模式相通,随之产生的问题也是相似的。在大多数情况下,人民陪审员完全依赖和受制于法官,难以起到监督和制约作用,从而被嘲弄为"点头者"。[3]

在革命根据地对苏联法制的移植方面,曾经在苏联学过法律,担任过法院审判员的梁柏台充当了媒介。他对当时根据地的司法制度建设起到了关键性作用,起草制定了《裁判部暂行组织及裁判条例》《中华苏维埃共和国司法程序》《革命法庭条例》

---

[1]《陕甘宁边区高等法院1942年3-9月工作报告》,陕西省档案馆档案,全宗号15-188。

[2] 参见刘全娥:《陕甘宁边区司法改革与"政法传统"的形成》,人民出版社2016年版,第30页。

[3] 参见李守进:"俄罗斯刑事陪审团制度初探",华东政法大学2016年硕士学位论文,第17页。

《革命法庭的工作大纲》《看守所章程》等规范性文件,其中就包含了人民陪审制的内容。当时,国内的一些学者也撰文将包括陪审制在内的苏联制度介绍到了中国。例如,民国时期的学者爱平对苏联的人民陪审制进行了介绍,包括苏联的法官是从陪审员里选拔到大学接受3年至4年的法学教育,在莫斯科只有工人才能被选为陪审员,当选后要先接受3个月的培训,在地方法庭内学习法庭程序和基本法律知识,并且每年召开一次工人陪审员大会,讨论各种法律和案例问题,等等。[1]

我国革命根据地时期借鉴苏联陪审制不仅停留在制度规范层面,在司法理念上也受到了苏联的很大影响。列宁在继承了马克思主义思想后发展出的司法理论对苏联乃至中国人民陪审制的发展均起到了推动作用。列宁认为社会主义国家机关的本质特征在于"人民化",[2]他指出最终目标是实现全体劳动人民履行立法和国家管理职能。[3]这一观念也是中国共产党领导的革命根据地推行陪审制度的内在原因。

(二)社会变迁对陪审制的影响

中华人民共和国成立以来,我国的社会状况已经发生了翻天覆地的变化,尤其是立法和司法状况与革命根据地时期相比有了重大改变。这些都使得陪审制度在国家司法制度中的功能和定位发生了转变,也成了陪审虚化的重要原因。具体而言,影响陪审制功能的变化因素主要有以下三个方面:

1. 从无法可依到有法可依

如前所述,共产党领导的革命根据地法律体系相对不完善,

---

[1] 参见爱平:"苏联的司法",载《世界知识》1934年第5期,第224~225页。
[2] 参见高嘉蓬:"苏俄国家公职人员权力监督制度建设的经验和启示",载《法学杂志》2019年第8期,第136页。
[3] 参见《列宁全集》(第34卷),人民出版社1985年版,第448页。

第二章 我国人民陪审制的困境和出路：从虚化走向实质化

当时可以援引的司法裁判规范较为匮乏。在缺少法律规范的情形下，作为裁判依据的更多的是情理和经验，而不是专业的法律知识，所以吸纳普通群众进入法庭裁判是一条行之有效的道路。在决狱时注重情理因素是中国古代司法的传统观念。天理、人情与国法的协调统一是中国人独有的法观念体系，[1]这三种要素合在一起演化出了我国法制文明独一无二的气象。[2]普通大众对兼顾法律与情理的决狱方式更为接受和认可，这也更符合中国人民的社会情结。引入情理因素可以极大提升司法裁判的公信力和可接受性，而天理与人情本就植根于广大人民群众的日常经验之中，无论是否接受过高等教育，都可以依人之本性与社会基本常识进行判断。这就为人民陪审制的确立创造了空间。

同时，中国共产党在革命时期本就十分重视判决中情理的运用和表达，要求判决书说明理由，使当事人和广大群众心悦诚服，接受判决。这也是共产党服务群众的体现之一。例如，谢觉哉将人情视作良法的内在要求：司法的内容是说情说理，判决要合情合理，合情合理即是好法。[3]他指出，风俗习惯应当被视作法律，逻辑在于：首先，法律本身应当关乎人情；其次，风俗习惯是人情在特定的一段时间和一块地域内所形成的，是人情的一种外化形式；最后，在法律相对欠缺的情况下，应当将风俗习惯视为法律。[4]因此，设立人民陪审制，由了解各地风俗、掌握社会关系情况的人民群众裁断案件可以让判决更

---

[1] 参见范忠信、郑定、詹学农：《情理法与中国人》（修订版），北京大学出版社2011年版。

[2] 汪习根、王康敏："论情理法关系的理性定位"，载《河南社会科学》2012年第2期，第28页。

[3] 参见《谢觉哉日记》（上），人民出版社1984年，第468~469页。

[4] 参见霍存福："'合情合理，即是好法'——谢觉哉'情理法'观研究"，载《社会科学战线》2008年11期，第188~190页。

加符合各地的良善风俗，不违反人情。

中华人民共和国成立后，国家立法工作有序开展，法律体系不断完善。立法历史的主要进程可以从其中三个重要时期（时间点）窥得：第一个时期是从1949年到1966年前，我国先后制定了《宪法》、各国家机关组织法等。据统计，我国在这一阶段共制定法律、法令等130多件。[1]第二个时间点是1979年，这一年五届全国人大二次会议召开，这次会议是我国法制史上的重要节点，会上通过了修宪决议，并且制定了包括《选举法》《刑事诉讼法》等重要法律在内的7部法律。而正是从这次会议开始，我国拉开了规模化立法的序幕。第三个时间点是2008年，随着各领域各层次的法律不断出台及我国的法制建设的日益完善，在这一年召开的十一届全国人大一次会议第二次全体会议上，全国人大常委会时任委员长吴邦国宣布"中国特色社会主义法律体系已经基本形成"。

随着中国法制体系的逐步形成和完善，法院只能严格按照法律规范进行处理，尤其是在刑事案件中确立了罪刑法定原则，裁判时几乎不存在习俗、人情等非法律规范的适用空间。人民陪审员先前在审判时了解当地社会基本情况的优势不复存在，而他们缺乏法律知识反而成了审判时的短板。

2. 从熟人社会到陌生人社会

先前共产党的革命根据地主要处于各省交界的农村地区，这些地区还是以农业为主，保留了传统中国的乡土社会结构。所谓乡土社会就是费孝通先生笔下没有陌生人的"熟悉"的社会，[2]人们以村落为中心聚集而居形成地缘社会，血缘和婚姻

---

[1] 全国人大常委会法制工作委员会："新中国70年立法发展成就及经验"，载《旗帜》2019年第9期，第33页。

[2] 费孝通：《乡土中国》，江苏文艺出版社2007年版，第9页。

第二章 我国人民陪审制的困境和出路：从虚化走向实质化

搭建起人与人之间沟通交流的基本桥梁，由此形成的是以家族为中心的血缘社会。在这种社会结构中，纠纷更多地依靠民间的调解，家族族长、乡村中具有威望的长者对矛盾的解决施加了直接的影响。让这些在乡村地区具有影响力的人员进入司法机关坐堂审案可以促进矛盾纠纷的实质解决，在一定程度上提高司法裁判在当时社会中的权威性和认可度。

但是，中华人民共和国成立以来，尤其是改革开放的政策实施之后，我国乡村的社会结构发生了翻天覆地的变化。这主要表现为两个方面：一是随着社会经济的持续发展，乡土社会的"地方性"特征正趋于消解，传统以地缘和血缘为纽带形成的非正式社会规范日渐式微，乡村社会呈现出利益分化与规范多元的格局；二是虽然社会结构存在较大的地区差异，但在进入诉讼渠道的案件类型中，陌生人或半陌生人纠纷以及经济类纠纷占比较高且有持续增长的趋势。[1]在新型社会结构中，人民陪审员不再具备相比于职业法官更多的特殊知识。面对陌生的案件当事人，陪审员已经不掌握特殊的背景事实。城市化进程使得人口流动十分频繁，家族或乡里个别长者不再对周围人形成绝对和实质的威望。所以，无论是普通群众还是德高望重之人，在社会结构变革后，原先的功能和价值均所剩无几。

3. 从制约法官到依附法官

无论是革命根据地时期，还是中华人民共和国成立初期，陪审制的一个重要功能是对法官的监督和制约。在革命根据地，法官的专业水平较低，裁判案件时可能出现纰漏。并且，较为完备的监察惩戒制度体系在当时还未建立。启用人民陪审员审判可以防止法官专权专断，特别是在赖以裁判案件的法律依据

---

[1] 张青："当代中国社会结构变迁与乡村司法之转变"，载《中国农业大学学报（社会科学版）》2019年第5期，第20页。

并不完善的情况下。

中华人民共和国成立之初,国家法律人才短缺的局面没有在短时间内得到改善,各地的法官水平良莠不齐,国家启用了许多曾在国民政府任职的司法人员。无论是共产党还是人民群众,对这些司法人员都不完全信任,所以采用陪审制可以体现人民民主专政和人民当家做主,防范司法系统中可能存在的资本主义残留。

彼时,法官与人民陪审员的关系大体处于均衡状态,陪审员甚至还稍占上风,其代表人民发声,所提意见也大多被作为判决的重要依据而采纳。当时,法官的专业化和职业化程度不足,多数司法人员均未经受过系统的法学教育,而司法机关人员很多时候是临时性的,他们被抽调至其他部门的现象十分常见。基于此,司法人员在面对人民陪审员时并没有展现出专业技能和经验上的压制性地位,也难以形成对人民陪审员的支配。

中华人民共和国成立 70 余年来,法官的专业化和职业化水平不断提升,司法队伍的建设不断推进。不仅法官需要进行科学、系统的法学学科学习,通过国家举行的法律职业资格考试,而且在法律职业的内部形成了较为闭合的系统,从事审判岗位的司法人员都具有长期从事司法工作的经验和背景。这种变化也使得法官与陪审员的关系发生了转变。无论是知识还是经验抑或是权力,法官都对人民陪审员形成了完全的压制,外行的陪审员在内行的法官面前"不敢"发表意见的情况较为普遍。

四、陪审虚化的现实原因:以利益交互为视角

陪审虚化的现实原因也具有复杂性,学者对此进行了比较系统的分析。例如,有学者认为,"陪而不审"主要有以下几个原因:第一是缺乏刚性的规则以保障陪审员独立发表意见;第

二是社会对陪审制度的民主功能认识尚有不足;第三是部分陪审员缺乏自信和热情参加陪审,发挥实质作用。[1]还有学者总结了"陪审变异"的原因:首先,陪审制度本身的构建存在缺陷,例如陪审员的准精英化、陪审员选任管理考核的官僚化。其次,司法结构内存在体制弊端,包括审判配套程序不完善和陪审不独立。再次,陪审制度运行中存在诸多利益干扰,在法院方面,在构建"节约型法院"的要求下,陪审可以有效减少司法资源的损耗,节省经费开支;在陪审员方面,其自身也有相应的经济利益考量。最后,公民缺乏社会担当,政治素养不够高。[2]以上观点从各个侧面观察了陪审虚化的原因,都有一定的道理。但是,上述归纳注重全面性,缺乏更深层次的挖掘,我国陪审虚化的现实原因更多地应当围绕法官这个主体展开探讨。

(一)法院在陪审中的关键角色

法院的角色在陪审制度中举足轻重,陪审虚化的关键原因也在于法院的态度。陪审制度是让公民加入合议庭参加审判的制度,而合议庭的组成是法院的一项职权,所以陪审制度实施流程的最主要负责人应当是法院。实践中,在《人民陪审员法》实施之前,法院对有关陪审的各项事务"大包大揽",其他机关几乎不参与任何与陪审有关的选任、管理、奖惩等事项。

无论是2004年的改革还是2018年的改革,目标都是使陪审制度发挥实际作用,总体方向是解决陪审虚化,追求实质化。然而,即便到现在,陪审虚化的问题依然得不到显著改善,其中重要原因就是陪审虚化可以使各方利益达致平衡状态,而打

---

[1] 参见李玉华:"'陪而不审'之我见 法学教授陪审员的视角",载《法律适用》2010年第7期,第94页。

[2] 参见钟莉:《价值·规则·实践:人民陪审员制度研究》,上海人民出版社2011年版,第152~164页。

破这种"共赢"状态推行实质化改革必然障碍重重。在各方利益中，法院的利益与之最为攸关，法院系统内部的阻力是陪审实质化改革成败与否的决定性因素。

鉴于此，改革者引入了司法行政机关等第三方主体适度参与陪审员的选任管理等工作，试图适当剥离法官对陪审员的完全支配控制。然而，此举效果仍然不尽如人意，法院仍然握有陪审员管理和陪审程序适用的全面主导权。由于改革是部门利益重新调整的机会和手段，除了法院之外的其他机关对陪审制度毫无兴趣，参与管理陪审员不仅无利可图，相反还是一项沉重的负担。因此，若非改革者统筹考虑，除了法院之外其他国家机关无意担此任务。同样的道理，法院在几乎无外力介入的情况下，也没有"壮士断腕"、主动放弃部门利益的动力。

此外，陪审实质化改革意味着公民对法院的全面监督，法院的司法权力运行机制将受到陪审员的制约。人民陪审员和法院权力在很大程度上是此消彼长的零和关系，陪审员权力的扩大会限缩法院的权力。从国家和社会的角度看，这是一种有益的监督，但法院法官办理案件将变得"束手束脚"。所以，指望法院推动陪审实质化改革不太现实。这也是陪审虚化长期难以解决的一大原因。

在此需要回顾一下世纪之交最高人民法院重提人民陪审员制度的背景。20世纪90年代末，大量的涉诉信访问题造成司法公信力受到了较大挑战。为此，全国多地均开始推行人大对司法机关的个案监督工作。[1]1999年，第九届全国人大常委会第十一次会议分组审议了全国人大常委会《关于对审判、检察工

---

[1] 参见卞建林、姜涛："个案监督研究——兼论人大审判监督的合理取向"，载《政法论坛》2002年第3期，第131页。

第二章 我国人民陪审制的困境和出路：从虚化走向实质化

作中重大违法案件实施监督的规定（草案）》。[1]面对这一系列外部监督的举措，司法机关感受到了巨大的压力。法院和检察院为了防止各自的权力被外部过度干预，主动求变，让普通民众更多地参与进司法活动。法院将着力点放在了人民陪审员制度上，将民众引入合议庭共同作出判决。这不仅可以提供司法权威，树立公信力，也可以极大地缓解来自人大方面的压力，减少外部的介入。虽然群众的陪审同样是一种外部力量，但群众显然易于把控，其监督力度定然无法同当地最高权力机关相比。由此背景可见，在很大程度上，人民陪审员制度是化解法院自身危机的"挡箭牌"，是一种转移外部压力的"权宜之计"。申言之，法院并不希望人民陪审员真正发挥监督作用，相反是希望其尽可能减少对司法权的干预。这也可以解释为何我国人民陪审制度长期存在虚化的现象。

（二）法院节约司法资源的利益

法院乐于适用陪审制度的原因主要是将陪审员作为人力资源的补充。在案多人少的压力下，法院难以保证所有需要合议庭审理的案件都由全体法官组成合议庭。在这种情况下，法院引入陪审员更多的是使合议庭的组成形式合乎法律的规定。所以适用陪审制度是出于"形式化"的考量而非实质地让陪审员发表独立的不同意见。

案多人少的矛盾也在另一个层面使得陪审虚化问题加剧。由于法官积压了大量案件，导致个案的庭审节奏很快。陪审员通常不会在庭审过程中通过阅卷等方式了解案情，法官也不会花费过多时间等待陪审员熟悉案情，或者放慢庭审节奏给予陪审员足够的时间就自己的疑惑详细询问当事人，抑或由法官向

---

[1] 参见袁祥："充分行使人大对审判检察工作监督权"，载《光明日报》1999年8月26日。

陪审员解释疑难问题。同时，办案周期的不断缩短使法官难以会同陪审员进行庭后评议。庭审之后，合议庭也不会聚集在一起就案件的具体细节进行合议，通常只是对最终的结果进行总体的合议。[1]综上所述，陪审制度之于法院而言利益在于节约司法资源，降低人力成本。所以，陪审出现虚化也是法院追求最大限度快速处理案件、减少时间支出的方法。关于此，本书将在下一章展开详述。

（三）法院追求确定性的利益

除了节省时间人力成本，法院不愿意陪审实质化的原因还包括不希望外界对案件处理施加太大的影响，使案件处理结果处于法院"可控"的状态。陪审员如果积极发表独立意见，按照法律规定，法院必须予以重视。这不仅会成为启动审判委员会等复杂程序的导火索，还会增加案件结果的不确定性。

有学者指出，人民陪审员选任后，法院会通过各种手段对人民陪审员进行"规训"，这体现在仪式、服饰、培训、管理、补助等方面，而这种规训会使陪审员"洗去"身上的平民化特征，呈现出向专业化发展的趋势。[2]这些方式将陪审员与法官"同化"，自然也对二者施加了类似的行政性要求和指示。接受"规训"的陪审员成了陪审的主力军，而不接受"规训"的陪审员则很少被邀请参审，最终逐渐退出陪审队伍。通过各种手段方式，人民陪审员被"规训"成顺从法官意见的群体，成了补充人力资源的工具。甚至有论者认为，人民陪审员在实践中

---

[1] 参见张永和等：《武侯陪审：透过法社会学与法人类学的观察》，法律出版社2009年版，第245页。

[2] 参见李拥军："我国人民陪审制度的现实困境与出路——基于陪审复兴的思考"，载《法学》2012年第4期，第15~16页。

第二章 我国人民陪审制的困境和出路：从虚化走向实质化

已经沦为"编外法警"[1]。

每个承办法官对案件的处理都持有自己的意见，并且希望案件按照既定的方案得到处理，不希望外行的陪审员"节外生枝"。另外，在我国，案件的处理实际上不是法官个体的决定。在理论上，法院设置和运转的模式根据法院和法官的地位不同可以分为两大类：法官个体本位与法院整体本位。[2]在法官个体本位模式中，美国是典型代表。在这种模式下，法官个体作用被凸显，具体表现为：在机构设置上，法院是由每个独立的法官作为单元构成的；在权力行使上，法官个人意志得到充分尊重，法官个人独立审判并以自己的名义担责。[3]在法院整体本位模式中，我国是典型代表。在这种模式下，法官个体作用被弱化，法官只是法院科层体制下的一分子。从决策与担责方面看：在决策意志上，案件的裁决结果往往彰显的是法院意志而不是法官的个人意志；在责任承担上，法官并不以个体名义承担责任。归责程序分为两步：首先是法院作为一个整体担责，其次是内部再根据集体负责制归责。从内外部关系方面看：在内部关系上，法院在作出判决之前需要进行一定形式的行政审批，而这种审批是以法院而不是以法官的名义作出的；在外部关系上，从判决名义上看，判决作出之后，是以法院而不是法官的名义发布，从判决内容上看，很多表述都是以"本院"起头。实践中，很多案件在庭审之前就已经有了初步的处理意见，

---

[1] 曾晖、王筝："困境中的陪审制度——'法院需要'笼罩下的陪审制度解读"，载《北大法律评论》2007年第1期。

[2] 顾培东："法官个体本位抑或法院整体本位——我国法院建构与运行的基本模式选择"，载《法学研究》2019年第1期，第3页。

[3] 美国以选举形式选任法官的州有39个，这也是美国形成法官个人承担责任的重要原因。参见何帆：《大法官说了算——美国司法观察笔记》（增订本），中国法制出版社2016年版，第55页以下。

这也是我国重点实行庭审实质化改革的缘由。所以，法院系统也不愿意陪审员提出与法院和法官相左的意见。

再从改革者的角度出发考量陪审虚化问题。在一定程度上，国家只是将陪审作为中国特色社会主义民主的体现，可能他们自身都不认为陪审员可以发挥不可替代的作用，即便是可以，也希望其被控制在很小的程度和范围内。改革者更加注重的是案件处理中的"维稳"问题，体现出的是司法机关的"治民"心态。[1]如果陪审员都为了当事人的利益"奔走疾呼"，司法利益的格局将被打破，国家治理可能面临新的难题。一项统计数据表明，在适用陪审程序的刑事案件中，占比最大的是涉嫌盗窃罪、贩卖毒品罪、故意伤害罪、抢劫罪等罪名的案件，交通肇事罪和诈骗罪案件也有一定数量，贪污、贿赂、滥用职权等职务犯罪的比例很小。[2]从这里可以看出，对一些敏感案件，法院并不倾向于邀请陪审员参加审理。

（四）法官和陪审员的利益共享

陪审制度中法官与陪审员之间形成的支配与被支配关系是由知识和权力的绝对优势造成的。如福柯所言，在权力与知识的关系上，二者是相互联系而不孤立的，在本源上，是权力制造出了知识，但如果没有构建出知识领域，就不会产生权力关系，不同步构建出权力关系就不会产生知识。[3]根据这一理论，权力是创造知识的本源，知识由权力产生，而知识反过来又产生了权力功能，进而起到巩固权力的作用。虽然法律规定了陪审员具有独立的职权，并且与法官"同职同权"，但是由于我国

---

〔1〕 参见程竹汝：《司法改革与政治发展——当代中国司法结构及其社会政治功能研究》，中国社会科学出版社2001年版，第160~161页。

〔2〕 刘方勇：《人民陪审员角色研究》，法律出版社2016年版，第81~82页。

〔3〕 [法] 米歇尔·福柯：《规训与惩罚》，刘北成、杨远婴译，生活·读书·新知三联书店2012年版，第29页。

第二章　我国人民陪审制的困境和出路：从虚化走向实质化

传统根深蒂固的"官-民"心理，群众对职业法官通常都具有一定的敬畏心理，这也是对国家司法权的敬畏。另一方面，陪审员在法律知识上的匮乏又加剧了二者的地位差距。

这种陪审员与法官之间的关系使法官习惯性地轻视陪审员的意见。法官希望的是陪审员配合他们的工作即可，而不是成为制约裁判权的力量。用学者的话说，我国陪审制度存在的问题更准确地说不是"陪而不审"而是"助而不审"，并且由于法官主导了制度设计，这个问题和趋势在所难免。[1]一项针对人民陪审员的问卷调查统计表明，陪审员很少在庭审时发言的主要原因有两个：认同法官的观点和不知道如何适用法律。诸如不了解案情、觉得陪审意见无足轻重、没有机会发表意见等原因所占比例较小，而冒犯或者对抗法官权威和意志的原因为零。[2]然而，问卷结果呈现的状况与实际有较大差别，与笔者私下对陪审员的访谈结果也有一定的不同。有学者曾经指出，在中国开展问卷调查工作遇到的最大难题就是被调查对象相互冲突的"心理二重区域"现象。在面对带有官方性质的调查时，陪审员往往会采取"真意保留"的方式，使调研结论不至于过分尖锐。从这个意义上说，这些数据恰恰表明了法官的强势地位。

在中央推行陪审制改革之前，许多法院选任的陪审员都是与法院内部人士熟识之人。在访谈中笔者得知，许多陪审员都有亲戚好友从事法律工作，或者有子女就读于法学院校，这就加大了陪审员与法官的依附关系。一项实证研究显示：2010年前

---

〔1〕　蔡琳："人民陪审员助理角色之实证考察"，载《法学》2013年第8期，第45页。

〔2〕　张永和等：《武侯陪审：透过法律社会学与法人类学的观察》，法律出版社2009年版，第239页。

后广东省广州市 H 区陪审员每月通过陪审活动获得的报酬为 800 元至 1000 元,远超广州市城镇居民最低生活标准的 330 元。[1]据广州市中级人民法院 2007 年的统计:172 名陪审员中有 46 名陪审员是以参与陪审获取补助为业,除此之外无其他主要收入来源,占比 26.7%。[2]近年来,随着国民平均收入的增加和改革力度的加大,人民陪审员的补贴也在上涨。2004 年北京市西城区陪审员的费用为 20+10X 元(X 为庭审的小时),交通及餐补独立计算。[3]笔者从 F 省 P 市 X 县法院了解到,本轮陪审制度改革后陪审的补贴费用也有所提高,从每件 30 元的补助标准提高到每件 50 元。据了解,当地一位"陪审专业户"每月可获得千余元补贴,这项收入在当地已经相当可观了。而 F 省 N 市 J 区法院 2019 年为人民陪审员发放的补贴为每件 100 元,每半年发放一次。2019 年该区法院有 13 人全年参与了 100 件以上的案件陪审工作,至少获得了 1 万元的补贴,甚至有 4 人当年参与了 500 件以上案件的陪审,补贴总额逾 5 万元。[4]为了获取稳定的补贴收入,并且获得一定的人脉资源和社会地位,陪审员均与法院形成固定和紧密的合作关系。陪审员十分清楚自己的角色定位,即"不添乱",服从法官的安排。这种强烈的依附关系也为"陪而不审"的产生制造了条件。

---

[1] 钟莉:《价值·规则·实践:人民陪审员制度研究》,上海人民出版社 2011 年版,第 160 页。

[2] 参见广州市中院政治部教培处:《广州市人民陪审员的情况调研报告》2007 年 5 月。

[3] 参见祖鹏、李玉华主编:《人民陪审制度的理论与实践——以北京市西城区人民法院为研究对象》,法律出版社 2012 年版,第 73 页。

[4] F 省 N 市 J 区法院内部数据。

第二章　我国人民陪审制的困境和出路：从虚化走向实质化

第三节　制度未来的走向：陪审实质化

如前所述，陪审虚化已经成为我国陪审制度存在的最严峻的问题，同时也是陪审制度改革的着力点。从2004年全国人大常委会颁布《关于完善人民陪审员制度的决定》到2018年《人民陪审员法》的颁布表明，国家在加紧制度建设，完善我国人民陪审制度。然而，在明确改革举措之前，有必要回顾和评析前人对陪审制度未来走向的看法和既有的方案。陪审制存在问题是众所周知的，无论是理论界还是实务界，近三十年来都在为陪审制的何去何从建言献策。概括而言，这些对策主要有三个路径，分别是废除论、转型论和完善论。毫无疑问，实质化改革是完善论的一种，其前提是我国应当坚持一直以来实行的陪审制度及其基本模式，既不将其废除也不进行重大转型。即便在官方就当前陪审制度的命运"下结论"表态其短期内不仅不会废除还要强化陪审功能之后，也有必要先对原先的废除论和完善论进行深入的分析，以展示为何陪审实质化是在当前国家社会背景下制度走向的必由之路。

一、废除论：一种须认真对待的论调

其一是废除论，即我国不再实行陪审制，所有案件都由职业法官审判。这种论调在20世纪90年代后兴盛一时。彼时理论界对人民陪审制的关注甚少，发出废除陪审制呼声的主要是实务部门人员。20世纪80年代末，已有相关人员撰文主张废除人民陪审制。其核心观点有三个：首先，从质量和效率上看，该制度降低了案件审判的质量与效率；其次，从审判监督来看，由于在实施过程中陪审员往往只是"形式参审"，陪审制度并没

有真正发挥出人民监督的作用；最后，从我国的政治与法律制度设置来看，将陪审制度纳入其中，使得人民陪审成为监督审判和政治民主的制度体现方式实无必要。[1]1993年一项对海南省基层法院的调研也得出结论——应当废除我国陪审制度。其核心观点有四个：首先，从制度设置上看，在当下政治与法律发展的制度框架下，作为政治附庸而产生的陪审制度已经没有存在的必要；其次，从法理上看，人民参与庭审与法院进行独立审判的要求无疑是相违背的；再次，从实施效果上看，从陪审制度运行的司法影响和社会影响来看，与该制度设立之初的目的是相背离的；最后，从案件分类上来看，对于具备技术性和隐私性的案件，没有必要进行陪审。[2]

进入21世纪后，废除论仍然有很多人支持。有学者提出，与资本主义国家相比，我国国情特殊，基于我国五千年来不同的历史文化、法制文明和群众心理等种种要素的影响，陪审制度在我国的实施效果与其制定的本意相去甚远，人民从司法领域参与政治、当家作主的理念并没有得以真正贯彻，陪审流于形式。而这种制度虚化的情形既是对法律权威性的挑衅，也是对建设法治文明的阻碍。[3]

随着2004年中央层面推出陪审制改革方案，废除论大有偃旗息鼓之势。学者抛弃废除论并非基于理论推演后得出新的结论，更不是由于陪审制度已经有了明显改进，使得原先批评陪审制的理由已经不再成立，而是由于党和国家已经肯定了陪审

---

〔1〕 余汉平：“我国应当废除陪审制度”，载《法学评论》1989年第1期，第52~54页。

〔2〕 张建东：“关于人民陪审制度执行情况的调查与思考”，载《海南大学学报（社会科学版）》1993年第4期，第83~86页。

〔3〕 姚远：“关于废除人民陪审制度”，载《华东政法大学学报》2001年第1期，第12页。

制的价值,并且提出了改革的方案,废除论与国家大政方针相背离,故而暂时退出了学术舞台。

然而,学术研究仍然应当认真对待废除论,不能因为国家已经作出抉择就掩耳盗铃,不再正视陪审制存在的根本性问题,忽视对其价值和功能的论证。近年来,一些原本实行陪审制度的国家放弃了这项制度。例如2011年,在统一的《瑞士联邦刑事诉讼法典》颁布后,陪审团制度在瑞士国境内被全面废除,除提挈诺州将其改革成了独特的参审制外,平民参与理念彻底退出了瑞士的刑事诉讼。瑞士全面废除陪审制度的理由主要有以下几个方面:第一,作为普通公民的陪审员更容易受到非理性因素的影响,导致诉讼结果与实质真实的目标相背离;第二,集中审理、对席审判、直接言词这些原则是促使陪审员有效、准确、迅速完成心证过程的基本支撑,在2011年的《瑞士联邦刑事诉讼法典》中,这些原则出现了很大的松动,这动摇了陪审制度立足的基础;第三,刑事诉讼中高效的案件处理机制也是挤压陪审制存在空间的另一重要因素,瑞士多数刑事案件并未经过普通程序解决,再加上刑事案件总量不多,陪审制的重要价值亦大大降低。[1]

对于废除陪审制的主张,有论者旗帜鲜明地予以驳斥,认为陪审制度没有"过时",它在反对司法专制和压迫、重塑司法威信和权威方面具有不可替代的价值。陪审团在英美法系呈衰退趋势是由于先前人们过分重视陪审团甚至不惜将其神话。而在俄罗斯、日本等长期不重视该制度的国家,陪审又出现勃兴之势,说明陪审制度不应当被废除,而是应当在司法制度中占

---

[1] 施鹏鹏、徐嘉敏:"瑞士废除陪审制与中国人民陪审员制度的持续完善",载《贵州省党校学报》2019年第2期,第90~91页。

据一席之地,其适用应保持在一个相对平衡、合理的程度。[1]

一个制度能够存在当然有其合理性,但是理论研究必须带有批判性,不能预先假定现行的制度实践最终或多或少都会被证明为恰当的,只需要进行适当的改革或者修正。同时,亦不能预先设定"被证明为恰当"的这种正当性的证成是可以完成的。理论研究的过程就是证成这种正当性的过程,以及找寻可以被这种正当性正当化的做法。[2]陪审制度所研究也应当正视废除论的挑战,并非找到三五点实行陪审制带来的益处就此下定结论,认为应当继续推行陪审制。关于陪审制度功能价值的厘定,本书将在第三章详细论述。

二、转型论:人民陪审团的地方尝试

自革命根据地以来,在中国共产党领导的政权中,民众直接享有司法权的方式都是通过参审的模式加入到合议庭中与法官共同裁决案件。由于长期以来在该种模式下陪审员难以发挥真正作用,所以有不少学者在肯定民众参与司法的理念的同时提出从模式上根本转变我国的陪审制度。例如,引入英美的陪审团制度或者组织民众观审等。对此,有学者撰文写道:目前很多学者都对人民陪审制度持消极态度,提出应当废除,但不可否认的是,人民陪审制度对于司法文明的建设所产生的积极影响是无可替代的——司法过程的民主、公开、公平、公正与司法结果的权威性和可接受度离不开人民陪审制度的保驾护航。为了更好地实现陪审制度的上述价值功能,该学者建议对现行的人

---

[1] 参见胡铭:《刑事司法的国民基础研究》,浙江大学出版社2008年版,第110页。

[2] 参见[英]安东尼·达夫:《刑罚·沟通与社群》,王志远、柳冠名、姜盼盼译,中国政法大学出版社2018年版,第7页。

第二章 我国人民陪审制的困境和出路：从虚化走向实质化

民陪审员与陪审团制度进行改革，并且具体提出了五个方面的改革措施。[1]鉴于陪审团制度与我国现行司法模式存在很大差异，引入英美陪审团不仅"伤筋动骨"而且会触及司法部门及相关部门的利益，难以全面推行，故而从未占据主流，反而是观审团制度曾经引发过热议。

（一）河南人民陪审团的尝试

2009年2月，在一起涉及死刑的二审案中，河南省高级人民法院首次尝试启动了人民陪审团参与审判的机制，群众和包括人大代表、政协委员在内的8人于旁听席参与庭审。而且，开庭前该案审判长明确指出会在此次庭审结束后请陪审团对此案件一审判决的定罪量刑情况评议发言，并且其发言将被作为重要因素纳入此案二审合议庭讨论的考量范围。[2]

从该案审判长的发言中可以看出，河南省实行陪审团制度主要是基于以下几方面的考虑：第一，之所以选取该案进行陪审团试行，是由于死刑案件敏感度高，受到社会的广泛关注，组织群众代表观审可以加强司法机关与群众的联系，发挥判决的社会效果；第二，受邀代表了解当地情况，对此有发言权；第三，此举可以增强观审民众的法律观念，起到法制宣传的效果。

---

[1] 刘宇晖："价值多元化与我国人民陪审团制度的构建——基于英、俄、日陪审制改革的思考"，载《河北法学》2012年第9期，第125页。

[2] 王红伟："河南高院首次尝试'陪审团'制——'陪审团'意见将成为审判重要参考 将适时在刑事审判中推广"，载《河南商报》2009年4月4日。该审判长还指出："死刑是剥夺犯罪分子生命的最严厉的刑罚手段，死刑案件的审理，涉及面广、政策性强、敏感度高，越来越受到社会各界的广泛关注。请当地人大代表、政协委员、干部和群众代表参与到死刑二审中来，是因为他们熟悉当地的情况，对犯罪分子该不该判死刑，是有发言权的。他们的意见，有利于法院依法审慎地处理好每一起死刑案件，确保死刑判决的最佳法律效果与社会效果。而且通过他们的参与，有利于开展法制宣传，增强群众法制观念，起到警示作用。"

2009年6月,河南省高级人民法院发布了《关于在刑事审判工作中实行人民陪审团制度的试点方案(试行)》。该方案将试点分为地市两级,选取含省会郑州在内的6个地区进行尝试。9个月后,河南省高级人民法院召开关于试点工作的会议,并制定了进一步实施的方案,即《关于开展人民陪审团制度意见(试行)》。在6个地区法院试点之后,河南省高级人民法院决定在全省推进试点工作。经过9个月的初步试点和2个月的推广试点,截至2010年5月,共有122个法院启动陪审团参审重大复杂案件,数量已达361件;从息讼止争方面来看,高达95%的案件判决结果被当事人所接受;从适用范围上看,陪审团已不仅仅参审刑事案件,也开始参审民事和行政案件;从陪审团发展上看,陪审团成员库扩充至15万人。[1] 2012年《关于开展人民陪审团试点工作的通知》出台,河南省的人民陪审团逐渐形成较为稳定的机制。

河南省人民陪审团的探索有几个方面值得注意:

第一,陪审门槛较低,陪审员库庞大。在陪审资格方面,河南省人民陪审团的门槛较低,主要有年龄和刑事处罚两个方面的限制——23岁至70岁、无刑事处罚。根据规定,基层法院的陪审团名单不应少于500人,启动陪审团程序时,先从名单中随机抽取20人至30人,再根据陪审人员的档期和回避等情况,在这些人中选取9人、11人或13人组成人民陪审团参与庭审。此处较为充分地考虑到了陪审团代表的广泛性,较之前饱受诟病的"专职陪审"有了一定的进步。

第二,适用范围主要是刑事案件。人民陪审团制度首次运用的案件就是一起死刑上诉案件,在此后的试点中推广适用的

---

[1] 邓红阳:"本报专访河南省高院院长张立勇",载《法治周末》2010年6月10日。

第二章 我国人民陪审制的困境和出路：从虚化走向实质化

案件类型也主要是刑事案件。河南省推行人民陪审团制度的目的是在社会关注较大的案件中加强司法与民众的沟通，所以选取的案件都是重大案件。刑事案件决定着被告人人身自由、财产甚至是否剥夺生命，有些案件更是产生了重大社会影响。例如上述死刑案件的案情就曾在当地引起轰动。所以河南省推行改革的决策者认为，最需要人民陪审团参与的案件是刑事案件而非民事、行政等案件，而且主要是可能适用死刑等重大刑事案件，这样可以有效预防信访、上访，使判决得到社会支持。这种变化对于利用人民陪审员充凑简单案件的合议庭，以便集中专业审判力量办大案要案的做法是一种有益的矫正。

第三，人民陪审团成员的有限参与权。根据相关规则，陪审团的权限分为庭审中的提问权和庭审之后的评议权。与人民陪审员相比，陪审团成员的职权非常有限。在人民陪审制中，从理论上说，陪审员全程均可直接向控辩双方发问，而河南省的人民陪审团成员虽然也可以发问，但有三个限制：一是陪审团成员不能自行直接提问，必须由审判长代为发问，属于间接提问；二是陪审团成员不能口头提问，只能向法官递交书面问题；三是陪审团成员不能向控方提问，只能向被告人提问。可以说，人民陪审团成员的提问权不是绝对的，专业法官有权决定是否代为提问、何时提问以及如何提问。需要注意的是，若是规定人民陪审团成员只能向被告人发问，[1]将有违控辩平等。人民陪审团负有代表人民监督司法权的职能，比起配合司法机关定罪量刑，其更应当做的是避免公民权利受到国家权力的侵犯。人民陪审团向被告人提问也可以发现潜在被告人罪轻或无

---

[1] 何毅、胡乃全："《陪审制 改革：且试且完善》系列报道之三：从'陪审团'到'大陪审制'——来自河南省法院陪审改革试点的探索"，载《民主与法制》2017年第27期。

罪的案件事实,但也应当有同等的权力向检察机关提问,如果发现指控的材料有问题(比如侦查人员可能存在刑讯逼供的行为),人民陪审团成员也应当有权提问。除了在庭审过程中提问之外,人民陪审团还有庭后建议之权。庭后建议之权的行使程序如下:首先,在人民陪审团内部进行评议,评议结束后以书面形式呈现意见,并且该意见需要陪审团全体签名后再交于审判长;其次,在合议庭进行讨论时,需要重视陪审员的评议结果,将其纳入考量范围,对陪审团评议结果的采纳情况需要在合议笔录中予以呈现。关于陪审团的意见,在一般情形下,由陪审团团长当庭宣读;倘若出现与合议庭意见发生重大分歧的特殊情形,则取消当庭宣读和当庭审判,改为提交审判委员会讨论或请示上级法院后决定。[1]从中可以看出,人民陪审团成员的结果对法官并无直接约束力,这在法律没有认可该制度的情况下是不可避免的选择,但也会使该制度的效用大打折扣。[2]

河南省的做法虽没有得到中央文件的明确支持,但邀请民众旁听审判并发表看法并不违反法律,故而此举无须特别授权。可以说,设立人民陪审团完全是一项由地方发起的实验。对于河南省这一略显大胆的尝试,各方褒贬不一。有学者对这种强化陪审制度平民性的做法给予了高度赞扬,认为该试点给了处于困境的人民陪审制一线曙光,指出了陪审制改革的方向。[3]也有学者得出正面结论:"从人民陪审团试点的实施情况看,的确产

---

[1] 何毅、胡乃全:"《陪审制改革:且试且完善》系列报道之三:从'陪审团'到'大陪审制'——来自河南省法院陪审改革试点的探索",载《民主与法制》2017年第27期。

[2] 需要注意的是,有的观点将陪审团成员视作合议庭成员,虽然人民陪审团建议与合议庭意见分歧的处理机制有相似之处,但河南省推行的人民陪审团绝非合议庭的组成部分。

[3] 李谦:"人民陪审员制度的重新定位以及制度构建",载《法律适用》2012年第6期,第46页。

第二章 我国人民陪审制的困境和出路：从虚化走向实质化

生了很多积极的影响，比如上诉案件、申诉案件以及上访信访等情形大大减少。"[1]反对阵营的代表则将其讽为"非驴非马"的制度，并且从陪审模式选择、功能定位、陪审人员构成、被告人权利保障、适用审级配套措施等方面提出了全面的质疑。[2]

总体上，学者们对此多持观望态度，少数撰文的学者主要是在肯定的基础上遵循人民陪审团这一路径尝试提出改善建议。比如，有学者批评前述将人民陪审团评价为"非驴非马"的观点是一种"羊群效应"，认为陪审团制度前景可期，并且提出了改进之策。[3]还有许多文章只是以此为契机，一笔带过后不再进一步评论，转而讨论原有陪审制的改革问题。[4]

在评价河南的此次实践时必须考虑到制度实施的背景原因。河南省首次尝试人民陪审团制度时，审判长在采访中介绍道，之所以开展人民陪审团制度试点工作，是因为河南省高级人民法院院长要求学习和贯彻"马锡五审判方式"，并积极探讨引入国外审判经验的可行性。之后相关人员提出此方案，被肯定并进行了试点。[5]

马锡五审判方式有一定的合理性，但此种方式要发挥优势需要特定的时代和社会条件，现代陪审制度既不可能也无须再

---

[1] 汤维建："建立中国特色陪审团制度实现司法民主"，载《人民政协报》2011年8月8日。
[2] 汪建成："非驴非马的'河南陪审团'改革当慎行"，载《法学》2009年第5期，第15~21页。
[3] 刘加良："人民陪审团制：在能度与限度之间"，载《政治与法律》2011年第3期，第25~26页。
[4] 参见张曙光："人民陪审：困境中的出路——河南法院人民陪审团制度的贡献与启发"，载《政治与法律》2011年第3期，第36页；江国华、余建："人民陪审制度的发展和完善——以河南'人民陪审团'改革为线索"，载《河南省政法管理干部学院学》2010年第6期，第37页。
[5] 王红伟："河南高院首次尝试'陪审团'制——'陪审团'意见将成为审判重要参考 将适时在刑事审判中推广"，载《河南商报》2009年4月4日。

回到当时的审判形式。[1]2009年、2010年刚开始尝试之时,无论是河南省法院系统内部还是外界的新闻媒体和学术研究都予以极大的关注,相关报道和论文络绎不绝,甚至有核心期刊开设专题对人民陪审团进行研究。[2]但是,2011年之后,媒体的相关讨论几乎销声匿迹,学术界对该制度也逐渐失去了研究的兴趣。

正如有学者所指出的:纵向来看,人民陪审团制度不同于我国之前的人民陪审制;横向来看,其与大陆法系参审制度和英美法系陪审团制度亦是迥然不同,属于独特的类型。[3]河南省高院在文件和说明中对人民陪审团的定性也发生了变化。2010年河南省法院工作报告将人民陪审团制度作为一项重要政绩予以重点强调说明,但是2011年和2012年的法院工作报告则不再提这一举措。2013年的河南省法院工作报告则提出在人民陪审团的基础上建立人民观审团制度。2014年5月16日,河南省高级人民法院发布《关于开展人民观审团工作的通知》,制定了观审的规则并在全省范围推行。[4]从价值功能、人员组成、运行机制、权力效力等方面来看,人民观审团制度这一"新品牌"与之前试点推行的人民陪审团制度并没有实质意义上的区别,旁听庭审的群众代表的意见仍然对事实认定和裁判结果没有直接效力。

(二)陕西省人民陪审团的尝试

几乎与此同时,陕西省高级人民法院推出了一系列举措,

---

[1] 参见吴英姿、王筱文:"陪审制、民意与公民社会——从河南人民陪审团实验展开",载《政治与法律》2011年第3期,第12~18页。

[2] 参见《政治与法律》2011年第3期的专题。

[3] 许尚豪:"人民陪审团与法官的制度衔接与规则协调——以审判格式化与人格化的关系为视角",载《政治与法律》2011年第3期,第28页。

[4] 参见豫高法[2014]191号及其附件《河南省高级人民法院关于适用人民观审团机制的规定(试行)》。

第二章 我国人民陪审制的困境和出路：从虚化走向实质化

与河南省的人民陪审团的尝试"遥相呼应"。2008年10月，陕西省高级人民法院下发《关于开展审判工作"进农村、进社区、进企业、进学校、进军营"活动的通知》和《关于征询旁听庭审公民对案件裁判意见和建议的若干规定》。这两个文件一方面在司法领域推进"审判五进"，对基层法院及其派出法庭提出了学习和推广马锡五审判方式的要求，指出司法活动应当深入到群众中去、为群众提供方便、更好地服务群众，要推行巡回审判的实施，通过司法活动"进农村、进社区、进企业、进学校、进军营"的形式进行就地庭审、听取公民对裁决的想法、走访调查、倾听民声、普法宣传、排查化解矛盾、联系服务群众。[1]另一方面决定实行征集和询问旁听庭审的公民意见的制度，关于案件审理的问题需要听取包括人大代表、政协委员、群众代表等人员在内的公民的意见。该制度的运行机制是由法院先行联系或当庭确定被征询意见和建议的旁听人员，庭审结束后由法院召开座谈会、填写问卷或者以其他形式听取被征询人员的意见。如果公民代表的意见与合议庭分歧较大，可以提请审判委员会讨论，最终将裁判结果反馈给公民代表。据统计，在文件发布的第二年，也就是2009年，法院就对接近14 000个案件进行了征询，关于案件裁判，有44 000多名旁听庭审的公民发表了意见。[2]

2010年3月，全国人大代表、陕西省高级人民法院时任院长安东在两会上提交了关于建立中国特色陪审团制度的提案。

---

[1] "浅析审判'五进'工作机制的价值分析"，载陕西法院网：http://sxfy.chinacourt.gov.cn/article/detail/2013/08/id/2293638.shtml，最后访问时间：2019年12月12日。

[2] 陇县人民法院在一起重大刑事案件的审理中将公民代表请上审判台，组成11人的"人民陪审团"参与案件的审理。参见徐伟："陕西高院院长安东代表：分步实施人民陪审团制"，载《法制资讯》2010年第3期，第33~34页。

当年10月，陕西省法院开始试点人民陪审团制度。陕西省的尝试与河南省的人民陪审团并无太大差别。该制度背后的理念也是延续马锡五审判方式。由于马锡五审判实践主要是在陕甘宁边区开展，因此陕西省重视这一审判经验也算是在情理之中了。陕西省被征询的群众代表也没有加入到合议庭中，同样只是坐在旁听席观审。民众的意见对法院没有直接约束力，仍然属于建议的范畴，效力十分有限，但可以作为提请合议庭、审判委员会商议讨论的原因和理由。

当然，陕西省和河南省的试验虽然很接近，但也有一些差别。司法机关在设置这些方法和程序的时候首先考虑的都是如何使审判的进程和结果处于自己的控制之下，然后才在此基础上考虑如何增进公民参与的限度。从这个角度看，陕西省的做法在许多方面更加开放，为法院把控审判增添了许多"不确定因素"。

首先，从适用的案件类型上看，河南省人民陪审团制度主要适用于刑事案件，而陕西省不仅在刑事案件中采用人民陪审团，还强调这一制度在民事案件和行政案件中同样适用。例如，《杨陵区人民法院选任人民陪审团成员库成员公告》规定陪审团同样适用于民事案件，同时指明了可以启动人民陪审团的情形：一是"重大"——在区域内有重大影响、涉案财产重大；二是"社会"——涉及社会稳定和群体利益、社会或者人大代表等广泛关注、有教育或警示社会的效果。重大刑事案件虽然社会关注度高，但是民众的意见多是严惩罪犯，与合议庭的意见不会有太大分歧。但是，在行政案件和民事案件中，控辩双方的交锋相对更为激烈，各执一词，此时民众的立场捉摸不定、难以预料，很可能与合议庭的意见相左。虽然规定没有赋予民众意见和建议强制力，但法院仍然应当认真对待民意，这也构成了

第二章 我国人民陪审制的困境和出路：从虚化走向实质化

对司法权的制约。因此，如果地方法院将人民陪审团制度的规则落到实处，在民事和行政案件中推行起来显然需要一定的魄力。

从公民代表的选取方式上看，陕西省人民陪审团成员同样是以事先联系为主，但也呈现出了一些新的特点。上述公告特别指出在人民陪审团成员中降低公职人员的比例，避免出现以往那般事先邀请的大多数都是体制内的公职人员的情况。如果都是公职人员，其言论和行为或多或少都会处于国家机关的控制之下，可能会弱化监督和制约功能。此外，陕西省法院对被征询的公民代表除了事先邀请之外，还可以现场确定。这种临场决定的人员的可控性显然不如事前安排的人员。有意思的是，这种临场选取陪审团成员的做法与清末颁布的《大清刑事民事诉讼法草案》规定的做法很接近。当时，张之洞对此提出过批评，指出了种种弊端。的确，旁听之人热心个案很可能是由于该案与自身利益有关，或者在审前就了解了诸多详细报道，主观上可能先入为主。另外，如果案件当事人事先安排的人员到庭旁听并故意被选为人民陪审团成员借机提出有利于自己的意见，岂不显失公平。

从发表意见的场合上看，河南省的人民陪审团在庭审之后的集体评议程序中提出建议，而陕西省却允许人民陪审团当庭发表意见。显而易见，与在法庭上当着控辩双方以及旁听群众、大众媒体发表意见相比，庭后在封闭环境中评议并向法院提交建议对法院而言是一个更加安全、稳妥的做法。陕西省法院的这一做法虽然看似随意，但却可以减少刻意的部署安排，保障民意的直接性和真实性。

从陪审团成员席位上看，河南省的人民陪审团都是在旁听席前排就座，其身份是旁听人员。然而，在陕西省的部分地区，法庭将人民陪审团成员的席位安排在了审判台之上。[1]这看似只是挪动了位置,其实是代表了人民陪审团成员的角色和地位发生了变化。除了法警等辅助性人员外,在庭审过程中登上审判台就是参与到诉讼过程中,这在没有法律授权的情况下是不妥当的。

(三) 从陪审制到观审制的转型

无论是河南省还是陕西省的尝试,先前都是以陪审团的名义推出,吸引了足够多的眼球。可是再之后各界都意识到这种模式难以称得上"陪审",至多算是"观审"。就制度沿革来说,这种观审制度是一个新的制度,它与我国一直实行的人民陪审制并无关联。人民参与合议庭审理案件与邀请群众组成代表团旁听审判并发表意见并不冲突,完全可以并行。因此,这种新的举措不应被视作陪审制度改革的一环。倘若在我国将人民陪审团制度视为人民陪审制改革的前进方向,那只能说这是对已有人民陪审制的背离,是在否定原先的人民陪审制。

综上所述,河南省和陕西省等地推行的人民陪审团制度是在创设一项新的制度,虽然其中的一些做法对人民陪审制改革有所启发并具有可借鉴之处,但该制度推行的目的不在于完善当前的人民陪审制。如果改革者希望用人民陪审团制度取代原先的人民陪审制,那就是对我国陪审制度的转型,即由陪审制转为观审制。

在观审制中,群众代表的权力十分有限,对司法活动的影响微乎其微。如果用很难产生实际积极效果的观审制替代人民陪审制,这对于公民的司法活动参与而言显然是一种倒退。但是,如果赋予人民陪审团决议一定的法律效力,其价值便会大

---

[1] 魏文斌:"陇县法院:'陪审团'坐上了审判台",载中国法院网:https://www.chinacourt.org/article/detail/2010/01/id/390734.shtml,最后访问时间:2019年11月20日。

不相同。人民陪审团的陪审员人数众多,如果握有一定的决定权,则有望形成一股制约司法裁判的合力。当前人民陪审制改革新增了七人合议庭制度,从中可以看到些许人民陪审团的影子。

三、完善论:陪审实质化改革的路径

2011年,有学者撰文指出,我国人民陪审制度发展到这一历史时期已经遇到了瓶颈,甚至说已经面临"死抑或革新"的重大选择。该学者最后认为,从时代发展的基本规律和法制文明发展的趋向来看,从根本上废除或者从立法与实践上逐步淡化人民陪审制是错误的,是与潮流相背离的,必须要继续保留并通过改革来完善这一制度。[1]这种观点与中央的判断是一致的,即在保留人民陪审制的前提下对其进行全面改造。

(一)陪审实质化的要求

党的十八届三中全会通过的《中共中央关于全面深化改革若干重大问题的决定》指出,在我国,人民陪审员制度应当被广泛贯彻落实,以完善人民群众司法参与的方式。十八届四中全会通过的《中共中央关于全面推进依法治国若干重大问题的决定》进一步指出,人民陪审员制度需要在参与审判案件的范围、随机选人的方式等方面进行完善,从而保障陪审权、提高制度的公信力,并向人民陪审员只审事实不参与法律适用的讨论的方向调整。[2]这些决定都为制度改革指明了方向。

持有陪审制度完善论的学者并不必然赞同陪审实质化,我国陪审制度中的许多问题也不与陪审虚化直接相关。笔者在调

---

[1] 汤维建:"人民陪审团制度试点的评析和完善建议",载《政治与法律》2011年第3期,第6页。
[2] 参见中国共产党十八届三中全会决定以及中国共产党十八届四中全会决定。

研中发现，实务部门有观点认为陪审制度大体维持现状即可，只需要小修小补或严格贯彻已有法律规定即可，因为适度的"虚化"可以实现各方共赢，贸然打破当前利益链，进行大刀阔斧的改革不仅是徒劳的而且可能造成负面影响。

然而，从党中央的上述文件中不难看出，国家当前采取的措施就是推动陪审实质化的改革路径。所谓"陪审实质化"就是让陪审员通过有效参与庭审活动并在庭后独立发表意见影响案件的处理过程和结果。"陪审实质化"具有双重内涵，从结果上应当尊重人民陪审员的意见，尤其是保障人民陪审员的异议权，赋予其异议一定的程序效力。在形式上，人民陪审员的意见应当与法官的意见一样被同等考量，实质上甚至应当被优先考量。从过程上看，"陪审实质化"要求人民陪审员被当作合议庭成员之一完全参与庭审和评议。一方面，人民陪审员应当与法官一样投入到庭审全过程中，听取意见、查看证据、发表意见，不得游离于庭审之外；另一方面，法院和法官应当保障人民陪审员的参审权，帮助陪审员理解相关规定，协助解释证据问题，给予人民陪审员一定的关照。[1]

中央文件中推动陪审实质化的举措主要体现在以下方面：第一，人民陪审员的选任和管理工作增加了除了法院之外的第三方参与，扩大了遴选范围和程序的随机性，这些举措有效减小了人民陪审员对法院的依附关系，增强了陪审员的独立性；

---

[1] 一般来说，"诉讼关照"指的是司法机关对被告人或被害人的关照。参见陈永生："论客观与诉讼关照义务原则"，载《国家检察官学院学报》2005年第4期，第11~19页；龙宗智："刑事诉讼中检察官客观义务的内容及展开"，载《人民检察》2016年第Z1期，第48~51页；黄琪："论性侵案件法官对被害人的诉讼关照义务——以欧洲人权法院对Y诉斯洛文尼亚案的裁决为切入"，载《法制与社会发展》2018第4期，第62~75页。笔者并不避讳提出法官对人民陪审员具有关照义务。鉴于通常来说法官相对于陪审员具有知识和权力上的绝对优势，应当在诉讼过程中给予人民陪审员关照，协助其履行陪审职权。

第二章 我国人民陪审制的困境和出路：从虚化走向实质化

第二，调整法官和陪审员的职权划分，让陪审员集中审理事实问题，逐步不再审理专业性强的法律问题，充分发挥陪审员在事实认定上的优势，使陪审员实质参审成为可能；第三，国家制定一系列规则，以制度化的形式保障陪审员实质参审的权利。中央的上述要求集中体现在了2018年颁布的《人民陪审员法》上，该法改革的总体方向就是促进陪审实质化。

（二）《人民陪审员法》促进陪审实质化的举措

在党的领导和指示下，根据原中央全面深化改革领导小组（现为中央全面深化改革委员会）审议通过的《试点方案》[1]和全国人大常委会通过《试点工作决定》，[2]2015年5月，最高人民法院和司法部联合发布《试点实施办法》[3]，启动了人民陪审员制度改革的新一波试点。包括10个省[4]在内的共计50家法院被指定根据自身具体情况并结合国外审判经验开展试点工作，以求找寻制度改革的合理途径。这是自2004年《关于完善人民陪审员制度的决定》之后，针对人民陪审制度力度最大、辐射最广的一场变革，在制度的探索发展过程中起到重要的作用。[5]《试点方案》及《试点实施办法》出台后，指定的试点法院做出了各种积极的尝试，当然这些尝试也不可避免地存在一些误区，毕竟试点也是一个试错的过程。值得肯定的是，此次改革步调平稳、徐徐图之，并未急切地出台相关立法。2017年4月，

---

[1]《人民陪审员制度改革试点方案》（以下简称《试点方案》）。
[2]《全国人民代表大会常务委员会关于授权在部分地区开展人民陪审员制度改革试点工作的决定》（以下简称《试点工作决定》）。
[3]《人民陪审员制度改革试点工作实施办法》，以下简称《试点实施办法》。
[4] 包括北京、河北、黑龙江、江苏、福建、山东、河南、广西、重庆以及陕西。
[5] 施鹏鹏："人民陪审员制度的改革历程及后续发展"，载《中国应用法学》2018年第4期，第17页。

最高人民法院发言人对延长试点期限的草案[1]做了说明。[2]该说明指出：改革试点工作正处于一个需要不断修改纠正、补充完善的阶段，由此许多复杂的情形和问题还有待显现和探索，仍需要耗费时间去逐步解决。从制度的建设与实施上看，明确区分事实审和法律审的科学机制未能建立；全面随机抽取既不够合乎情理又存在极大的实施难度；大合议庭情形下如何适用陪审制需要再做探讨。由此，最高人民法院提出意见，建议试点期限延长到2018年5月。

延长期限届满时，2018年4月第十三届全国人大常委会第二次会议审议通过了《人民陪审员法》，在总结全国人大常委会于2004年颁布实施的《关于完善人民陪审员制度的决定》和党的十八届三中、四中全会以来有关人民陪审员制度改革试点经验的基础上，对人民陪审员的选任、管理以及参审职权配置等方面做了进一步的完善，标志着我国人民陪审员制度进入了新的发展阶段。[3]

在我国的法制文明进程中，这是首部关于人民陪审员制度的专门法律。该法的制定和实施有利于发挥社会主义制度优势，在司法活动中体现人民当家做主的中心地位，既使长期探索、积累的方法和经验得以法律化和制度化，又确保了人民群众对司法领域的知情权、参与权和监督权，使其在每一个司法案件中都能感受到公平正义。

《人民陪审员法》共计32条，内容涵盖了立法目的、陪审

---

[1] 即《关于延长人民陪审员制度改革试点期限的决定（草案）》。
[2] 2017年4月24日，十二届全国人大常委会第二十七次会议召开第一次全体会议，集体听取时任最高人民法院提请审议的《关于延长人民陪审员制度改革试点期限的决定（草案）》的议案。
[3] 陈学权："《人民陪审员法》：新时代推进司法民主与公正的重大举措"，载《紫光阁》2018年第10期，第64页。

员的权利义务和行为规范、陪审员选任的资格和程序、陪审案件范围、回避、合议庭组成和运行、陪审员的管理考核和奖惩,等等。该法在原有规定的基础上吸收了试点以来的成果,对陪审制度进行了诸多创新,这些举措基本围绕陪审实质化这一改革目标展开。

第一,关于陪审员的资格与选任。《人民陪审员法》的立法主旨是扩大司法民主,吸纳更多民众参与审判活动。首先,是资格的调整,对人民陪审员资格条件的规定相较之前呈现出"年龄升"和"学历降"两个变化——从23周岁升至28周岁、从大专以上降至高中以上。其次,是选任方式的调整,法律明确规定陪审员应当以随机抽取的方式从辖区的常住居民中产生,虽然法律仍然保留了推荐产生陪审员的方式,但是推荐产生的名额不能超过陪审员总数的1/5。

第二,陪审员的职权。除法律特别规定(如陪审员不得担任审判长一职等情形)外,在审判中,人民陪审员与法官享有同等权力。该法极具创造性地区分了三人合议庭和七人合议庭两种模式,并且对两种模式规定了不同的职权分配方式。两种模式的相同点是陪审员都有权对事实认定独立发表意见并表决,同时都可以对法律适用发表意见;而不同点主要在于是否可以对法律适用行使表决权。在三人模式中,陪审员可以行使表决权,而在七人模式中陪审员不可以行使表决权。在七人模式中,是由法官三人和人民陪审员四人组成合议,这是我国诉讼制度的一项重大创举,首次在合议程序中区分了事实审和法律审,对一些具有重大社会影响力的案件,法律规定必须采取这一形式审理。

第三,关于陪审员的日常管理。陪审员的管理包括考核、奖惩与保障等。法律在要求陪审员履行职责的同时也加强对陪审员的履职保障。在人身方面,对人民陪审员及其近亲属予以必要的保护,就对此类人员进行报复的行为进行追责;在经济方面,保障陪审员在单位的待遇并且予以适当补助。这些内容先前散见于不同的规范性文件当中,此次立法将这些规范整合起来,构建了对陪审员进行管理的法律体系,更有力地为人民群众参审和促进审判公平公正提供保障。在此之前,人民陪审员都由人民法院自行管理,多数陪审员都是法院任用并且发放津贴,为了减少陪审员与法院的依附关系,使陪审员在监督和制约法官审判权时减轻顾虑,此次陪审立法明确规定由基层人民法院和司法行政机关共同作为管理义务机关。

(三) 陪审实质化改革的未竟事业

虽然《人民陪审员法》的各项举措促进了陪审实质化,对人民陪审制度的改革产生了重要的推动作用,但《人民陪审员法》在立法过程中存在着诸多争议,最终的方案称不上尽善尽美,仍然有不少问题留待今后在实践中探索,并通过后续立法或相关细则的颁布予以完善。就目前来说,既没有证据表明我国已经实现了陪审实质化,也没有证据证明现有方案足以实现陪审实质化这一目标。

同时也需要注意,笔者在调研中发现《人民陪审员法》的相关规定在司法实践中的落实情况不甚理想,这不完全归因于地方执行法律和政策不到位,也有规定本身的问题。在此,笔者不禁要追问,已有的措施是否真的是可行的合理的。因此在研究具体制度和规则的完善之前,本书首先要明确我国人民陪审制度的恰当定位,这是改革方案被各方接受并推行通畅的前提。只有发现并匡正人民陪审制的时代价值,才能说明实质化改革方案具有可行性,讨论制度构建和完善才会有现实意义,否则对策建议都将成为"无源之水,无本之木"。

第三章
实质化改革的可行性分析
——探寻制度推动力

我国人民陪审制度积弊多年,迟迟未能解决的重要原因是各方均缺乏实施人民陪审制度的持久动力。改善我国人民陪审制度需要从宏观上对功能进行定位,需要联合各方通盘考虑,自上而下、从中心到局部推行改革。如果各自为政,人民陪审制价值就会偏离,改革的路径也会优先服从于部门利益。

推行人民陪审制改革涉及四方,包括制度设计者和制度参与者,主要是顶层设计者、法院、当事人、陪审员。由于陪审制是法院采取的制度,所以与法院关联最大,改革前无论是陪审员的选任、管理还是使用主要都由法院负责。检察机关可以就审理程序问题与法院沟通,但并未在陪审制运行中扮演重要的角色,故在此暂不予讨论。考虑到关于陪审员的讨论贯穿本书之始终,故本章不再设专节进行探讨。

与陪审制有关的这四个主体都有各自的利益考量,但这些利益并非不可调和。同时,陪审制的一些价值还未被完全发掘,制度的设计者和实践者可能都未充分认识到。因此,需要在整体上进行把握,努力做到四方共赢。如前所述,我国陪审制发展至今出现了功能异化,只有纠正价值偏离的错误路径,为制度寻找新的正当性和合理性依据,并激发各方改革和适用的动力,才能赋予陪审制持久的生命力。

第一节　国家：从民主象征到权力监督

推动我国人民陪审制改革不能完全依靠法院进行，而是应当破除部门利益，从全局的高度统筹规划。一直以来，我国富有成效的陪审制度改革都是由党中央层面提出要求，司法机关等相关部门遵照决议制订方案。国家层面是当前陪审制发展的最大推动力，中央将人民陪审制视作我国社会主义民主的重要体现，这使得人民陪审制在我国具有天然的政治优势。陪审促进司法民主也被学界认为是该制度得以存续的基础。譬如，有学者指出："人民陪审员制度的首要目的是实现司法民主价值。"[1] 还有学者认为，司法民主是论证陪审制存续和功能的"元理论"之一。[2] 然而，这种先验的正当性也会带来一些问题。有此背书，人民陪审制是不可被全面否定的，更是不可废除的，纵使"千疮百孔"也必须保留。而另一方面，实践中法院等部门又没有完善的动力，这造成实践中的种种问题没有得到及时解决。

一、陪审制与民主

陪审制是民主的象征已经成为"共识"，但证成陪审制度的民主性却存在不同的路径。换言之，陪审制度呈现出的民主理念是多元的而非单一的。本书将先就一般意义上的陪审与民主之间的联系进行阐述，之后再就我国陪审制的民主基础进行论述。有学者指出，陪审制背后蕴含的民主理念具有三种表现形

---

[1] 苗炎："司法民主：完善人民陪审员制度的价值依归"，载《法商研究》2015年第1期，第121页。

[2] 郑成良、李文杰："人民陪审实践：法治中国语境下的考量与反思——基于上海三区法院陪审运行之研究"，载《法学杂志》2016年第11期，第80页。

式,即"代议式司法民主理念""协商式司法民主理念"以及"衡平式司法民主理念"。[1]上述总结基本涵盖了陪审的民主理念,但由于这是一种类型化研究,因此不可能做到完全涵盖所有的观念。笔者认为:首先,陪审制度带有明显的代议制特征;其次,陪审制度体现了协商性民主;最后,陪审制体现了人民对国家权力的限制。

(一)陪审制度与代议制民主

代议制的基础在于人民主权理论,代议制民主思想的前提是政治权力源于和属于社会共同体。代议制观念的核心在于:一个人、若干人或一个团体能够选举他们的代表,授权其表达自己的意志、行使自己的权利,代表所表达的意志将被视为他们自己的意志。[2]陪审制也被视作人民主权的代表,菲利在描述19世纪欧洲大陆对陪审制的期待时说道:"从政治方面看,陪审团制度无疑体现了人民主权,因为它承认法律权不仅来源于人民,而且还应当由人民直接行使。"[3]陪审制的一些特征被认为是议会制度在司法领域的延伸,陪审员被视作人民群众的代表,被召集针对司法议题行使投票权。陪审制与代议制的相似之处有以下两点:第一,通过一定的程序从公民中选取一部

---

[1] 陪审制背后的司法民主理念有三种类型:代议式司法民主理念视陪审员为人民的代表,他们应召对司法问题行使投票权。该理念是民主政治理论向司法领域的延伸,通常以议会制为范本。协商式司法民主理念认为,陪审制的核心在于召集具有不同立场、倾向和知识的人参与集中评议程序,并寻求一致性裁决。陪审制是一个工具性的决策机制,而非政治制度。衡平式司法民主理念将陪审制看作程序上的衡平机制,认为陪审制可以矫正法律教义学裁判的失当。其倚重陪审员的否弃权和常识性正义观。参见樊传明:"陪审制导向何种司法民主?——观念类型学分析与中国路径",载《法制与社会发展》2019年第5期,第89页。

[2] 丛日云、郑红:"论代议制民主思想的起源",载《世界历史》2005年第2期,第80页。

[3] [意]恩里科·菲利:《犯罪社会学》,郭建安译,商务印书馆2017年版,第142页。

分人代行权力。实行陪审制度的国家具有陪审资格的公民与拥有被选举权的公民范围比较接近。第二，被选出的群体通过一定程序（例如投票）作出决策，在这一点上陪审团与议会的表决机制十分相似。英国学者戈贝尔甚至认为，陪审制比选举制代议制更符合民主的要求。陪审员是随机挑选的，选取时并不考虑政治因素，不像议会那样代表少数利益的党派掌握着不相匹配的权力。而且，陪审员是在社区中产生，满足了决定应由受其影响的群体作出的民主理念。戈贝尔认为，不仅是在陪审员的选取方面，更重要的是陪审制度的评议方式是民主理念的体现。陪审团评议的民主是直接而非间接的，是参与性不是代表性的。评议过程中每个个体在决策中的地位和比重都是平等的，每个人都有发言权并且他们的意见都无一例外地会被认真倾听和对待。[1]

也有学者通过比较代议制与陪审制，认为二者有重大区别，并且总结了以下几点：第一，陪审制是平民化的民主，而代议制是平民民主与精英民主相结合；第二，陪审制是地方性民主，而代议制兼有地方性民主和全国性民主；第三，陪审制属于他治民主，代议制属于自治民主。[2]诚然，陪审制与代议制存在诸多差异，但最重要的差别在于代议制是通过选举产生人民代表，而陪审团成员则通过随机抽取产生。"民主"一词在古希腊语词源意义上的本意为"人民的统治"，以人民共同讨论和决定公共事务为主要特征，由全体人民而非由人民选出的代表行使。[3]质言之，民主从一开始就是指公民直接参与政府公共事务当中的

---

[1] James Gobert, *Justice, Democracy and Jury*, Ashgate Publishing Company, 1997, pp. 101, 159.

[2] 张志伟：《陪审制度的民主问题辨析》，人民出版社 2010 年版，第 100~101 页。

[3] 参见刘俊杰："西方代议制民主的两大民主理论批判及其比较——基于马克思主义民主理论与西方协商民主理论"，载《理论月刊》2018 年第 11 期，第 39 页。

第三章　实质化改革的可行性分析

直接民主,而不是间接民主。雅典的民主制主要采用抽签的方式确定领导人和官吏,只有将领等少数需要特殊才干的职位是通过投票遴选的形式确定。这种制度是基于以下理论预设:普通人就可以承担起当家作主的责任。[1]然而近代以共和理念为基础的代议制虽然也可能涉及抽签,[2]但主要运用的是选举的方式。

需要注意的是,现代陪审制度也在许多方面体现了代议制的特征。在美国平权运动中,陪审员资格问题引发过争议。非洲裔和女性群体在争取政治权利时把矛头指向了陪审员资格问题。在美国独立战争后的平权运动中,"参加陪审团的权利成为美国社会进入宪法重构期的讨论焦点。作为宪法平等保护的重要部分,黑人参与陪审团的权利被提出"。[3]在女权主义运动浪潮掀起后,女性群体参与陪审团的问题也被广泛关注。在1975年的"泰勒案"中,法院裁决州政府从陪审员候选名单上除去女性的做法是不公平的。[4]这些黑人女性的平权运动将参与陪审的权利视作争取政治权利的阵地、提升政治参与多元化的场域,这与代议制的理念是一致的。

不过,即便如此,英美法系陪审制度中的代议制元素仍然是相当有限的,将陪审视作代议制民主的象征不甚妥当。尤其是在我国,代议式民主无法成为人民陪审制正当性证成的模式选择。首先,我国人民陪审员原则上是以随机抽取的方式产生,部分人民陪审员是通过单位组织推荐和自荐产生,选任程序中

---

[1] 参见王绍光:《抽签与民主、共和:从雅典到威尼斯》,中信出版社2018年版,第53页。
[2] 章永乐:"卢梭与抽签——评《抽签与民主、共和:从雅典到威尼斯》",载《地方立法研究》2019年第5期,第132页。
[3] 王涛:"陪审制兴衰考",载《中国刑事法杂志》2016年第1期,第116页。
[4] Taylor v. State of Louisiana.

并没有投票选举的机制。在中华人民共和国成立之初，陪审员通常运用选举的方法产生，并且一般与人大代表的选举同时进行，在范围和程序上也与人大代表基本一致。在彼时，人民陪审员具有很强的代议属性，陪审员和人大代表一样都是人民选出的。如今，陪审员不再通过选举产生，随机抽取陪审员能否代表人民存在很大疑问。其实，考察民主制与代议制的两个连接点，即选任方式和评议程序，可以得知无论从形式上看还是从实质上看我国的人民陪审制度都没有呈现太多代议制的特征。以随机抽取的方式选出人民陪审员是一种民主的形式，并且从总体上看这一形式也可以将民意引入司法裁判中，然而其中并没有选举的形式要件，其代表人民群体的程度相当低。从实质上看，我国人民陪审员中的主力军都是与法院法官关系紧密的群体，这些陪审专业户要么在司法活动中不作为，要么总是附和法官的意见。在筛选人员时，潜在的异见者几乎都已经被先行排除或者在担任陪审员后便不再被"选中"，所以很难指望这些主体在司法裁判中代表人民发表意见。从评议程序上看，实践中陪审员也没有很好地履行职权。评议当中法官与人民陪审员的地位实质上是不平等的，而且最终的判决结果也是简单投票表决的结果。

（二）陪审制度与协商性民主

现代以代议制为代表的竞争性民主一般以少数服从多数为基本原则，通过选举、竞选、投票、公决等竞争性的方式及机制参与政治活动。[1]协商民主理论则是建立在对代议制民主进行反思基础上的一种民主理论范式，是政治哲学家在对自由主义和代议制民主进行批判后提出的替代性方案。该理论的支持

---

[1] 黄卫平、陈文："我国民主政治发展的现实选择——对'竞争性民主'与'协商性民主'的思考"，载《理论探讨》2005年第6期，第5页。

者认为，代议制民主将公民视作冷漠且容易煽动的。这一范式只强调公民投票的形式结果，而不重视决策得出的过程。基于此，该理论认为，在成熟的民主制度中公民主要发挥着两种重要作用：一是作为裁判者，二是作为参与者。但是，竞争性精英民主理论只是强调公民的裁判作用，而忽视了参与的重要性。[1] 关于协商性的内涵学界也有不同的意见，但是基本共识是协商民主倡导协商与对话，在政治决策中引入公民参与，强调协商过程的平等性与合法性，追求责任和理性。[2]

若是将协商性司法放置于陪审场域当中考察，不难发现，英美陪审团在很大程度上符合这种理念。陪审团决议的决策不是将人员召集到一起之后径行投票表决，在表决之前还存在陪审员的评议程序。陪审团的评议将来自不同行业、不同群体的公民聚集起来组成团体，在庭审后就案件的事实证据问题进行充分商议，将多元的立场观念和知识背景引入司法裁判，之后再按照特定的决策机制规则得出结论。陪审制一方面在决策过程中体现了协商性民主，另一方面公民参与陪审活动可以促进协商性民主。有研究表明，将公民个体聚集到一起就改革问题发表看法的陪审经历会对公民此后参与公共政治的积极性产生影响，增强公民的社会和政治责任感，陪审经历甚至会改变未来两三年个人在选举中的投票倾向。[3]

此处涉及的是两个不同维度的协商性民主，一种是内部性的，一种是外部性的。对作为民主象征的陪审制而言更为直接

---

[1] [美] 罗纳德·德沃金：《至上的美德：平等的理论与实践》，冯克利译，江苏人民出版社 2003 年版，第 414 页。

[2] 杜英歌、娄成武："西方协商民主理论述评"，载《国家行政学院学报》2010 年第 5 期，第 61 页。

[3] 参见 [美] 约翰·加斯蒂尔等：《陪审团与民主：论陪审协商制度如何促进公共政治参与》，余素青、沈洁莹译，法律出版社 2016 年版，第 13~14 页。

的是制度本身如何体现民主而不是这种制度可以导向或促进何种民主。所以,在此更重要的议题在于陪审团内部如何形成、体现协商性民主,这将涉及团体的决策方式问题。竞争性民主关注的只是得出的结果本身,是在没有消除分歧的情况下作出的决定。在少数服从多数的决策机制中,最终决定按照多数人的意见作出,这样少数人的意见将不会被认真对待,甚至是牺牲了少数人的利益而作出决定。在协商性民主理念倡导的集体决策方式中,集体中的每个个体都不是冷漠地按照自己的偏好作出决定,而是应当进行相互协商,听取各方意见。无论是多数派还是少数派都应当对不同意见者进行沟通和说服,最终以集体的名义形成高度一致的结论。协商性司法以一致同意的表决规则为基础,这在英格兰陪审团制度中得到了充分的体现。在英格兰,判决被告人有罪需要陪审团所有人一致同意。该规则被认为源于1367年的一个案件,[1]之后成了诉讼规则的组成部分被沿用下来,陪审团12名成员中若有一人认为应当作出无罪判决,就不能判决有罪。直到1967年,英国陪审团的一致同意原则才被《刑事司法法》所修改。

以协商性民主为理论基础的协商性司法近来在我国司法领域引起了广泛关注。与对抗式刑事诉讼相比,协商性司法关注的是在司法活动中的控辩协商和控辩合作。[2]近年来我国推行的认罪认罚从宽制度就被视作协商性司法理念在我国的运用。在司法活动中,还有一些环节存在协商性民主的因素,例如那些不同群体参与的协商决策。由此来看,我国的人民陪审制也

---

[1] See Jeffrey Abramson, *We the Jury: The Jury System and the Ideal of Democracy*, Harnard University Press, 2000, p.199.

[2] 韩德明:"协商性司法:理论内涵、实践形态及其语境",载《南京社会科学》2010年第5期,第89页。

体现了一定的协商性民主的理念。在我国,实行人民陪审的合议庭中存在法官、不同利益代表的人民陪审员等不同主体,这些人员经过评议作出决定。在评议中,包括人民陪审员在内的所有合议庭成员都可以提出意见,在综合这些意见的基础上最终得出唯一的裁判结果。这种决定方式具有协商性民主的表征。

然而,如果细致考察我国的合议制度和人民陪审制度便不难发现,我国陪审制中协商性民主的成分与英美陪审团制度完全无法比拟,将其作为我国陪审制的民主理念也难以顺理成章。首先,协商若要体现民主就需要有足够数量的个体参与其中。我国合议庭通常是3人组成,其中人民陪审员只有1名至2名,难以实现将不同立场之人聚集在一起协商。其次,评议过程难以做到实质协商,并且决定不完全由小团体内部作出,还会受到外部的影响。此外,合议庭成员虽然应当发表意见努力说服其他成员,但最终表决规则不要求一致同意,而是少数服从多数即可,这是典型的竞争性民主的特征。

有学者指出,协商性民主同样存在一定的弊端。例如,政治主体平等自由参与协商难以保障,难免会受到先在权威的干扰、限制甚至操纵以及信息不对称的制约,难以形成一致意见等。[1]协商性民主统摄下的制度如果无法妥善处理这些问题,便难以被称为民主。遗憾的是,我国现行人民陪审制不仅没有体现出协商性民主的优势,反而将其弊端暴露无遗。合议庭中人民群众的地位与法律的规定不相称,法官与陪审员之间地位不平等。在协商过程中,法官较之陪审员处于完全主导和强势地位,二者无论是在对案情的了解方面还是在法律知识的储备方面都存在严重的信息不对称,评议结果也会被法官所控制。

---

[1] 黄卫平、陈文:"我国民主政治发展的现实选择——对'竞争性民主'与'协商性民主'的思考",载《理论探讨》2005年第6期,第8页。

从某种程度上说,用我国人民陪审制度的"审而不议"说明人民陪审制并非协商性民主有失公允。至少制度设计者是希望陪审员积极参与评议的,只是实践没有按照设想的那样进行。我国的人民陪审制不像英美陪审团制度那样具有明显的协商性民主特征原因其实不完全在于评议,更重要的是合议人数体量太少,够不上一个团体决策的模型。当前人民陪审制改革的一个重要趋势就是增强协商性民主的特性:一方面设置了含有四名人民陪审员的七人合议庭;另一方面也通过制定规则使陪审员得以实质参与评议。不过,七人合议庭只在极少数案件中使用,并且评议的充分性没有得到制度的特殊保障,所以仍然不能将协商性民主作为我国陪审制民主的基础。

二、我国人民陪审制的民主思想渊源

考察我国陪审制如何体现民主不仅要借助国外的民主类型和范式,还要掌握中国的政治逻辑和政治话语体系。需要指出的是,陪审团制度的设立并非上述民主理念的产物,无论是代议制民主还是协商制民主都是近代资产阶级思想。研究陪审制属于何种民主类型只是用现代的理论模型解释陪审制度在当代社会中的作用。近代英美法系国家的陪审制并非民主理念选择的结果,而是制度的惯性使然。然而,我国和多数大陆法系国家一样,让人民参与司法裁判是经过慎重选择的,是需要通过理论论证其正当性和合理性的。

我国实行人民陪审制度的理论基础与英美法系、大陆法系的民主理论都不相同。如前所述,我国人民陪审制的渊源是革命根据地时期中国共产党的实践,其赖以建立的理论基础源自中国共产党的指导思想,即马克思、恩格斯、列宁等人的思想主张。

(一) 马列经典著作中的陪审制

马克思、恩格斯所处的时代恰好是陪审制度引发极大关注的时代。当时的德国正处于引进法国等国陪审制度的关键历史时期,德国国内对陪审制也有诸多质疑。例如,费尔巴哈就认为,政府通常都可以对陪审员的选取和是否决定使用陪审程序施加影响,虽然陪审制打着保障公民自由的旗号,但事实上却成了集权政府专制的工具。因此法国的陪审制度并不能消除法官的恣意行为,以及行政干预司法的问题。[1]

马克思、恩格斯对人民参与司法这一形式表示肯定,马克思认为相比于领取薪酬的专业司法官员,陪审员裁断至少是个更为可取的方式。在马克思、恩格斯看来,陪审制度具有衡平国家法律、保障个人自由的功能。[2]恩格斯在对陪审制度史进行评价时指出,陪审制度的特征是在进行司法裁判的时候排除法律专业人士的表决,裁决可以完全由陪审员独立作出。[3]但是另一方面,对资产阶级陪审制度实践中存在的诸多问题,尤其是政府对陪审制度的不正当操控现象,马克思、恩格斯提出了尖锐的批评。

为了保证政府对裁判结果的操控,当时在政治犯罪案件当中,原本应当由陪审法庭进行审理并由陪审员参与裁决的案件经常被交由其他法院审理并排除陪审员参与,避免节外生枝。[4]

---

[1] 参见黄河:"陪审向参审的嬗变——德国刑事司法制度史的考察",载《清华法学》2019年第2期,第183页。

[2] 胡玉鸿:"'人民的法院'与陪审制度——经典作家眼中的司法民主",载《政法论坛》2005年第4期,第154~155页。

[3] 恩格斯指出:"在古代的陪审员法庭里,根本没有法律专家,法庭庭长或审判官根本没有表决权。判决是由陪审员独立做出的。"参见《马克思恩格斯全集》,人民出版社2001年版,第575页。

[4] 参见胡玉鸿:"马克思恩格斯论司法独立",载《法学研究》2002年第1期,第15页。

马克思对"拉萨尔案"中的上述现象提出了质疑,被告人被送到两个法庭受审,如果陪审员决定将其释放,他还会受到违警法庭的处理。[1]马克思认为,政治案件应当由陪审法庭管辖,这是法律规定的一项权力,杜塞多尔高等法院的决定违背了一事不再理或者禁止双重危险的基本诉讼原则。违警法庭架空陪审法庭的程序违法使得案件的审理结果失去了意义。[2]

马克思还痛砭时弊,针对资产阶级国家陪审制的种种问题提出了批评。例如,马克思认为这些国家选出的陪审员无法代表人民,这些国家将陪审制视作维护资产阶级特权的工具,使之成为政治的牺牲品。[3]恩格斯在对英国陪审实践进行评价时尖锐地指出英国陪审制对陪审员资格的限制就是在限制普通民众参与司法审判。[4]马克思、恩格斯对陪审员是否能代表人民表示怀疑,如果陪审员的来源被利益集团或政府操纵而不是公平抽选,这个制度便会形同虚设。

相比于批判当时制度的马克思、恩格斯,列宁发现陪审制度十分契合自己的政治主张,因此对其大加赞赏。这不是因为

---

[1] 马克思说道:"为了同一篇演说,拉萨尔既送交陪审法庭审判,又被送交违警法庭审判。如果陪审员把他开释,他还要受到违警法庭的审判。"参见《马克思恩格斯全集》(第41卷),人民出版社1982年版,第535页以下、第321页。

[2] 马克思指出,"拉萨尔案"的重要性就在于该案让人们注意到"陪审法庭处理政治犯罪的特权是否要同一切所谓三月成果遭到同样的命运,领取薪俸的法官今后是否还可以把不领取薪俸的陪审法庭任意贬到空头法庭的地位,就是说,如果陪审员认为某一事实不是政治犯罪或违法行为,那他们是否可以把这一案件立即作为普通的违法行为交给违警法庭审理"。参见《马克思恩格斯全集》(第6卷),人民出版社1961年版,第321页。

[3] 马克思指出:"在这样组织起来的陪审法庭上,那些公开反对特权阶级和现存国家政权的被告要是不直接落到自己死敌的手中,那简直是奇迹了。"《马克思恩格斯全集》(第6卷),人民出版社1961年版,第151页。

[4] 恩格斯指出,在英国,"陪审员必须具备一定的资格",而其实质就是限制普通民众参与陪审法庭,因此"所谓不偏不倚的陪审团,根本是胡说"。参见《马克思恩格斯全集》(第1卷),人民出版社1956年版,第697页。

三者观点存在冲突，马克思和恩格斯也对陪审制度本身作出了积极的评价，只是当时资产阶级政府将这个制度当作政治工具，陪审没能实现其本来代表普通民众参与司法的功能。列宁指出，让普通民众加入案件的审理会为充满文牍主义的司法机关注入一股生气，因为民众并不关心复杂的法律条文，无意于严格区分行为的性质，不关心到底应当适用哪个条文，而是重在揭示和宣示产生罪行的政治和社会因素，起到关于社会道德和公共政策的教育作用。列宁进而提出，普通民众希望司法公开，在法庭上可以揭露制度的"脓疮"，提供批判制度和改造制度的材料和力量。[1]在列宁看来："人民的代表参加法庭，这无疑是民主的开端。"[2]列宁的相关论述和苏联的陪审实践构成我国陪审理论的渊源，这种陪审的民主理论与资本主义国家的民主理念相比具有一定的独特性。

(二) 陪审制与人民司法：陪审民主的中国话语

中国共产党以马克思主义为指导思想，在施行自己的理念和政策的时候，也需要考虑与中国的国情结合，服务于中国的实践。我国实行的陪审制不仅继受了苏联等国家的司法制度，同时也是中国共产党和中国人民在革命时期不断探索实践，并在中华人民共和国成立之后确立和完善的制度成果。在此过程中，陪审的正当性和价值也被不断重述，打下了中国的烙印。陪审是社会主义民主的表现形式这个基本论断的内涵也被逐渐丰富，并且随着陪审制度的发展和完善被赋予新的时代内涵。因此，在阐释陪审与民主的关系时，中国也形成了足够分量的话语权。

在我国，人民陪审制从一开始就被视作践行"人民民主专

---

[1] 参见《列宁全集》（第4卷），人民出版社1984年版，第360页。
[2] 参见《列宁全集》（第4卷），人民出版社1984年版，第360页。

政"的形式，成为体现人民当家作主的制度。在革命根据地时期，林伯渠指出："司法机关是代表人民进行审判，而不是游离于人民之外。"[1]中华人民共和国成立之后，这种理念被不断强化，陪审制度在中华人民共和国成立初期也深受重视。然而，20世纪六七十年代的"群众专政""群众审判"等现象大行其道，破坏了国家的法制，因而之后陪审制度也被逐渐淡化，被司法机关虚置。

1998年陪审制重新被重视也是因为党中央提出"三个代表"重要思想，对"代表人民"予以着重强调。陪审制度被看作是"三个代表"重要思想在司法领域的体现。也就是说，当代人民陪审制度的复兴背后的理念仍然是"人民司法"的延续。由于司法体制改革中的矛盾和冲突，特别是司法职业化改革和对抗式改革陷入困境，所以司法改革的进路向传统复归，司法政策更多地体现出"人民性"，构建"和谐司法"。[2]司法机关为了巩固自身权威性和合法性，通过复兴人民陪审制度、人民调解制度等举措，将"人民司法"的理念和技术重新挖掘和利用。[3]2003年，最高人民法院时任院长肖扬明确提出"司法为民"的理念，[4]此后"司法为民"在不同场合被多次强调。

党的十八大以来，司法机关工作的"人民性"被提升到了新的高度。司法机关不仅应当坚持"以人民为中心"的导向，党中央还对司法工作如何体现"以人民为中心"作出了具体的

---

[1] 林伯渠："陕甘宁边区政府工作报告"，载陕西省社会科学院、陕西省档案馆编：《陕甘宁边区政府文件选编》（第3辑），档案出版社1987年版，第220页。
[2] 邵六益："在政治性与法律性之间：'司法为民'的再解读"，载《西部法学评论》2014年第6期，第19页。
[3] 邵六益："在政治性与法律性之间：'司法为民'的再解读"，载《西部法学评论》2014年第6期，第19页。
[4] 肖扬："最高人民法院工作报告——2003年3月11日在第十届全国人民代表大会第一次会议上"，载《中华人民共和国最高人民法院公报》2003年第2期。

指示，即"努力让人民群众在每一个司法案件中感受到公平正义"。[1]从上述信息中可以看出，党中央对"人民司法"的要求有了新的层次，即要让司法公正被人民"感受到"。

有研究指出，吸取了人民司法异化为不经司法机关的群众审案以及"大众司法运动"造成的负面影响，学界对动辄诉诸"人民"的革命伦理保持高度的警惕。[2]但是，"人民司法"本身就和民主一样具有先天的正当性，只是在制度不完备的阶段，以及法治化程度较低的社会容易出现变异，并不能就此否定这一理念。并且，党中央对司法"人民性"的新要求体现出了新的内涵，即"接近正义"的民主理念。例如，"送法下乡"等努力都是这种"接近正义"的体现。它强调司法机关与人民之间的联系，而陪审制度就是为司法机关和人民群众之间架设实质沟通的桥梁。由人民群众参与案件的审理，这种"接近正义"的形式可以增强司法的公信力，更能让当事人"感受到"公平正义。

三、作为国家民主象征的人民陪审制

毋庸讳言，陪审制度具有强烈的政治属性。列宁也明确指出，政治性质是陪审法庭的基本性质。[3]不仅在苏联如此，欧陆许多国家在司法实践中都遇到了这样的情况，这一点在马克思对德国陪审制度的批判中暴露得淋漓尽致。根据本节第一章所述，我国近代的一些政府也将陪审专门用于审理政治和军事案件。

---

[1] 参见习近平：《决胜全面建成小康社会，夺取新时代中国特色社会主义伟大胜利——在中国共产党第十九次全国代表大会上的报告》（2017年10月18日）。

[2] 王荔：《当代中国司法民主问题研究》，中国政法大学出版社2016年版，第132页。

[3] "赞成陪审法庭的自由派虽然在合法的报刊上反驳反动派，但是他们往往坚决否认陪审法庭的政治意义，竭力证明他们绝不是从政治上考虑才赞成社会代表参与法庭的审判工作的。"《列宁全集》（第4卷），人民出版社1984年版，第360页。

在我国，人民陪审制也是被视作民主的象征而登上法律史的舞台。我国的政治逻辑强调的是人民当家作主，让人民参与司法裁判是实现人民民主专政的重要途径。从革命根据地时期开始，人民陪审制度首先是一个政治制度，其次才称得上是司法制度。有学者指出，以陪审制度为代表的苏区法律制度与国民党政府的司法制度有着根本区别，它对于广大工农民众实行十分广泛的民主主义，奠定人民民主司法制度的基础。[1]无论是革命根据地时期还是中华人民共和国成立之后，中国共产党实行人民陪审制度是为了践行群众路线，发动群众力量，彰显社会主义民主制度的优越性。至于陪审制在司法认识等方面的功能并不是执政者首要关心的。也就是说，设立陪审制度不是着眼于该制度的审判功能，而是政治功能。

最高人民法院曾就陪审制度的立法理由进行说明，明确指出该制度是司法工作实践"三个代表"重要思想和"立党为公，执政为民"要求的重要体现，同时也是弘扬司法民主、维护司法公正的现实需要。[2]前文的研究业已指出，人民陪审制度的兴衰历史表明这一制度在司法制度中占据何种地位与中央领导层的关注度直接相关。在需要强调人民群众的重要性、强调党和国家工作以人民为中心时，人民陪审制便会被作为落实这些政策方针的绝佳对象。并且，陪审制的命运不仅仅是掌握在司法实践者和制度改革者手中，其沉浮兴衰的关键是由宪法条文的变更显现出来，并且多次为中央文件所提及。这些都可以看出，与其将陪审制度视作一项司法制度，更不如称其为一项政

---

[1] 刘哲玮："人民陪审制的现状与未来"，载《中外法学》2008年第3期，第433~447页。
[2] 参见"关于《关于完善人民陪审员制度的决定（草案）》的说明——2004年4月2日在第十届全国人民代表大会常务委员会第八次会议上"，载《中华人民共和国全国人民代表大会常务委员会公报》2004年第6期。

治制度。

既然陪审制度是一项政治制度，是社会主义民主的象征，那么其就天然具有合理性和正当性，成为司法体系中无法从根本上进行质疑和动摇的一面旗帜。只要其"存在"于我国司法制度中，只要具有人民参加陪审的外观，这种政治功能就能实现。至于人民群众是否在陪审中发挥了实质作用，是否投入到庭审过程当中，是否与法官一同评议事实和法律问题皆是次要的。即便上述事项都没有得到落实，陪审制度也不会失去象征意义。

由于陪审员的加入，司法权力运行机制和案件审判程序都会随之发生变化，而司法程序的细微变化对当事人的权利可能产生重大影响。如果司法机关也以政治功能为人民陪审制度的唯一目标，而不在意该制度如何增进司法公正等司法制度本身的核心价值，则引进陪审制度会成为弊大于利的举措。从革命根据地时期开始，陪审制度的运行就呈现出粗放式的特点。在决策者眼中，陪审制度只要"存在"即可，甚至希望陪审制度对正常审判活动的"干扰"降至最少，希望在低成本的状态下运行这一制度，所以在很长一段时间里没有投入足够的立法资源制定陪审制度具体运作的规则。可以说，"民主象征"给予了陪审制度在我国屹立不倒的金字招牌，但同时也成了制约该制度发展的因素。因此，需要从多个维度共同挖掘陪审制度的功能和价值。

这里需要解决一个问题，即如果实现陪审实质化，如何在司法工作中实现"党的领导"。党中央提出在司法领域坚持党的领导，这也被视作我国司法制度的最大特色。[1]在实践中，法

---

[1] 参见胡云腾："始终坚持党的领导 保证独立公正司法"，载《红旗文稿》2014年第23期，第4~7页。

院不仅承担了司法职能,还承担了政治职能。作为体制内的法官,可以较好地贯彻党的方针政策。然而,人民陪审员审理案件的结果具有"不可预知性",一旦实现实质化,如何在司法裁决上体现党的意志就成了法院推动陪审实质化的最大顾虑。这里有三个问题需要明确:第一,党的领导并不意味着要让党委插手具体的案件,在个案中陪审员和法官一样独立审理案件,任何机关、组织、团体或个人都不得干涉;第二,党对司法的领导是为了在司法工作中实现人民的意志,如果认可陪审制度代表了人民的主张,二者追求的结果则应当是一致的,并不冲突;第三,即便司法机关认为陪审员的决定可能不符合法院的预期,当事人也认为处理后果存在问题的,还可以通过上诉予以解决,法院也可以通过审判监督程序予以纠正。我国人民陪审制只适用于一审案件,其他程序陪审员并不参与。笔者从来没有主张一种绝对的实质化,那样很容易落入群众审判的窠臼,并且在当前的体制内不具有现实的可行性。这里的实质化指的是在现行法律框架内最大限度地发挥陪审员的作用,尊重陪审员对案件裁决的意见。综上所述,陪审实质化不仅与党的领导不冲突,反而有助于实现党"为人民服务"的宗旨。

四、人民陪审制应当构成对审判权的制约

从国家层面来看,人民陪审制作为承载社会主义民主理念的重要载体,这种民主不能仅仅体现在象征层面,不能仅仅只是一个政治符号。所以,首先应当明确我国司法民主的实质内涵,继而为我国司法民主寻找实现的路径。我国人民陪审制度民主功能的实现逻辑具有独特性,不同于资本主义的民主类型。司法民主在我国人民陪审制度中有两种体现形式,即以人民为主体的审判参与和审判监督。从国家角度看,人民参与审判更

多地仍然停留在形式意义的层面，并且当前的制度也基本实现了人民参与审判，而人民参与审判的实质要件应当是人民监督审判，这才是新时期人民陪审制改革要达致的目标之一。

由我国宪法和相关法律所建立的国家司法监督制度已经形成了一定的体系。党中央强调"把司法权关进笼子"，构建司法权的监督体系。我国司法权力监督的方式多种多样，有全国及地方各级人大和政协的监督、监察机关的监督、检察机关的法律监督、人民群众的监督、媒体舆论的监督等。其中既包括公权力内部的监督，也包含社会监督，例如来自媒体和群众的监督力量。

人民陪审制度可以丰富和完善我国司法权力监督体系，这是陪审制度在国家层面可以获得的制度立足点。比起虚化的民主象征意义，赋予人民陪审员更大的监督司法权力的价值和功能才可以使陪审制度在我国法治土壤中真正落地生根，拥有自给自足的持久生命力，而不是随着领导人态度看法的改变而在司法场域中跌宕浮沉。

对于国家司法权的监督而言，人民陪审制的作用是无可替代的。人民陪审员既是合议庭的组成成员，又是相对独立于法院系统之外的群体。对审判而言，人民陪审员既是合议庭内部监督的重要体现，又是法院外部监督的主要形式。人民陪审员的监督主要通过以下方式进行：第一，陪审员在司法审判中的"在场"可以使群众知悉案件处理的过程，了解审判人员的行为；第二，人民陪审员参与案件的决策过程，可以对处理结果提出意见，这会对法官的决定起到制约作用，在一定程度上减少滥用职权、徇私枉法的情况；第三，人民陪审员对审判法官及其他司法人员的不当行为可以向相关领导或监督部门反映。

公开审判是人民群众监督司法权的另一个重要方式，但是人民陪审员的监督无论是在质的方面还是在量的方面都远非旁听群众能及。人民陪审员和旁听群众虽然都是庭审过程的见证者，但陪审员有权主动就自己想了解的信息向控辩双方提问。在庭审过程中，陪审员还可以参与合议庭的商议，共同决定一些阶段性事项。更关键的点是，参与庭审结束后的评议环节并发表意见是陪审员最重要的职责之一，他们可以对决策产生的过程进行近距离的观察和监督，这是除法官外的其他外部主体无法参与其中的。此外，不公开审理的案件并不排斥由陪审员组成的合议庭审理。可以说，人民陪审员监督的强度是其他群众监督和社会监督无可比拟的，前者具有直接性和全程性。

人民陪审员起到监督作用的前提是转变陪审员与法官的关系。先前法院法官与陪审员之间形成的是一种绝对的合作关系，这种关系的维系也是人民陪审员成为"驻庭陪审员"和"编外法官"的直接原因，更是阻碍当前我国人民陪审制度发挥监督功能的重要因素。因此，要想实现这种监督功能就必须调整陪审员和法官的关系，从过度合作走向适度对抗。当前陪审员和法官之间相互合作，陪审员唯法官是从，共同实现法院的意志。法官在挑选陪审员时考虑的是自己对陪审员是否熟悉和了解，邀请该人参与审理是否可能对案件按自己想法处理造成不便。将这种合作关系转为适度"对抗"首先体现在陪审员身份的剥离上。人民陪审员应当是临时和随机的，这些人对法官而言应当是相对陌生的。这就对陪审员的选任和遴选方式提出了严格的要求。

在我国，司法机关通常指的是检察机关和审判机关。[1]一般来说，法院的审判活动是人民陪审员的主要监督对象，但在

---

[1] 陈光中、崔洁："司法、司法机关的中国式解读"，载《中国法学》2008年第2期，第76页。

一定条件下,人民陪审员也可对检察机关诉讼活动进行监督,比如,在刑事诉讼以及检察机关提起公益诉讼的民事诉讼和行政诉讼案件中。在检察领域,人民参与司法监督具有更加直接的形式,即人民监督员制度。为了破解"谁来监督监督者"的难题,最高人民检察院探索并推行了在人民检察院依法办理直接受理立案侦查案件过程中,通过人民监督员依照一定程序对办案工作实行监督的制度。该制度的设立理念与法院人民陪审员十分相似。不难预料,这一制度的运行与人民陪审制存在相似的窘境。2014年有学者通过调研发现,官方数据显示检察机关对人民监督员意见的采纳率呈增长态势,但对基层检察机关的访谈却反映出人民监督员制度是一项日益被边缘化的制度。[1]检察机关的人民监督员和法院的人民陪审员有一些区别:人民监督员本就是为了监督国家检察权而设立,而人民陪审员的监督职能只是其多项功能之一。如陪审制度还承载着司法职能,这是人民监督员不具备的。可是,如果连单纯为了监督而设的制度都难以发挥实效,那只能表明人民陪审员监督职能面临的挑战更大。

以最高人民检察院主导的人民监督员制度为例,制度的产生源头是中央对司法机关改善自身工作的要求,而当人民监督员制度运行了多年后,中央政法委也对此给出了积极的评语。[2]在大背景已然发生转换的情况下,最高人民检察院背负的舆论压力骤降。对此,有学者提出疑问:"检察机关是否还有进一步推进改革,将人民监督员制度导向更深层次的动力呢?"[3]在这一点上,人民陪审员和人民监督员面临的困境是一致的。

---

[1] 卞建林、褚宁:"人民监督员制度的运行与完善",载《国家检察官学院学报》2014年第1期,第72页。
[2] 参见"人民监督员七年行",载《人民监督》2010年第10期。
[3] 陈卫东:"人民监督员制度的困境与出路",载《政法论坛》2012年第4期,第119页。

因此，仅仅依靠法院自身推动人民陪审制改革是缺乏足够的持续性的。陪审制度改革必须站在国家整体的高度，由权威部门牵头协调，整体协同推进。然而，国家推行这项改革如果仅仅追求的是民主政治的象征，陪审制也将名存实亡。这也是为何要在国家层面找寻制度功能的原因。对司法权的监督关乎国家权力运行的基本样态，这是国家需要通过制度予以解决的。国家层面必须设置一系列的机制对司法活动进行体系化监督，而不能单靠司法机关自我约束。人民陪审员对法院司法权的监督是一种外部监督，如果由法院自行组织决定陪审员的选任、遴选等工作，无疑会使这种外部监督异化为微乎其微的内部制约。

近年来发生的许多重要案件引发了社会大众的广泛关注，其中以刑事案件居多，例如"于欢案""李昌奎案""摆摊打气球案""夏俊峰案"等。从这些案件曝光后社会舆论的反应来看，其更深层地折射出了时下司法决策与社会期望之间的嫌隙。虽然不能说这些案件的处理有违法律规定，或者都是显失公平正义的，但是至少说明民众并不认可一些案件的处理结果，这也说明司法机关与人民群众之间缺乏良性的沟通。

提升国家司法权的人民认同有两个主要的途径：一个是在实体上严格依照法律的规定裁决；另一个就是通过民主和正当的程序生成裁判结果。通过这样的方式得出的裁决即便有时在实体上存在一定的瑕疵，仍然具有很高的认可度和接受度。有学者指出，司法决策的精密趋向亦将有效支持其自身与民意之间的良性互动。[1]吸收民众参与司法裁判是提升裁判认可度和提高司法公信力的有效途径。但是，如果大众都了解到人民陪

---

〔1〕李奋飞："论司法决策的社会期望模式——以'于欢案'为实证切入点"，载《法学》2019年第8期，第3页。

审员都"只陪不审",则陪审制对缓和国家司法权和民意之间紧张关系的作用将十分有限。

第二节 法官:分享压力和责任

我国人民陪审制改革是一种自上而下的改革方式,这是一种传统的"路径依赖"。这种自上而下的方式在改革的初始阶段通常会产生积极的效果,然而随着改革的深入,其弊端也越来越明显。从古至今,我国的改革大多是上层精英在危机时刻发动的,权力和资源由统治集团掌控,因而"民间社团缺乏某种必要的政治想象力、合法性和组织资源来启动任何形式的改革"。[1]在改革当中,由上层释放"初始推动力",启动改革的阀门是必要的,政府的权威性有利于其通过国家体制高效地动员,使改革在大范围内铺开。然而,如果上述的下行力量是改革唯一的动力,那在改革进入下一阶段时便将会陷入"动力匮乏"的困境。尤其是进入深水区或遇到阻力时,"政府主导、自我推动"的改革模式将"陷入停滞或瘫痪"。[2]如果缺乏"上下联动",具体说在下级对改革方案进行"试验"陷入困境时未进行主动调适,上级提出的改革方案便将成为单纯的理念宣扬,最终沦为"口号"。

在人民陪审制改革中亦是如此,改革由中央层面提出,进而在最高人民法院的主导下自上而下地推行。一个非常现实的问题在于:适用该制度的下级法院和法官有何动力运用人民陪

---

[1] 王锡锌:"公众参与和中国法治变革的动力模式",载《法学家》2008年第6期,第92页。
[2] 王锡锌:"公众参与和中国法治变革的动力模式",载《法学家》2008年第6期,第92页。

审制这项制度，进而推行人民陪审制的各项改革举措？如何找到这项制度对法院和法官的实际效用，使其自觉、主动地适用制度而不是将其作为政治任务或作为中央、上级指派的工作完成？现有法院和法官对人民陪审员的需求和定位是否存在误区？如何寻求更加正当、合理的功能给予法官适用制度的动力？对此，有学者一针见血地指出："与最高人民法院强力推动人民陪审员制度深化改革的热情相比，许多一线法官及社会人士呈现截然相反的态度，'上热下冷''内热外冷'的现象较为明显。"〔1〕笔者在调研中也了解到，大多数法官都不看好此次人民陪审制改革，对改革举措的成效和在实践中落实的程度持悲观态度。这就需要从宏观上为人民陪审制改革寻求自下而上的推动力，与中央的决定相互应和，形成推动陪审实质化改革的合力。

一、现实动因：作为廉价人力资源的人民陪审员

在当下的司法实践中，法官对适用陪审制度并非毫无动力，恰恰相反，多数法官都会主动联系陪审员前来参加案件的审理。陪审制在实践中受到青睐并非因为其具有民主功能或司法功能，而是因为异化出的错位功能，即缓解我国法院普遍存在的"案多人少"状况。

（一）功能错位：便捷廉价人力资源

从总体上看，自改革开放以来，中国的民商事纠纷持续增长，并大量诉诸法院，所谓的"诉讼爆炸"已经出现。部分法院面临着较为严重的"人案"矛盾，特别是在立案登记制实施后，民商事案件又进入了一个新的快速增长期。随着中国社会转型向纵深发展、全面依法治国的深入展开以及公民权利意识的

---

〔1〕 施鹏飞："人民陪审员制度的改革历程及后续发展"，载《中国应用法学》2018年第4期，第18页。

第三章 实质化改革的可行性分析

普遍化,未来还会涌现出更多的新型纠纷,法院面临的案件数量还会持续增长。从这一点来看,如何有效应对案件数量的增长将会是中国法院系统未来仍需着力解决的问题。[1]数据显示：2018年上半年,我国法院员额法官人均新收案件近百件,同比上升4.41%。[2]法院收案数量的持续增长与法律对案件审限的要求,导致法官平均花费在每个案件上的时间和精力减少,这也造成一些法官长期处于超负荷状态,并且容易产生焦虑情绪。[3]

在我国,法院审理案件时适用合议庭的比例相当大,在这些案件中可以由1名法官和2名人民陪审员组成合议庭审理,也可以由2名法官和1名人民陪审员组成合议庭审理。在必须适用合议庭审理的情况下,如果安排3名专业法官,将严重加剧本就十分稀有的法官的工作负担。所以,法官尽可能要求人民陪审员到庭参审,以避免召集专业法官,占用法官的工作时间。实际上,在人手并不短缺的地方,法官基于便利的原因也会主动动用陪审员以减少自己和同行的工作。在法官眼中,陪审员是一种便利的人力资源,可以"招之即来,挥之即去"[4]。调用陪审员参审不仅完全符合法律的规定,并且相对来说劳务支出十分低廉。本书在梳理我国陪审制度发展历程时业已指出,选用陪审员的方式作为提供人力补充的做法早已有之。在20世纪90年代以后,随着案件数量的不断增加,应对人手不足的状

---

[1] 左卫民："'诉讼爆炸'的中国应对：基于W区法院近三十年审判实践的实证分析",载《中国法学》2018年第4期,第255页。

[2] 参见罗沙："上半年全国法院新收案件超1200万 员额法官人均近百件",载新华网：http://www.xinhuanet.com/legal/2018-08/01/c_1123207546.htm,最后访问时间：2020年4月13日。

[3] 熊秋红："为法官减负 为司法提速——如何破解'案多人少'司法困局",载《人民论坛》2019年第2期,第74页。

[4] 刘哲玮："人民陪审制的现状与未来",载《中外法学》2008年第3期,第436页。

况甚至可能是陪审员最主要的作用。[1]

(二) 新的动力：陪审如何分担压力与责任

然而，这种功能不可能成为制度推行的价值所在。顶层设计者可能已经考虑到了推行陪审制可以在一定程度上解决人力资源的压力，但这也是"摆不上台面的"策略。这种功能的正当性是存疑的，是与陪审制应有的价值背道而驰的，更是本次改革需要予以重点解决的。在合议庭中引入陪审员可以补充法院人力资源是一个客观事实，并且没有不合法之处，但是这种做法会导向一种趋势，即陪审功能虚化。人民陪审制度的改革方向就是让陪审员参加相对重要的案件，而法院和法官不愿意投入太多精力办理而邀请陪审员参加的案件大多都是争议不大、社会关注度和影响力较低的案件。

因此，将人民陪审员视作廉价、便利的人力资源的做法不仅是将陪审员"工具化"，还会导致陪审功能的错位和异化。缓解案多人少现象的正途应当是繁简分流程序简化、引入和建立多元化纠纷解决机制、非审判职能分离外包等。如果希望通过改革审判组织来处理这个问题，可以考虑适当减少合议审理案件的范围和数量，扩大独任审理的案件的范围。与其让两名人民陪审员"凑数"，不要求其实质参审，不如就让法官独任审理，否则启动陪审程序会浪费更多的司法资源。

既然人民陪审制不宜再成为解决人力资源的手段，那么就必须为法官寻找适用陪审制度的动力。实际上，原先的学界注意到的是法官将工作分给了人民群众，但实际上不止如此。邀请人民陪审员参与审理案件不仅将审案的工作分派给陪审员，

---

[1] "关于《关于完善人民陪审员制度的决定（草案）》的说明——2004年4月4日在第十届全国人民代表大会常务委员会第八次会议上"，载《中华人民共和国全国人民代表大会常务委员会公报》2004年第6期。

还将案件决定的责任、压力和风险也交由人民陪审员共同承担，或者说是将人民陪审员视作"卸责"的对象。如果法官意识到人民陪审员可以分担自己的压力和责任，将激发适用制度的积极性。并且，与分派工作量相比，发挥陪审制度的卸责功能还可以在适用的案件范围上导向一种完全不同的类型，使其更接近陪审制度应有的价值。将陪审视为一个卸责装置而适用陪审的案件大多是法官裁判风险和责任较大的案件，或是可能承担较多社会、政治压力的案件，这与人民陪审制改革中划定的适用范围基本一致。下文将以刑事诉讼为例，就法院和法官的卸责机制进行整体考察，之后再指出陪审制可以在其中扮演何种角色。

二、法官的压力、风险与责任困境

党的十八大以来新一轮司法体制改革的重中之重在于司法责任制的推行。司法责任制被视为司法体制改革的"牛鼻子"，对其他各项司法改革均具有牵引和统领作用。[1]司法责任是由司法活动产生的责任，责任的主体虽然包含了法官和检察官，但正如党的十八届三中全会强调的，司法责任制是要"让审理者裁判，由裁判者负责"，在当前因错案而倒追责任的机制下，法官才是令案件"一锤定音"的裁判者，他们也因此成了主要承担责任的群体。同时，深化司法体制改革的另一项重大举措，即"以审判为中心"的诉讼制度改革，要求法官行使实质性权力。这在刑事诉讼中表现为，认定被告人是否有罪的权力由法院行使，由法官通过庭审活动决定。[2]这两项重要改革构建的

---

[1] 张文显："论司法责任制"，载《中州学刊》2017年第1期，第39页。
[2] 陈光中、步洋洋："审判中心与相关诉讼制度改革初探"，载《政法论坛》2015年第2期，第120~128页。

是一个将责任集中于法院，最后由法官个人承担的责任分配机制，这对司法人员的心理需求和行为决策产生了显著影响。

本轮司法体制改革措施推行后，法官群体普遍感受到了较大的压力，并且对追责表示担忧。[1]员额制带来的竞争、司法责任与所享有权利的不对称、司法压力的积累等因素加剧了法官的离职潮。[2]不可否认，作为司法体制改革的基石，司法责任制改革对提高司法质量、效率和公信力具有决定性影响。但是如果不能在追究法官责任与完善司法人员职业保障上达致一定的平衡，一项积极的改革措施也可能带来负面效应。有学者指出了当前我国司法责任制改革中需要解决的两大重要问题：一是如何为司法人员减压；二是如何控制司法人员推卸责任和转嫁责任的现象。[3]

在司法语境下，卸责意为责任主体通过程序或其他方式减轻由司法职务活动带来的责任。卸责本是一个司法活动中广泛存在的现象，并且围绕卸责存在诸多亟须厘清和解决的问题。本书通过对司法现象或者经验事实的观察，以及对问题的剖析，进而提出关于卸责的理论，并且对该理论进行基础性的构建。法学理论可以被分为两类：一类是解释性理论，即对现象或者问题进行解释的理论，因此又被称为描述性理论或实然理论；另一类是规范性理论，主要是为制度建构、规则制定乃至体制改革提供理论指引的理论，又被称为应然性理论。[4]笔者提出

---

[1] 参见奚玮："理性应对错案责任追究中的心理压力"，载《人民法院报》2019年7月11日。

[2] 宋远升："精英化与专业化的迷失——法官员额制的困境与出路"，载《政法论坛》2017年第2期，第102页。

[3] 季卫东："人工智能时代的司法权之变"，载《东方法学》2018年第1期，第133页。

[4] 参见陈瑞华："从经验到理论的法学研究方法"，载《中国法律评论》2019年第2期，第96页。

第三章　实质化改革的可行性分析

的卸责理论主要是解释性理论，但也包含了部分规范性理论。这一理论试图运用卸责的原理解释司法实践中的现象，以便更准确地理解一些司法程序设置背后的理念和目的，并以此为制度的建构提供对策。

笔者提出卸责理论是建立在对已有理论模式反思的基础上的：第一，在对司法权在不同主体间的运行进行研究时，学界较多关注的是以"揽权"为目的的利益博弈，而较少关注责任的相互推诿。第二，当前改革构建的是以"追责"为目的的司法责任制，而对于责任的分担和减轻则较少关注。第三，司法责任的认定主要是对相对静态的个人责任的追究，而较少关注动态的责任转移以及机构层面的责任承担。第四，司法责任制注重的是实体的责任控制，而未对责任的程序控制给予应有的重视。

责任并非静态和固定的，而是动态地在不同主体之间流动和转移。譬如，在刑事诉讼中，就宏观的机构层面而言，如果检察机关在审查起诉阶段对无辜之人作出不起诉决定，则侦查机关可能都需要承担责任；如果审判机关在审判阶段宣告无辜之人无罪，则侦查机关和检察机关可能都需要承担责任；如果无辜之人最终被定罪，则侦查机关、检察机关和审判机关都有可能承担相应责任。[1]又如案件一审裁决后，作出裁判的机关对裁判结果负有相应的责任；在案件上诉由二审裁决后，责任则从一审法院转移至二审法院。这是最典型的责任在机构层面的流动途径，即从侦查机关向审判机关以及从下级法院向上级

---

[1] 需要注意的是，由于不同诉讼阶段的证明标准具有层次性，若是无辜之人被定罪，审判机关无疑应当承担责任，但这并不意味着侦查机关和检察机关必然要承担责任。参见杨宇冠："论中国刑事诉讼定罪证明标准——以排除合理怀疑为视角"，载《浙江工商大学学报》2017年第5期。

— 155 —

法院扩散和转移。就微观层面的个人而言，人的天性总体上是趋利避害的，都希望减少身上的负担，对于要承担后果的责任，通常会通过各种方式转移和消解，使个人承担的不利后果最小化。由于刑事案件的社会影响力相对较大，并且裁判结果可能是极为严厉的刑罚，故而在刑事程序中，这种现象和机制更加显著和多元。司法规律和司法体制的要求使得承担审判工作的法官必然地成为归责的中心，而行使定罪权的主体则将自身压力往他处转移，形成以法院和法官为中心，向四周其他主体扩散的卸责机制。

诚然，对被告人定罪量刑是法院和法官不可推卸的义务，但刑事诉讼程序中依然存在许多为法院和法官设置的缓解压力和转移责任的机制，其中部分是不合理的错误方式，但也有许多具有正当性，陪审制度即是如此。这些程序可能并非专为此设立，制度的设计者甚至可能没有充分意识到该程序具有这样的功能，就像如今许多保障被告人权利的程序在一开始并不具有此种含义，而是在历史发展过程中逐渐被赋予新的使命或挖掘出新的功能一样。卸责功能虽不常被提及，但却实在地反映在制度的运行过程中，并且为裁判者内心所知悉。

三、司法卸责机制的主要方式

以法院和法官为中心的司法责任流动分为两个阶段：第一个阶段是赋责；第二个阶段是卸责。赋责是来自各个渠道与审判有关的责任被施加到法院和法官处；卸责就是此后再通过不同方式和途径对外转移或部分消解责任。法院和法官卸责的方式具有多样性，有的通过程序进行，有的仅与实体法的规定有关。在关注刑事司法程序中卸责机制在实践层面的运转之前，本书有必要在总体上对法官的卸责方式进行理论归纳。法院和法官卸责的核心在于对决定权和自由裁量权的控制，如果法院和法官有权决定是否判决有罪、处以何种刑罚，则就必须承担随之而来的责任。反之，如果法院和法官将裁量权让渡给其他主体或减少自身的裁量权，其责任也会相应减轻。因此，本书主要关注的是以限缩裁量权为原理的合法卸责机制，较少关注拒绝受理、作留有余地的判决等实体性处理方式或合法性存疑的举措。笔者在此无意对卸责的所有方式进行描述，只是提出具有代表性的四种卸责类型，前两种是法官个人的卸责方式，后两种则适用于法官和法院。

(一) 诉诸权威

将定罪科刑的决定权交托于神圣权威是古人解决纠纷时用于消解责任的最主要方式，如神明裁判、天子决狱都是运用该模式的典型例子。其原理在于由掌握生杀大权的权威主体判定罪责、施加刑罚可以免除或减轻普通司法官吏的责任。这些方式追求的不完全是绝对正确，而是形成一个无可指摘的结果使各方认可和接受判决。上述例子中的两种卸责途径在现代社会已经不复存在，但是诉诸权威的卸责途径以新的形式重新出现在司法领域。近年来备受瞩目的人工智能技术已被引入司法领域，人工智能逐渐开始扮演"上帝"的角色，形成一种新型的"权威"。其得出的是一种相对合理又难以被指责的结果。我国司法领域对人工智能的态度十分积极开放，司法改革的顶层设计者多次表态支持推动人工智能在司法领域的应用，[1]实践中一些司法机关已经与科研机构及科技公司合作开发出了人工智能应用产品，例如"上海刑事案件智能辅助办案系统"等。在刑事司法实践中，司法机关很早就运用电脑软件辅助量刑，使

---

[1] 参见邓恒："人工智能技术运用与司法创新"，载《人民法院报》2017年12月14日。

刑罚尽可能精准统一。但是，这类技术的应用一直存在争议：一方面，计算机软件限缩了法官的主观裁量空间，其正当性存有疑问；另一方面，由机器作出决定的模式形成算法支配审判的事态，这虽然可以部分解决法官推卸责任、转嫁责任的问题，但是由于其内部专业技术的复杂和外部商业机密的保护，形成了"算法黑箱"，这种算法专制的局面又使得法官无从对结果负责。[1]实务界对人工智能、大数据等科技手段态度积极，部分原因也是将其作为一种卸责的途径。试想一种极端情况，倘若随着技术的发展，法官只需要按照一定格式输入某些参数即可得到精确的判决，则法官在法律适用上便不再承担责任。目前，为了统一法律适用，做到类案同判，法院推行关联案件类案强制检索的做法在一定程度上也有卸责的功能，只是其不直接服务于该目的。

(二) 规则依赖

"是法律而不是法官杀死了你。"[2]这句中世纪法谚揭示了裁判者严格遵循法律规定可以达到卸责的效果。显而易见，在罪刑法定原则的规制下，法律规定得越详细，严格依法办案的法官就会越少地运用自由裁量，也就越少地承担责任。中世纪欧洲普遍实行法定证据制度的一个重要目的就是尽可能减少裁判者的自由心证，将其从沉重的心理负担和道德责任中解放出来。启蒙运动以来，法定证据制度受到了猛烈的批判，在我国，该制度也一直被视作非理性的制度。但实际上，我国的证明模式也带有很强的客观属性，法律法规对法官的主观判断进行了较多

---

[1] 参见季卫东："人工智能时代的司法权之变"，载《东方法学》2018年第1期，第133页。

[2] 该格言出自奥古斯丁，全文为"Cum homo juste occiditur, lex eum occidit, non tu"。相关论述可参见［古罗马］奥古斯丁：《论自由意志——奥古斯丁对话录二篇》，成官泯译，世纪出版集团、上海人民出版社2010年版，第78~79页。

的限制,这一立法理念被学者称为"新法定证据主义"。[1]例如,要求证据间相互印证的证明模式就是对法官心证的限制。[2]在理论界对"印证"的规则提出诸多质疑的情况下,实务部门大多坚持这一做法,[3]其中也有卸责因素的考量。对法官而言,机械性地适用印证规则可以有效地防控自身风险。这种行为逻辑在心理学领域被称为"规则依赖",即官方体制内的个体严格按照规则行事以避免承担责任。[4]有学者在对裁判中的利益衡量进行阐释时指出它可使裁判者"不再觉得自己是一台机器,而是作为立法者的助手,担负着更高的责任,同时也享受着解决疑难问题所带来的自豪"。[5]但是,这里并未完整地描绘出裁判者内心的全部图景。有研究表明,在获得荣誉的自豪感与不承担错误的风险责任之间进行利益衡量时,公职人员大多会为自保而选择后者。[6]这种决策心理同样适用于法官,裁判者在行使自由裁量权时通常十分保守和谨慎。有田野调查显示,刑事法官并不待见所谓的"自主性",通常会排斥常识和经验等知识的运用,反而乐于在科层制司法的运作下遮风躲雨,因为贸

---

〔1〕 陈瑞华:"以限制证据证明力为核心的新法定证据主义",载《法学研究》2012年第6期,第147页。

〔2〕 参见龙宗智:"印证与自由心证——我国刑事诉讼证明模式",载《法学研究》2004年第2期,第107页。

〔3〕 参见李勇:"坚守印证证明模式",载《检察日报》2015年7月9日。

〔4〕 侣化强:"事实认定'难题'与法官独立审判责任落实",载《中国法学》2015年第6期,第292页。

〔5〕 该学者论道:"即使制定法存在着极其明显的漏洞,即使立法者显然不会制定法官通过概念构造得出来的规范,即使该规范会严重损害生活利益,法官还是可以摆脱任何一种责任。他可以像彼拉多(Pilatus)一样洗净双手,然后平静地说道:'罪不在我','罪在概念'。"参见[德]菲利普·黑克:"利益法学",傅广宇译,载《比较法研究》2006年第6期,第151页。

〔6〕 参见倪星、王锐:"从邀功到避责:基层政府官员行为变化研究",载《政治学研究》2017年第2期,第43页。

然彰显自主性会招致更多责任。[1]

(三) 对外转移

将定罪科刑的责任转移给其他主体是法院和法官最主要的卸责方式。由于法院和法官承担审判的职责,因此这种责任大多只能部分对外转移。司法机关通常不会将定罪的裁判权完全交由法官以外的其他主体行使,在此存在一个例外,即陪审团制度的设立。1215年第四次拉特兰会议禁止神职人员参与神明裁判后,代替上帝亲自裁断的欧洲司法官员面临着承担"血罪"等各项风险责任,[2]开始实质接手审判工作的法官对此显得手足无措。[3]在此情势下,英格兰将已有的陪审团制度推广开来,由12个同地位之人负责裁判案件,原先推卸给上帝的所有责任和危险都落到了陪审团的头上。[4]陪审团不仅实现了与神明裁判相同的功能,也具有相同的性质。因为他们的裁决无须论证而形式化地被认可,人们无法质询其理由,更不用说去重启它。它约束法官,正如神明裁判曾约束他们一样。正是这种无法预测并具有约束力的特性使得陪审团被视为一种新的神明裁判。[5]就如雅各布提到的,12个人对案件事实作出的裁决具有与上帝的裁判完全相同的地位。[6]以上是法官个人层面对外转移责任的

---

[1] 谢澍:"多元场域与一元惯习——刑事法官的角色诠释",载《北大法律评论》2016年第2期,第76页。

[2] 有关"血罪"的论述参见侣化强:《形式与神韵:基督教良心与宪政、刑事诉讼》,上海三联书店2012年版,第52~62页。

[3] 参见 [英] 罗伯特·巴特莱特:《中世纪神判》,徐昕、喻中胜、徐昀译,浙江人民出版社2007年版,第180页。

[4] 参见 [美] 威廉·L. 德维尔:《美国的陪审团:一位美国联邦法官对陪审制度的激情辩护》,王凯译,华夏出版社2015年版,第41~42页。

[5] [英] 罗伯特·巴特莱特:《中世纪神判》,徐昕、喻中胜、徐昀译,浙江人民出版社2007年版,第181页。

[6] [法] 罗伯特·雅各布:《上天·审判——中国与欧洲司法观念历史的初步比较》,李滨译,上海交通大学出版社2013年版,第44页。

典型例子，机构层面的卸责也有着悠久的历史。如前所述，除了作出判决之外，执行刑罚（尤其是死刑）同样也是沉重的负担。中世纪教会法庭作出死刑判决之后，将罪犯交付世俗政权执行是为了避免参与流血事件，达到卸责的目的。[1]

（四）集体承担

集体承担是指与其他人共同承担裁判或执行刑罚的责任，彼此分摊责任，达到卸责的效果。在群体的情境下，人们有时会失去对自己行为负责的感觉，[2]至少个体单独负责比多人共同负责要沉重得多，这与"法不责众"的心理逻辑相似。在司法裁判中，由陪审团集体作出决定、由多人组成合议庭共同决定等方式都属于此类卸责程序。集体承担的观念和程序还常见于死刑执行过程中。《礼记·王制》记载，我国从商朝开始就有"刑人于市，与众弃之"的做法，即以众人的名义处死他人，以群体的名义抵消杀人带来的不安并承担任何个人都不愿承担的报应和责任。[3]我国古代通常都是在民众聚集之处执行死刑，除了起到教化和威慑作用外，在民众的欢呼、唾弃声中处死罪犯可以将杀人的道德责任与群众共同分担，而执行后的陈尸示众也有类似的功能。这些机制在其他宗教文明中体现得更加明显。伊斯兰教法中的石刑要求每个人都向受刑者投掷石头，一些地区在执行绞刑时会让在场的所有人触摸绳索，其原理都是尽量让更多的人分担内疚和罪恶感，让共同体承担杀人的罪

---

[1] 参见彭小瑜：《教会法研究——历史与理论》，商务印书馆2011年版，第378页。

[2] [法]古斯塔夫·勒庞：《乌合之众：大众心理学研究》，冯克利译，中央编译出版社2004年版，第34页。

[3] 胡兴东：《中国古代死刑制度史》，法律出版社2008年版，第36页。

责。[1]在当代，一些国家在执行死刑时仍然会为履职人员设置卸责程序。在 2010 年美国执行的一次枪决中，5 名行刑的枪手各自挑选 1 支行刑枪，其中有一支枪装的是蜡丸空弹，5 人同时开枪，这样就无法确定究竟是谁的枪击毙了死囚。[2]这些程序要求每个人都用石头砸向罪人或同时开枪，这与陪审团最初的"一致同意"表决原则的理念是相通的，即将所有成员紧紧地绑在一起共同承担责任。

四、卸责理念下的陪审制度优化路径

陪审团制度得以在英美法系国家得到大范围推行在很大程度上是由于其在卸责方面具有得天独厚的优势。陪审团裁判出现之前的司法制度是将判决被告人有罪的差事交给上帝，从而使人类免于承担战战兢兢地审判同类的义务。如前所述，英格兰采用陪审团审判取代神明裁判，由陪审团集体承担原先上帝的责任，将法官从道德恐惧中解放出来。[3]英美陪审团由不特定群体组成，其裁判机制类似于"黑箱"，无须说明理由，并且决策结果无可非议，陪审员不必对裁决结果承担司法责任。时至今日，陪审团的卸责功能仍然被英美法系法官所认可，他们将陪审团作为自己的"挡箭牌"，使法官不必承担错误定罪的责任。美国著名法官波斯纳认为，法官们喜欢陪审制度一个很重

---

[1] 参见［德］卡尔·布鲁诺·莱德：《死刑：起源、历史及其牺牲品》，王银宏译，上海人民出版社 2019 年版，第 74 页。

[2] 参见"美国 14 年来首次枪决死刑犯 5 枪手同时开枪"，载北方网：http://news.enorth.cn/system/2010/06/19/004782776.shtml，最后访问时间：2019 年 5 月 8 日。

[3] 对此，梅特兰有过一针见血的评论，参见［美］詹姆士·Q.惠特曼：《合理怀疑的起源：刑事审判的神学根基》（修订版），侣化强、李伟译，中国政法大学出版社 2016 年版，第 236 页。

第三章　实质化改革的可行性分析

要的原因是判决责任被分摊了，法官喜欢逃避责任。[1]

我国实行的人民陪审制虽然与陪审团制度有很大差别，但在一定程度上也起到了分担法官审判风险的作用。[2]学者们业已指出，通过在司法裁判中引入"民意"来增强民主色彩不仅可以分担法官的压力，甚至还可能被法官当成应对舆论和民意、抵抗外部干预的壁垒。[3]还有学者认为，人民陪审员是司法独立性和中立性的有效保障，可以"实质性地发挥作用"，可以"有力抵御来自法院外部的各种干预，切断法院与检察机关之间藕断丝连的联系"[4]。长期以来，人民陪审制的卸责功能被虚置了，陪审员不仅与法官同职同权，实践中还大量存在"陪而不审"的现象，导致法官反倒成了陪审员卸责的对象。2018年我国颁布专门法律规范陪审制度，一系列新举措有助于疏通从法官到陪审员的卸责渠道。根据《人民陪审员法》第15条、第16条的规定，适用陪审员审判的案件主要是涉及群体利益的案件、社会影响重大的案件、公益诉讼案件、重罪案件（尤其是可能判处死刑的案件）等。不难发现，在裁判上述几类案件时，法官往往会面临很大的外在社会压力和内在心理压力。陪审员的加入不仅可以有效缓解这种焦虑，还能达到增强裁判民主性、可接受性和公信力的目的。同时，法律新增了由法官三人和陪审员四人组成合议庭审理案件的模式，以上七人共同审理事实

---

[1]　[美]波斯纳：《法理学问题》，苏力译，中国政法大学出版社2002年版，第261～262页。
[2]　汪海燕、陶文婷："人民陪审员制度的价值与完善"，载《中国应用法学》2018年第4期，第43页。
[3]　彭小龙："人民陪审员制度的复苏与实践：1998—2010"，载《法学研究》2011年第1期，第22页。
[4]　刘计划："我国陪审制度的功能及其实现"，载《法学家》2008年第6期，第71页。

问题。在该模式中，陪审员人数多于法官，这样的安排使陪审员的心理优势和"存在感"有所增强。[1]有学者质疑七人的人数安排，认为陪审员多于法官才能更好地行使职权的逻辑缺乏合理性。[2]不过，如果从摆脱责任的角度来看，这种安排是有必要的。由于合议庭表决遵循少数服从多数原则，陪审员占多数即意味着作为整体的陪审员在形式上拥有对案件处理结果的决定权，这样法官在依据陪审员意见进行裁决时内心将获得更大的安宁。如此法院才能更有效地将压力和责任转移给陪审员，以陪审员的名义对抗和缓解外部压力，即告知施压者"这是陪审员的决定"。

俗话说"堵不如疏，疏不如引"，我国对于法官压力和责任的处理原则应当是积极疏导，充分发挥司法程序中的排压、卸责功能，将压力和责任合理、合法地引导向合适的主体，这是法官职业保障的应有之义。既然以法院为中心的外部卸责机制大多缺乏正当性，那么以法官为中心的内部卸责机制就需要发挥更大功用。当然，运用内部卸责机制分散责任可能会引发裁判主体和裁判标准多元化问题，[3]但这是司法责任制改革必须承受的代价。

目前与陪审制改革有关的司法责任制构建还不明朗。《人民陪审员法》第27条规定了陪审员错案责任，即人民陪审员只有在客观上违反法律法规，主观上徇私舞弊时才会受到免职等处分。可见，陪审员基本上是不承担司法责任的，但司法机关对陪审员仍然会进行考核和奖惩。就卸责而言，整体思路应当是

---

[1] 参见《最高人民法院关于人民陪审员制度改革试点情况的报告》。
[2] 左卫民："七人陪审合议制的反思与建言"，载《法学杂志》2019年第4期，第111页。
[3] 季卫东："人工智能时代的司法权之变"，载《东方法学》2018年第1期，第133页。

赋予陪审员责任豁免，原则上减轻甚至免除陪审员除故意枉法裁判外的其他司法责任。如若不然，则可能形成陪审员和法官相互推诿的局面，使陪审员的作用大为减弱，违背改革的初衷。同时，由于陪审员是非专业人士，他们依靠朴素的是非观和正义观作出判断，因此法律不能要求陪审员在裁决时给出详细理由。如果在七人合议庭中，4名陪审员认为无罪、3名法官认为有罪，此时无罪判决可以不要求说明判决理由。

毋庸讳言，当前我国的人民陪审员在分担法官的责任和压力方面作用还相当有限，其中最关键的原因在于陪审实质化的缺位，人民陪审员没有掌握实权。在社会大众的印象里，陪审案件中的陪审员的作用不大，那么司法裁判就依然是法官或者法院这个组织作出的决定，而不会是人民陪审员意志的体现。如此一来，所有的压力和矛盾依然将汇集于法院。陪审制度的功能之一在于卸责，而从原理上说，这种卸责不仅是将责任转移至陪审员，更是将责任消解，因为对陪审员进行追责几乎是不可能实现的。所以，从这个角度看，法官对适用陪审制度以及赋予陪审员实质权力或者说是推动陪审实质化进程，理应持欢迎的态度。

第三节 当事人：诉讼权利化

自革命根据地时期以来，我国一直在践行"人民司法"的理念。新时期党中央提出一切工作"以人民为中心"，司法工作也理当如此。针对司法体制改革，习近平总书记指出，人民必须是司法体制改革的重心；司法体制改革的起点是人民、助力是人民、受益的也是人民；司法体制的改革有多大成效取决于人民对司法的信任提高的程度；司法体制进一步深化改革依赖于对人民群众意见的广泛听取、依赖于了解人民的期望、依赖于探索司法前线的实践;对司法体制改革的评判标准在于是否解决了人民群众的问题、解决了人民群众多少问题、解决的结果是否令人民群众满意。[1]作为司法体制改革的重要组成部分,人民陪审制度改革与人民群众紧密相连,也应当遵循和落实上述精神和指示。

在陪审案件中,最直接和最重要的"人民"就是案件当事人,然而在司法体制改革的过程中,甚至是在适用陪审程序的过程中,相关案件当事人的话语权却显得十分微末。虽然国家有权决定在诉讼制度中采取何种方式裁判,有权安排司法权的实现方式,但是一项制度如果无法得到任何一方当事人的青睐,那么其改革效果也会令人心生疑虑。这一点在民事诉讼中表现得更为明显,因为在民事程序中的很多情况下当事人均具有程序选择权,例如仲裁和起诉至法院等需要考虑到当事人的合意。人民陪审制度作为民众与法院沟通的桥梁,旨在提高司法公信力和裁判认可度,首先必须要赢得当事人的认可和接受,从程序上让当事人感受到公平正义。

一、获得陪审的权利

世界上的许多国家均将获得陪审视作一项公民权利,这在英美法系国家尤为普遍。但是,与对质权、辩护权、上诉权或者出庭权等这些被世界上绝大多数国家广泛承认和接受的诉讼权利不同,将获得陪审视作公民权利并不是一个放之四海皆准的原则。可以看到,《公民权利和政治权利国际公约》设定了多项权利,其中也包含了程序性权利,但是获得陪审没有被囊括

---

[1] 参见"司法体制改革必须为了人民、依靠人民、造福人民",载《紫光阁》2015年第5期,第7页。

其中。世界各国的司法制度中，也有很大一部分国家或地区没有陪审制度，这些国家的公民自然就没有获得陪审的机会和可能。所以，从国际公约上看，陪审并不是保障人权的必要方式。在很多国家，当事人没有获得陪审的机会并不意味着政府机关没有保障好人权。获得陪审的权利是一个地域性很强的观念。在英美法系国家，陪审被视作一项基本诉讼权利。美国将陪审的地位提升到了宪法性权利的"最高层级"。

曾经，我国也将陪审作为一项司法原则写入《宪法》，但是在1975年的《宪法》中，人民陪审制内容被删除了。自此，陪审不再是一项宪法性原则，但是该制度在诉讼法和法院组织法等法律规范中被保留了下来，直到2018年以单行法的形式将陪审制度的整套内容固定下来。《人民陪审员法》第2条规定了公民有权利，同时也有义务依法担任陪审员。这里的权利指的是担任陪审员是一项公民权利，但是并没有表明要求人民陪审员审判是一项当事人或被告人的权利。

（一）制度表达：美国宪法中的陪审权利

在美国，陪审团审判权的历史源远流长。1774年，第一届大陆会议与会者在《权利宣言和怨由陈情书》中要求建立陪审团审判权制度。而在制宪会议召开之前，就已经有12个州制定了书面的刑法。值得注意的是，这些法律的唯一共同点就是在刑事诉讼过程中强调和保障了作为被告人应当享有的由陪审团进行审判的权利。这也是在此后召开的制宪会议上，联邦党与反联邦党之间最为一致认同的法律权利。

1789年《美国宪法》第3条第2款规定了陪审制度的适用情形。这也是该法极少数对公民个人权利赋以明确保障的条文——所有的犯罪都应当由陪审团来审判，除了关于弹劾的案件。同时，在1791年，《美国宪法第六修正案》赋予了刑事诉讼中的被告人在陪审方面的权利——享有由其犯罪行为发生地的陪审团赋以其迅速、公开审判的权利。

陪审团的审判权在美国之所以被积极接受，是因为在美国独立战争之前，陪审团制度在反对英国统治的抗争中发挥了极大的作用，陪审团制度由此深入人心。

陪审团的存在使得英国的《诽谤法》在美国殖民地失效。17世纪到18世纪英美两地因诽谤而获罪的人数对比为英国百余人、美国小于十起。可见，陪审团在抵制英国统治方面所起到的积极影响。当然，不仅仅是《诽谤法》，其他英国法律作用的发挥也由于陪审团的存在而被限制了，以至于英国殖民者开始有意识地限制美国陪审团的发展，甚至为了规避陪审团制度而将美国的"犯罪者"移送到英国当地进行审判。[1]正是基于此，《独立宣言》的起草者直接将对英国国王乔治三世无视陪审团制度、剥夺美国公民接受陪审团审判的权利的斥责写入了《独立宣言》；同样也是基于此，十几年后，美国《宪法第六修正案》[2]的起草者在刑事诉讼中赋予了被告受陪审团审判的权利。

(二) 理念渊源："同类人审判"

在英国，1215年颁布的《大宪章》规定了一项制度——起诉陪审团制度和一项权利——人民应当享有被"同类人"进行审判的权利。[3]在美国，《宪法》将被告人由陪审团审判当作一项公民的权利，其制度背后的理念渊源同样是"同类人审判"。

---

[1] 当时的英国国会恢复了亨利八世时代的一项法律，将被指控犯有叛国罪的殖民地居民递解回英国进行审判。

[2] [美] 阿尔伯特·阿斯楚兰："美国刑事陪审制度简史"，李立丰译，载《社会科学战线》2010年第11期，第227~228页。

[3] 陆启宏："《大宪章》——人权发展史上的里程碑"，载《历史教学问题》2010年第6期，第51~52页。

在此之后，"同类人审判"这一理念被普通法国家广泛接受。理论和实践的主流观点都认为，陪审团制度是指非法律专业出身的普通人员被吸纳进入庭审，与法官一起参加审判、行使审判权的制度。[1]而陪审团制度的起源正是这最古老、最简单的正义观——"同类人审判"。人们选择审判自己的人首先应当是与自己一样的"同类人"，这是审判结果被当事人所接受信任、产生权威的基础和前提。

"同类人审判"成为一项权利主要是因为其被认为是有利于当事人的。同类人审判首先在很大程度上排除了国家司法权的施展空间，可以有效防止司法专断，并在国家和人民这个群体之间构筑起一道壁垒。此外，邻人在进行裁判时会对当事人有"共情"的同理心，这是早期的法官难以具备的。这一理念的逻辑是当事人、被告人通常更愿意将命运交托给陪审团成员，而不是那些可能没有类似生活经历的法官。以司法不信任为逻辑前提的"同类人审判"理念并非在所有国家都被接受，而且随着现代社会人口流动程度的增加，该理念的部分基础随着时代变迁也在发生动摇。

二、当事人为何选择陪审

2004年，全国人大常委会在《关于完善人民陪审员制度的决定（草案）》第2条中提出，如果当事人在一审案件中提出由人民陪审员参与到合议庭进行审判，法院可以准许。同年，经过全国人大宪法和法律委员会的审议，全国人大常委会在其正式决定——《关于完善人民陪审员制度的决定》第2条规定，刑事被告人、民事原被告、行政原告申请人民陪审员参与审判

---

[1] 陈业宏、唐鸣：《中外司法制度比较》，商务印书馆2000年版，第175页。

的一审案件，人民法院应当组建由法官和人民陪审员组成的合议庭。2018年，《人民陪审员法》通过，其中第15条和第16条进一步说明了需要人民陪审员参与合议庭审判的情形——一般为涉及公共利益、社会影响较大或者案情复杂的案件。第17条还提出，一审刑事被告人、民事原被告、行政原告向法院提出要求人民陪审员参与组成合议庭审判的，法院可以准许。从决定草案的"可以"到最终决定的"应当"再到《人民陪审员法》的"可以"，可以看出，在《人民陪审员法》立法者看来：首先，在绝大多数情形下，启动陪审程序、决定让人民陪审员参与合议庭的组成是法院的职权；其次，在一方当事人申请启动陪审程序的情形下，如果另一方当事人不同意启动，法院有权决定是否适用。

不管是"可以"还是"应当"，最新的规定在法律层面赋予了当事人适用陪审程序的选择权。从这个规定上看，启动陪审程序不再完全是法官的一项职权，而是成了当事人的一项程序性权利。

一个很现实的问题在于，我国的当事人缘何选择陪审？在我国，陪审制度的社会认同感很低。2009年，日本开始实施"裁判员制度"，2009年至2015年的7年间，日本民众对"裁判员制度"的认知度均在97%以上，高年份甚至达到了99%以上。这样高的国民认知度使得这项制度在出台之后得以顺利实施。[1] 日本民众对"裁判员制度"的认知度之所以这么高，主要是因为政府开展了积极的宣传和调查工作——相关法律颁布之后，政府通过官媒对"裁判员制度"进行有效的宣传，同时对日本民众的制度认知度与接纳度进行有效的普查。政府之所

---

〔1〕 参见"裁判員制度の実施状況について"，载日本最高裁判所：www.saibanin.courts.go.jp/vcms_lf/27.4jissi.Pdf.

以如此重视该制度的宣传和调查,主要是基于"裁判员制度"本身的民众性——裁判员来自于日本民众,如果日本民众对"裁判员制度"一无所知,那这样制度的实施就会落到空处。

反观我国,自2004年《关于完善人民陪审员制度的决定》出台后,十几年来,陪审制度始终未曾切实让民众熟知和接受,制度实施的推动力主要都是依靠法院内部的运转。尽管近年来在最高人民法院的指导下,我国开始进行"制度改革+宣传推广"的二元深化——制度上选取定点区域进行陪审制度的改革试点计划,并提出人民陪审倍增机制;宣传上从最高人民法院自上而下,各层法院都开始重视陪审制度的社会推广,通过"三微一端"等新媒体进行积极推送。但由于改革时间仍较短、部分宣传流于形式,所以在人民陪审员的选任过程中,民众对这项制度的认知和认同感仍旧比较低。

就社会信任度而言,当事人对人民陪审员的信任度未必高过职业法官。实证研究数据表明,绝大多数当事人、法官、公诉人和律师都认为陪审程序是由法院主动启动的,或者说在其亲身参与的案件中,陪审程序绝大多数都是由法院主动启动的。[1]

数据显示,当事人并不热衷于陪审制度,也不期待这项制度会对保护自身利益带来帮助,更多的是抱有"可有可无"的心态。造成这种现象的原因主要有两个:一个是制度本身就存在问题;另一个是制度在实施过程中异化造成了不利后果。在此可以进行一个初步的分析,即哪一方当事人更愿意陪审员参与到审判中?虽然我国陪审员无权"废除法律",不能超越法律的规定作出裁决,但理想状态下陪审员加入到合议庭中引入的

---

[1] 参见廖永安等:《人民陪审员制度实证研究(2004—2014)——以中部H省为分析样本》,中国人民大学出版社2018年版,第25页。

仍然是法律之外的"不确定因素"。所以，从概率上看，本就处于优势地位的当事人可能会更倾向于通过常规法律程序、通过更为确定的方式平稳地获得自己理想的结果；而本身在事实证据等方面处于较为劣势地位的当事人可能更愿意采用陪审的方式，希望能出现一些意外的转机。例如，在刑事诉讼中，理论上，被告人一方应当是更愿意运用陪审程序进行审判的主体。然而，在我国的陪审制度运行机制下，这种"意外"几乎没有发生的可能，这也导致了陪审制度在我国处于尴尬地位。

与陪审团成员相比，我国人民陪审员权限是较为有限的，除了前面提到的我国陪审员必须严格依照法律决定之外，二者还有许多不同之处。我国人民陪审员与法官分享审判权，陪审员通常没有事实问题的决定权，而是需要与法官进行商议后决定，最终的结果需要受到专业的"法律审核"。陪审员带来的外部知识和经验将被严重弱化甚至排除，或者以某种法律化的方式被重新表达。在英美法系，上级法院并不审查陪审员对事实的认定，也就是说，陪审员的决定具有终局性。人民的决议是在形式上具有正当性的，是不可推翻的。陪审团作出的有利于当事人的判决，在原则上是无法被法官或上级法院改变的。换言之，在英美法系国家，通过陪审程序争取到的利益是被固定和保护的。反观我国的诉讼程序，陪审员的意见不仅受到法官、审判委员会等外界因素的干预，不具有最终决定的效力，并且经过上诉或抗诉后，这种决定有很大概率被上级法院推翻。从这些制度的设置来看，对于当事人而言，由陪审程序带来的"法律思维之外的收益"最终得以实现的可能性微乎其微。

当事人对陪审员失去信任感的更直接原因在于陪审员和法官之间"过于亲密"的合作关系。如果人民陪审员只是法官的附庸，不实质承担审判的职责，不去认真听取当事人的发言，总是简单地附和法官的意见,那么从当事人角度来看,与其申请让陪审员加入审判,还不如让更多有法律专业知识的法官更为审慎地作出裁决。

需要注意的是,现实中也有一些当事人乐于申请适用陪审,但是却出于不正当目的的考虑。有学者提醒,在陪审制度的实施过程中,陪审员的抽取机制经常没有被贯彻落实好,往往并不是随机、公开、透明的,很多时候某个区域只是由固定的几个陪审员参与陪审程序,而这给了律师很大的操作空间。相对于数量较多、法律素质较高的法官来说,固定的几个陪审员往往更容易被收买。由此,律师可能会与陪审员"打理"好关系,并劝说其当事人申请陪审程序,从而达到胜诉的目的。[1]这种现象显然是立法者希望严厉禁止的,完全扭曲了法律赋予当事人申请权的初衷,更是凸显了"当事人申请"这一启动模式的尴尬地位。

总而言之,我国的陪审制先天"不足"和后天发育不良使得当事人不相信人民陪审员能站在群众的立场上维护当事人利益。在陪审制改革的激辩中,当事人这个最重要的角色始终没有被作为一个独立的利益群体引起改革者足够的重视。可是,在陪审程序如何进行这个问题上,受到影响最大的就是案件的当事人。人民陪审制改革必须取得群众基础,只有让当事人愿意适用,该制度才能获得持久的生命力,否则就需要面对废除论的挑战。

当前围绕人民陪审制进行的各项改革总体上都是在促进当事人更加愿意通过陪审程序解决纠纷或接受人民陪审员的审理。如果这些新的举措可以被不打折扣地落实到司法实践中,那么

---

[1] 廖永安、刘方勇:"社会转型背景下人民陪审员制度改革路径探析",载《中国法学》2012年第3期,第153页。

当事人仍然有很大可能选择陪审程序。这也为研究当事人选择程序的权利提供了现实的基础。

无论在民事、行政案件还是在刑事案件中，在设置程序时对当事人的关照都是必要的。当事人对程序选择的意愿，以及程序是否可以保证当事人获得公正审判的权利都是改革者应当着重考虑的。鉴于各类诉讼制度背后的原理和价值理念不尽相同，本书将分别对民事诉讼与刑事诉讼进行研究，分析在我国陪审程序中体现当事人意志的路径。

三、民事程序选择权：回应型司法与能动型司法

在民事案件中，审判程序的选择应当尊重当事人的意愿，这是基于民事自治理念在程序法上的表现。民事诉讼程序是一种纠纷解决型程序，根据达玛什卡的理论，民事诉讼程序是"意识回应型"程序，而不是"意识能动型"程序。[1]基于司法体系模式和表象的不同，其衍生出的民事司法制度根据法官和当事人的地位也不同，主要可以分为两大类——"意识回应型"和"意识能动型"。"意识回应型"司法制度具有以下两个特征：一是当事人在程序方面的权利受到重视——司法制度为解决纠纷服务、当庭质证和口头辩论是判决的重要依据；二是程序上呈现集中化的特性——不间断连续审理、初审为主（决策结构单一化）。在"意识能动型"司法制度中，与为解决纠纷服务的"意识回应型"制度不同，司法制度是为国家法律效劳，司法带有一定的行政色彩。另外，较之"意识回应型"制度，

---

[1] [美]米尔伊安·R.达玛什卡：《司法和国家权力的多种面孔——比较视野中的法律程序》，郑戈译，中国政法大学出版社2004年版，第270页。

第三章　实质化改革的可行性分析

其裁判的可变更性更强。[1]

达玛什卡认为，在采取法庭争讼形式的"意识回应型"司法中，司法诉讼是作为一种架接公民与国家的中立公共论坛存在的。[2]国家设置司法程序在很大程度上不是为了规制当事人，而是为了服务于整个案件的判决，以期使每个当事人都可以接受公平、正当的审判。司法程序是灵活的、可选择的，不仅仅可以由国家制定，在某些情形下也可以遵从当事人的约定。因此，司法程序必须是独立的、明确的、体系化的，从而为案件当事人的程序选择提供准确的指引。而基于此，当事人既可以放弃自己特定的某个程序权利，也可以选择行使自己特定的某个程序权利，为自己的胜诉增加砝码。[3]正如有学者提出的，这为当事人提供了进入程序以后随时离开的水平线，司法程序的可选择性可以体现出当事人的主体价值、是对当事人主体性的肯定，同时可以彰显出民事司法程序解决私人纠纷、尊重意思自治的本质。[4]

采用"意识回应型"司法制度的国家，尊重公民个人在私事方面的意思自治。由此，在民事诉讼过程中，当事人是最重要的主体，其主体价值体现在有权利按照自己想要的方式决定程序开始和进行程序选择。邱联恭教授将《民事诉讼法》为满足当事人关于诉讼程序的合理意愿和保障当事人在诉讼程序中

---

[1] 范愉：《纠纷解决的理论与实践》，清华大学出版社2007年版，第152~156页。
[2] [美] 米尔伊安·R. 达玛什卡：《司法和国家权力的多种面孔——比较视野中的法律程序》，郑戈译，中国政法大学出版社2004年版，第111页。
[3] [美] 米尔伊安·R. 达玛什卡：《司法和国家权力的多种面孔——比较视野中的法律程序》，郑戈译，中国政法大学出版社2004年版，第147~151页。
[4] 肖建国："回应型司法下的程序选择与程序分类——民事诉讼程序建构与立法的理论反思"，载《中国人民大学学报》2012年第4期，第7页。

的主体性地位而做的赋权性规定认可成一种程序基本权,并将这种权利提升至宪法意义层面,称之为"程序选择权"。[1]民事诉讼中的"程序选择权"有广义和狭义两种不同的定义。广义来看,"程序选择权"被定义为在民事诉讼过程中,当事人依法自治、主观能动地选择自己想要的解决纠纷程序的权利。与广义的"程序选择权"相比,狭义的"程序选择权"更着重于对当事人个性化利益的表述,即在具体案件的诉讼过程中,当事人在追求诉讼胜利和还原案件真实之间进行利益衡量,其后依据意思自治原则,能动地选择自己想要的程序的权利。不管是广义的"程序选择权"还是狭义的"程序选择权",都可以彰显出法律赋予了私人民事纠纷中当事人的程序自主权,这种程序自主甚至在一定程度上超越了传统意义上实体法的处分权。也正是基于此,当事人会对判决结果产生更多的认同感——判决结果产生于自己选择的程序,从而有效地提升了民事诉讼裁判结果的权威性和可接受性。[2]

在民事诉讼程序选择的范围中,是否启用陪审程序是其中的重要组成部分。陪审在一定意义上属于常规程序的不同形式,其有一套区别于非陪审案件的程序,如遴选程序、评议程序等。与其他程序类型不同,陪审的价值之一就是站在司法专断的对立面,使司法决定能融入来自群众的意志。所以,从上述角度来看,陪审程序在很大程度上是为当事人设立的,因此赋予当事人选择是否接受这一程序,更准确地说是是否放弃这种"优待"的权利。

---

[1] 1992年邱联恭先生在民事诉讼法研究会第四十六次会议上做了题为《程序选择权之法理》的主题报告。在报告中,他提出了程序选择权这一新概念。
[2] 李浩:"民事程序选择权:法理分析与制度完善",载《中国法学》2007年第6期,第82页。

四、刑事程序选择权:权利放弃与正当程序

刑事诉讼遵循的逻辑和理念与民事诉讼有很大不同,因为刑事诉讼不是平等主体之间处理私权关系的程序,而是国家公权力机关追究公民刑事责任的程序。关于民事纠纷的争端解决机制,国家已经构建起多元的体系,当事人可以通过调解、仲裁等多种替代性方式处理纠纷。但是,刑事案件犯罪嫌疑人是否有罪只能通过诉讼的方式由审判机关决定。可见,在刑事诉讼中,当事人意志自治的体现是比较有限的。即便是刑事案件中的自诉案件,其可供选择的程序空间也是相对较小的。

(一)程序选择与权利放弃

刑事案件中当事人程序选择的空间较小不意味着刑事诉讼中不能容纳犯罪嫌疑人、被告人的意思自治。刑事诉讼中的犯罪嫌疑人、被告人也具有自我决定的权利,进而也拥有程序选择权。自我决定权是指每个人都可以根据其本人的真实意愿来决定自己的命运、主宰自己的生活,自己的利益可以由自己自由支配。[1]基于"思想基础+法律依据"的二元因素,文艺复兴和启蒙运动将源远流长的自我决定理念进一步发扬光大,在规范层面上又有宪法保驾护航,所以在现在社会中,自我决定权在资本主义国家被高度推崇。由于规制的行为不同,自我决定权往往在私法领域熠熠生辉,但这并不意味着其不适用于公法。尽管在一般意义上,刑事诉讼法划归于公法领域,但刑事诉讼法不仅仅只是为了社会公共利益而存在,其同样保护刑事案件中个人的利益。由此,从保护利益多元性的角度来看,自我决定权同样可以在刑事诉讼法中找到生存的空间。自我决定

---

[1] 参见车浩:"自我决定权与刑法家长主义",载《中国法学》2012年第1期,第89页。

权主要适用于对被追诉人个人利益的保护，具体来说，可以保护其在法律已经架构起的刑事程序框架下自由选择和决定与自身利益息息相关的事宜。[1]正如有学者指出的，被告人或者犯罪嫌疑人的主体性体现正是在于保障其在刑事诉讼中的人格尊严，保障其在法律设定的程序框架下自我选择和处置个人权益的权利。[2]

有研究指出，在刑事诉讼中，程序选择权应当被定义为当事人在整个诉讼过程中在法律设定的程序框架内自我选择采取哪些程序以及进行程序推进的权利，大致应当包括对其诉讼角色和利益的选择、对审判主体的选择以及在程序分流时做的选择等。[3]纵观刑事诉讼制度的历史，随着文明的发展，犯罪嫌疑人、被告人不再是诉讼的客体，而是诉讼的主体——其早已不是会被严刑拷打的弱势方，而是被法律充分保障的平等主体。赋予其在刑事诉讼中的选择权，是刑事诉讼文明发展的必然结果。[4]成为刑事诉讼主体、具有主体性地位意味着犯罪嫌疑人、被告人拥有意思自治的权利——根据自己的主观意志自由决定与自己相关的利益选择的权利。具体来说：一是对其主体性地位的保障。不管是追诉机关还是审判机关，都需要尊重其自主决定的权利，保障其在诉讼过程中的各个阶段都能够参与涉及自身利益的事项处决，彰显其主体价值。二是对其程序性权利的保障。程序性权利的存在可以使其在诉讼过程中的主体地位

---

[1] 郭松："被追诉人的权利处分：基础规范与制度构建"，载《法学研究》2019年第1期，第160页。

[2] 陈瑞华：《刑事诉讼的前沿问题》，中国人民大学出版社2000年版，第158页。

[3] 姚莉、詹建红："刑事程序选择权论要——从犯罪嫌疑人、被告人的角度"，载《法学家》2007年第1期，第137页。

[4] 陈卫东、刘计划："论犯罪嫌疑人的诉讼主体地位"，载《法商研究》2003年第3期，第109页。

得到尊重,赋予其自主决定行为和影响判决结果的能力。[1]

不同于民事诉讼,刑事诉讼中的意思自治不仅仅只是按照自己的意愿在各种不同的程序中选择适合自己的程序,而是建立在权利放弃之上。尽管作为整体的人权不可放弃,但人权之下的某些具体权利是可以被权利主体放弃的。如果一项权利是不可放弃的,那就不是完全意义上的权利。关于何种权利可以放弃,有学者指出,所放弃的权利必须是合法权利,必须是本人的权利,而且应当是自愿放弃;放弃权利不能违反法律、不能影响他人的权利,并且放弃所带来的后果由其自身承担。[2]

由此可见,在刑事诉讼过程中,犯罪嫌疑人、被告人的程序选择是单向的,即从权利保障水平高的程序转变为权利保障水平较低的程序。正当程序原则为公民权利构筑起了严密的保护屏障,例如控辩平等、法官中立、不得强迫自证其罪、无罪推定以及保障辩护权、对质权、上诉权等。从程序分类上看,由公民进行陪审也是正当程序的一部分。围绕陪审制度,一系列相对独立的程序制度被建立起来,从而丰富了正当程序,改善了审判结构。[3]在诸多拥有着发达法律文明的国家,陪审都是其维护司法公平公正的重要制度保障。

(二)从犯罪控制到正当程序

1964年,帕克在其题为《刑事诉讼的两种模式》的论文中开创性地提出了刑事诉讼有"犯罪控制"和"正当程序"两种

---

[1] 姚莉、詹建红:"刑事程序选择权论要——从犯罪嫌疑人、被告人的角度",载《法学家》2007年第1期,第139页。

[2] 杨宇冠、董超:"论权利放弃——以无罪推定权利为视角",载《杭州师范大学学报(社会科学版)》2008年第5期,第53页。

[3] 何进平:"司法潜规则:人民陪审员制度司法功能的运行障碍",载《法学》2013年第9期,第123页。

模式，而区分两种模式的标准可以总结为"事实认定+价值取向"两种因素。其中，"犯罪控制"模式更像是工厂生产产品的流水线操作，注重的是诉讼效率，追求的是打击犯罪的社会影响，带有浓厚的行政色彩。尽管其基本操作是以"有罪推定"和"有罪答辩"为指导的事实认定模式，但又不仅仅是为了追求速度和社会控制，其同样强调正义。在"犯罪控制"模式下，控制犯罪的终极目的依旧是对社会正义的追求，只不过与效率比起来，正义的价值相对轻微。而"正当程序"模式并不认同带有行政色彩的、非正式的事实认定行为。在这种模式下，只有经过对抗性的司法认定程序的事实才被认为是"错误率较低的事实"。比起"犯罪"控制模式，"正当程序"模式对正义的追求甚是明显，在诉讼程序设置方面明显体现出控制公权力、尊重当事人个人权利的态度。在价值取向上，"正当程序"模式反对牺牲正义追求效率的行为，并且，在"正当程序"模式下，"罪行法定""无罪推定"等理论和追求平等的理念被提出，多元价值取代了发现事实的一元价值。由此可见，"正当程序"模式重视对程序正义的追求，这与现代刑事诉讼法的理念相符——不管实体上的正义是怎样的，只要一个案件的在程序上实现了正义，那么由此程序得出的事实就会被认为是正确的。[1]

帕克的理论在学术界产生了巨大的影响，基于帕克相关论述之上的围绕刑事诉讼模式展开的争论在学术界长期占据着一席之地。诚然，有不少学者对这两种模式展开了反思和批判，例如有学者认为上述两种模式都只是对抗式或竞技式刑事诉讼

---

[1] 参见［美］哈伯特·L. 帕克：《刑事制裁的界限》，梁根林等译，法律出版社 2008 年版。

第三章 实质化改革的可行性分析

模式的两个侧面，除此之外还存在着合作性质的家庭模式等。[1]也有学者认为，帕克的理论忽视了被害人的地位和作用。[2]但是无论如何，帕克提出的两种模式仍然具有足够的代表性，他指出了刑事诉讼的两种价值取向。虽然帕克观察和研究的对象是美国刑事司法制度，但无碍于我国学者借鉴帕克的分析进路，以我国刑事司法制度为对象，构建出一套"中国理论"。[3]

在改革之前，我国陪审程序在刑事诉讼法中扮演的是更接近于"犯罪控制"的角色。这些陪审员到法庭上是为了更好地配合司法机关为被告人定罪量刑，几乎不会积极主动地提出关于被告人可能无罪或罪轻的质疑。显然，这种定位与人民陪审制应有的价值大相径庭。从被告人的角度出发，陪审程序本应该是一项正当程序价值下充分保障被告人权利的制度。

从表面上看，刑事诉讼中的被告人是否申请启动陪审团机制与其对审判者权威性的信任度息息相关。[4]由于不可能保证每个司法人员都尽善尽美，因此赋予被告人享有申请"同类人"陪审员参与审判的权利，既可以限制可能的"恶"——司法腐败等；又可以对抗奇怪的"势"——带有有色眼镜的、侵略性的抑或是思维怪异的法官。[5]而由此看来，发展至今的陪审制度已经不仅仅只是像设立之初那样追求司法的独立和民主，更

---

[1] [美]虞平、郭志媛编译：《争鸣与思辨：刑事诉讼模式经典论文选译》，北京大学出版社2013年版，第51页。

[2] 张泽涛："反思帕卡的犯罪控制模式与正当程序模式"，载《法律科学（西北政法大学学报）》2005年第2期，第98页。

[3] 左卫民："冲突与竞合：刑事诉讼的模式分析——读帕克教授的《刑事制裁的界限》"，载《政法论坛》2017年第5期，第189页。

[4] 关于陪审员信任问题可参见[美]理查德·A.波斯纳：《证据法的经济分析》，徐昕、徐昀译，中国法制出版社2001年版，第21页。

[5] [美]伟恩·R.拉费弗、杰罗德·H.伊斯雷尔、南西·J.金：《刑事诉讼法》（下册），卞建林等译，中国政法大学出版社2003年版，第1112页。

是赋予了当事人一种自我防御的诉讼手段。其蕴含的"权利本位"观念进一步满足了市场经济下多元化主体对个人利益保障的诉求,是一种追求公平正义的司法文明的手段。[1]

因此,从改革方向上看,我国的陪审制度应当从犯罪控制转向正当程序。但是,在可以预见的时间里,这个转变恐难完成。早在六十年前,帕克就指出了从"犯罪控制"模式向"正当程序"模式转变的艰难与曲折。[2]由此,对"正当程序"模式的构建不是一日之功,应当根据"二八现象"——诉讼领域中,大部分民事案件数额并不大、大部分刑事案件情节并不严重或者被告人认罪等——来对案件进行分类,[3]从而在刑事诉讼中将资源向重大疑难复杂案件倾斜。适用陪审程序的案件需要经过特别的抽取、通知、遴选、保障等一系列特别程序,严格执行陪审程序会是一个相当耗费司法资源的流程。所以这种程序不适合也没有必要应用于适用速裁程序的简单案件、认罪认罚的轻罪案件等。从比例上看,适用陪审的案件也应当符合帕累托最优,应当在少数重大案件中谨慎启用。

---

[1] 姚莉、詹建红:"刑事程序选择权论要——从犯罪嫌疑人、被告人的角度",载《法学家》2007年第1期,第142页。

[2] [美]哈伯特·L. 帕克:《刑事制裁的界限》,梁根林等译,法律出版社2008年版,第235~237页。

[3] 李本森:"法律中的二八定理——基于被告人认罪案件审理的定量分析",载《中国社会科学》2013年第3期,第87页。

第四章
我国人民陪审员的选任

　　人民陪审员的选任制度是我国在具体设计和改革陪审制度时首先要面对的问题。陪审员的选任是陪审制度的开端，选任制度是否合理在很大程度上影响着后续各项陪审制度运行的效果。陪审员的选任制度是人民陪审制度能否发挥实效的基础性制度。如何设置选任的方式关系到陪审员在审判过程中是否可以秉持客观独立的态度。人民陪审员的选任与陪审实质化具有密切关系，只有在选任上减少陪审员对法官的依附关系，增加陪审员的独立性，陪审虚化问题才可能得到解决。否则，即便参审和评议等程序设置得再精妙，陪审员在法院和法官的控制和支配下也难以独立行使职权。所以，解决人民陪审员的选任问题，是实现陪审实质化的先决条件。

　　陪审员的选任包含了三个层面的含义：第一是从社会大众中选择具备一定资格条件的公民成为陪审员候选人；第二个是从陪审员候选人中选出一定比例的人员成为正式陪审员；第三个是在个案中选择陪审员参与案件的审理。本章研究的选任主要指的是第一类和第二类，但由于人民陪审员的选任具有整体性，许多措施是两个部分甚至三个部分协同部署的，因此本章所论述的选任也会部分涉及个案中人民陪审员的遴选。此外，人民陪审员的选任不能"只管进，不管出"。除了完善选任制度外，还需要研究人民陪审员的免职和递补制度。

第一节　人民陪审员选任条件

我国《人民陪审员法》对人民陪审员选任条件规定了三重要求，分别是法律规定可以担任人民陪审员的资格条件、担任人民陪审员的职业限制以及被剥夺陪审资格的情形。人民陪审员的选任条件历来是学界关注的重点，在2018年《人民陪审员法》的制定过程中，法学界对此问题也是争议颇多。

一、原则与方向：放宽条件，增加数量

从世界范围看，陪审员的选任资格存在逐渐放宽的趋势，[1]这也是世界法治文明进步的展现。在设定选任人民陪审员的资格和条件时，顶层设计者首先应当考察我国人民陪审员整体数量的需求。总体上看，我国人民陪审员的人数不断上升，尤其是近五年来呈倍增态势。陪审员人数需求的增长不必然要求担任人民陪审员的资格放宽，因为现实中符合陪审员资格条件之人远远多于现实需要，国家增加陪审员数量只需要在符合条件之人中选取更多的陪审员即可。虽然有资格担任陪审员的人员数量与陪审员数量应当区分开来，但是陪审员数量和资格宽紧都需要考虑到民主的广泛性以及制度运行的成本。现实中，对陪审员数量的需求对设定陪审员选任资格条件仍存在一定程度的影响。从立法者层面看，陪审员数量的增加与陪审资格的放宽具有正相关关系。

（一）人民陪审员数量规定之沿革

1954年《宪法》和《人民法院组织法》在全国范围内推行陪审制度后，关于陪审员的名额、任期、产生办法等事项一直

---

[1] 参见刘锡秋：《陪审制度的历史研究》，法律出版社2011年版，第196页。

没有详细方案。1954年颁布的《人民法院组织法》第35条第2款只规定了这些事项留待司法部另行规定。1956年司法部出台文件表示，由于各地人口和案件的数量有很大差异，难以作统一的规定，只是初步提出陪审员的名额根据三个条件计算：第一，法定需要进行陪审的案件数量；第二，原则上审判员和陪审员的比例为1∶2，1名法官配备2名陪审员；第三，每名陪审员每年到庭陪审的时间一般以10天为限。[1]1963年最高人民法院的规定则要求注意代表的广泛性，但是强调名额不宜过多。[2]此后，陪审制度在我国"名存实亡"，直到进入21世纪以后才逐渐复苏。2004年出台的《关于完善人民陪审员制度的决定》只是对人民陪审员的名额的确定作了原则性规定，由基层法院根据审判案件的需要提请同级人大常委会确定。最高人民法院和司法部在2004年12月对确定人民陪审员名额的考量因素进行了细化，出台的实施意见规定了具体要素，主要为辖区内案件数量、人口数量、地域面积、民族状况等因素，并且结合上级法院需要在本院抽选的人民陪审员数量进行确定，但是该规定并没有设定具体的名额标准。[3]随后，我国在2005年1月出台的办法中首次对陪审员数量作出了要求，在2004年12月实施意见的基础上增加了关于数量范围区间的规定，即不低于法官人数的半数，且不高于法官人数。该规定设置了陪审员人数的下限——不得少于法官人数的1/2。[4]该文件对人民陪审员的最低数量作出了硬性规定，这对规范实践操作，保障群众较为广泛的参与具有积

---

[1] 参见1956年《司法部关于人民陪审员的名额、任期和产生办法的指示》。该指示还具体规定了名额的产生和审批程序。

[2] 参见1963年《最高人民法院关于结合基层普选选举人民陪审员的通知》。

[3] 参见2004年《最高人民法院、司法部关于人民陪审员选任、培训、考核工作的实施意见》第3条。

[4] 参见2005年《最高人民法院关于人民陪审员管理办法（试行）》第5条。

极意义。但是，对比1956年的1名法官配备2名陪审员的规定，陪审员不超过法官人数的规定反倒限制了陪审制度的发展，不利于社会主义民主的扩大。

2010年之后，陪审员数量进入增长阶段。最高人民法院于当年出台的文件取消了有关陪审员数量不得超过法官人数的规定，并且要求拓宽选任的范围。[1]不过，在实践中，陪审员数量总量始终没有超过法官数量。2013年10月最高人民法院院长周强在报告中指出人民陪审员总量已经超过法官数量的1/2，提出进一步扩大陪审队伍，努力在2年至3年将全国人民陪审员数量从当时的8.7万增加到20万左右。这一"倍增计划"旨在使陪审员数量超过法官的数量。到了2015年底，各地法院顺利完成了上述任务，全国人民陪审员的总数已经超过21万人。随后，关于陪审制度改革的《试点方案》与2018年出台的《人民陪审员法》要求陪审人数不低于法官人数的3倍，我国陪审员数量大大增加。

（二）陪审员数量如何确定

《人民陪审员法》第8条、第9条规定陪审员名额数量不低于该法院法官数量的3倍，并且规定陪审员候选人应当是陪审员名额数的5倍，也就是陪审员候选人在法官数量的15倍以上。大幅增加人民陪审员人数，可以有效扩大司法民主，并且降低每名陪审员参审案件的数量。如果执行到位，单个法官与同一名陪审员共同审理案件的概率将大幅降低，这将使法官和陪审员之间难以建立起稳定、长期的合作关系，增强人民陪审员的独立性，增进陪审实质化。

当然，在我国，选任陪审员也不是越多越好。在美国，大多数

---

[1] 参见2010年《最高人民法院关于进一步加强和推进人民陪审工作的若干意见》。

第四章 我国人民陪审员的选任

法院皆将选民登记名单以及驾驶执照持有者名单作为陪审员抽选的原始候选名单,[1]一份合理的原始候选名单应当囊括当地80%以上的人口,实际上许多地方甚至达到了90%以上。有研究显示,美国公民一生中被选中组成陪审团的概率高达29%。[2]与英美法系的陪审团制度不同,我国法院和司法行政机关负有对人民陪审员进行日常管理、考核、奖惩的职责。陪审员数量过多会造成管理及沟通上的困难。况且,在当选之后每名人民陪审员都要通过法院的培训,涉及各项实体法、程序法、证据规则、法律文书、案例等,其复杂程度堪比法律职业资格考试。[3]如果选任陪审员人数过大,不仅法院的培训成本负担过重,召集众多群众赋予其陪审义务是否必要也值得商榷。因此,人民陪审员的数量应当被限制在一定数额范围之内。在这一点上,参审制国家与陪审制国家有明显区别。陪审制国家认为所有成年公民原则上都有权利被挑选为某个个案的陪审团成员,除了被筛选出的不合格者之外,人人都可以成为陪审团的候选人。大陆法系则是根据一些条件筛选出一定数量的参审陪审员候选人,而后在案件需要陪审时从中选取。在后一种模式下,陪审候选人覆盖总人口的比例相对较小。例如,德国被提名为候选人的人数比例为各城镇居民的0.3%,如果该人数不足以满足陪审人员数额需求或稍微溢出,相关部门有权力对该比率进行调整。[4]由此可见,我国人民陪审员候选人及正式任命的人民陪审员数量的确

---

[1] 参见陈卫东主编:《公民参与司法研究》,中国法制出版社2011年版,第492页。

[2] H. Shepard, "State Court Reform of the American Jury", Hon. Randall T. Shepard, 177. Yale L. J. Pocket Part 166 (2008).

[3] 参见杨宗龙主编:《人民陪审员培训读本》,法律出版社2010年版;白泉民主编:《人民陪审员岗前培训读本》,人民法院出版社2015年版。

[4] 参见周玉华主编:《和谐司法之路:中国特色人民陪审员制度理论与运行》,山东人民出版社2008年版,第133~134页。

定所采取的模式基本上与大陆法系国家的参审制一致。然而，基于人口基数问题，我国陪审员候选人占总人口的比例显然远小于德国等大陆法系国家。例如，2012年全国人民陪审员数量为8.5万人，而全国人口则为135 404万人，[1]折合比例仅为十万分之六点三。将多少人员纳入陪审员候选人名单主要取决于国家投入资源的多寡。日本的裁判员制度仅在处理重大刑事案件时适用，但每年大约有13万国民被列入裁判员候选人名簿。自该制度实行6年以来，已有70多万国民被列入候选人名册。每一次选任都是一次深入的法制教育，通过这种方式，日本得以进行多次国民普法宣传，社会效果显著。[2]不过，日本的裁判员候选人当中平均有53%~62%的人员会在各阶段因各种原因被辞退，[3]最终的数量也会有大幅下降。

对于我国陪审员人数为何确定为法官数量的3倍，相关立法部门并没有给出十分明确的理由和精确的测算依据，只是表示关于具体名额的规定是一个司法选择的问题，而3倍的数额是基于对案件需求和上级抽调的估计，是根据司法实践的需要设定的，已经可以满足案件参审的需求。[4]在最高人民法院推行倍增计划后，法院中人民陪审员数量已经超过了法官数量。为了凸显新一轮陪审制度改革以及《人民陪审员法》的进步之处，将数量再次提高到3倍合乎决策者的思维逻辑。在改革之后，多数陪审案件仍然采用1名法官配备2名陪审员的标准，

---

[1] 人口数据来源于《2012年国民经济和社会发展统计公报》（2013年2月22日）。

[2] 胡云红："论我国人民陪审员选任机制的完善"，载《政治与法律》2017年第11期，第160页。

[3] 李立丰：《司法民主与刑罚适用——以日本裁判员制度为研究视角》，中国政法大学出版社2015年版，第165页。

[4] 参见最高人民法院政治部编著：《〈中华人民共和国人民陪审员法〉条文理解与适用》，人民法院出版社2018年版，第107页。

而还有部分案件将实行七人合议庭审理,后者需要4名人民陪审员与3名法官组成合议庭,这是新颁布的《人民陪审员法》的一大创举。在这种情况下,陪审员数量需求也有了一定程度的增加。此外,有学者在北京市西城区(北区)人民法院调研2012年到2014年的陪审案件数据时了解到:在9月至12月法院繁忙时期120名人民陪审员中只有大约60人可以经常到庭参审,而偶尔参审之人有40人左右,其余的则没有参加陪审,并且得出结论——陪审的资源是较为紧缺的。[1]鉴于选任后也会有相当一部分比例的陪审员实际上不会履行陪审职责,加之大幅扩大随机抽选比例减少单位推荐和自我推荐比例后,配合司法机关工作愿意到庭参审的人数预计将出现相当明显的下滑。基于优先保证司法机关正常运转需要的目的,立法机关也应当额外增加陪审员数量,遵循"宁多勿缺"的基本思路。

据了解,我国大部分基层法院正式法官的人数几年来并没有太大增幅,与此同时,法院受理的案件数量却增幅明显,基本上是每5年翻一番。为了确保人民陪审员的流动性,避免"陪审专业户"的出现,各法院均设置了陪审员参审案件的上限。由此观之,法院所需的人民陪审员的人数理论上应当远大于法官数量。在确定人民陪审员人数时,实际审判需要应该成为重要的考虑因素。具体可参考上一年度人民法院适用一审案件的数量,并且考虑案件数量逐年约30%的增幅。综合来看,《人民陪审员法》设定的3倍数量仍然有所不足。

此外,还有一个问题需要注意,《人民陪审员法》规定的3倍的参照基数是法官数量。该法的草案曾经规定陪审员不少于员额法官的3倍,之后在公开征求意见过程中有人提出应当将

---

[1] 参见李玉华、张思尧、杨亮:《中国特色陪审制度的新发展》,中国政法大学出版社2014年版,第10页。

员额法官数改为法官数量。立法机关采纳了上述意见,最终法律的正式文本改为法官数量。修改的理由是法官数量处于不确定的变化之中,而员额数则是确定的。[1]国家推行法官员额制改革后,中央政法专项编制的39%是中央划定的法官员额数,这是最高限额的比率控制红线。但是,各地法院通常没有用满39%的员额,而是为了给后来者提供晋升通道预留一定的员额。中央政法委也强调员额法官的遴选要避免"一步到位"用尽员额。[2]所以,在实践中实际的法官数量处于不确定的状态。截至2017年6月,遴选出的员额法官在中央政法专项编制中的占比为32.9%,[3]2018年底这项数据比例为33.8%。[4]可见,实际进入员额的法官数量处于变动之中,各地的情况也不一致。有研究表明,以省为单位看,法官员额基本均未超过中央划定的最高限额,但在省内各地区则根据案件的多少有一定的调整。案件数量较多、压力较大的地区有的突破了限制,个别地区甚至达到了50%。与之形成鲜明反差的是,有的案件压力不大的地区设置为30%甚至更低。[5]上述研究指出,在实际执行中存在两种方式:一种是按照中央政法专项编制的限额确定员额;另一种是将法院年度收案数和法官人均年度办案数作为设置的标准和依据。[6]

---

[1] 最高人民法院政治部编著:《〈中华人民共和国人民陪审员法〉条文理解与适用》,人民法院出版社2018年版,第99页。
[2] 参见2014年《关于司法体制改革试点中有关问题的意见》。
[3] 全国法院从改革前的21.2万人遴选12万进入员额。
[4] 参见王泳:"全国法院员额法官已逾12万 政协委员提出应进一步扎牢司法权力运行的制度笼子",载人民政协网:http://www.rmzxb.com.cn/c/2018-11-09/2213002.shtml,最后访问时间2019年2月1日。
[5] 参见陈瑞华:"法官员额制改革的理论反思",载《法学家》2018年第3期,第2页。
[6] 陈瑞华:"法官员额制改革的理论反思",载《法学家》2018年第3期,第4页。

从这个角度看，立法者的考量是有一定道理的。入额法官的名额可能无法反映出各个法院法官的真实数量，以此作为选任人民陪审员的基准线可能与实际需求不完全相符。然而，制度性安排应当追求的是确定性，不宜以动态调整代替静态定格，以员额法官数的3倍作为陪审员数量的下限可以增强制度的稳定性。实际法官数量超过员额上限的地区只是少数，法律只确定了陪审员数量的下限而没有规定上限，法院完全可以根据审理案件的需要增加陪审员数量，使之与法官人数相匹配。考虑到组织选任陪审员的工作十分烦琐，选任周期较长，故而设定陪审员数量应当具有前瞻性。未来入额法官数量逐渐趋近39%上限，并且开始实行合理的动态调整机制后这个数值会维持相对平衡，将法官员额数作为陪审员的设置标准更具合理性。立法机关以实际法官数量作为基准可能是考虑到法官人数较少的地区没有必要耗费司法资源选任过多陪审员。但如前所述，陪审员数量的设置宜多不宜少，将员额数作为基准符合上述原则。

不过，即便是当前"3倍"和"5倍"的要求，地方法院在实行过程中也很难完全予以落实。笔者在对H省P市法院法官进行访谈时了解到，在一个拥有百万人口的城市，司法行政机关却抱怨随机抽选选不到足够数量的陪审员。受访者认为主要原因是司法局"怕麻烦"，没有那么多时间和精力一一核实后随机抽选，所以就先拿到名单，之后按名单联系，能联系到多少是多少。可想而知，其中大多数联系不上、不符合条件、不在本地居住或不愿意担任陪审员。笔者在F省S市的调研统计也表明，法官数和陪审员数远没有达到《人民陪审员法》所规定的比例。

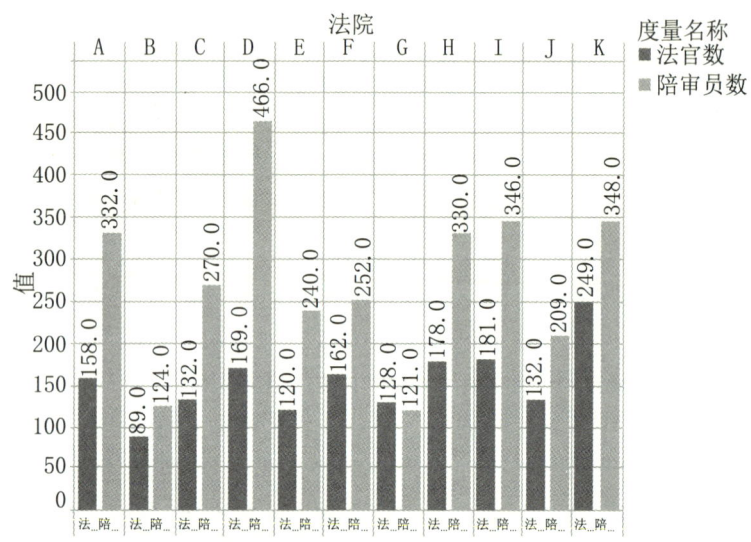

图 4-1　F 省 S 市各县法院法官与人民陪审员人数对比

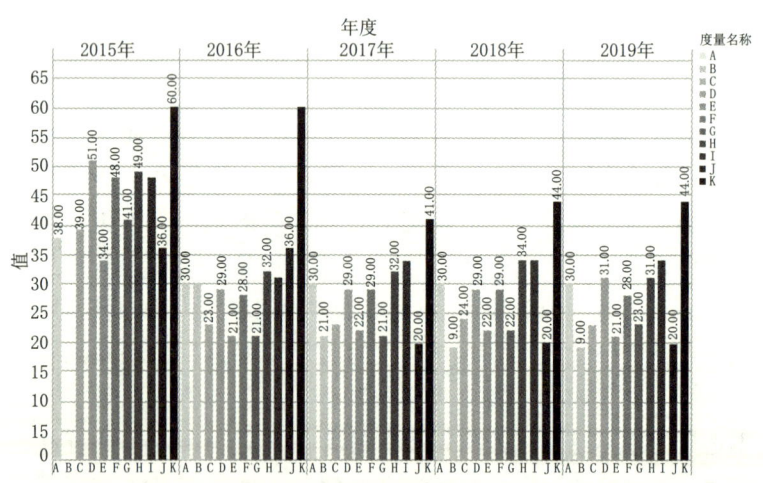

图 4-2　F 省 S 市各县法院法官人数统计（2015 年至 2019 年）

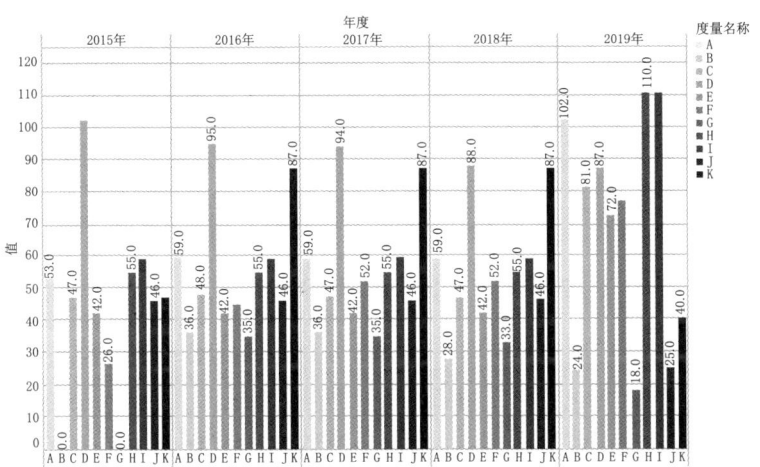

图 4-3　F 省 S 市各县法院人民陪审员人数统计（2015 年至 2019 年）

最后需要指出的是，扩大人员参与不只有扩大人民陪审员数量这一种途径。将来我国也可以考虑缩短人民陪审员的任期，简化任命程序，让更多的公民参与到陪审工作之中。目前，我国人民陪审员的 5 年任期仍然过长，5 年间陪审员的个人情况可能发生各种变化，许多人员相继退出陪审队伍，最终造成少部分人长期占据陪审的职位，成为"驻庭陪审员"。对此，有学者提出应当将任期规定为 2 年，且不得连任。[1]但鉴于人民陪审员的选任工作相当庞大，考虑确定为 3 年比较妥当。此外，当前陪审员由人大任命的方式更多的是形式意义大于实质意义，任命程序对保障陪审员的客观公正没有太大作用。人员把关的关键在于审查程序，而这是由司法行政机关和人民法院严格实施的。此外，具体案件的陪审员选择也应贯彻随机抽选，避免人为选定、减少寻租空间。因此，今后可以考虑改为向人大备

---

〔1〕 参见刘计划："陪审制改革中的几个问题"，载《法律适用》2018 年第 15 期，第 92 页。

案，使陪审员的选任更加灵活。这样在陪审员主动辞去陪审工作或被免除陪审职务时可以在合法合规的情况下迅速补充陪审力量，充实陪审队伍，保证随机抽选的基数。同时，此举也有利于专家陪审员的针对性选择，可以在更大程度上满足个案陪审的需要。

二、人民陪审员选任的积极条件

选任人民陪审员的资格条件主要包括政治条件、品格条件、身体条件、文化条件等方面。[1]对于政治条件、品格条件、身体条件的规定各界没有太大异议，但对于年龄和学历的规定却引发了较为广泛的争议。担任人民陪审员的资格与条件设定得宽泛还是狭窄、严格还是宽松背后有一定的考量因素。将人民陪审员任职资格设置得相对宽泛，可以增加参与的群众基数，扩大司法民主。但如果将年龄、文化程度等参数设置得过低，又可能影响司法公正的实现，最终适得其反。因此，如何保持二者的平衡是此次人民陪审制改革关注的焦点，也是争议较大的一项问题。

（一）年龄条件

年满28周岁是《人民陪审员法》规定的陪审员选任的年龄条件。与原先年满23周岁的条件相比，年龄条件的提高意味着选任出的陪审员更富有社会经验，他们可以通过较为丰富的社会阅历对案件事实进行判断，有利于审判工作的进行。有文章提出，实践中，法院选任的大多是30周岁至60周岁的群众，[2]笔者收集的调研数据也证实了这个说法（见图4-4）。一方面，

---

[1] 参见《人民陪审员法》第5条。
[2] 许林波："形式与实质：我国人民陪审员选任机制改革的双重视角"，载《行政与法》2018年第3期。

这些人员工作负担不大，有较多的空闲时间前往法院参审；另一方面，对法院来说，这些年纪较大的群众相对稳重，大局意识较强，不容易出现与法官对抗的极端意外情况。然而，这种现象不符合平等原则。法院应当在"无知之幕"之后挑选陪审员，不应有年龄上的偏好，更不能因为法院希望选任较为年长者就进一步提高人民陪审员的年龄限制。

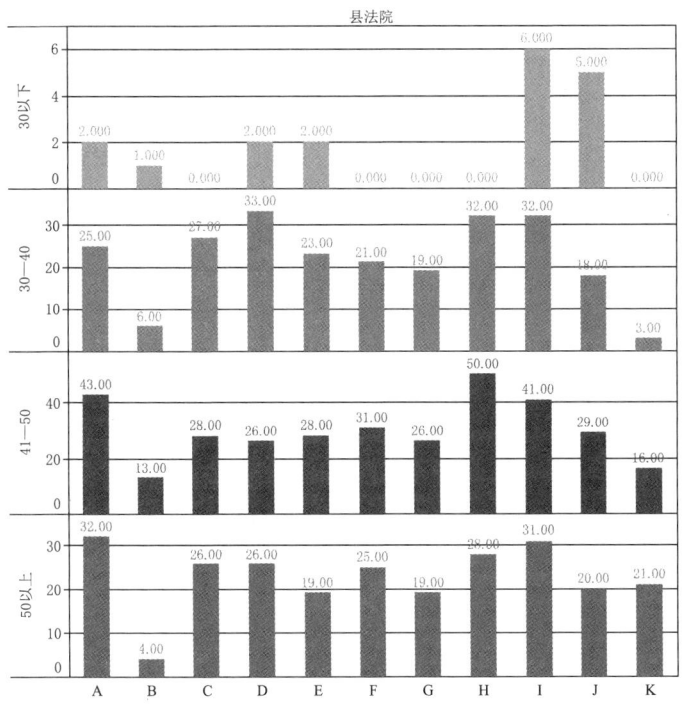

图4-4 F省S市各县人民陪审员年龄分布图

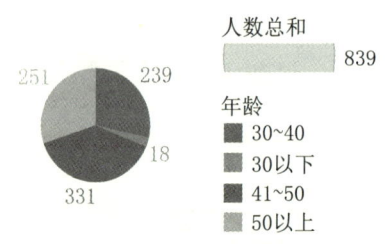

图 4-5　F 省 S 市人民陪审员年龄比例图

对于陪审员资格中年龄的界限，各个国家、地区的规定有所差异，但总体来看对年龄要求都相对较低，只要是具有正常履职能力的成年公民，一般皆享有担任陪审员的资格。与此同时，很多国家和地区不仅把成为人民陪审作为公民的权利，而且还把它视为公民的义务。年龄上，除德国和俄罗斯是 25 周岁外，美国、英国、法国、日本、韩国都没有超过 23 周岁。[1] 参与陪审是公民的义务，同时也是权利。在我国，根据《宪法》对公民享有选举权和被选举权的年龄条件的规定，理论上，公民只要年满 18 周岁就有资格被选为人大代表，意味着年满 18 周岁就可能被选举任命为在国家权力机关中行使权力的人员，那就没有理由限制 18 周岁至 28 周岁的公民担任陪审员。

有观点认为 18 周岁的公民不具备足够的社会阅历处理复杂的案件，例如未达法定结婚年龄，对婚姻生活没有足够的理解可能在处理离婚案件时遇到认识上的偏差。新修订的《法官法》和《检察官法》规定的法官与检察官年龄最低标准为 23 周岁，如果立法者认为 23 周岁公民有能力担任法官审理案件，那自然也有能力担任人民陪审员审理案件。因此，《人民陪审员法》修改原先 23 周岁的规定受到了较多的批评。

---

[1] 张善根："民主嵌入司法：《人民陪审员法》的价值向度"，载《北方法学》2019 年第 6 期，第 110 页。

不过，其中的差异也不容忽视。人大代表是通过人民选举产生的，当选者通常都具备较高的素质和能力，法官和检察官的选拔更是经过了十分严格的考核。但是，人民陪审员是通过随机抽取的方式产生的，成为陪审员库中的人员都可能参与审判，无法通过选举、考试等形式进行筛选。因此，如果要降低陪审员的年龄要求，可能需要对其他品质进行较为严格的审查。

当今世界，一些新兴技术领域处于高速发展态势，互联网、大数据、人工智能等技术的大面积覆盖和使用为社会的整体发展带来了新的机遇。新兴技术的发展依赖于具体的载体，年轻人对这些载体的认识以及操作方法的掌握更加迅速。因此，对于涉及互联网等新兴领域案件的庭审，年轻的人民陪审员成了更为现实的需要和更加有利的选择。虽然年轻人处于事业关键时期，时间和精力较为有限，但是陪审是一项公民的义务，在真正实现随机挑选后每一位陪审员每年参与的审判数量并不多，不会占用太多的时间和精力。

在《人民陪审员法（草案）》出台后，也有意见认为应当规定人民陪审员的年龄上限。因为随着年龄的增长，人的精力、体力和思维能力会逐渐衰退，可能不能胜任陪审工作。例如，日本就规定了陪审员年龄上限为70周岁。但是相关立法机关认为《人民陪审员法》已经规定了担任陪审员的身体条件，要求具有正常履行职责的身体条件，所以没必要再单独设置年龄上限，即便是超过70周岁的老者，如果有能力参加庭审也可以被选为人民陪审员。[1]

然而，上述理由并不够充分，以此认为没必要设置陪审员年龄上限值得商榷。在一般情况下，人们在判断公民是否具有

---

[1] 最高人民法院政治部编著：《〈中华人民共和国人民陪审员法〉条文理解与适用》，人民法院出版社2018年版，第62页。

合格的身体条件时并不关注个人的认知能力、反应能力、理解能力等,对这些能力的测试难度较大且标准难以统一。70周岁以上老人的上述能力普遍存在退化现象,这是大概率事件,如果投入测试不仅费时费力且没有太大的实际意义。在配合户籍部门筛选符合条件的人民陪审员候选人时,将这些人员予以排除,可以大量减少随机抽选的样本总数,减少行政和司法资源的不必要损耗。同时,我国公民担任人民陪审员到庭参审是一项国家法定义务,免除70周岁以上公民参加陪审的义务也是人道主义的体现,也是我国宪法尊重和保障人权精神的体现。

(二) 文化条件

《人民陪审员法》第5条对人民陪审员文化条件的要求为高中以上学历。与原先的规定相比,此次立法机关降低了人民陪审员选任的文化条件,放宽了准入门槛,这样有利于扩大人民群众参与陪审的范围,尤其是增加了社会中下层人员,尤其是文化程度较低的农民、工人参审的机会。2004年的《关于完善人民陪审员制度的决定》第4条第2款规定的人民陪审员的文化条件相对较高,要求一般应具有大学专科以上文化程度。但根据我国的实际情况,农民占国家现有总人口的比例约为70%。在这些农民中,仅有少部分人符合《关于完善人民陪审员制度的决定》规定的人民陪审员的文化条件,这就意味着很大一部分担任人民陪审员的渠道均被文化条件所阻断。[1]从试点改革后遴选结果来看,这一问题得到了较好的改善。本次试点共有50个试点地区,截至2018年4月,共遴选出13 740名人民陪审员。其中,拥有高中学历的人民陪审员的数量为4894人,高中以下学历的人民陪审员数量为653人,分别占总数的35.62%和

---

[1] 袁勇、黄进才:"扩大农民政治参与与我国人民陪审制度的完善",载《法学杂志》2011年第10期。

4.75%。[1]不过,笔者在F省S市的调研表明,即便在欠发达地区,高中学历的陪审员也仍然占少数。

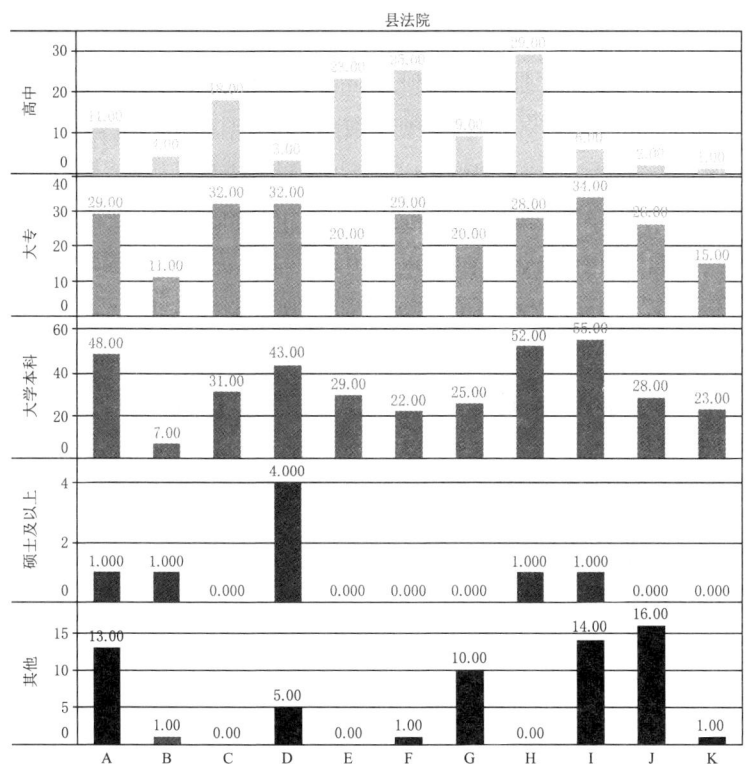

图 4-6　F省S市各县人民陪审员文化程度分布图

《人民陪审员法》降低了担任人民陪审员的文化条件,必然可以促使更多的人民群众加入陪审员队伍。但从更为深远的角度考虑,高中以上学历这一条件仍然对社会中的大多数人构成

---

[1]"最高人民法院关于人民陪审员制度改革试点情况的报告(摘要)",载《人民法院报》2018年4月29日。

限制。拥有高学历在一定层面上可以显示一个人的文化水平以及沟通水平，这对于需要经常与法官交流、听取法官的指导安排等陪审工作来说是更为有利的。但不能忽视的是，建立人民陪审员制度的最终意义在于使审判机关的判决结果符合社会道德准则，这就需要借助人民陪审员所具有的朴素情感、价值观，协助法官审理案件，实现情感和法律的融合。陪审制度需要人民带入的知识是"常识"和"经验"，是善恶观和是非观，[1]而非各种高深的专业知识，而前者是认知正常的成年人都具备的。因此，一个人的学历高低并不影响他对具体案件的认识，对于人民陪审员文化条件的要求也不宜过高。此外，在任职之后的培训过程中，也不应引入过多的法学专业知识，否则会加剧人民陪审员和法官的同质化。此外，学历较低的人员也是社会中的一个重要阶层，有其自己的利益和诉求。陪审制度改革的方向是让更多的社会公众参与案件的审理，所以没有理由设置过高的门槛。只要具备完整的认知能力和必要的学习能力，国家就应当疏通这些群众担任人民陪审员的渠道。正如有学者指出的，人民陪审员在选任上的"精英化"偏离了司法民主的轨道，人民陪审员应当回归"平民化"。[2]而回归平民化的重要举措是在选任上对文化程度的下调，以及在选任后法院组织培训的简化。所以，从选任角度出发，待到时机成熟之时，我国可以将文化水平的资格降低至具有初中以上文化水平。

（三）身体等其他条件

除了年龄条件、文化条件之外，《人民陪审员法》还规定了

---

[1] 参见王利明："我国陪审制度研究"，载《浙江社会科学》2000年第1期，第62页。

[2] 参见卞建林、孙卫华："通向司法民主：人民陪审员法的功能定位及其优化路径"，载《浙江工商大学学报》2019年第4期，第43页。

选任的政治条件、品格条件、身体条件等。对于这些规定，学界基本未持异议。针对身体条件的规定是必要的，有意见认为应当删除身体条件的规定，身体不佳之人一般不会主动申请担任陪审员，法院也不会要求其成为陪审员。[1]然而，前文业已提及，法官和人民陪审员之间存在着利益链条，只要人民陪审员服从法官的安排、减少自主性，双方便可以实现互利共赢。身体达不到参审要求之人在没有工作能力的情况下可能因为觊觎丰厚的补贴而申请成为人民陪审员。对于法官而言，只要其在最大限度内配合和协助工作，很多时候是"来者不拒"的。这种潜在的逐利行为有可能成为陪审实质化的一大障碍，因此规定身体条件不是没有意义的。

并且，陪审员的选任制度不能只关注选而不关注退出，如果选任的时候身体尚可，但之后由于各种变故无法再履行陪审职责，此时如果法律没有对人民陪审员的身体条件作出限制性规定，法院和司法行政机关希望其退出陪审员队伍以增补其他人员保障参审的质量和数量的需求将于法无据。

2004年《关于完善人民陪审员制度的决定》要求人民陪审员具备"身体健康"的条件，《人民陪审员法》将这一条件改为"具有正常履行职责的身体条件"。这个改动是合理的，理由在于：一方面，身体健康的标准比较模糊，要具体判断健康与否有一定难度。而在一些基础条件的判断上，认定陪审员是否具有正常履行职责的身体条件是具有可操作性的。例如，要求人民陪审员至少应当有正常的听力、视力和智力，能够听到、看到和理解法庭上发生的情况。另一方面，一些身体残缺之人也并非无法胜任陪审工作，具有履职能力但身体欠佳之人也有

---

[1] 最高人民法院政治部编著：《〈中华人民共和国人民陪审员法〉条文理解与适用》，人民法院出版社2018年版，第61页。

权利成为人民陪审员。

三、人民陪审员选任的消极条件

担任人民陪审员需要具备法律所规定的所有积极条件，缺一不可。但同时，担任人民陪审员也不能触犯法律所规定的消极条件。本书接下来研究的是人民陪审员资格的消极条件（或称为禁止性条件），主要有两个种类：一个是人民陪审员的职业限制；另一个是禁止担任人民陪审员的事由。比较来看，后者带有一定的惩罚性，属于剥夺陪审权利的事项，而前者则不具有惩罚性。

（一）人民陪审员的职业限制

由于司法具有客观中立性，为了保证陪审中的客观公正，法律对参与审判人员的职业进行了一定的限制。职业限制主要有两类：一是人大和"一委两院"等与司法有关的国家机关工作人员；二是从事法律有关工作者，包括律师、公证员、仲裁员、基层法律服务工作者等人员。

1. 公职人员的职业限制

第一类人员是国家机关工作人员，这些人员的就职机关要么是承担与司法相关职能的国家机关，要么是与司法机关具有监督与被监督关系的国家机关。法律禁止这些人员担任人民陪审员可能有以下四个方面的考虑：

第一，从政治功能角度看，陪审制度旨在实现人民的直接民主，监督和制约公权力机关的活动，因此对公职人员具有一定的排斥性。虽然公职人员也属于人民，但体制内的人员对公权力具有依附性，因而公职人员大量涌入陪审队伍会削弱陪审的民主性，其与陪审制度设置的价值理念有所抵牾。

第二，陪审制度的司法功能在于吸收民间智慧，纠正或补充职业法官的思维方式。对此,有研究认为,职业法官存在固有的职业偏见,可能对大众生活缺乏足够的感受,而陪审制度就是将民间智慧和大众理性引入司法裁判领域。[1]上述看法其实也存在一定的不足之处,因为职业法官也来自于人民群众,对日常生活也有充分的感知,没有理由认为其他人员比法官具有更多的生活经验。实际上,陪审制度真正要纠正的是法官存在的职业思维,以及更为重要的是为了纠正法官的"官僚思维"。法官虽然不是政府行政官员,但是处于相同的政治环境中,具有相似的思维逻辑和决策模式。[2]这种官僚模式以追求判决的社会效益、保障和维护社会秩序稳定为目标,注重部门之间的配合协作。所以,《人民陪审员法》禁止上述公职人员担任陪审员也是尽可能减少这种官僚思维进入司法审判,减少这种政治考量成为案件处理结果的影响因素。让更多非公职人员成为人民陪审员可以使陪审员真正站在人民群众的立场上分析判断问题,最终促进和保障司法公正的实现。

第三,从陪审实质化角度来看,如果司法机关人员或者与司法机关存在相互配合关系的机关工作人员成为人民陪审员(例如监察机关工作人员等),这些人员可能在审前就已经就案件结果与法官进行了"通气",这样就会使庭审流于形式,进而加剧陪审虚化程度。

第四,从权力结构格局上看,人大常委会、监察机关等部门与人民法院存在监督和制约关系,如果这些部门的工作人员被选任为人民陪审员,可能会对司法权造成不当干扰,为"打

---

〔1〕 参见丁以升、孙丽娟:"中西陪审制度适用范围比较研究",载《法学》2002年第11期,第12页。

〔2〕 正如学者指出的,当代中国政法体制的形成是党的领导体制进入并逐渐嵌入国家政权体制的过程。参见侯猛:"当代中国政法体制的形成及意义",载《法学研究》2016年第6期,第3页。

招呼"等现象提供便捷的渠道,最终损害司法公正。所以,无论是前述配合关系,还是这里的制约关系的机关工作人员都不宜被选任为人民陪审员。相比之下,普通人大代表不是专门任职于国家机关,这一身份并不意味着其为国家公职人员,因而普通人大代表的身份与陪审员的身份并不冲突。并且,从某种意义上看,二者具有同质性,都是公民直接参与国家管理和监督的重要方式,都是直接民主的代表,各地在社会影响重大的案件中也会邀请人大代表旁听审判,因此没有必要限制普通人大代表成为人民陪审员。[1]

与2004年《关于完善人民陪审员制度的决定》相比,《人民陪审员法》第6条在公职人员职业禁止方面增加了监察委员会的工作人员。2018年《人民陪审员法》出台之前,随着《宪法》的修订和《监察法》的出台,监察委员会的地位被宪法和法律正式确立,监察体制改革的成果也以法律的形式得到巩固。根据宪法和法律的规定,监察委员会与司法机关之间存在配合和制约关系。[2]无论是配合还是制约,监察委员会工作人员担任人民陪审员都是不适宜的,因此这项补充及时回应了新的立法和改革形势,是十分必要的。

就陪审制度发展的趋势来看,在更大程度上限制公职人员成为陪审员的范围是大势所趋,也是实现陪审实质化的重要手段。譬如,行政机关及其部门工作人员将来尽可能不再担任陪审员,至少可以先行限制政府法制办的工作人员和执法人员成

---

[1] 需要指出的是,也有观点认为人大代表、政协委员以及通过一定渠道参与了国家管理,人民陪审员应当选任这些主体之外的公民参与司法审判,以实现公民参与国家事务的广泛性和公平性。不过,在当前的情况下还不宜对陪审员的来源作如此广泛的限制。

[2] 参见杨宇冠、高童非:"论监察机关与审判机关、检察机关、执法部门的互相配合和制约",载《新疆社会科学》2018年第3期,第110页。

为陪审员。这些人员按照新的规定需要通过法律职业资格考试，且与司法机关存在一定的利益关系。此外，机关工作人员的含义也需要明确。这些国家机关除了正式行政编制人员之外还有事业编制、合同聘用制、劳务派遣、人才代理等多种形式的人员，这些人员未来也应当逐步退出人民陪审员的选任范围。此外，人大常委会组成人员虽然已经被列为不得担任人民陪审员的对象，但是法律还允许人大常委会机关工作人员担任陪审员，将来也应当对其予以限制。

2. 非公职人员的职业限制

对非公职人员的限制主要是律师、公证员、仲裁员、基层法律服务者。这些人员不是国家公职人员，法律禁止这些人员担任陪审员背后的原因与第一类有所不同。具体而言有以下三个方面的原因：

首先，陪审制度的理念和目的之一是吸收"民间"智慧，将人民群众的生活常识和经验引入司法裁判领域。如果参与审理案件的人民陪审员也具有法学专业背景，其知识结构与职业法官就会呈现出同质化，陪审制度设置的价值可能因此大打折扣。《人民陪审员法》规定不能担任陪审员的四类非公职人员都是具备法律知识背景的职业，正是基于上述考量。

其次，这四类人员都属于广义上的法律职业共同体，而职业共同体催生利益共同体。法律圈中人士在社会关系和人际交往上多有交集，在业务上通常往来频繁。在这个熟人圈中挑选人民陪审员不仅会造成"重配合、轻制约"的局面，加剧陪审的虚化，更危险的是还容易引发不正当的利益输送，严重损害司法公正和司法权威，最终导致陪审制增加社会对判决的接受度这一期望落空。

最后，陪审制度还承担着普法教育的作用，在公民当中传播法律知识，提升全民的法治观念和法治意识，推进全民守法的实现。所以，陪审员的挑选应当尽可能选择非法律专业背景的公民，让他们通过接受法律培训和参与案件审理提升法律素养，以点带面地在全社会形成法治氛围。

《人民陪审员法（草案一审稿）》只列举了对执业律师和基层法律服务工作者这两类非公职人员的职业禁止，正式文本颁布时增加了仲裁员、公证员。这些职业的从业人员通常需要具备专业的法学知识背景，他们的工作范围大多也与法律相关，将这些人员列入职业限制的范畴是合理的。不过，当前法律规定的职业禁止的范围仍然过小。从推进陪审实质化角度出发，一些不宜担任人民陪审员的职业还没有纳入此项规定。

例如，司法鉴定人虽然不一定具备法律知识，但司法鉴定职业要求其大量参与司法相关工作，一些鉴定机构与法院也存在合作关系，如果将其纳入人民陪审员的范畴可能造成陪审虚化，故而司法鉴定人不宜当选为人民陪审员。

检察机关的人民监督员也不适宜担任人民陪审员。人民监督员与人民陪审员的功能相似，如果既监督检察院的审查起诉活动，又监督法院的审判工作，可能存在影响司法公正的隐患。考虑到司法监督的广泛性和公平性，《人民监督员选任管理办法》第 10 条作出了明确要求，如果担任了人民陪审员，便不能再担任人民监督员。人民监督员制度虽然已经实行多年，但尚处于探索和完善阶段，还没有完全成熟，[1]立法机关的认可度还较为有限，更多的只是检察机关内部推行的一项改革。原先人民监督员的设立，主要应对的是检察机关职务犯罪等自侦案件中

---

[1] 例如，2012 有学者指出，该制度的缺陷已致这一改革措施被置于生死存亡的十字路口。参见陈卫东："人民监督员制度的困境与出路"，载《政法论坛》2012 年第 4 期，第 116 页。

"谁来监督监督者"的问题,旨在处理此类案件中缺乏足够外部监督制约机制、内部透明度相对较低、检察机关权力误用甚至滥用危险性较高的问题。[1]为了解决上述问题,党和国家选择了更为直接、有效的途径,即全面启动监察体制改革。监察体制改革推行之后,绝大多数的职务犯罪侦查权都转隶至新成立的监察委员会,人民监督员的职能发生重大调整,该制度何去何从还需要检察系统与学界共同探索。例如,有学者就提出,监察体制改革之后人民监督员应当仅监督检察院的公诉权,即审查检察机关起诉和不起诉的正当性。[2]在这个背景下,人民陪审员与人民监督员的职能仍具有交叉和关联性,但是《人民陪审员法》没有明确禁止人民监督员担任人民陪审员。如前所述,禁止人民陪审员担任人民监督员已经被《人民监督员选任管理办法》所明确规定,因此,这个问题暂时不会引发现实的不利后果。

目前,我国各地还有不少法院将当地退休的法官、检察官任命为人民陪审员。此举是希望这些司法人员可以发挥余热,继续为社会做贡献。同时,这样的"再利用"也可以缓解审判人员紧缺的问题。然而,一方面,许多退休的法官和检察官在法学理论和实践方面都具有很深的造诣,不符合陪审制将"民间智慧"引入司法裁判的初衷;另一方面,当地退休的法官和检察官通常在司法系统中保留有众多人脉基础,这些人员作为陪审员参与审判可能会削弱陪审员对司法活动的监督,造成陪审虚化的现象。退休的法官和检察官希望发挥余热的可以通过

---

[1] 陈卫东、孙皓:"人民监督员制度运行调研报告",载《国家检察官学院学报》2011年第5期,第81页。

[2] 高一飞:"国家监察体制改革背景下人民监督员制度的出路",载《中州学刊》2018年第2期,第60页。

积极参加人民调解活动、法律援助活动、法制宣传活动等为法治建设做出贡献。如果国家认为有必要动用这部分司法人力资源，可以考虑设立治安法院，聘请这些人员担任治安法官。[1] 治安法官、陪审法官都属于公民参与司法活动的重要形式，但其功能有所不同。治安法官主要审理私人间的纠纷等社会影响较小的案件，而陪审法官处理的案件通常是涉及公共利益等社会影响较大的案件。[2] 选任陪审员通常考虑的是陪审员的民间性，而治安法官的选任则需要考虑专业理论和实践的水平。如果让退休的法官和检察官担任治安法官，在陪审制度中被排斥的法律知识在治安法院却是宝贵的专业技能，这样可以让不同主体的不同功能得到合适和恰当的发挥途径。

最后，一些带有公益性质职业的从业者实际上也不宜被挑选为人民陪审员，例如医生等，国家应当免除这些主体的陪审义务。《大清刑事民事诉讼法草案》第214条规定，在该辖区内营业的医生和药商禁止担任陪审员，这个规定可以优先保障当地公益性质的重要事业的有序开展。

法律对上述几类人员虽没有作出明确规定，但是规定了兜底条款，因"其他职务原因"免除其陪审义务。[3] 在我国人民陪审制的立法模式下设置了陪审员的回避制度，如果严格执行法律规定，可以过滤掉大多数潜在的不公正因素。即便在选任环节，选任机关也有较大的自主权，可以对候选人详加审查，其中的考量因素可能比法律规定得更多。我国的陪审员选任程序不像英美法系陪审员那样随机抽中后就有很大概率参加审判。

---

[1] 参见杨宇冠："设立我国治安法院的构想"，载《法学杂志》2018年第7期，第99页。

[2] 彭小龙："民众参与审判的案件类型学分析"，载《中国法学》2012年第3期，第160页。

[3] 参见《人民陪审员法》第6条第1款第（三）项规定。

我国陪审员选任机构在选任时的考量因素有很多,并且最终是否当选需要征求候选人的个人意愿,人为主观因素大于制度客观因素,因此对于选任的资格限制可以不必过度担心。但是,从另一个角度看,这种机制又让人难以完全放心。选任机关自主权过大会导致最终当选的陪审员都是"值得信任"的合作者,进而导致陪审虚化。通过这种方式选任人民陪审员的结果是公职人员占很大比重,而农民、自由职业者等比例就相当低。有数据统计显示,截至2014年在H省的人民陪审员中,基层干部占比为33.22%,事业单位职员占比为11.1%,社区工作者占比为11.97%。[1]笔者在F省S市调研时统计的数据也显示了这个问题,体制内的基层干部和事业单位工作人员占到绝大多数(见图4-7)。因此,未来还应当对人民陪审员的职业资格进行进一步限制,重点限制公职人员担任陪审员的比例。

---

[1] 刘方勇:《人民陪审员角色研究》,法律出版社2016年版,第57页。

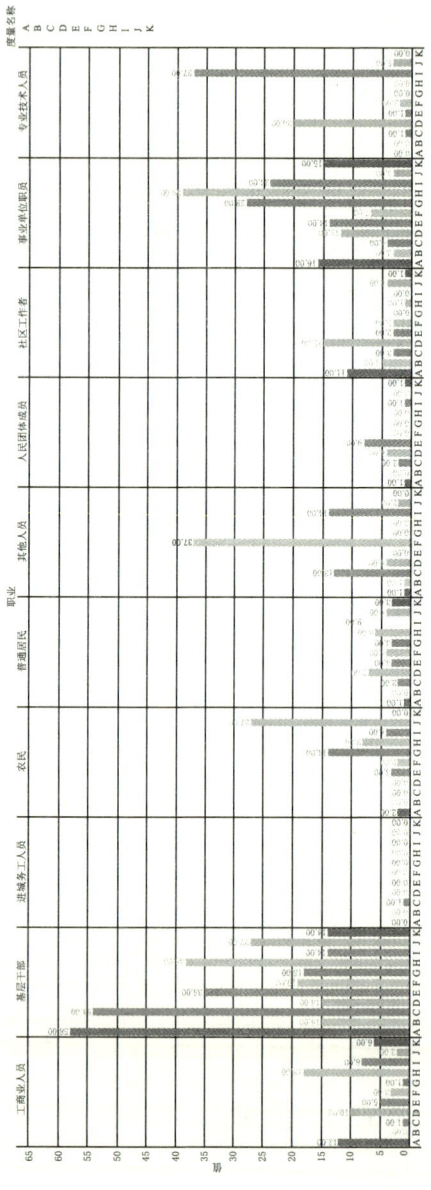

图4-7 F省S市各县人民陪审员职业分布图

第四章 我国人民陪审员的选任

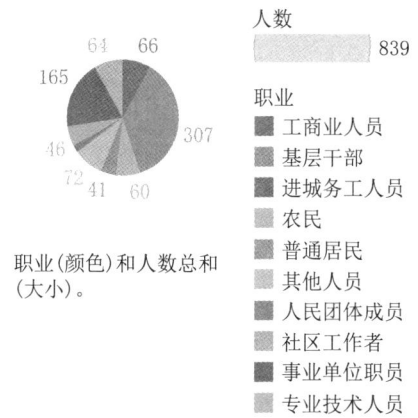

图 4-8　F省S市人民陪审员职业分布比例图

(二) 不得担任陪审员的事由

《人民陪审员法》第 7 条具体规定了若干不能担任陪审员的事由，分别为不得受过刑事处罚、被开除公职、被吊销律师或公证员执业证书、被纳入失信被执行人名单、因受惩戒被免除人民陪审员职务。与因职业原因不得担任陪审员的情形不同，这里的几类情形都是因为公民具有违法犯罪行为或其他不诚信等不当行为而被剥夺陪审的权利，因此这一规定带有惩罚的性质。

被吊销律师或公证员执业证书之人作为禁止事由之一原本并未被《人民陪审员法（草案）》所吸收，但之后的版本中，立法机关采纳社会各界和专家的意见增加了这个规定。《人民陪审员法》在前一条已经明确，律师和公证员不得担任人民陪审员，而被吊销律师和公证员执业证书之人应当终身不能再从事法律职业，更何况加入合议庭审理案件。由于这种禁止是公民被剥夺执业资格的附带不利后果，在性质上是一种惩戒措施而不是一种职业限制，因此在《人民陪审员法》第 7 条而不是第 6 条中加以规定是妥当的。

《人民陪审员法》第 27 条规定了陪审员的免职制度,其中包括两种类型:一种是正常的免除职务;另一种是非正常的被剥夺陪审职务。[1]前者包括正当理由辞去陪审职务,以及选任后不满足担任陪审员的身体条件等资格或者从事不得担任陪审员的职业等;后者包括因不当行为受惩戒而被剥夺陪审员资格、无正当理由拒绝参加审判活动并且影响审判工作正常进行的,以及违反规定徇私舞弊并且造成严重后果的。法律规定只有受惩戒被免除陪审员职务的公民才不得再次被选任为人民陪审员,因正当理由被免除陪审职务的可以再次当选。例如,因正当理由自行辞职后再次申请、身体条件恢复具有履职能力后再次申请等情况都是被法律允许的。

最后,法律还规定了兜底条款,例如实施了较为严重的违法行为,以及受到强制隔离戒毒等行政处罚的可以通过该条款排除出陪审员的候选名单。此外,《人民陪审员法》第 5 条第 1 款第 3 项规定了陪审员选任条件中的品行条件,对遵守法律和道德的情况作了要求,所以其他违法行为也可以适用该条款处理。

第二节 人民陪审员的选任程序

与选任的实体要件相比,人民陪审员的选任程序要件同样重要。人民陪审员的选任按照什么样的程序进行与能否实现陪审实质化直接相关。选任程序中若是掺杂着不正当的因素,对审判结果也将产生直接的消极影响。从符合条件的广大人民群众中确定具体某位人民陪审员参与审理个案,中间应当设置多

---

[1] 该法第 27 条所列第二项理由部分属于正常原因免职,部分是受惩戒被剥夺资格。

少次筛选、分别由何主体选择、通过何种程序操作，存在很大的立法空间。为了规范选任程序，促进陪审实质化，《人民陪审员法》以及随后颁布的适用办法等对陪审选任程序作了具体规定，各个地方也相继出台规则予以落实。《人民陪审员法》等一系列规则对人民陪审员的选任程序进行了较大幅度的改革，大方向是减少选任中的人为操控、增加随机性，剥离人民陪审员与法院之间的依附关系，使民主的呈现形式更加直接，这些举措都有助于陪审实质化的实现。[1]

《人民陪审员法》第9条和第10条共同规定了我国人民陪审员的选任程序。选任分为两个步骤：步骤一为选出陪审员候选人；步骤二是选任正式人民陪审员。关于候选人的选取：第一，选任机关以司法行政机关为主，以基层法院和公安机关为辅；第二，候选人在本辖区常住居民名单中选择，无须进行资格审查；第三，候选人名单至少是陪审员数量的5倍，只规定下限不设上限；第四，抽取的方式为随机抽取；第五，对候选人进行主客观两个层次的考察，客观上进行资格审查，主观上询问参审意愿。通过资格审查并且对担任陪审员无异议的候选人可以被选任为人民陪审员。程序如下：首先，选任主体为司法行政机关与基层法院，公安机关无须在此环节参与；其次，选取范围为通过资格审查的候选人名单；再次，抽取采用随机抽取的方式；最后，任命程序需要基层法院的院长提请同级人大常委会任命。[2]

一、人民陪审员的选任主体

本轮人民陪审制改革之前，我国人民陪审员的选任工作由

---

[1] 草案审议时部分委员对该问题的讨论参见杨涛："人民陪审员该由谁来遴选和管理"，载《检察日报》2004年4月7日。
[2] 详见《人民陪审员法》第10条。

法院负责，缺乏必要的外部制约，呈现出"自导自演"的局面，而这也是实践中出现陪审虚化的主要原因。因此，本轮陪审实质化改革的重点之一就是对选任主体进行调整。《人民陪审员法》规定的人民陪审员选任的主体有三个，分别为司法行政机关、基层法院和公安机关。其中，除了公安机关一般只在提供信息上配合协助外，法律特别强调了司法行政机关的作用，法院在选任工作中则退居次席。

(一) 原先模式存在的问题与解决

《人民陪审员法》颁布前，我国陪审员的选任工作是基层法院主导负责，而司法行政机关仅起到辅助作用。该模式在多年的实践运行过程中暴露出了不少问题。首先，人民陪审员的遴选工作基本上都是由法院决定，呈现出法院"自选自用""既当运动员又当裁判员"的局面，这样就难以避免陪审员与法官之间的利益交换。21世纪以来，我国大多数法院开始出现"诉讼爆炸"的现象，开始遭遇案多人少的问题。[1]法院基于满足内部无罪率等考核指标的需求，以及减少司法资源消耗、提高诉讼效率，甚至是实现"预定目标"的需要，在遴选时往往选择"好用"、有参审热情和方便沟通交流的候选人担任陪审员，排除意见与法院相左的陪审员的资格。[2]这就与我国人民陪审制度设立的初衷背道而驰了。

其次，在原来的模式下，司法行政机关在选任程序中的作用被忽视。虽然司法行政机关和法院属于不同部门，职能有明确划分，并且存在一定程度上的监督关系或者说是配合与制约

---

[1] 参见左卫民："'诉讼爆炸'的中国应对：基于W区法院近三十年审判实践的实证分析"，载《中国法学》2018年第4期，第240页。
[2] 李拥军："我国人民陪审制度的现实困境与出路——基于陪审复兴的思考"，载《法学》2012年第4期，第15页。

关系。但是，就人民陪审员的选任工作看，司法行政机关和法院的关系属于"配合压倒制约"。人民陪审员的提名和审查均由法院进行，并且法院才是最终使用陪审员进行审判活动的主体，法院很容易根据自己的利益需求和与候选人的亲疏远近进行挑选。在这个问题上，司法行政机关基本上处于"事不关己"的状态，他们只需完成任务即可，不会出现意见不统一的情况。所以，在这种模式下，法院虽然不直接任命人民陪审员，但陪审员的提名以及具体的审查过程基本都由法院主导。在选任陪审员的问题上，法院一个单位就基本上决定了陪审员的任命，无论是司法行政机关还是人大常委会都没有发挥监督者的作用。这样就给社会大众造成了一种"陪审员是法院的陪审员"，是代表法院而不是代表人民群众参与司法审判的不良印象。

从现实角度看，在人民陪审员的遴选工作上，由司法行政机关作为牵头负责单位有其独特优势：其一，由司法行政机关牵头承担首要责任可以在很大程度上避免法院受到"既选又用""自弹自唱"的质疑，这样可以在程序上促进陪审员选任的公平性和中立性，提高社会对人民陪审员的信任度；其二，法院存在案多人少的人力资源矛盾，无法抽出大量人员组织抽选、资格审查、面谈等繁杂的工作，但是司法行政机关拥有相对充足的队伍承担这项工作；其三，实践中，基层司法所作为联合工作单位，对当地社区的群众更加了解，有助于提升选任工作的效率。除了选任人民陪审员之外，司法行政机关还履行社区矫正、普法宣传、法律援助等其他职责，而且这些还是司法行政机关更为"主要"的工作。司法行政机关的这些日常工作对陪审员的选任也有很大帮助，或者说是有共通之处。司法行政机关与法院不同，法院的工作具有被动性，遵循"不告不理"的原则，而司法行政机关则需要主动服务群众，深入基层开展普法宣传、调解矛盾纠纷、解决群众困难等。司法行政机关的这种身份和角色使其比法院更容易迅速和全面地掌握社区群众的信息和情况，有利于在人民陪审员候选人资格审查时较为高效地会同公安机关等部门完成这项工作。此外，司法行政机关还可以为选任的宣传、征求候选人意愿等繁杂的选任环节的开展提供较大的便利。[1]综上，《人民陪审员法》确立的新模式对促进选任工作的公平公正、提升选任工作的质量、效率和社会公信力都具有积极意义。

（二）对新模式的理解

《人民陪审员法》确认的选任主体是司法行政机关和法院。针对主体权限的安排，《人民陪审员法》的规定与原先的《试点实施办法》相比做了三个方面的改动：第一，原先的《试点实施办法》规定人民陪审员的候选人名单是由法院进行抽选，之后司法行政机关才介入，与法院工作人员一起进行资格审查和意愿调查。《人民陪审员法》扩大了司法行政机关的职权，提前了参与的时间，即从陪审员候选人的抽选开始就参与其中；第二，增加了公安机关作为会同参与陪审员候选人选取的主体，这是之前的《试点实施办法》没有规定的。第三，原先的《试点实施办法》第7条确立的模式是法院会同司法行政机关进行选任，而《人民陪审员法》则改为司法行政机关会同法院进行选任。[2]这处改动虽然只是简单地调整了二者的顺序，但是背后却蕴含着理念的转变。从字面上看，新的模式由司法行政机关会同法院进行选任就是要求司法行政机关负责选任的主要工作，承担首要责任，相较而言法院则处于从属和次要的地位，其职责是

---

[1] 参见刘昂、杨征军："人民陪审员选任工作机制的完善——基于对某改革试点省的调研分析"，载《中国司法》2016年第5期，第96页。

[2] 参见《人民陪审员法》第10条。

配合司法行政机关开展选任工作。这项改动是在选任机制上引入独立和中立的外部主体负责，改变原先法院"既当运动员又当裁判员"的不合理机制，打破法院"选用一体"、缺乏制约的局面，具有显著的进步性。由司法行政机关主导选任，并且适度参与陪审员的日常管理，有助于社会大众改变"陪审员是法院的陪审员"这一错误观念，夯实陪审制的民主基础。同时，这种"第三方"的机制使得国家机关对陪审员的管理和监督具有了正当性。而从陪审员的角度看，新的模式使陪审员有了真正的"娘家"，法院也不会单纯将陪审员视作为己所用的工具，陪审员在与法官共同审理案件时也会获得更足的底气，这些都对促进我国陪审实质化具有积极意义。

至于如何实施这种模式，如何把握法律所要求的"会同"，如何划定选任工作中两个主体之间的职权分工，在实践中仍未有定论。在《人民陪审员法》颁布之前的试点期间，在《试点实施办法》规定的法院主导模式下，司法行政机关虽然起到次要作用，但也应当全面参与选任工作。但原先的模式在实践中却异化为法院的"独角戏"，司法行政机关的地位极为边缘，对陪审员候选人的选择没有发言权。通过调研访谈笔者了解到，在试点期间，一些地方法院几乎包办了选任的所有事务，司法行政机关只在前期的选任宣传活动和资格审查等环节有限参与，事实上仍然是法院一家自选自用，改革的效果没能显现出来。这也表明，《人民陪审法》的这一改变是必要的。

在人民陪审制改革试点延期的时间段内，有一些参与试点的法院尝试了"选用分离"的新模式，选任工作几乎全权由司法行政机关负责，法院只是在人大任命之后对陪审员进行培训，安排其参审。以S市W区为例，该区院在选任工作上只负责确定该批次需要抽选的人民陪审员名额，其他具体的选任工作均由司法局和下设的司法所完成。[1]在笔者调研时，一位负责选任工作的政治处法官谈道："如果真的完全实现随机抽选，那我们法院也无所谓哪些人成为陪审员，我们本来工作就很忙，由司法局来做这方面的工作我们也很乐意。"因此，法院是否愿意"放权"关键在于贯彻落实随机抽选的制度方案。

除了法院外，《人民陪审员法》还确认了公安机关负有协同司法行政机关选任陪审候选人的义务和职责。由于法律规定，陪审员候选人的初选是在常住居民名单中随机海选，而该信息由公安机关的户籍部门掌握。在试点期间，有个别地区的公安机关以于法无据为由拒绝配合。随着《人民陪审员法》的出台，公安机关和司法行政机关、法院之间的这种矛盾基本可以解决。但是，不少地方公安机关对常住居民信息管理不善，或囿于经费和技术等条件，信息化程度低，存在信息不全和更新滞后的问题。在此状况下，有的试点法院不得不依靠人工采集、统计的方式制作常住居民名单，[2]这种办法不仅费时费力，还可能出现较大遗漏。甚至可以预见，在需要人工收集核实的情况下，法院仅掌握部分人员信息即在已有范围内随机抽选，这显然违背了法律的规定。因此，《人民陪审员法》将公安机关列入陪审员选任的义务机关，不仅要求其向司法行政机关提供用于抽选的完整、有效常住居民名单，还应当加强信息化建设，实现数字化管理，及时补全和更新常住居民信息。后一项工作应当由公安机关完成，而不应转嫁给司法行政机关和法院。

---

[1] 刘方勇、周爱青、孙露："人民陪审员遴选机制改革与立法评析"，载《中国应用法学》2018年第4期，第50页。

[2] 刘方勇、周爱青、孙露："人民陪审员遴选机制改革与立法评析"，载《中国应用法学》2018年第4期，第50页。

二、随机抽选名单与联合信息化建设

《人民陪审员法》颁布时日已久,但许多法院的选任工作仍然停滞不前。许多法院迟迟没有启动这项工作很重要的原因是认为完全按照法律的规定随机抽选存在很大的困难,而其中最大的难题就是对人民陪审员候选人(即辖区内常住人口)信息的汇总和登记。这项工作不仅需要调动诸多人力物力采集信息、审查资格、征求候选人意见等,还需要与公安等部门协调沟通。更为困难的是候选人的信息缺失比例较大,导致信息采集和沟通成本巨大。我国幅员辽阔、人口众多,基层治理体系尚未健全,加之近年来国内人口流动频繁,人员信息更新较为缓慢。《试点实施办法》规定的人民陪审员候选人随机抽选的范围是选民或常住居民,而《人民陪审员法》则删除了选民名单这一选项。周强院长曾对草案进行说明,指出由于选民名单5年才更新一次,信息滞后严重,因此在试点过程中负责选任的部门基本都是从常住居民人口当中抽选,而没有使用选民名单。[1]故而,法律草案最终删除了选民这一选项,统一在常住人口名单中随机抽取候选人。

虽然立法机关考虑到了信息滞后的情况,但是从常住居民名单中随机抽选在可操作性上有所欠缺,仍然会遇到更新滞后、信息不全等各种难以预料的情况。从我国的治理体系上看,街道和社区与居民、村民距离最近,然而这些组织也没有较完整地掌握和留存区域内的人员信息,几乎没有收集和更新准确的联系电话和常住地址。公安机关所掌握的本辖区内的常住居民信息的缺失情况十分严重,普遍存在下列问题:常住居民未上户口、没有登记联系方式、联系电话和家庭住址没有更新、居民死亡但未及时

---

[1] 参见周强在12月22日在十二届全国人大常委会第三十一次会议上就《中华人民共和国人民陪审员法(草案)》所做的说明。

销户、迁居外地或长期在外务工及上学人员的信息未掌握、文化学历信息更新严重滞后且不准确等等。这些情况都对陪审员抽选工作造成了重重障碍，地方法院和司法行政机关不得不花费大量精力核实个人信息。例如，北京市门头沟区人民法院关于陪审员的资格审查工作显示：有488名陪审员候选人没有通过资格审查，其中27人因信息错误，33人因学历信息未更新最终不符合条件，还有36人不符合身体状况等条件。此外，还有138人因人员流动原因不再属于本辖区内的常住居民。由于基本信息不完善的缘故，该类人员无法被确定为陪审员候选人的比例占所有通过资格审查总数的48%。[1]在国家未加大力度进行常住居民信息化建设的情况下，地方机关也不可能真正落实随机抽选，选任工作也存在较大的"水分"。笔者通过访谈了解到，一些负责遴选的单位在随机抽选之后便将信息不全的候选人剔除，不愿意投入精力联系候选人核实信息。这样的做法虽然可以节省大量人力，并且从形式上看并不会对选任结果产生明显影响，但是这种做法相当于剥夺了一部分人的陪审权利。信息登记不全、联系方式未更新、流动性较大的主要是农民、进城务工人员、非公职人员等，将这些人员轻易排除出候选人名单可能造成公职人员担任陪审员的比例进一步加大，不利于陪审实质化的实现。

三、产生方式：随机抽选、个人申请与单位推荐

随机抽取、个人申请和单位推荐共同构成我国人民陪审员的选任方式。随机抽取是英美法系陪审团成员选取方式之精髓，可以从程序上充分保障陪审员的中立客观，法院和法官事先也不知道个案中与之共同组成合议庭的陪审员的基本情况，这有

---

[1] 参见胡云红："论我国人民陪审员选任机制的完善"，载《政治与法律》2017年第11期，第155页。

利于切断陪审员和法院法官之间的利益链条。个人申请的逻辑基点在于人民陪审员是一项公民权利，公民可以消极等待被抽选为陪审员，也可以积极主动通过申请的方式行使这项权利。单位或组织推荐的方式在革命根据地时期就得到了广泛运用，这也成了我国陪审员最主要的来源渠道。单位推荐相当于单位和组织为该群众提供担保，这就减轻了司法机关审核陪审员素质、品格、能力的负担。在信息化不发达、审核资源有限的年代，此举可以降低司法机关的工作量，使陪审选任程序更加快速、高效。

然而，随着社会的发展，推荐模式的优势已经越来越小，其弊端则被不断放大。在我国，单位推荐和自我推荐已经同质化了，均成了法院"内定"陪审员的途径。在个人申请的陪审员中，履行陪审义务、行使陪审权利并不是他们申请的首要考虑因素，他们考虑得更多的是陪审这一任务的完成以及给他们带来的荣誉。法院批准的申请和推荐大多是法院熟悉的人，或者是"靠得住"的公职人员，这些人员事先与法院相关部门或人员商定后再提交申请或推荐。质言之，实践中出现了"先定人后走程序"的逆向运行，"推荐和申请"只是启动程序，人大任命也只是取得"合法名分"的程序。《人民陪审员法》虽然采用了"随机抽选"的办法，但仍需"征求"意见与"审查"程序，在实践中成了"按需选拔"的正当理由。虽然是与"行政机关"共同选拔，但行政机关的参与多数是名义上的配合以及"备案"。法院完全垄断下的封闭程序决定了法院可以轻而易举地通过技术处理、沟通协商等方式变相选择"服从自己安排"或"熟悉喜欢"的人。[1]2016年一项针对人民陪审员的问卷调查显示：25.6%的人民陪审员是个人申请的，而有67.4%是单

---

[1] 参见林操场："随机抽选人民陪审员的规定应当严格遵守"，载《人民法院报》2008年12月3日。

位或村委会、居委会等基层组织推荐的。[1]这表明，在原有的选任方式中，随机"海选"的比例很小，这显然是陪审员成为"驻庭陪审员"进而"陪而不审"的重要原因。

改革试点对陪审员选任程序的改革主要是为了消除之前由"单位推荐"带来的弊端，使更为广泛、更具有代表性的主体参与到陪审工作中，扭转之前形成的陪审员队伍"公职化"现象。有一项实证研究对比了此次改革的试点时期试点法院和非试点法院的陪审员构成。该调研指出，鉴于选任方式的改变，一些试点单位迎来了更为广泛的群体，如医生、教师、个体户、私企职工等。与之形成鲜明对比的是，非试点法院陪审员队伍结构单一，基本上都是党政机关、社区街道的工作人员。[2]此次改革试点对陪审员选任方式的改变，为陪审员队伍增加了新的面孔，队伍整体的组成结构也由原来的党政机关干部等"几家独大"变为"各家共存"，逐渐趋于合理。

根据调研了解到的数据，陪审制度改革后，北京市法院共选任人民陪审员4301名，其中通过随机抽选的方法选任了3578名，占总数的83.1%；通过其他两种方式选任了723名，占总数的16.8%。加上先前已有的人民陪审员，全市人民陪审员总人数达8135名，是员额法官的3.1倍。[3]从这一数据看，改革

---

[1] 刘方勇、廖永安："我国人民陪审员制度运行实证研究——以中部某县级市为分析样本"，载《法学家》，2016年第4期，第55页。

[2] 法院的人民陪审员是党政机关、社区街道工作人员的比例高达92.8%，而且政治面貌为中共党员的人民陪审员高达94.5%，普通群众的占比仅为5.5%。学者翻阅陪审信息档案发现，这些陪审员大都有"书记""主任""科长"等头衔。参见孙长永、周媛："刑事案件陪审员制度实证研究——基于J省、C市部分基层法院的考察和分析"，载《贵州民族大学学报（哲学社会科学版）》2016年第2期，第149页。

[3] 数据来源于内部资料。亦可参见"北京：8135名人民陪审员参审履职促司法公正"，载新华社：http://xhpfmapi.zhongguowangshi.com/vh512/share/6701720?channel=weixin&from=singlemessage&isappinstalled=0，最后访问时间2020年2月7日。

后,尤其是《人民陪审员法》颁布后,前述问题得到了较好的解决,但是各地区存在的落实程度差距较大的问题仍需要得到关注和解决。笔者在 F 省 S 市调研得知,该市在人民陪审制改革后大幅增加了随机抽选的比例,但仍然没有达到法律要求的比例,并且个别地区尚未推行随机抽选。

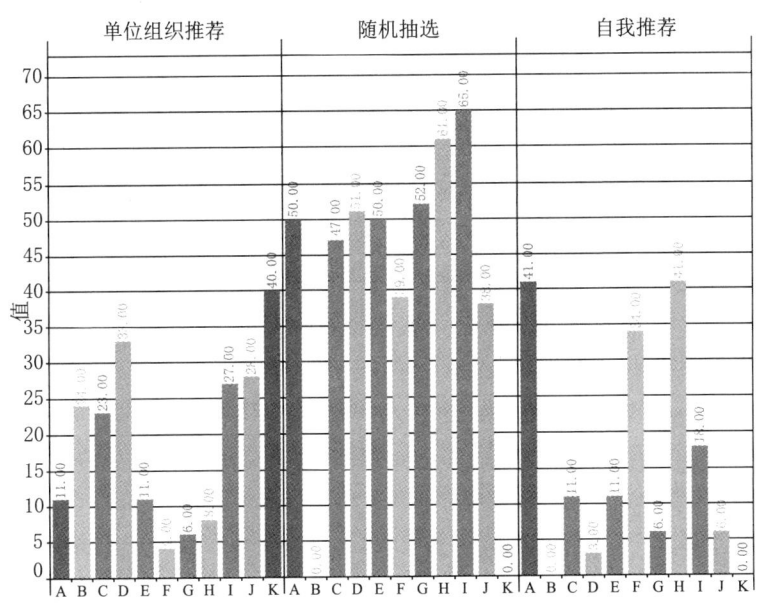

图 4-9 F 省 S 市各县法院人民陪审员产生方式分布图

四、随机抽选程序的完善

人民陪审员的生命力在于其产生的随机性和代表的普遍性。[1]陪审员随机选取的目的和意义在于消除陪审员产生过程

---

[1] "最高法院拟明确:参加审判案件的人民陪审员应随机抽取",载人民网: http://politics.people.com.cn/GB/1026/6212013.html,最后访问时间:2019 年 11 月 8 日。

中的主观和不确定的印象性判断。[1]本次人民陪审制改革的重要目标就是完善和扩大随机抽选方式。《试点方案》要求建立和完善人民陪审员随机抽选机制，提高选任工作透明度和公信度。[2]《试点实施办法》仅设置了随机抽取一种产生方式，但是这并不意味着其否定试点地区通过其他方式选任陪审员，因为《试点方案》只是部署了需要改革的一些举措，对于不需要改革的方式则没有作出明确规定。但是不可否认，《试点方案》透露出的信息是要求尽可能通过随机抽取的方式选取人民陪审员。《人民陪审员法》的颁布明确了这个问题，法律仍然保留了单位推荐和个人推荐的方式作为陪审员的来源。尽管《试点方案》提倡陪审员以随机抽选的方法产生，但是有些地方的实施情况仍不理想。有学者统计了一些试点地区法院人民陪审员的选任情况，数据显示：在试点法院中，通过非随机抽选方式产生的人民陪审员数量仍然居高不下，达到近6成。[3]随机抽取比例仍然较低的原因一方面是各地并没有足够深刻地认识到陪审制度改革的重要性，改革的各项举措也未及时跟进，各地没有完全按照《试点方案》的精神重新选取陪审员，以此更新陪审员库和陪审员名册。另一方面，法院要贯彻新的选任方法必须"大动干戈"，法院不仅要协调人大、司法行政机关、公安机关等相关部门，还需要动用大量人力物力进行选任工作，成本和收益比例失衡。在司法资源本就十分有限的情况下，各地法院采用了"能拖则拖"的方法尽可能不实施新的方案。

---

〔1〕 [英]麦高伟、杰弗里·威尔逊主编：《英国刑事司法程序》，姚永吉等译，何家弘审校，法律出版社2003年版，第356页。

〔2〕 参见2015年《人民陪审员制度改革试点方案》。

〔3〕 数据显示：抽样调查表明，试点法院人民陪审员中其他两种方式产生的比例仍然较大，总占比高达59.5%。参见刘方勇、周爱青、孙露："人民陪审员遴选机制改革与立法评析"，载《中国应用法学》2018年第4期，第50页。

第四章 我国人民陪审员的选任

在试点过程中,有学者经过实证调研访谈得出推测结论:一些地方中级人民法院存在没有完全落实随机抽选的情况,在个案需要陪审员参加时,法院的陪审员管理部门出于对陪审质量和效果的考量,通常进行"小范围随机抽取",在选任的陪审员名单中预先挑选一些参审意愿强、时间较为充足、配合度高的人民陪审员,并在这些人员里随机抽选。[1]这样的错误做法将使随机抽选的改革效果大打折扣,使陪审虚化的现象更加严重。随着《人民陪审员法》的颁布,中央也意识到了试点中的一些问题并且要求地方对随机抽选工作予以重视,这样的情况会有所改善。不过,通过人工操作的方式进行抽选难免会出现执行不力的情况,可取之道在于建立统一的计算机管理系统,严格实行系统随机抽选,将人为因素降至最低。2020年1月笔者在对H省P市的法官进行访谈时了解到,该市拥有百万人口,司法局仍然表示"选不到人"。该法官说道:

> 司法局费了好大劲选,但是选不来,一些不符合条件的也懒得剔除。对他们来说完成任务就行了,对法院来说我们也不关心司法局选了什么人。我们法院有陪审员的数据库,但是只作为登记信息用,根本不会用系统进行抽选,也没有系统可以提供给我们抽选。法官其实根本不愿意去做随机抽选,不仅增加工作量还不现实。有些陪审员事实上根本不在家,在外地务工,一旦用系统抽到他,他来不来?怎么来?路费有没有补助?而且,法官一个案子等着陪审员,落实不到位就办不下去,耽误事,办案压力那么大,哪有那时间精力。我们法官都有自己的陪审员,需要陪审员审理案件时各庭自己联

---

〔1〕 廖永安、蒋凤鸣:"人民陪审制改革目标的反思与矫正——以A市两试点法院为例",载《华侨大学学报(哲学社会科学版)》2018年第1期,第68页。

系,根本不存在随机抽选。[1]

从这段访谈我们可以看出,司法行政机关确实在选任工作上花费了大量精力,但是没有选任足够数量的陪审员不完全是客观因素造成的,更多的司法行政机关包括法院主观上不积极,各方主体都"不愿折腾"和"嫌麻烦",形式上完成任务即可。

如前所述,随机抽取有赖于一系列程序的保障,各省法院应当统一适用程序,确保"一案一选",尤其是要重视信息化建设。《人民陪审员法》对此规定得较为原则,并没有具体规定实施方案,因此各地仍然在探索之中。笔者认为,随机挑选程序的第一步应当是汇总所有有资格成为陪审员的人员名单和基本信息,可以以省为单位,每年度将户籍地在本省且有陪审员资格的公民登记在案,制成陪审员总名册,并以电子数据的形式制作数据库,存入省高级法院的计算机系统。笔者在F省P市进行调研时了解到,该省已经建立起了陪审员管理的专门系统,可以在系统中进行抽选。之后,再根据市法院和基层法院辖区人员分别制作记载本地区陪审员名单的子数据库。由于基数太大,法院全面审核陪审员资格不具现实可行性,采取个案审查的方式也将在很大程度上拖延诉讼进度。因此,可以设立合理的庭期,如3个月,每个庭期开始的前一个月,各级法院随机抽选法官3倍数量的人民陪审员和一部分候补陪审员,法院通知确认后登记在案,汇总成庭期陪审员名册。[2]实行"一庭期一名册",具体的名册也应根据庭期的变化而变化。最后,陪审员管理部门应在具体案件开庭审判前,从庭期陪审员名单中抽

---

[1] H省P市访谈材料。
[2] 有学者建议数量为35名正式陪审员和10名候补陪审员,但此数量较少,难以体现随机性和广泛性。参见施鹏鹏:"人民陪审员制度的改革历程及后续发展",载《中国应用法学》2018年第4期,第28~29页。

签产生陪审员及候补陪审员。如需邀请陪审员参与庭审,承办法官应当与陪审员管理部门提前进行沟通、申请和预约,法官个人不得直接指定陪审员或参与抽选。此外,基于实践需要,可抽取1名至2名候补陪审员,填补因特殊原因不能参与庭审的陪审员的缺位,保障庭审顺利进行。依当事人要求,其本人或委托的代理人有权在庭前会议中现场监督抽取。

笔者在F省N市J区法院调研时了解到,该区法院会根据各人实际设定个性化参审权重。例如,医生工作日繁忙且岗位重要,不得轻易以需要参审为由通知单位准许请假到庭,因此医生一般只参与医疗纠纷案件,且在时间上根据本职工作的时间档期来安排。与医生类似,教师的工作原则上也不宜请假,但是教师工作有明显的时间密度分布,该法院会在寒暑假多安排教师进行陪审。在此次改革推行个案全面随机抽选机制后,虽然在不合适的时间被抽中也可以人工排除后继续抽选,但是这种方式会耗费较多人力资源,更为重要的是目前的随机抽选可以排除在不合适时段的选中率,但无法增加在合适时段的选择率。例如,该系统无法提高教师在暑假的选中概率。该区法院中有10%的人民陪审员都是教师(见图4-10),在课时时间内几乎不可能前来参审,因此通过随机抽选机制解决该问题的需求也较为迫切。开发统一的抽选系统平台时,开发者可以预先设定特定时段不参审、特定时间段可增加参审概率、任期即将届满不参加时间跨度较大的案件审理工作等特殊情形。因此,随机抽选也不能过于机械化,应当在实行严格普遍的随机抽选的基础上,在合理和法定的限度内设置一定的例外。需要明确的是,无论设置何种特殊情形和参数,都不得突破随机抽选的基本方式。

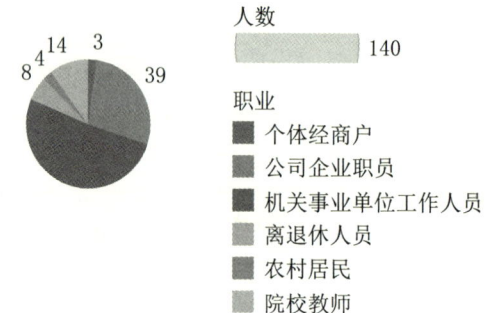

图4-10 F省N市J区法院人民陪审员职业分布比例图

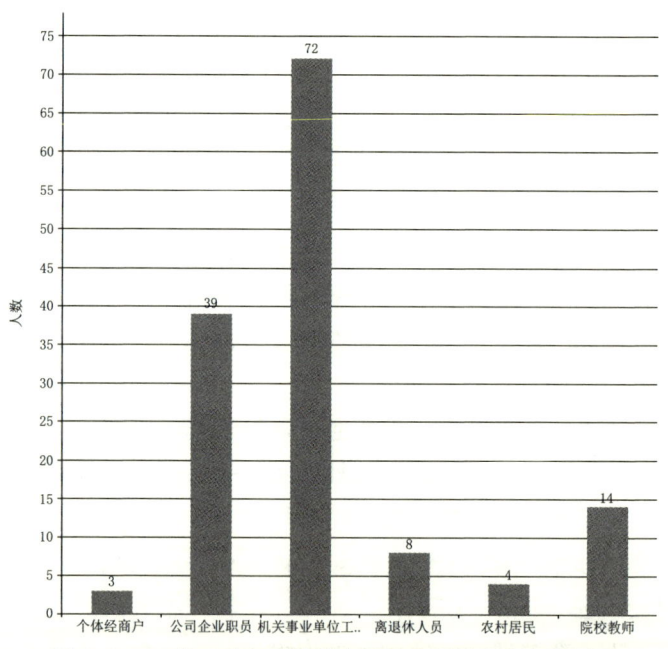

图4-11 F省N市J区法院人民陪审员职业分布数量图

第三节 人民陪审员选任类型

通常来说,个案适用的陪审员应当在陪审员候选名单中随机抽选,但是实践中针对特定类型的案件法院会邀请特殊人民陪审员参与案件的处理。该种形式主要有以下几类:在审理涉及专业知识和技能的案件时邀请专家陪审员参与;在审理涉及妇女、台胞侨胞权益的案件时邀请相关人员参与;在审理涉及农村人员的案件时邀请乡邻参与;等等。在陪审实质化改革大背景下,这些人员也需要进行随机抽选,与普通陪审员区分开来单独建立陪审员候选人子库,在需要时从中抽选。学界关于这些类型的陪审的必要性和合理性仍然没有达成共识,[1]还有诸多问题需要深入研究。

一、专家陪审员——专业化与大众化之间的抉择

专家陪审制度是让具有专门知识的人员进入合议庭,用特殊知识帮助法官在面对复杂专业问题时作出准确判断。专家通常具有一定的社会地位,在其专长领域容易赢得法官的尊重。从这个角度看,专家陪审可以在很大程度上实现陪审实质化。然而,专家陪审与陪审的"平民性"不完全相符,专家在合议庭中合作的比重大于制约,同时在总量上,这类案件所占比例较低,专家陪审适用比例也很低,因此扩大专家陪审的适用对促进陪审实质化没有太大帮助。《人民陪审员法》没有明确规定

---

[1] 多数论文都主张专家陪审具有积极意义,但也有学者持反对意见。譬如,有学者撰文指出:陪审员专家化实质上是法院对人民陪审制的功利性利用而非激活陪审员制度"活力"的有效措施。参见周成、喻怀峰:"陪审员专家化之合理性质疑",载《法律适用》2015年第9期,第62页。

专家陪审的问题,仅在该法适用的司法解释中简单提及。[1]这也说明了国家没有充分认可这项制度推行的意义。[2]不过,即便国家淡化专家陪审,这一类型也是中国特色人民陪审制度的重要组成部分,其未来如何发展也需要学界予以关注。

(一) 专家陪审的实施背景

随着科学技术的发展和社会分工的复杂化,不少专业技术性很强的案件进入法院,比如疑难复杂的工程造价、工程质量、知识产权、金融证券、会计审计、医疗事故等鉴定类别案件。[3]此类案件虽然数量不算太多,但仍需耗费大量人力物力予以解决,该问题的严重性在案多人少的背景下被进一步放大。另一方面,法官在处理这些专业性很强的案件时感到相当棘手,有的法官甚至完全没有阅读相关专业证据材料的能力,法官即便是投入很大精力研究相关问题作出判决,也很可能得不到当事人的认可。基于以上动因,不少法院的特殊类型案件的合议庭中都有特殊领域的专家。

在传统诉讼原理中,法官是法律人,没有学习和掌握复杂专业知识的义务,尤其是在奉行当事人主义的英美法系国家更是如此。由于早前陪审团制度的大量适用,即便是专业知识,

---

[1] 参见《最高人民法院关于适用〈中华人民共和国人民陪审员法〉若干问题的解释》第3条第3款。

[2] 2018年4月25日最高人民法院关于人民陪审制度改革试点情况的报告中却明确提出:"试点过程中,对于是否保留专业陪审员存在不同意见。支持者认为,专业陪审员可以帮助解决一些专业类的疑难案件;反对者则认为,专业陪审员与陪审员制度的大众化相冲突,还可能导致专业偏好。目前,我国刑事诉讼法和民事诉讼法均建立了专家辅助人制度,可以帮助法官解答专业疑难问题。因此,我们建议,暂不规定专业陪审员,允许各地法院根据工作需要,对人民陪审员按专业进行分类,参与审理一些专业性较强的案件。"最终,《人民陪审员法》也遵从了这一意见。

[3] 张绍忠:"论法院专家陪审机制的实践完善",载《广西大学学报(哲学社会科学版)》2014年第1期,第75页。

控辩双方也应当以常人能理解的方式表达，如果普通民众组成的陪审团都能理解，那专业法官就更没有理解上的障碍了。例如，根据陪审团的一致同意或少数服从多数规则，案件应当达到的排除合理怀疑等证明标准中的要求也是排除多数普通人的合理怀疑，而不是排除陪审团中个别具有专业知识之人的合理怀疑。传统英美法系国家的做法是将理解专业知识的负担转移给双方当事人，但近代在专门案件的参审陪审问题上两大法系出现了有限的趋同。[1]德国、法国等大陆法系国家早已建立了专家陪审制度，而英美法系对陪审团制度也进行了改革。早在17世纪的英国就出现了由特定身份的人组成的专家陪审团，例如妇女陪审团和商人陪审团等，后者在18、19世纪的诉讼案件中得到了法院较为广泛的采用。[2]此后，商人陪审团由英国传播至美国，但到20世纪40年代，除少数地区外，美国基本上不再采用专家陪审团的形式。例外地区（如美国的特拉华州）仍然明文保留了这一陪审形式。[3]当今的美国也在探索如何通过改革解决陪审员专业知识不足的问题，在对日本电子产品的反垄断诉讼中，巡回上诉法院裁决，如果普通的陪审员没有办法理解证据和法律从而对案件进行裁断，可以排除适用宪法中关于获得陪审团审判的公民权利。[4]并且，美国也有其他的法院尝试了由

---

[1] 彭小龙："民众参与审判的案件类型学分析"，载《中国法学》2012年第3期，第166页。

[2] 专家陪审团只是17世纪以来特别陪审团的一种，后者还包括议定陪审团、上层人士陪审团等其他形式。有关英国特别陪审团的历史研究参见 James Oldham, *Trial by Jury: The Seventh Amendment and Anglo-American Special Juries*, New York and London: New York University Press, 2006, pp. 127~173.

[3] 参见［美］莫顿·J. 霍维茨：《美国法的变迁，1780-1860》，谢鸿飞译，中国政法大学出版社2004年版，第233~240页。

[4] Munsternman & Hannaford, supra note 20, at 2.

专业人士组成的专业陪审员进行审判的改革方案。[1]英国近期也正在考虑在复杂的民事案件中重新建立专家陪审团。[2]这表明近代司法文明的趋向是减轻诉讼中当事人的负担,而国家主动承担起更多的责任。

(二) 我国专业知识引入司法裁判的六种途径

处理专业性强的案件不可避免地需要运用专门知识,法官作为法学院校培养的通过统一法律职业资格考试的高级知识分子,通常不具有法学之外的专业知识。那么,审理和裁判特殊类型案件需要的专业知识是如何进入裁判者的认知知识体系,又是如何最终反映到裁判结果上的?在我国,专门知识进入裁判的途径有六种,也就是说,我国法律制度构建了司法专门性问题处理的六种方式。[3]这六种方式又可以分为两个途径:一种是法官从当事双方处得到知识信息;另一种是审判人员自行获取信息,后者包括审判人员从庭外知识源处获取信息,也包括从合议庭内部获取信息。归纳来说,这六个来源主体如下:

第一个是由当事人及其专业的律师提供信息。当事人通过举证、质证将专门知识呈现在审判人员面前,同时也尽可能以他们可以理解的方式解释这些证据材料。在此,律师的重要作用不容忽视。改革开放以来,我国律师制度的国家干预从"全能主义"转向"职业主义",在律师业发展过程中,市场和社会

---

[1] 参见高通:"美国陪审团事实认知机制研究",载《比较法研究》2018年第6期,第164页。

[2] Michael Zander Qc, "England and Wales Report", *International Review of Penal Law*, vol. 72, 2011, p. 156.

[3] 有学者总结了司法机关处理专门问题思维模式。参见郑飞:"论中国司法专门性问题解决的'四维模式'",载《政法论坛》2019年第3期,第68~71页。

性因素取代国家管控,逐渐发挥更为重要的作用。[1]早在1993年,国家就明确鼓励律师朝专业化方向发展,[2]此后律师事务所开始向集团化和专业化方向发展,在专业分工方面许多律师事务所成立刑事业务部、知识产权部、金融业务部等多个次级专业化部门,还出现了专门承接特定领域案件的专业事务所。[3]这些专业化趋向使得当事人及其委托人拥有了越来越强的应对处理专业案件的能力,而处理案件所需的专业知识也逐渐进入审判人员的视域。

第二个是由鉴定人提供专业的鉴定意见。1979年的《刑事诉讼法》第88条确立了针对专业技术性问题的司法鉴定制度,对于难以解决的专门性问题应当进行鉴定。彼时,专门知识的输入渠道是单一的,有专门知识的人作出的鉴定结论具有权威性,要推翻鉴定结论只能通过补充鉴定或者重新鉴定,无论是法官还是当事人都不能质疑鉴定结论。并且,由于无法质证,导致裁判者更加难以理解证据材料和鉴定结果,出现了"信息空洞"。[4]2005年,立法机关将鉴定结论改为鉴定意见,代表着鉴定结果的权威性被削弱,允许当事人对其进行质证,允许法官对结果进行独立的判断。

第三个是由专家辅助人对鉴定人的鉴定意见提出意见。2012年《民事诉讼法》第79条和2012年《刑事诉讼法》第192条均确认了"有专门知识的人"出庭,这些人员提供的意

---

[1] 程金华、李学尧:"法律变迁的结构性制约——国家、市场与社会互动中的中国律师职业",载《中国社会科学》2012年第7期,第113页。

[2] 参见国务院关于深化律师改革的批复、司法部关于深化律师改革的方案。

[3] 刘忠:"未完成的'平等武装'刑辩律师非知识技艺理性的养成",载《中外法学》2016年第2期,第436~437页。

[4] 对"信息空洞"的解释可以参见 Gary Edmond, "Forensic Science Evidence and the Conditions for Rational (Jury) Evaluation", 39 Melb. U. L. Rev. 77, 2015.

见针对的就是原先被视为权威的专业鉴定机构鉴定人出具的鉴定意见。学界将这类主体称为专家辅助人，控辩双方可以申请专家辅助人出庭。专家辅助人直接服务的对象是控辩双方，而不是审判人员。从当事人的角度来看，在一些情况下，律师因部分专业性的不足而无法对司法机关出具的鉴定意见进行有效质证，或者由于不具有专业身份而导致质证的可信度较低，专家辅助人可以承担弥补这些短板的任务。此外，控辩双方的专家辅助人还可以相互对质，这些规定相当于增加了控辩双方的"武装"。

第四个是通过专家辅助和咨询人向审判人员提供咨询意见。专家辅助人的申请主体是控辩双方，其辅助的不是审判人员。虽然审判人员可以通过鉴定的方式解决部分专业事实认定问题，但并不是所有事项都可以通过鉴定解决。在2005年国家禁止法院内部设立鉴定机构之后，司法技术人员作为辅助人员登上了司法改革的舞台。原先法院就有法医等司法技术人员，改革后法院系统内部增设司法辅助工作办公室，主要是为法官处理技术问题，提供咨询服务。本轮司法体制改革成立的专业法官会议提供的是法律问题的专业支持，而司法辅助办公室则承担了对法官的技术支持。然而，法院毕竟是承担审判职能的国家机关，不可能花费大量资源开展科学研究和实验，法院也可以借助社会力量为其提供咨询服务。如果在案件审理过程中遭遇了法院内部司法技术人员依靠自身能力难以解决的专门性问题，这些技术人员可以通过专家辅助的方式，将咨询后的结果答复法官，而对于重大、疑难和复杂案件法院还应当组织专家论证。[1] 如今法院还成立了专家咨询委员会，聘用的技术专家不仅可以在幕后提供咨询，还可以登上法庭审理的舞台，就鉴定意见等专业

---

[1] 参见2007年《最高人民法院技术咨询、技术审核工作管理规定》。

技术问题提出意见,[1]这也是该制度的一个新发展。司法技术人员和咨询专家的意见没有被法律囊括在证据种类之中,只是为法官提供参考,所以通常无法对其进行质证。但如果专业人员出庭发表意见,主动公开专门知识影响裁判的过程和方式,控辩双方有权对其进行质证。

第五个是由专家陪审员为司法决策提供专业知识。上述所有方式都是从合议庭之外获取知识,是否采用这些知识由审判人员接触到外来信息后自行判断。专家陪审员与前述类型有很大不同,其采取的方式是直接邀请专家组成合议庭,这样专门知识就成了合议庭内部知识,可以直接运用于判决结果的决策。由于法律中的鉴定结论转变为鉴定意见,并且允许接受控辩双方的质疑,加之专家辅助人等角色的引入和庭审实质化的推进,使得法官将对非法律专业证据问题的审查判断重心"从科学证据的形式合法性转向实质有效性"。[2]这就需要合议庭中的审判人员具备一定的特殊知识和认知能力。这些改革措施造成实践中部分案件的审理对专家陪审员的依赖有所增加。

第六个是国家设立专门法院和专门法庭,由其中的专门法官处理专业问题。新一轮司法体制改革推行以来,知识产权法院、跨行政区划法院、金融法院、互联网法院等新型专门法院相继成立,而行政审判、环境资源审判、少年家事审判等特殊领域的案件已经由专门法庭审判。专门法院和专门法庭的特征之一就是审判人员的专业化,有专司审理特定类型案件的正规

---

[1] 参见2017年《最高人民法院关于审理环境公益诉讼案件的工作规范(试行)》第26条。

[2] 谢澍:"刑事司法证明中的专门知识:从权力支配到认知偏差",载《法律科学(西北政法大学学报)》2018年第4期,第112页。

化、专业化、职业化审判队伍。[1]例如，知识产权法院组建了专门审理知识产权案件的法官队伍，这些法官具有一般修习法学专业的法官不具备的知识产权专业知识。

(三) 专家陪审优劣势何在

通过比较上述六种途径可知，专家陪审具有以下特性：第一，专家陪审不是直接为双方当事人以及公诉人服务的，虽然专家陪审员是合议庭组成人员，但制度的设计目的是为职业法官服务。第二，在合议庭内部，职业法官与专家陪审员是有一定分工的，不像专门法院审理专门案件的法官那样，专业知识主体仍是法官本身，也就是说法律知识和专业技术是混合的。第三，与司法咨询等方式相比，专家陪审可以直接将专业知识带入合议庭内部，而不是像咨询等方式那样需要审判人员进行"学习"，也不像鉴定意见那样"认可和遵从"，而是理解地接受。这些特征也在很大程度上反映出了专家陪审相较于其他方式而言更有利于案件的审理。

然而，剖开表面深入分析，一些问题也随之浮现。首先，科学技术和知识是在不断论争中向前发展的，权威的专家也可能出现差错，并且复杂的事实认定也需要依靠证据进行判断，而当事人拥有质证的权利，专家陪审制度实际上是将可能未经质证的专业知识判断直接作为合议庭的裁决依据。[2]此外，根据鉴定任意原则，审判人员只有在不能根据自己的专业知识进行认定之时才必须启动鉴定，所以专家陪审员将专门知识带入

---

[1] 程琥："论我国专门法院制度的反思与重构"，载《中国应用法学》2019年第3期，第178页。

[2] 有学者认为，专家陪审的方式变相剥夺了当事人的质证权。参见吴英姿："构建司法过程中的公共领域——以D区法院陪审改革为样本"，载《法律适用》2014年第7期，第24页。

合议庭可能使得当事人申请鉴定的权利被虚置。[1]

其次,虽然比起"外部"模式,将专家陪审员列为合议庭组成人员可以省去作为集体的合议庭在决策前学习和理解的成本,然而合议庭的所有成员都不像专门法官那样兼具法律知识和特殊知识,这种专门知识只掌握在合议庭中可能是少数的专家陪审员手中。所以,这种模式被称作是一种经济和功利的方法,[2]运用最便利的方式省去了法官学习的过程,避免了理解的困难。但是,这种模式容易形成陪审员和法官之间的"反向支配"。原本法官相对于普通人民陪审员在知识上处于支配地位,但在专家陪审中,陪审员在有关专业技术问题上处于绝对的支配地位,可能因"知识垄断"进而"独裁"事实,[3]这就可能造成法官对于专家陪审员意见的"盲目"遵从,而不是去尝试理解和学习。

最后,专家陪审员的中立性不易保证。专家陪审员并不是职业法官,由职业伦理和责任感带来的客观中立不能约束专家陪审员。技术专家之间的观点也时常存在矛盾,尤其是在新兴行业中,竞争十分激烈,专家们"各立山头",有的甚至通过贬低他人来拔高自己的地位。在这种情况下,如果其中一方被选为专家陪审员,就很容易造成司法不公。此外,专家陪审员在特定行业中有着较高的地位,一般而言,他们更为看重的是本职工作中的人际关系和经济利益,毕竟参与审判只是他们的"副业",

---

[1] 陈如超、马兵:"中国法庭审判中的专家陪审员制度研究",载《湖南社会科学》2011年第2期,第109页。

[2] 参见周成、喻怀峰:"陪审员专家化之合理性质疑",载《法律适用》2015年第9期,第62页。

[3] 曲昇霞、焦立颖:"论陪审职能新格局下专家陪审之引入——专家陪审价值与制度的再思考",载《扬州大学学报(人文社会科学版)》2016年第3期,第45页。

所以他们对司法公正的追求可能会让位于职业场中的利益。[1]不仅如此,专家陪审在行业中的特定身份还可能带来职业保护现象。例如,在医疗损害案件中,医疗专家陪审员可能作出保护医疗行业利益的裁决。

(四)专家陪审的制度构建

如前所述,立法者已经认识到专家陪审存在诸多问题,并且不确定其是否有继续存在的必要性,因此《人民陪审员法》没有构建起专家陪审制度。然而,专家陪审已经被适用《人民陪审员法》的司法解释所确认,因此在未来的司法实践中专家陪审仍然会是人民陪审制度的一部分。专家陪审的实质化路径与一般人民陪审制有重大差异。普通陪审制度的实质化是重在发挥陪审员的作用,而专家陪审则是在一定程度上抑制陪审员的专断。不过,二者也有相似之处,那就是鼓励庭审实质化,重视诉讼当事人的权利,让陪审员充分参与控辩双方的质证活动。

专家陪审员的选任工作与普通陪审员也有所不同,普通陪审员在个案中注重的是"随机性",而专家陪审必须是有意选择的,以保障受邀专家的研究领域与审理该案件所需的专门知识相同。因此,选任机关应当在普通人民陪审员之外另行建立专家陪审员库,并且可以按照案件审理的需要将事前统一挑选的不同专业领域的专家任命为陪审员。

专家陪审员在性质上也属于人民陪审员,也需要经过法定的选任程序。确定何人为陪审员涉及对国家审判权的处分,应当慎之又慎,严格遵循法定程序。与专家咨询人相比,专家陪审员选择的灵活性受到了很大限制,基本不能根据案件临时的需要在社会上找寻合适的专家,而只能在已被选任的专家库成

---

[1] 参见翟李鹏:"专家陪审制度的研究",载《证据科学》2017年第6期,第739页。

员中选择。所以，专家陪审员的挑选不宜针对太过具体的问题，而是应着眼于一定数量的特定类型案件，例如医疗事故案件、建筑纠纷案件、知识产权案件、金融纠纷案件等。个案中特殊的专业问题可以通过司法咨询等方式另行处理。此外，为了在更大程度上保证专家陪审员的中立性，可以更多地考虑由高校和科研机构的研究人员担任专家陪审员，在一定程度上减少在社会中担任一定职务的人员或企业中的技术人员等。

为了更好地解决专家陪审员的中立性问题，法院可以邀请更多数量的专家陪审员参与案件审理，这样在合议庭内部也可以形成充分的专业探讨。在《人民陪审员法》创设了4名陪审员加3名法官组成的大合议庭陪审制度后，可以在条件允许的情况下邀请多名专家陪审员组成七人合议庭审理专门案件。在这方面，北京市知识产权法院审理的一起发明专利权无效宣告行政纠纷案件取得了良好的效果。[1]在该案中，4名专家陪审员在争议焦点的事实认定方面充分发挥自身具有的专业技术背景，对特殊行业发展和技术问题进行了充分的分析，为法官准确适用法律提供了帮助，最终作出了合法、合理的裁判。[2]

虽然专家陪审员也属于人民陪审员，但为法官提供专门知识这个定位注定会使专家陪审员的相关制度和程序与普通陪审员存在一定差别。专家陪审员不可能实行"三次随机"，至少第一次随机选择是不可行的，不可能靠"海选"选择专家陪审员，那样无异于竹篮打水。此外，由于《人民陪审员法》构建的选任制度是以地域为限，只能在本地常住人口中遴选，服务于本

---

[1] 都城公司、亿光公司诉中华人民共和国国家知识产权局专利复审委员会、第三人日亚株式会社发明专利权无效宣告行政纠纷案，案件情况收录于杨柏勇主编：北京知识产权司法保护研究会编著：《中国知识产权审判年度典型案例评析》（2019年卷），中国法制出版社2019年版。

[2] 参见2019年《北京法院人民陪审员参审典型案例》（内部资料）。

地的审判工作。如果只能选择本地专家担任专家陪审员,可选择的数量将很少,无法满足审判需要,[1]这对于市、县级法院更是如此。因此,我国今后应探索以省为单位统一建设专家陪审员库并在全省范围内共享。

既然专家陪审员的贡献主要是提供法律之外的专门知识,那么可以在选任上采取更加灵活的方式,如果案件需要,经过正式任命和宣誓,在掌握基本法律规则和程序后即可以参与庭审,无需进行复杂的培训。我国陪审制度本身就存在过度培训的情况,为了使专业知识尽快服务于庭审需要,可以对法律培训内容进行适当简化。

最后,专家陪审员的专门知识影响裁判结果的过程应当透明化、公开化,专家陪审员也应当心证公开。在合议过程中应当有专门问题的合议环节,并且严格遵循少数服从多数的表决原则,专家陪审员就专业问题负有对法官的说服义务。技术问题的合议过程应当被计入合议笔录,并且在裁判文书中予以说明。

二、乡村陪审员——城乡二元格局下的人民陪审制

当前关于人民陪审制度的研究大多是从城市的视角出发:一方面,科研力量主要集中在大城市,研究者容易与当地司法机关达成合作;另一方面,有关部门选任的人民陪审员主要集中在法院所在地的市区或县城,呈现出就近原则,而愿意担任人民陪审员的也主要是城镇居民。这样,广大农村地区人员被选为人民陪审员的非常少,即便被选为陪审员也时常因为忙于

---

[1] 参见黄海涛:"专家陪审制中的程序保障问题研究",载《法律适用》2017年第13期,第98页。

生产或路途奔波而参审积极性十分低下。[1]因此,研究人民陪审制改革,也需要考虑城乡二元结构,有针对性解决农村地区的特殊问题。

(一) 乡村德高望重者入法问题

乡村和城市的社会结构、观念意识有着明显的区别,纠纷处理模式也不相同。鉴于这些情况,此次人民陪审员改革试点方案在规定了文化条件为高中以上的同时,也规定了"农村地区和贫困偏远地区公道正派、德高望重的人"可以突破高中以上学历的硬性条件。[2]此举就是考虑到农村地区的特殊情况,吸收熟悉社情民意、了解风土人情、在地方具有较高威望之人参与处理纠纷,以求在更大程度上提升判决的可接受性,实质解决纠纷矛盾。

《人民陪审员法》最终没有将这个表述写入法律文本,但是在文化条件上仍然规定了"一般"应当具有高中以上学历,乡村地区文化程度低的长者仍然可以通过该条规定被选任为人民陪审员参与案件审理。在最高人民法院的理解中,这条规定的例外情况主要还是被当作对农村地区和偏远地区的放宽政策。[3]即便如此,法律将这个表述删除也是在一定程度上淡化这种选任主体。质言之,将乡村尤其是偏远地区德高望重之人选为人民陪审员是否值得推广,还需要进一步研究。

普通陪审员与法官和当事人之间应当保持一定距离,越陌生越可能促进实质陪审,以防关系固化,形成利益共同体。乡村德高望重者担任陪审员与这个理念恰恰相反,其逻辑是只有

---

[1] 参见李玉华、张思尧、杨亮:《中国特色陪审制度的新发展》,中国政法大学出版社2014年版,第181页。
[2] 参见2015年《人民陪审员制度改革试点方案》。
[3] 参见最高人民法院政治部编著:《〈中华人民共和国人民陪审员法〉条文理解与适用》,人民法院出版社2018年版,第73页。

对当地熟悉,获得乡村人士广泛认可之人才是人民陪审员的合适人选。在改革者看来,乡村德高望重之人熟悉当地状况,可以更加积极主动地参与纠纷处理,从中斡旋。改革过程中,一些基层法院对此举颇为赞同,认为这些熟悉情况之人更容易发言,可以缓解司法实践中"陪而不审"的情况,这样的制度安排可以解决人民陪审员不敢发言、不会发言的问题,[1]可以促进陪审实质化。然而,这只是表面现象,是否促进陪审实质化不能只看是否积极施加影响,也不能只看是否积极发言,而是要看是否通过参审中的行为促进司法公正的实现。因此,这一举措是否可以真正促进陪审实质化需要考察这种影响是否是积极的、正面的。

(二)谁能成为乡村权威

城乡二元格局的划分为学术研究提供了视角,城市和乡村在纠纷处理机制上呈现出明显差异。探究乡村的纠纷解决机制首先要从乡村基本社会结构入手。乡村有自然村和行政村的区别,历史上的村基本上都是自然村。伴随着国家将村逐渐纳入行政管理体系之中,行政村才得以产生。[2]

自然村处于熟人社会之中,在这里,村民之间相互知根知底,每个人的能力和品性如何村里人都了然于胸,村的秩序则是由宗族和礼制规范维系的。自然村里办事靠的是打招呼,人们在生活过程中慢慢熟悉,在熟悉的过程中逐渐形成了牢固的信任关系。如费孝通所言:"乡土社会的信用并不是对契约的重视,而是发生于对一种行为的规矩熟悉到不假思索时的可靠性。"[3]

---

[1] 参见吴曼迪等:"知民意接地气陪审更有力——西峡法院人民陪审员制度改革获最高院点赞",载大河报:http://newpaper.dahe.cn/hnrb/html/2016-08/25/content_65366.htm,最后访问时间:2020年1月27日。

[2] 徐勇:《中国农村村治过程》,华中师范大学出版社2000年版,导论。

[3] 费孝通:《乡土中国 生育制度》,北京大学出版社1998年版,第26页。

这种信任关系是非常牢固的,如果有人打破,则可能受到集体的惩罚。被集体排斥的个体所受到的这种惩罚对个人的影响可能大过国家行政上的处罚。熟人社会有两大特征:一是无讼,二是长老政治。在自然村中,法律发挥的作用很小,纠纷矛盾大多可以被消化在村内部。并且,如果村民选举"村干部",当选者自然是村民集体认可的德高望重的宗族长老。[1]在人民陪审制度改革试点过程中选择"偏远地区"德高望重的长者担任人民陪审员也是希望借助乡村熟人社会中的权威处理纠纷矛盾。

然而,这种传统乡村治理的理论模型已经难以完全解释如今中国的乡村社会。受到外部因素的影响,我国的乡村社会已经发生了转型。20世纪以来,为了加强对社会的管理,尤其是通过赋税等方式汲取乡村资源,国家政权加强了对农村社会的控制,并且构建起行政村这个行政建制,这是建立在自然村之上的现代化组织。[2]建立在行政村之上的不再是熟人社会,而是半熟人社会。在此社会中,人与人之间的联系程度不如自然村那般紧密。总体上看,村民之间的关系从熟识降格为认识,虽然村民属于同一个行政空间,比如某个行政村,但并不意味着他们都生活在该行政村里。在熟人社会当中,宗族长老、乡绅、地主是村里的公众人物,而这些个体在现代社会基本不复存在。在半熟人社会中,村里的公众人物不再以才干和能力脱颖而出,有能力者几乎都搬迁至城里生活,剩下的人里能成为村里公众人物的主要是在任或已经退休的村干部,除此之外很少有得到众人比较一致

---

〔1〕 贺雪峰:"论半熟人社会——理解村委会选举的一个视角",载《政治学研究》2000年第3期,第62页。

〔2〕 参见贺雪峰:"中国农村社会转型及其困境",载《东岳论丛》2006年第2期,第55页。

地了解的人员。[1]

(三) 调解员与陪审员的角色混淆

当代中国的一个重要变化在于基层政府官员或准官员取代了先前的乡绅成为乡村社会的领导人。在此背景下形成的乡村管治就出现了"管辖权分立的局面",或者"多权威中心的系统"。[2]在半熟人社会的乡村,已经很难找到可以服众的德高望重之人作为单一权威来源,权威的中心成了在任和历任的村干部,而这些人员也是乡村当选人民陪审员的主力军。[3]然而,这些人员当选陪审员可以促进陪审实质化吗?村干部虽然不是政府官员,但是奉行的依然是政治思维和政治逻辑,追求的是乡村治理的稳定性。正如有些学者所总结的,目前我国乡村基层政权的运行所奉行的乃是"不出事逻辑",[4]而这些基层政权的执行者正是这些村干部。所以,这些村干部在"摆平纠纷"的过程中积极主动地协调斡旋并不意味着完全依法处理。在和法官的关系方面,村干部的特殊身份更容易与法官形成合作关系。同时,乡村里可以选择的村干部等有一定权威之人毕竟是少数,多次邀请相同的人参加案件审理更容易与职业法官形成稳固的合作关系。更何况这些村干部往往置身于村里复杂的人情关系中,甚至与审理的案件标的和当事人具有直接或间接的利益纠纷,司法公正性难以保障。从上述角度看,其实际上不利于促

---

[1] 贺雪峰:"论半熟人社会:理解村委会选举的一个视角",载《政治学研究》2000年第3期,第66页。

[2] 张静:《基层政权:乡村制度诸问题》(增订本),世纪出版集团、上海人民出版社2007年版,第290、291、310页。

[3] 从《钦州市钦北区人民法院人民陪审员名册》看,在潜在可能为乡村陪审员的人员中,村干部就占据了极大的比例,参见钦州市钦北区人民法院阳光司法网:http://ygqb.gxcourt.gov.cn/info/1243/1831.htm,最后访问时间:2020年1月2日。

[4] 贺雪峰、刘岳:"基层治理中的'不出事逻辑'",载《学术研究》2010年第6期,第32页。

进陪审实质化的实现。

在官方的宣传中，乡村陪审员发挥的重要作用是更易于促成案件的调解。熟悉乡村社情民意的人员介入纠纷有利于村民之间化解矛盾，恢复乡村内部团结紧密的关系和秩序。这里的逻辑实际上是看中了乡村陪审员具有的调解功能。人民陪审员参与调解在学界中引发过一些争议，陪审员审判的角色和调解员调解的角色存在一定的冲突。有学者认为，既然民众对陪审员"调解者"的角色认知符合角色期待，国家便可以通过制度设计强化这种角色。[1]然而，有调查统计表明，对于陪审员是否可以在调解中发挥作用，各个主体存在不同的认识，陪审员对调解职能的自我认可度很高，社会公众也大多持肯定态度，反观法律专业人士，法官和律师均认为陪审员的调解作用有限。[2]人民陪审员大多不掌握法律知识，所以在调解时无法提供针对诉讼后果的预测信息，其调解的效果显然不能与法官、律师等专业人员相比。实际上，陪审员的调解与社区调解比较接近，但由于陪审员是参与法院案件审判的人员，其在当事人眼中的权威性更高一些。

实际上，调解人员和陪审人员应当属于两类人员，二者的角色存在一定的冲突，理论上应当区分管理。[3]但是，基层法院为了最大限度地利用陪审员，节省选任成本，时常将陪审员和调解员混用。陪审员和调解员的角色冲突带来的问题在乡村体现得更为明显。德高望重的权威之人可以更好地服众，化解

---

[1] 刘方勇："人民陪审员角色冲突与调适"，载《法律科学（西北政法大学学报）》2016年第2期，第164页。

[2] 张永和、于嘉川：《武侯陪审：透过法社会学与法人类学观察》，法律出版社2009年版，第307~308页。

[3] 中央政法委、最高人民法院、司法部、民政部、财政部、人力资源和社会保障部联合印发的《关于加强人民调解员队伍建设的意见》也强调注重从德高望重的人士中选任调解员，这个逻辑是正确的。

纠纷矛盾的可能性更大,然而好的调解员就是好的陪审员吗?

(四) 调解还是诉讼:乡村纠纷解决模式探析

在乡村中,无论是熟人社会还是半熟人社会,大部分矛盾均可以通过内部化解,做到"无讼",[1]而在现代化程度高的陌生人社会,更为普遍的纠纷解决方式是诉讼。在熟人社会中,也会出现一些不易化解的矛盾,传统中国选择将宗族调处纳入国家司法体系,赋予里老调处纠纷的职权,使民间调处具有强制性。[2]此举可以尽可能将纠纷分流,化解在乡里,做到"息讼",从而减轻官府的诉讼压力。这一古代司法文明也被我国现代司法制度所借鉴。

将德高望重的长者作为特殊人员纳入陪审员选任范围被《试点方案》所规定,其内在遵循的也是这个逻辑。暂且不论当代中国乡村已经从熟人社会转型为半熟人社会,即便是在半熟人社会当中,作为新型权威的村干部是否适合选任为陪审员也是值得商榷的。

要想回答这个问题必须要先了解在乡村,哪些案件会通过诉讼的方式得到处理。有研究显示,在乡村社会,通过诉讼而不是调解处理的纠纷具有一些共性,例如纠纷参与人数多、暴力程度高、转化为刑事案件概率大、历时较长久拖不决、村庄共同体意识较弱、村民关系水平一般。[3]不难发现,这些案件大多是矛盾持久激化的棘手案件,是德高望重的长辈或者村干部等乡村权威无法解决的纠纷矛盾。既然在乡村中长时间协调

---

[1] 刘世定:"《乡土中国》与'乡土'世界",载《北京大学学报(哲学社会科学版)》2007年第5期,第127页。

[2] 郭星华:"无讼、厌讼与抑讼——对中国传统诉讼文化的法社会学分析",载《学术月刊》2014年第9期,第92页。

[3] 贺雪峰:"认识农村调解制度的基本维度:村庄原因",载《云南大学学报(法学版)》2008年第5期,第138页。

都无法形成调解,那么这些人员在陪审中能发挥多大的作用便也值得怀疑了。这些人员开展事前调解和事后安抚工作可能会有更大作为,而在陪审工作方面,案件审理需要客观中立,以达到公正的目的,一般陪审员如果参与庭审前的正式调解工作,虽然不利于实现上述目的。

那么,从当事人的角度出发,这些人员是否希望村干部等乡村权威参与案件审理,对他们来说此举是否有助于形成接受度高的判决,也值得分析。在"厌讼"文化影响颇深、人们极不愿意打官司的乡村,提起诉讼必然是一种下下策,这意味着矛盾的公开、激化,也意味着将问题带出乡村,提交到县城或市区里解决。在乡村,将矛盾诉诸法庭通常含有"鱼死网破"的意味,是对基层自治组织的"不信任"或"不满意",而选择起诉则是希望挣脱基层政权的束缚,寄望于上级政权的干预,让国家司法权得以介入并"主持公道"。

这里有一个极好的参照,即农民上访。对于村民来说,提起诉讼无异于是一种"上访"。从案件类型比较分析,容易引发村民上访的矛盾有很大一部分是与提交诉讼的案件类型重合的。乡村中的那些维权型的上访[1]可能会经历诉讼程序。有学者对信访和诉讼的纠纷解决方式进行了对比,认为信访的成本比诉讼低,且救济力高于诉讼。更关键的是,信访更容易冲破关系网,增强处理的独立性。[2]在这样的"网"中,地方官僚权力

---

[1] 也有学者采用了有理上访、无理上访和商谈型上访的划分,并且提出了分类治理的对策,其中有理上访也就是维权型上访。参见陈柏峰:"农民上访的分类治理研究",载《政治学研究》2012年第1期,第34页。
[2] 该学者指出,在这一张张以地缘(多为县或市)为中心、以单位为依托、以利益为纽带的关系网中,在缺乏有效的新闻监督的情况下,能够矫正行政主体侵害行为的最强悍的力量,常常既不是理论上独立于这个主体的当地法院,也不是这个主体的直接上级行政主体,而是比较高层的行政主体。参见应星:"作为特殊行政救济的信访救济",载《法学研究》2004年第3期,第67页。

的扩张总是以削弱国家权力为代价，[1]而司法权也不例外。

综上，乡村中诉诸法院的案件大多是村干部等乡村权威无法调解、当事双方拒绝和解的激烈矛盾，并且诉诸法院在很大程度上就是要排除乡村人员或共同体的干预。如果是这种情况，村民肯定不愿意到了法庭看到审理案件的还是这些村干部，即便这些陪审员积极发言，也难免会让当事人觉得法官和村干部"串通一气"，反而不利于陪审发挥"增加判决可接受性"的价值功能。倘若法官和村干部之间真的存在某种合作关系，那这样的举措很难称得上是在推进陪审实质化的进程。

关于此问题，北京的一起案例可以说明一二。在"韩某某诉北京市昌平区某村民委员会相邻关系纠纷案"中，案件涉及的是村民与村委会之间的矛盾，在起诉前，村民与村委会也经过了多次沟通，而镇政府工作人员也尝试调解纠纷未果，案件仍然进入了诉讼渠道。最终案件在熟悉当地情况的人民陪审员的共同审理下取得了良好效果。[2]该案的陪审员有三个特征：第一，最终发挥作用的更多是陪审员了解的有关建筑的专业知识，而不是因为其熟悉乡村情况；第二，该案陪审员虽然是土生土长的当地人，但并没有信息表明其与当事人事先认识，北京市昌平区地域广泛、人员众多，陌生外来人员介入可能更让当事人信任；第三，该案陪审员没有乡镇干部的身份，可以预见，如果是村镇干部参与案件审理，定然难以令当事人信服。

（五）村干部的角色——地方知识载体还是地方治理责任人

即便不考虑村干部与法官的关系，只考察村干部在纠纷处理中扮演的角色，得出的结果可能也与当前司法系统对外倡导

---

[1] See Mayfair Mei-hui Yang, *Gifts, Favors and Banquets: The Art of Social Relationships in China*, Cornell University Press, 1994.

[2] 参见2019年《北京法院人民陪审员参审典型案例》（内部资料）。

的陪审员角色不完全相符。我国人民陪审员队伍吸纳这些主体是想借助这些人对乡村当地情况的了解，利用其熟悉乡风民风的优势，更加准确地对纠纷原因及案件事实等问题进行判断。这些信息被学者称为"地方性知识"[1]，例如在民间借贷纠纷中借贷人实际家境如何、过往还贷的积极性、对面子和邻里关系的在意程度等等。再比如，对民事案件（如外嫁女家产纠纷等案件）的处理还需要掌握当地的风俗习惯。不仅是民事案件，刑事案件中的"文化抗辩"近来也引发了理论界和实务界的关注。在少数民族聚集地，一些涉嫌犯罪的行为可能出于一些民俗文化的差异具有从轻、减轻甚至出罪的抗辩事由。[2]这些知识是地方性的、个人性的，需要有共同的生活经历或者共同的行为模式之人才能掌握和理解。这些知识不仅获取困难，交流成本也很高。司法人员探知事实时与乡村陪审员合作的确可以在短时间内高效、准确地获取地方性知识。但是，拥有地方性知识的并非只有村干部，每个村民都分享着这些知识和信息，只不过村干部基于国家权力的"标记"而获得了权威性。[3]虽然村干部没有独占这些知识，但国家权力介入村民纠纷时，村干部成了国家政权了解当地情况最便利的知识库，法官在调查案件时自然也愿意与村干部合作。

作为地方知识载体的村干部的确可以帮助专业法官更加迅速、准确地了解案件情况，从这个角度看，他们当选为陪审员

---

[1] 需要注意的是，这里的"地方性知识"与吉尔兹的理论有很大不同，后者是赋予地方性知识以同质性。See Clifford Geertz, *Local Knowledge*, Basic Press, 1983.

[2] 相关论述及案例可参见张剑源："刑事司法中的'文化抗辩'"，载苏力主编：《法律和社会科学》（第17卷第2辑），法律出版社2019年版。

[3] 苏力：《送法下乡——中国基层司法制度研究》（修订版），北京大学出版社2011年版，第34页。

是对法官审理案件的一种辅助。然而，村干部不仅只有这一个身份，他们还肩负着地方治理的职责。治理思维不一定都是法治思维，在强调"综合治理"的当今中国，法律只是治理的手段之一，在许多场合，治理的逻辑与法治的逻辑甚至会发生冲突。在学术理论范式上，治理论可以说是针对乡村司法的一种"反司法理论"。这种治理论可以从三个方面解读：其一，实体法方面，地方性规范往往会取代国家法律，基层官员根据治理的需要时常规避法律；其二，在程序规则方面，乡村司法包含了大量策略和权力技术，法定程序并不被完整地适用；其三，出于治理的目的，基层法官和乡村干部组成了一套非常系统的纠纷解决机制，村干部在这套体系当中扮演了关键角色。[1]

村干部追求的"和谐社会"与"法治社会"存在一定的张力，二者在目标上存在一定的冲突，即政治逻辑和法治逻辑的不协调。[2]有学者指出，虽然当前乡村法治化水平大大提高，但并不意味乡村司法已经去治理化。治理逻辑在调解工作中体现得较为明显，例如存在"忽视法律的调解""案外调解""委托调解"等多种形式，而这些调解往往以社会稳定为目标，注重纠纷解决的社会效果。[3]乡村治理的责任人是村干部，其处理纠纷的逻辑更接近"调解"的治理而非"诉讼"的法治论，

---

[1] 参见赵晓力："基层司法的反司法理论？——评苏力《送法下乡》"，载《社会学研究》2005年第2期，第223页。

[2] 有学者指出："司法实现其政治功能的基本思路是：社会矛盾导致社会不稳定与政治不安全，运用一切手段最大限度地化解矛盾、维护社会稳定，在这个过程中法律方式与非法律方式"共谋"，以实用主义定原则、以社会效果论成败，尽量在解决纠纷的过程中实现正当性与合法性的再生产，形成持续的长效维稳机制，保障国家柔和平稳地实现现代化转轨。"参见栗峥："国家治理中的司法策略：以转型乡村为背景"，载《中国法学》2012年第1期，第82页。

[3] 陈柏峰、董磊明："治理论还是法治论——当代中国乡村司法的理论建构"，载《法学研究》2010年第5期，第40~41页。

村干部的这一身份与人民陪审员的角色存在扞格。

(六) 村干部陪审——乡村司法的新模式？

国家权力如何下沉到基层、渗透进乡村一直是国家政权需要思考和解决的难题。当前国家的管制模式属于"上下分治",虽然村干部成了乡村社会领导人,县市级政府（包括下属乡镇政府）依然握有治民权。[1]有研究指出,国家权威在基层更多是一种象征性、意识形态性和原则指导性的权威,上级政权必须依靠下级政权实施管治,基层权威组织实施的是直接管理,而国家层面的上级政权实施的则是间接管理。[2]

司法权在进入乡村时,也会遇到这样的障碍,需要与基层组织进行合作。苏力提供的案例也表明,即使有国家力量的威慑并且是秉持伸张正义的目的而来,司法权力作为外来力量想进入陌生社区和乡村也存在风险。[3]在我国,借助村干部这样的乡村权威可以使两种权威形成合力,实现互补。两种权威"合作"的典型方式是下基层的巡回审判。在这种模式下,司法官员通过到乡村中"身体在场",由"近"到"亲",由"亲"到"敬",进而提升司法处理结果的可接受性。[4]革命时期有马锡五审判方式、中华人民共和国成立初期有"马背上的法官",现如今又出现了"摩托法官"[5],都是遵循这种路径。除了法

---

[1] 曹正汉:"中国上下分治的治理体制及其稳定机制",载《社会学研究》2011年第1期,第6页。

[2] 张静:《基层政权:乡村制度诸问题》（增订本）,上海人民出版社2007年版,第310、290页。

[3] 苏力:《送法下乡——中国基层司法制度研究》（修订版）,北京大学出版社2011年版,第31页。

[4] 郑智航:"乡村司法与国家治理——以乡村微观权力的整合为线索",载《法学研究》2006年第1期,第84~85页。

[5] 参见《人民法院报》2014年1月5日,亦可参见中国法院网：http://rmfyb.chinacourt.org/paper/html/2014-01/05/content_75233.htm,最后访问时间:2020年2月1日。

官"走下去"主动融入乡村之外,还有一种办法是"请上来",即邀请乡村陪审员到人民法院参与案件审理。后一种办法相对而言可以节省法院大量的人力物力,法官也乐于接受。今后第二种模式因其经济性可能会被更广泛地运用,不过如前所述,这种模式还没有被理论界充分认识和挖掘,其正当性存有很大疑问。

(七)乡村陪审员出路何在

乡村德高望重之人作为特殊类型的陪审员被改革者所关注,是司法机关试图借助地方权威弥补司法权在乡村的认可度不足、权威性较弱的缺陷。在革命根据地时期,新建立不久的政权希望便捷、高效地介入乡村地方事务,便临时聘请当地公正人士,即聘请有名望和声誉的个人担任陪审员,以便提高司法的权威性。当今社会,在极其偏远地区,德高望重之人确实可以在化解纠纷的同时让当事人"心悦诚服",而在大部分乡村地区,由具有"双重身份"的村干部担任陪审员不一定能实现法律希望达到的目的。《人民陪审员法》没有像《试点方案》那样强调这一主体,从形式上看,这一做法的法律依据不够充分。毕竟,选任这类陪审员目的在于介入当地的纠纷,服务于特定地域的案件,所以不可能依照法律的规定采取完全随机的方式抽选陪审员审理案件。因此,除了少数民族聚居地等乡村权威具有足够威望的特殊地区之外,这个做法不宜在全国范围内推广实施。

如何在当前已经选任了一批村干部作为陪审员的地区减轻可能出现的负面影响值得深思。前文谈及专家陪审时,为了减少单个专业权威左右判决的情况出现,可以采取七人合议的形式邀请多个权威专家共同合议。但是,乡村权威不仅稀缺还具有不可替代性,长期邀请个别人员参审可能使该人员因握有陪审的"权力"而在当地掌握某些资源和利益关系。鉴于此,对作为特殊人员的乡村陪审员首先应当严格设置选任程序,对其品行等条件进行全面考察,单独制作陪审员库;其次应当保障当事人的程序选择权,在当事双方均同意的情况下适用此类型的陪审员;最后,应当赋予当事双方在个案中共同指定本乡村陪审员的权利。

三、特殊群体陪审员——正当性与必要性的论争

除了专家陪审、乡村陪审之外,在司法实践中还存在一些特殊类型的陪审员。在革命根据地时期,陪审员中的很大一部分是由工人、农民、青年团体选举推荐产生的。[1]当时出现过在处理劳动纪律等案件时邀请工会代表陪审,处理婚姻案件时邀请妇女团体代表陪审,处理农民间的纠纷邀请农会代表陪审等模式。[2]当时,这种模式的设置目的是在治理能力较为有限的时期借助团体内部的力量促进纠纷化解,提高司法裁判的可接受性。同时,也体现出了在司法方面对于这些团体和群体的政策支持与关照。

《人民陪审员法》及司法解释没有规定此类特殊群体的陪审员,质言之,在当前的制度框架内,特殊群体陪审员难以找到被容纳的空间。可是,我国实践中一直存在此类专门群体代表陪审员,主要有妇女陪审员、共青团陪审员等。[3]下文将表明,

---

[1] 晋察冀、晋西北还有山东省的抗日革命根据地选举的团体包括工人抗日救国会、农人抗日救国会、青年抗日救国会、妇女抗日救国会、人民武装抗日自卫队、文化界救国会、牺盟会等等。参见韩延龙、常兆儒:《中国新民主主义革命时期根据地法制文献选编》(第3卷),中国社会科学出版社1981年版,第371、442、449页。

[2] 参见马锡五:"新民主主义革命阶段中陕甘宁边区的人民司法工作",载《政法研究》1955年第1期,第12页。

[3] 1992年上海市开始组建共青团陪审员队伍,到1998年的时候已有共青团陪审员214人,共青团陪审员主要参与少年刑事案件的审理,仅在1996年至1998年三年间,就参与审判案件五百多件。参见"上海共青团陪审员作用大",载《法制日报》1998年5月21日。

这些特殊群体陪审员参与特定类型案件的审理,其正当性和合法性经常受到质疑。并且,这种做法与当前人民陪审制改革的方向也存在一定的抵牾之处。

这些特殊群体陪审员与当前制度最大的冲突之一是在选任方面。在改革鼓励通过随机抽选的方式选任人民陪审员的趋势下,这些群体大多只能"逆势而为",通过单位推荐等方式选任。我国在实践中是采取"法院邀请"的方式进行,而且选任的一般都是妇联等准体制内人员。这种做法容易造成陪审员与法官之间关系过于紧密,可能会加剧陪审虚化的现象。由于法律要求个案中人民陪审员的确定必须通过随机抽选的方式进行,这便相当于没有授权法院在特定类型案件中可以选择特殊群体陪审员参审。是故,人民陪审制改革后,这些特殊群体陪审员将何去何从也值得研究。

妇女陪审员是革命时期由妇女团体选派代表陪审案件做法的延续,中华人民共和国成立后,该项工作由各地的妇联承担。当前妇女陪审员大多由妇联选派,参与涉及妇女儿童权益案件的审理,例如离婚、抚养争议等。这个举措在 2000 年前后曾经风靡一时,到现在已经淡化,但是妇女陪审员队伍在各地一直存在,并且不断递补。1995 年,上海市以及各区县的妇联向法院推荐了 380 位妇女干部作为法院的陪审员,截至 2000 年,这些人员一共审理了 1000 多起案件。[1] 2000 年广东省下发通知建立妇女陪审队伍,持证上岗。[2] 2003 年,广州市成立了第一支

---

[1] 参见陈斌:"上海妇女陪审员已参与审案逾千起",载《解放日报》2000年6月15日。亦可参见人民网:http://www.people.com.cn/GB/channel4/980/20000615/104085.html,最后访问时间:2020年4月12日。

[2] 2000年2月广东省高级人民法院和广东省妇联联合下发了《关于从妇联系统中聘请特邀陪审员的通知》,要求县以上各级法院都要建立妇联陪审员队伍,实行持证上岗,参与有关妇女儿童案件的审判。

妇女陪审员队伍，当时采取的是法院聘任的方式，而广州市中院表示未来会向社会公开招聘妇女陪审员。[1]时至今日，各地法院选任和增补妇女陪审员的消息也源源不断地见诸报端。

从这些报道中可以看出，妇女陪审员的选任都与妇联直接相关，是法院与妇联"联姻"的成果，此举也被看作是法院和妇联共同的政绩。[2]当前保护妇女儿童权益的政策目标被不断强化，加上妇联在选派上的积极主动，可以想象未来妇女陪审员还将广泛存在于陪审队伍中。

然而，这种做法在2003年左右遭受了较为强烈的质疑和争议。虽然法院系统和妇联系统的媒体对妇女陪审进行了广泛的正面报道，[3]但一些文章也对妇女陪审员的中立性和合法性提出了批评。有文章指出，妇女陪审违反程序公正，其存在三个问题：第一，妇联选派的陪审员可能会在审判中袒护女性当事人，无法做到公平公正；第二，《人民法院组织法》规定人民陪审员应当由选举产生，由妇联选派再经法院聘任的做法不符合法定程序；第三，为何妇联可以为妇女专门选派陪审员，而残联、工会无此权力，所以专门设立妇女陪审员的正当性不足。[4]还有

---

[1] 吴俊："广州市中级人民法院聘请了192名妇女为特邀陪审员"，载搜狐网：http://news.sohu.com/78/71/news215447178.shtml，最后访问时间：2020年4月12日。

[2] 例如，北京市石景山区人民法院因在这方面工作突出，获得了"全国妇女权益保护先进集体"的荣誉称号。参见徐晓辉、李晖、邢星："为妇女权益撑起法治蓝天"，载《人民法院报》2019年3月25日。

[3] 例如吴俊："'家庭暴力'催生广州首支妇女陪审员队伍"，载《人民法院报》2003年11月10日；朱效良："义乌乡镇妇联主席都是陪审员"，载《人民法院报》2003年12月1日；祁云奎："历下法院两年采纳女陪审员意见389条"，载《人民法院报》2007年7月18日。《中国妇女报》和《中国妇运》也发表了许多支持妇女陪审员的文章。

[4] 参见王克先："请'娘家人'陪审不可取"，载《法制与经济》2004年第2期，第1页。

学者认为,妇女陪审员无法在审判当中保持中立,这损害了当事人的权益,其审判员、社会监督员与妇女儿童权益维护者的三重角色存在冲突。[1]这个问题事实上也得到了妇联方面的认同。有报告指出,妇女陪审员难以保持中立,在情与法的关系上把握不准,有时会感情用事,明显偏向一方。[2]也有观点同样对聘任陪审员的程序提出了质疑,认为陪审员应当由选举产生,并且妇联选派陪审员参审违反了《宪法》关于任何团体不得干涉司法的规定,改为妇联派代表旁听也可达到监督目的。[3]在相关规定确认可以由单位推荐的方式选任人民陪审员后,程序不合法的问题暂时得到缓解。关键在于由女性陪审员审理婚姻等案件的正当性和必要性问题,即邀请妇女陪审员参与案件审理是否会造成司法不公的问题。

笔者认为,在涉及女性当事人的案件(尤其是离婚、抚养、家庭暴力、性犯罪等案件)中,可以邀请女性陪审员加入合议庭审理案件。理由如下:首先,在婚姻等案件中,女性陪审员更容易从女性的角度思考和分析问题,顾及女性当事人的感受,这是很多普通男性不具备的。虽然陪审员的任务主要是认定事实,而事实具有客观性,然而国家设立陪审制度的价值之一就是希望实现情理与法理的统一。在家庭暴力、性犯罪等案件中,针对具体侵权和犯罪情节,由女性陪审员进行提问也会缓解法庭给当事人带来的压力和不适。这些案件很多涉及当事人或证人的隐私和秘密,虽然不能简单认为女性比男性更能保守秘密,但至

---

[1] 参见肖铃:"妇联干部陪审员中立性质疑",载《华南师范大学学报(社会科学版)》2004年第1期,第143页。

[2] 参见谢小榭:"发挥妇联陪审员作用的思考",载《中国妇运》2003年第4期,第28页。

[3] 参见程敦怀:"人民陪审员岂能聘任",载《楚天主人》2001年第8期,第37页。

少可以让当事人陈述时减少被男性群众窥探的心理感觉。

其次,不能认为女性陪审员就一定会罔顾法律的规定偏袒女性当事人,造成司法不公。虽然女性陪审员对当事人的一些经历会产生"共情"心理,但只要不涉及偏见,这种心理便都是正常现象。如果说女性陪审员会偏向女性当事人,那是否可以推断女性法官也会偏袒女性当事人?这显然是不成立的。

此外,我国许多法院人民陪审员男女比例十分不均衡。笔者在F省S市法院了解到,该市各县法院陪审员几乎都是男性多于女性,仅有一个法院例外。多个法院男女比例相当悬殊。可见,如果不专门选取女性陪审员审理涉及婚姻、性犯罪等案件,依靠自然抽取很可能遭遇由多名男性审判人员组成合议庭的情况。

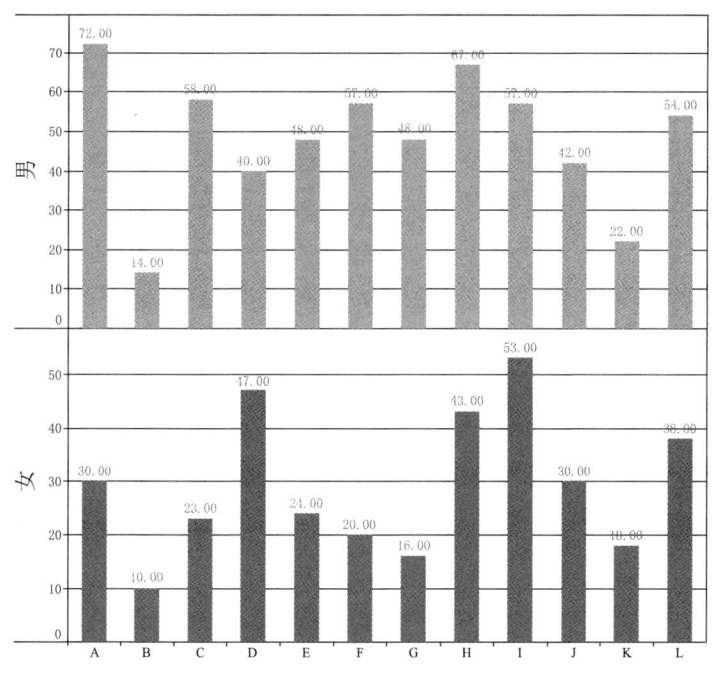

图4-12 F省S市法院各县男女人民陪审员人数

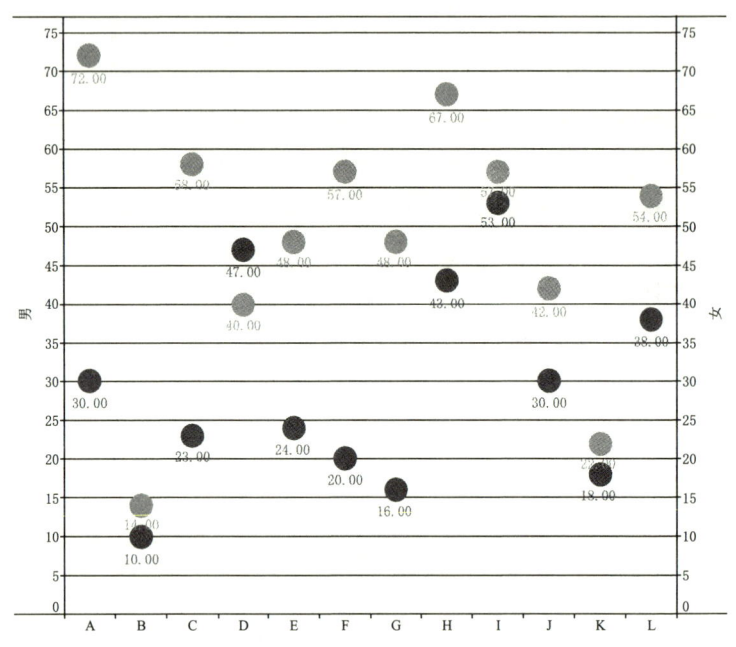

图 4-13　F 省 S 市法院各县人民陪审员性别对比图

不可否认，当前的模式存在造成司法不公的隐患，但这不是由女性加入合议庭造成的，而是应当归因于由妇联推荐和选派陪审员的选任机制。妇联人员担当维护女性等群体权益的职责，这与人民陪审员公正审理案件的角色是有一定矛盾的，而且可能与法官之间形成某种不当的"默契"。因此，应当取消由妇联专门推荐妇女陪审员的做法，改为随机从人民陪审员名册中抽选女性陪审员审理上述案件。在这种情况下也无须专门建立妇女陪审员库，只需在有需要的时候从随机抽选结果中排除男性陪审员即可，十分高效、便捷。

为了保障当事人的权利，尤其是刑事诉讼中被告人的权利，当事人就对某些事项存在偏见的陪审员有权提出回避。在开庭前应当通过一定程度的信息披露以及预先审核程序,让人民陪审员接受偏向性调查。如果某个人民陪审员曾经遭受过家暴,或者是性犯罪的受害者,抑或是对家暴深恶痛绝可能影响正常判断,当事人有权提出回避,而法院也应当准许。回避程序既可以保障女性陪审员参与特殊类型案件的审理,也可以最大限度地保证裁决的客观公正性。

第五章
人民陪审员参审职权

——以事实问题和法律问题区分为视角

人民陪审员参审职权的调整是本次陪审员制度改革的重点，也是《人民陪审员法》立法中颇具创造性的内容。陪审员参审职权主要解决的是合议庭的组成主体是职业法官与人民陪审员时，二者内部的职权分工问题。陪审员参审职权的确定对调整陪审员与法官之间的关系、发挥陪审员优势作用、促进陪审实质化意义重大。可以说，陪审实质化改革的核心就是陪审员参审职权的调整。

"同职同权"与"分职分权"是我国人民陪审员和法官的两种权力配置模式。这种在不同合议庭组成中的二元混合模式与英美法系陪审团制度中的法官与陪审员的分权模式不同，也有别于大陆法系参审制中的二者"同职同权"的模式，因而具有鲜明的中国特色。[1]人民陪审制改革后，《人民陪审员法》规定，在新设立的七人合议庭中实行分权模式，而在传统的三人合议庭中则实行同权模式。在三人合议庭中，法官和陪审员共同决定案件的事实问题和法律问题；在七人合议庭中，人民陪审员拥有事实认定权，在事实问题的裁决上与法官共同表决，陪审员不享有法律问题的决定权，该权力仅由法官行使，在法律问题上陪审员只有发表意见的权利。[2]有学者指出，我国陪

---

[1] 参见刘奕君："模式、依据与冲突：人民陪审员参审职权研究"，载《法学杂志》2018年第9期，第132页。

[2] 参见《人民陪审员法》第21条、第22条。

审制度中,人民陪审员和法官之间"同职同权同责"的关系忽视了陪审之中的多元价值,无法发挥陪审员自身优势,造成了"陪而不审"的现象,是陪审虚化的原因。[1]

由于同职同权的模式已经实行多年,较为成熟,先前学者对此也已经有了较为充分的研究,因此接下来学界的重点任务就是对全新的分职分权模式予以研究。具体来看,分职分权模式的重中之重就在于事实问题和法律问题的区分,所有陪审员和法官职权的调整都是围绕这个核心命题展开的。所以,本章的研究重点是事实与法律区分的法官、陪审员职权划分机制。从理论问题着手,进而提出实践中区分的方案,最后为两者在陪审案件上诉程序中的区分提供后续改革的思路和建议。

第一节 事实问题与法律问题区分的理论透视

为了推动我国陪审制度乃至整个诉讼制度和司法体制的改革进程,党中央明确提出了"人民陪审员不再审理法律适用问题,只参与审理事实认定问题"的改革方案。[2]在此政策背景下,学术界对陪审制度的研究热点也有所转变,多数学者开始关注和研究事实问题和法律问题如何区分。同时,司法实务界在具体实践操作中也亟须明确指引。但相关政策和法律只是粗略地提及事实问题与法律问题区分,没有出台可以援引的具体操作规范,而在域外事实问题与法律问题区分的典例(即英美法系的陪审团制度)中,陪审员负责的职权不仅包括案件的事

---

[1] 参见廖永安、刘方勇:"社会转型背景下人民陪审员制度改革路径探析",载《中国法学》2012年第3期,第147页。
[2] 参见《中共中央关于全面深化改革若干重大问题的决定》《中共中央关于全面推进依法治国若干重大问题的决定》。

实认定权,也包括诸如定罪、决定死刑的适用、宣布法律无效等问题的法律适用权。[1]可见,陪审员与法官职权完全以事实问题和法律问题作为分界线可能不尽理想,需要予以深入研究。

党中央提出探索陪审员与法官之间的事实与法律区分机制的目的在于尽可能扭转当前庭审虚化的现象。事实问题与法律问题区分这一改革举措的基本逻辑在于,来自于人民大众的陪审员在事实认定方面具有一些优势,[2]而要求他们对专业的法律问题进行判断是"强人所难",最终会导致陪审员一律遵从法官的意见。因此,为了实现陪审实质化,在司法权的分配上应当将事实认定和法律适用的权力适度剥离,法官在少数案件中让渡事实认定权,强化陪审员在这一方面的作用。[3]这样陪审员的价值才能最大化,陪审的实质化方能充分实现。鉴于这种方案实施成本较大,法律只规定在很小范围的案件内适用,虽然如此,作为理论研究来讲,这种创制具有极大的研究价值。

一、事实问题与法律问题的区分难题

事实问题与法律问题区分是当前陪审制度改革的重中之重,

---

[1] 陈学权:"美国刑事审判中陪审团适用法律权述评",载《比较法研究》2017年第2期,第73页。

[2] 据一位法官的观察,人民陪审员的思维方式明显不同于具有职业思维习惯的法官群体。在个人体验主导的思维方式之下,他们在审判过程中更多的是在进行一个过程的体验:对审判活动的体验、对当事人陈述的体验以及对案件事实的体验。在这一过程中,陪审员对案件的事实更加关注,可以注意到法官在思维惯性之下忽视的细节。因此,人民陪审员的思维方式更擅长于发现事实。参见夏南:"人民陪审员的思维方式",载《西南政法大学学报》2008年第5期,第81页。

[3] 有学者在谈到人民陪审员与法官的职权配置时指出:"审判实质化在有的环节意味着加强法官的权力运行的空间,有的环节意味着法官手中的权力应当缩小行使的范围。"参见张建伟:"审判中心主义的实质内涵与实现途径",载《中外法学》2015年第4期,第877页。

立法者设立了七人合议、事实清单等多项制度保障这种区分在实践中成为可能,足以证明这项改革在中央层面的力度之大。然而,法官和陪审员的职权分离的难点不仅在程序设置上,同时也在理论的区分上。

(一) 解决实践难题的紧迫性

从某种程度上说,区分判断事实问题和法律问题是极难回答的法理学问题,实际上,二者交织在一起难以被完全区分。本轮陪审制度改革遇到的最大障碍之一就是如何区分事实问题和法律问题。在对延长试点期进行说明时,立法者明确指出关于事实审和法律审区分的探索还不成熟,还存在许多问题需要进一步研究。[1]不过即便在试点期限结束之后,这个问题仍然没有在司法实践中得到妥善解决,事实审和法律审如何区分依然处于各地法院自主探索阶段。鉴于《人民陪审员法》已经让这项改革入法,遇到特定类型案件,法院在适用该法的时候必须严格遵守法律对二者进行区分。笔者在调研中了解到,各地对二者的划分存在很大的随意性,很多是"凭感觉"将一些问题纳入事实问题的集合或法律问题的集合中。因此,法律颁布后关于这个问题的理论研究愈加紧迫。中央亟须在全国范围内统一区分的标准,发布可供参考的指引和规范。

(二) 事实问题和法律问题区分的理论困境

事实问题和法律问题的区分在英美法系国家有着悠久的历

---

[1] 最高人民法院常务副院长在代表最高人民法院对《关于延长人民陪审员制度改革试点期限的决定(草案)》作说明时指出,由于试点工作仍处于不断探索、逐步完善的过程,有些问题还没有充分显现,还需要一段时间进一步研究总结。他列举了三个问题:一是缺乏事实审和法律审区分的有效机制;二是全面实行随机抽选难度较大且不尽合理;三是大合议庭陪审机制有待进一步完善。其中问题一和问题三都是关于事实和法律区分的问题。参见人民法院网:http://www.court.gov.cn/zixun-xiangqing-41692.html,最后访问时间:2020年2月17日。

史，也有着成熟的机制。英格兰法谚有云"法官不回答事实问题"而"陪审团不回答法律问题"。[1]这一格言清晰地说明了这种区分是法官和陪审团权力的分界。我国不采用陪审团审理案件，法官独自享有事实认定和法律适用权，而我国虽然实行人民陪审制，但长期以来陪审员和法官的职权划分都是"同职同权"模式，因此陪审员对事实审和法律审的职权同法官一样。虽然"以事实为依据，以法律为准绳"的裁判原则已被立法所确认，但在陪审制度改革之前，我国司法实务者几乎不需要处理事实问题与法律问题的区分这一高度技术性的问题，该问题一般只在上诉等十分有限的场合出现，因此学界对此关注较少。也就是说，这个问题在我国缺乏足够的研究基础。目前已有的研究存在两个问题需要予以注意：第一，如何界分二者归根结底是一个理论问题，并且这两个问题本身也属于法理学学科的传统研究领域，但是在诉讼法等部门法特别是程序法领域这还是一个比较新的话题，所以研究这一问题既要借用法理学比较成熟的研究基础，也要面向部门法特别是考虑陪审制度的改革需要。第二，陪审制度改革后，关于二者区分的研究主要集中在刑事诉讼法学领域。民事案件、行政案件中事实的认定与刑事案件有很大的差异，很多方法并不是在所有类型的案件中都能共同适用的。所以，此项研究一方面不能只着眼于刑事、民事等单一类型的案件，需要总结事实问题和法律问题区分的一般规律，探寻基本的区别方法。另一方面，在对一般的区分原则进行研究的基础上，可以探索能够适用于不同案件类型的切

---

[1] 1620年英格兰的爱德华·柯克爵士提出："对事实问题的最为常见的审判是由12人组成的陪审团，法官不回答事实问题，法律问题应当由法官来决定，陪审团不回答法律问题。" Edward Coke, *The First Part of the Institutes of the Laws of England, or A Commentary upon Littleton: Not the Name of the Author Only, But of the Law Itself*, Vol. I Sect, 234, 155b (London 1853).

实可行的区分方法。

有学者直言道,事实问题和法律问题足以吸收所有人们希望赋予二者的含义,无论如何定义都会引发巨大争议。[1]本书将表明,试图把二者完全一分为二的努力都是徒劳的,事实问题中包含着法律问题,法律问题中夹杂着事实问题,二者是交织在一起的。所以,笔者无意完全将一部分问题归为事实问题,而另一部分归为法律问题,只是为司法机关提供一些区分的依据和标准。《人民陪审员法》以及此前试点过程中的《试点方案》对于陪审员参与认定的事实问题范畴均未作出明确规定,在具体案件中,由法官决定如何划分二者。

二、事实问题与法律问题的含义辨析

虽然定义事实问题和法律问题进而确定各自的内涵也无法彻底解决二者的区分问题,但这仍然是一项基础性的工作,在提出区分标准之前需对二者的含义进行辨析。

(一) 何为事实问题

与法律问题相比,事实问题往往更为复杂且对案件的处理更为关键。如果离开了事实认定,法律只不过是"空气的震动"罢了。美国法官卡多佐直言,美国诉讼当中与争议点直接相关的往往是事实问题而非法律问题。[2]英国证据法学家特文宁也指出,如果在司法实践当中九成的法律人动用了九成的精力去解决事实问题,则事实应当被认真对待。[3]在我国,法官通常

---

[1] Henry P. Monaghan, "Constitutional Fact Review", 85 *Columbia Law Review* 223 (1985).

[2] 参见 [美] 本杰明·卡多佐:《司法过程的性质》,苏力译,商务印书馆1998年版,第80页。

[3] 参见 [英] 威廉·特文宁:《反思证据:开拓性论著》(第2版),吴洪淇等译,中国人民大学出版社2015年版,第15页。

将存在事实争议的问题的认定称为"定性",〔1〕这揭示了事实问题的重要性,是一种实践智慧,但严格地从理论上看,显然无法按此含义定义事实问题。

事实这个概念本在生活中十分常见,理解起来并无难度,但正因如此对其展开分析才会时常遇到困难,原因就在于该概念的含义往往随着语境的变化而变化,而人们通常在使用这个概念的时候不加区分和辨别。在法律语境下,事实指的是在诉讼过程中司法机关应当查明的客观事件及其发生的过程,具体而言包括外部可感知的内容,如外在的行为和事件;也包含了心理过程,如行为人内在的主观心态或意愿。前者例如行为人持有枪支,后者则是持有枪支是出于故意还是过失等。

1. 案件事实

人们在社会生活中会遇到许多事件,例如搭讪攀谈、交通事故、斗殴战争等。这些事实与案件相关时便成了案件事实。案件事实不仅包括法律中要求的构成要件的事实,还包含证明这些构成要件事实的相关证据事实等。虽然大部分事实都与人有关,但不必然如此。例如,森林起火烧毁大片树木,这可能是人为纵火、过失起火,也有可能是雷电击中的自然灾害被控诉方误以为是嫌疑人纵火而提起公诉。在最后一种情况下,自然的森林火灾也可以成为案件事实。

在具体案件中如何适用法律规范,即用法律评价案件事实,前提是案件事实已经被陈述和表达。经验事实具有可陈述性,〔2〕而在众多事实当中,被陈述的案件事实是经过挑选并且加以整理的。在面对各样的未经加工的案件事实时,预先权衡其重要

---

〔1〕 苏力:"纠缠于事实与法律之中",载《法律科学(西北政法学院学报)》2000年第3期,第10页。

〔2〕 参见张保生等:《证据科学论纲》,经济科学出版社2019年版,第55页。

性并且对事实作出判断，如果当事人没有将事件完整陈述，则司法者将针对与法律规范相关的事实加以追问以补充事实。案件事实不是固定的，而是处于动态调整当中。一方面，被陈述的事实不断呈现在司法者面前；另一方面，讲述的事实可能有部分事实与最终的判断没有关联，则司法者也将这些事实予以排除。[1]

2. 构成要件事实

探究事实问题的含义必须将其放置于法律论证三段论的语境中考察，法官裁判案件首先解决查明事实的问题，在这之后才解决适用法律问题。[2]在三段论中事实和法律依次出场，而陪审中关于事实问题和法律问题区分的认识论基础也基于此。对于现实中发生的案件，法律人的首要任务是寻找规定案件法律后果的法律规范，例如在故意伤害案件中，侦查人员首先考虑的是伤人者的刑事责任问题，如果需要承担刑事责任，就涉及对刑法规范的运用，其次还需要考虑涉及民事赔偿问题，这涉及民法规范。也就是说，本质上，案件解决就是考量案件事实是否符合规定刑事违法或损害补偿的法律设定的构成要件。一般而言，法律规范包含了两个部分：一是抽象的事实构成，二是一定的法律后果。如果案件与法律后果有所关联，则需要进一步考察事实构成要件是否符合。事实构成要件有多项，需要一一考察是否符合要件。如果构成要件所需的事实均发生，则可导致相应的法律后果。[3]

严格来说，构成要件与要件事实之间存在区别。[4]构成要件被规定在法律条文之中，属于法律规范层面的内容，它是成

---

[1] 参见［德］卡尔·拉伦茨：《法学方法论》，陈爱娥译，商务印书馆2003年版，第160~161页。

[2] 梁慧星：《裁判的方法》，法律出版社2003年版，第9页。

[3] 参见［德］齐佩利乌斯：《法学方法论》，金振豹译，法律出版社2009年版，第43页。

[4] 二者之间的关系是抽象与一般、规范与事实的映射关系。

立犯罪等应当具有的法定要素和成分；要件事实则是属于事实范畴，是成立犯罪等行为所应当认定的事实。从三段论来看，前者属于大前提，而后者属于小前提。在刑法中，认定被告人的行为是否构成犯罪是通过判断小前提的事实是否符合大前提中犯罪构成的要件，运用的方式是"涵摄"，而判断小前提即要件事实是否成立运用的方式则是诉讼中的司法证明活动。[1] 倘若进行严格区分，涵摄的过程涉及的是法律适用问题，而证明过程则属于事实认定过程。一般来说，美国等其他国家不详细区分这两个过程，是否有罪都交由陪审团决定。由于我国的七人合议庭中的人民陪审员不是简单回答是否有罪即可，而是仅对事实问题进行判断。在此过程中，法官确定需要由人民陪审员进行回答的事实问题清单之前，实际上需要对构成要件进行判断。因此，在这个事实和法律交织的问题上，法官和人民陪审员之间的确存在一定的职权划分。

3. 证据事实

证据事实是为了证明构成要件事实而向法庭提出的，二者有很大的关联。如何区分二者不仅只有理论上的意义，还具有实践价值。构成事实必须由法庭或者陪审团进行判断和裁决，而证据事实可以依靠证人、鉴定人或专家辅助人等进行判断。[2] 虽然这一区分不一定严谨，但对实践有一定的指导意义。例如，一起伤害案件的被指控人可能是精神病人，这需要专家进行鉴定，但最终是否具有不负刑事责任的事由（即案发时的认知和控制能力）则需要由法庭和陪审团认定。再如，在案发现场的

---

[1] 董坤："构成要件与诉讼证明关系论纲"，载《法律科学（西北政法大学学报）》2020 年第 1 期，第 170~171 页。

[2] See Paul Roberts and Adrian Zuckerman, *Criminal Evidence*, New York: Oxford University Press, 2004, p.148.

木棍上发现了一枚指纹,而提取的指纹与被害人的指纹高度相似,被害人的伤口与木棍缺口形状吻合,木棍上检测出被害人血迹 DNA 等身体组织,这些都属于证据性事实,可以由专家进行认定。证人也可以提供信息,例如知悉嫌疑人和被害人素来不和、积怨颇深,目击嫌疑人击打了被害人等。上述判断标准并非意味着该事项必须由证人或鉴定人等认定,最终证据是否采信依然是由法庭进行裁断,即便是鉴定意见,按照当前的法律规定,仍然可以进行质证。前述区分的意义在于,构成要件的事实是事实认定的核心,必须完全由法庭或陪审团独立判断,而证据性事实可以由证人辅助判断。实际上,这样的区分只有在陪审团制度里才能有真正的适用空间。美国证据法学家指出,陪审团从未决定过全部的事实,他们只是决定部分事实。陪审团必须回答的仅仅是案件当中特定的结论性事实,而这里的结论性事实指的也是构成要件性质的事实。[1]但在不实行陪审团制度的国家,这种区分的实践意义较为有限。

除了将证据性事实与构成要件性事实对应起来,还有一种路径是证据事实与法律事实相对应。这种划分观点认为,事实认定的过程包括两个阶段:第一个阶段是运用证据对事实进行证明的过程,将生活事实通过证据的形式调整转变成证据事实,这个阶段运用得更多的是证据规则和程序法规范;第二个阶段是法律认定,即将已经经由证据证明的生活事实与法律规定的构成要件进行对照,得出法律事实。证据事实只能说明过去发生了什么,而只有法律事实才能作为司法裁判三段论中的小前提。[2]由

---

[1] James B. Thayer, "Law and Fact in Jury Trials", 4 *Harvard Law Review*, 148~149 (1890).
[2] 耿宝建:"在法律与事实之间——司法裁判中事实认定过程的法理分析",载《河北法学》2008 年第 1 期,第 137 页。

此可见，两种区分方式并没有实质差别。

(二) 何为法律问题

有关事实的划分还有许多类型，例如日本学界关于主要事实与间接事实、辅助事实的区分方式。[1]本书只选取了一些和我国陪审制度事实问题与法律问题区分关联较为密切的类型予以详细论述，不再特别关注其他关联不大的分类方法。相较于繁杂的事实问题，法律问题的专门研究相对较少。

法律问题是指对已运用证据认定的结论事实按照法律的规定作出何种评价的问题。例如，该行为是否属于犯罪、构成何种犯罪、是否构成竞合犯罪、是否构成侵权等。法律问题有两种类型，一种是关于法律解释的问题，另一种是关于法律适用的问题。[2]一般来说，法律问题主要包含对法律规定的构成要件的解释，当然也包括一些为了使构成要件更加完整和精确的补充性规范，以供司法者判断事实是否属于这种补充解释后的三段论大前提的范畴。[3]

三、事实问题与法律问题的交织

上文虽然分别阐释了二者的含义，但正如前文业已述及的，这种概念的区分距离解决陪审实践中事实审与法律审相区分的

---

[1] "主要事实"是指在判断出现权利发生、变更或消灭之法律效果过程中直接且必要的事实，与作为法条构成要件被列举的事实，即要件事实相对应，并作为辩论主义的适用对象。"间接事实"是指借助经验法则及逻辑法则的作用在推定主要事实过程中发挥作用的事实。此外，还有用于明确证据能力或证明力的事实，即"辅助事实"。参见［日］高桥宏志：《民事诉讼法：制度与理论的深层分析》，林剑锋译，法律出版社2003年版，第340页。

[2] 参见陈杭平："论'事实问题'与'法律问题'的区分"，载《中外法学》2011年第2期，第324页。

[3] 参见［德］齐佩利乌斯：《法学方法论》，金振豹译，法律出版社2009年版，第132页。

问题还有很大的差距。这两种问题往往交织在一起，即对一些事实问题的判断需要考量法律的规定，而部分法律问题的判断需要考察其中介入的事实因素。因此，区分考察的重点应当是在二者交叉重合的地带。

（一）事实问题中的法律因素

事实问题中需要触及法律判断的主要是构成要件事实的判断，法律规范是认定构成要件事实的前提要件，法官在认定事实时需要提前考虑法律问题。举一个简单的例子，了解法律关于故意和过失的规定是在具体案件中判断行为人的主观心态的必要条件。又如，在违约赔偿案件中，判断是否存在合同关系事先要对邀约、承诺、合同成立和生效等法律规定有所认识。没有了法律的规定也就无法判断该事实是否属于构成要件事实，无法衡量该事实认定对案件处理而言的必要性和重要性。构成要件事实与其他案件事实有所不同，其发挥着承上启下的桥梁作用，在客观生活事实与法律规范要件之间，成为事实与法律的中介。[1]

正如有学者指出的，法官并非将事实问题与法律问题分开来单独考量，之后再将法律规范适用在事实之上，除了随后提及证据相关性外，实际上法律首先影响的是事实的调查范围。[2]例如，法院是根据控告启动案件审理的，而刑事案件中控方需要提出对具体罪名的指控，法庭进而再围绕这一罪名的构成要件展开调查，这其中就包含了基于实体法上的判断。民事案件也需要有明确的诉讼请求，需要指出主张的权利依据，

---

[1] 胡学军："在'生活事实'与'法律要件'之间：证明责任分配对象的误识与回归"，载《中国法学》2019年第2期，第249页。

[2] Ho Hock Lai, *A Philosophy of Evidence Law: Justice in the Search for Truth*, Oxford University Press, 2008, p.7.

这些法律方面的基本判断都发生在事实认定之前。

瓦尔格伦在研究法律推理的时候运用了思维模拟的方法。他将这个过程分为七个阶段和步骤，从案件的情境出发，分别为证成、法律检索、解释、规则适用、评价、学习、简明阐述，在此之后为作出裁决。[1]在上述阶段中，与事实认定有关的是前两个阶段，但也会延伸到规则适用的阶段。这一机制较为清晰地展示了法律推理当中事实认定向法律适用延伸的过程。

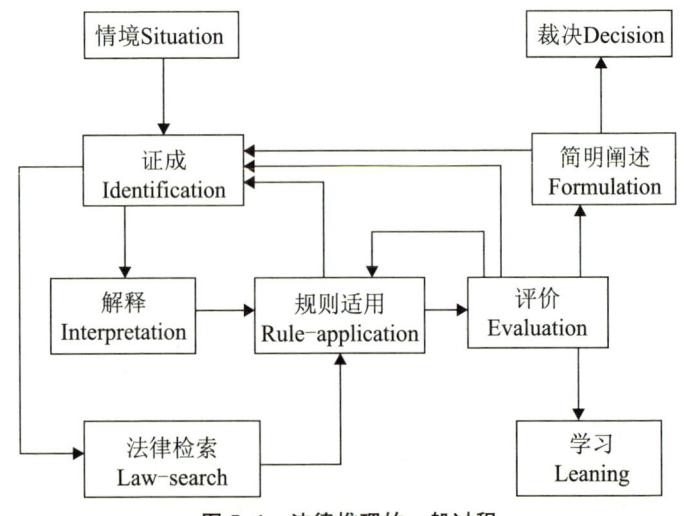

图 5-1　法律推理的一般过程

除了对构成要件事实的认定之外，在将生活事实整理成证据事实的过程中也会遇到大量的法律问题。在运用证据证明生活事实的过程中，证据规则起到了规制证明活动的作用，例如排除规制，包括关联性规则、传闻证据规则、意见证据规则、

---

〔1〕 P. Wahlgren, *Automation of Legal Reasoning: A Study on Artificial Intelligence and Law*, Chapter 5, Computer Law Series 11, Kluwer Law and Taxation Publishers, Deventer Boston 1992, pp. 145~242.

非法证据排除规则、口供补强规则等,以及证明责任在控辩双方中的分配和证明标准的程度。这些法律规则都对事实认定产生了重要影响。有时候证据规则甚至从根本上决定着事实认定与否。比如,一个事实因为证明该事实的证据被排除而无法被认定的情况时有发生。又如,刑法中有许多持有型犯罪,如持有枪支弹药、毒品、假币等犯罪都存在证明责任减轻的情况,是否认定事实在很大程度上取决于法律对证明责任的规定。

此外,除了证据规则,证据事实的形成也与实体法有关,这在前文已部分提及。证据相关性问题看似是一种逻辑判断,但实际上受到证据法之外的实体法的规制。一方面,法庭需要判断使用证据证明的事实是否属于按照法律规定需要证明的要件事实,并且判断提供的证据是否对前述证明有证明作用。证据的相关性问题解决的是要件事实的证明问题,只有该证据使要件事实"更可能或更不可能"才能说这个证据具有相关性。[1]

(二) 法律问题中的事实因素

如前文所述,事实问题的处理会涉及法律判断,在法律判断中也同样会涉及事实问题。法律规范上的大前提无法完全被分割成不包含法律规范内容的纯粹事实概念,在法律适用阶段,在将一个事实涵摄于大前提之前,还是需要借用这个特定事实状态对准备适用的大前提进行衡量,并使其精确化。[2]在适用法律的时候,仍然需要对一些可能存在对应障碍的事实问题进行判断和调整,或者重新考察。

在英美法系刑事陪审团制度中,陪审团决定定罪问题,量

---

[1] 张保生:"事实认定及其在法律推理中的作用",载《浙江社会科学》2019年第6期,第32~33页。

[2] 参见[德]齐佩利乌斯:《法学方法论》,金振豹译,法律出版社2009年版,第133页。

刑问题基本由法官负责。然而,量刑阶段在决定对被告人判处的刑罚时,仍然需要考察大量的量刑情节。这在我国制度中也适用,即在理论上划分为法律适用的阶段,还需要考察大量的量刑事实。就我国的制度构建来看,在进行事实认定的时候一般只考虑犯罪的构成要件事实是否满足,而基本不考虑量刑事实。换言之,长期以来,我国的诉讼程序模式是定罪与量刑一体化的,而且制度设计和理论构建都是以定罪活动为中心。[1]尤其是在程序设置上,量刑时常都是在决定定罪之后才予以考量。也就是说,法官主要是运用书面审查方式,通过"办公室作业"解决量刑事宜,而不是在法庭上听取控辩双方意见后裁决。[2]在这种情况下,量刑事实是在法官适用法律决定定罪之后再行审查,如此一来,在刑事诉讼中将事实问题和法律问题较完整地区分就缺少了制度基础。

近年来,我国逐渐建立起了相对独立的量刑程序,[3]量刑审理程序在审理案件的定罪问题后开启。所以在法庭裁决时可以较好地综合考察定罪和量刑事实。虽然在许多地方的司法实践中,这种程序的实施仍然不甚理想,但较之前已有改观。不过,在定罪尚未决定的情况下,花费大量精力解决量刑问题是否有必要,以及事先了解和判断量刑事实会不会成为严重干扰陪审员对定罪问题的判断也是必须要注意的问题。毕竟,从群众中挑选的人民陪审员不一定具备法官的职业素养,可以自觉

---

〔1〕 陈瑞华:"论量刑程序的独立性——一种以量刑控制为中心的程序理论",载《中国法学》2009年第1期,第163页。

〔2〕 陈瑞华:"论相对独立的量刑程序——中国量刑程序的理论解读",载《中国刑事法杂志》2011年第2期,第4页。

〔3〕 有学者提出,量刑程序和定罪程序的分离不能绝对化和简单化,只能是"相对分离"。相关观点参见谢鹏程:"论量刑程序的张力",载《中国法学》2011年第1期,第50页。

第五章 人民陪审员参审职权

抵御不相关信息的不当干扰。在民事案件中，关于赔偿等问题的处理也有这种情况。所以，陪审员对事实的认定是否应当分阶段进行值得后续研究。

美国近年来刑事司法改革的重点之一就是有关量刑的事实认定应当由法官裁决还是应当由陪审团裁决？以及由此引申的是否应当和定罪一样适用排除合理怀疑的证明标准？一般而言，量刑问题属于典型的法律适用领域，虽然涉及量刑事实认定问题，但基本均由法官进行裁断。然而，对于影响法定刑幅度的事实，例如提高法定最高量刑期限和降低法定最低量刑期限的事实，美国的改革方向是将其交由陪审团决定，扩大了陪审团的权利。[1]原先法官按照《联邦量刑指南》的强制规定进行量刑即可，但是2000年以来的一系列判决将该指南的强制性效力变更为建议性，并且确立了由陪审团裁定变更法定刑幅度的量刑事实的模式，适用排除合理怀疑的证明标准。[2]法官在事实认定的基础上仍然拥有量刑的裁量权，可以根据各种情节综合决定最终量刑的刑期。[3]

在陪审团制度中，还有一项与适用法律有关的问题被视作

---

〔1〕 参见施鹏鹏："'新职权主义'与中国刑事诉讼改革的基本路径"，载《比较法研究》2020年第2期，第74页。

〔2〕 例如，"阿布伦蒂诉新泽西州案"（Apprendi v. New Jersey）、"布莱克利诉华盛顿州案"（Blakely v. Washington）、"美国诉布克案"（United States v. Booker）等案例。

〔3〕 相关判例将该权力交由陪审团行使而非法官，体现出了美国司法制度中的"反职权主义"倾向。斯卡利亚大法官在撰写"布莱克利诉华盛顿州案"（Blakely v. Washinaton）的多数派意见时明确指出："我们的宪法以及所牢固确立的普通法传统……并不认为司法职权主义比陪审团的对抗性审查能更好地发现事实……有些人很肯定地主张，将司法完全交由职业人员，能更好地实现效率和公正。世界上许多国家尤其是具有大陆法传统的国家便是如此。但对于美国刑事司法的缔造者而言，毋庸置疑的是：大陆法系的行政主导并非理想模型，而普通法系通过在法官和陪审团间作严格的权力划分以限制国家的权力才是理想的类型。"

事实问题,那就是外国法的查明问题。英美陪审理论推定本国的法官并不知晓外国法律的规定,因而就外国法律对该问题如何规定和解释是需要由控辩双方提供证据通过举证质证进行确定。因此,虽然外国实体法与本国实体法本质上都是确定权利义务关系的规范,但却被视作事实问题处理。[1]国际礼让说和既得权理论是将国外法视为事实的理论基础。前者认为国家应以礼让的态度在尊重他国主权的情况下将他国法律视作事实而不是以权威的姿态适用法律。后者认为,法官并非真正适用外国法律,只是将其视为当事人在国外获得的既得权利。[2]我国《刑法》在规定国家的保护管辖原则时,也规定需要考察犯罪地的法律予以确定,[3]不过,刑事案件大体上极少用到外国法,而我国涉外民事争议的处理则大量运用外国法律。关于涉外民事法律的查明,各国法律确立的模式总体上分为法官查明模式、当事人查明模式以及法官和当事人协作查明的混合模式。[4]

对此,欧洲大陆与英美法系在历史上曾经是一致的,均采事实说。欧洲大陆深受罗马法的影响,在中世纪法学家看来,罗马法的重要性显然大于其他城邦的规则和习惯法,因此不允许将其视作法官知悉的法律适用。然而,到了19世纪后,大陆法系的事实说受到了动摇。德国开始采用法律说,萨维尼的国际私法强制说在其中扮演了重要角色;法国也开始转变,但适用法的范围比较有限,形成了折中说。[5]

---

[1] Nathan Isaacs, "the Law and the Fact", 22 *Columbia Law Review*, 1, 4 (1992).

[2] See Stephen L. Sass, "Foreign Law in Civil Litigation: A Comparative Survey", 16 *A Merican Journal of Comparative Law* (1968), p. 338.

[3] 参见《刑法》第8条。

[4] See T. C. Hartley, "Pleeding and Proof of Foreign Law: The Major European Systems Compared", 45 I. C. L. Q. 271 (1996).

[5] 向在胜:"从历史视角论涉外民商事诉讼中外国法的程序地位——兼论我国外国法适用模式的构建",载《法学家》2012年第3期,第135~140页。

第五章 人民陪审员参审职权

我国《涉及民事关系法律适用法》第 10 条针对两类情形确立了法官查明和当事人查明两种模式,两者中以前者为主。有学者批评该立法模式,认为其具有浓厚的法律家父主义色彩,属于机械式立法,未来的改革路径应当以当事人查明为主,法官依职权查明为辅。[1]对于该问题,也有学者从法律说和事实说分异的角度指出,我国应当以法律说为主,在有限范围内采取事实说,在此基础上构建当事人查明外国法,而法官依职权适用外国法的模式。[2]不过,这些观点适用到陪审员与法官事实审和法律审的职权区分中尚需进一步探讨和论证。针对我国的立法模式,即便是由当事人负责查明外国法律,由法官将其视作法律进行适用而非由陪审员将其作为事实认定更加符合立法逻辑。

此外,一些文书的适用可能也会引发事实问题和法律问题的争议。鉴于我国尚未有既判力的立法,预决事实的效力并不清晰。在当前的通说中,预决事实的效力为转移证明责任,相当于证明责任分配规则,功能类似于实体法。因此,按照通说的理解,有学者将这些事实归入法律审范畴。同样,生效裁判文书、仲裁文书以及公证文书等具有效力的文书所记载的事实也被视作法律审范畴。[3]然而,实际上,这些事项只是转移了证明责任,但并非如法律那般具有确定性,如果另一方提供证据证明所载事实有出入,则可以推翻该事实。这属于事实认定范畴而非法律解释范畴。因此,将这些事项纳入法律审值得商

---

[1] 焦燕:"我国外国法查明新规之检视——评《涉外民事关系法律适用法》第 10 条",载《清华法学》2013 年第 2 期,第 163 页。

[2] 向在胜:"从历史视角论涉外民商事诉讼中外国法的程序地位——兼论我国外国法适用模式的构建",载《法学家》2012 年第 3 期,第 145~146 页。

[3] 参见林洋:"事实审内容之确定路径的选择及完善",载《内蒙古社会科学(汉文版)》2018 年第 1 期,第 100 页。

权。有学者指出,当前将已决事实作为免证事由的立法有损法官认定事实之独立性,法律不应当直接强制规定其证明力大小,而是应交由法官心证判断。[1]在法律没有作出修改的情况下,既然在判决时将该问题交由法官或陪审员判断,就证明其存在关键的争议,那么就应当将其视为事实问题,将其纳入事实审更为妥当。

美国学者直言道,事实问题与法律问题不是被按照事务的属性和理性逻辑划分的,而是在长期司法实践过程中根据一些偶然的因素人为确定的,也就是说,这是历史经验的产物。[2]这也符合英美判例法的传统和特征。不过我国不仅不属于判例法国家,也没有关于事实问题和法律问题区分的传统,因此在制度设计时还应当谨慎地进行理论推演,尽可能按照统一的标准和逻辑区分事实问题和法律问题。

四、事实问题与法律问题的区分路径

"法官的目光在事实与规范间往返流盼"[3],事实认定和法律适用只是相对独立的,法官在作出裁决的时候并不是结束事实认定工作才启动法律适用环节。换言之,不可能将二者划分为前后独立的两个阶段。[4]不仅如此,事实问题和法律问题本身是相互渗透、纠缠不清的。但基于司法实践的需要,学者又不得不面对这一问题。尽管存在诸多困难,但理论研究者也

---

[1] 参见段文波:"预决力批判与事实性证明效展开:已决事实效力论",载《法律科学(西北政法大学学报)》2015年第5期,第106页。

[2] Nathan Isaacs, "the Law and the Fact", 22 *Cloumbia Law Review*, 11 (1992).

[3] [德]伯恩·魏德士:《法理学》,丁小春、吴越译,法律出版社2003年版,第296页。

[4] 参见黄茂荣:《法学方法与现代民法》,中国政法大学出版社2001年版,第247页。

必须找到一些可以将一个问题归入这两类的方式。对该问题的区分大体上存在两个层次的路径：第一个是学理上的纯粹理论性的辨析，例如对哲学上的概念、内涵等问题进行探究；第二个是以实践为导向，从区分对司法实践的意义入手考察将如何对问题进行归类。

(一) 两种分析进路

从法哲学的角度出发对事实问题和法律问题进行区分是难以找到一劳永逸的标准的。有学者尝试通过阐释事实问题和法律问题的概念和内涵寻找二者的划分标准，然而在研究后却指出，二者在本体论方面并无本质不同，但在认识论上可能存在一定的差异。[1]法官在判断事实问题时需要借助外部的信息，如证人证言等各种证据进行认定，这些知识不属于法律知识，存在于司法之外；而法官在处理法律问题的时候则可以运用司法系统的内部知识材料形塑而成的依据处理，例如法律规范、判例等。[2]这种分析路径与我国的陪审职权划分也是比较接近的。我国提出陪审案件事实问题与法律问题区分也是为了发挥陪审员和法官各自在知识背景和认知思维上的优势。这种观点对区分事实问题和法律问题的帮助是比较有限的。对此，美国法官失望地表示区分二者真是一件恼人之事，不知是否有原则和规则可以准确无误地进行区分。[3]

既然学理上的区分之路困难重重，转向实用主义显然是个明智之举。实用主义的路径不只是在设置区分的机制，对于司法实践来说，司法者最关心的不是理论上如何界分二者，而是

---

〔1〕 陈杭平："论'事实问题'与'法律问题'的区分"，载《中外法学》2011年第2期，第237页。

〔2〕 Geoffrey C. Harzard Jr., "Preclusion as to Issues of Law: The Legal System's Interest", 70 *Iowa Law Review* 88 (1984).

〔3〕 Pullman-Standard v. Swint, 456, U. S. 288 (1982).

在遇到难以判断的问题时能够有恰当的方式和规则予以解决。这个问题将在下一部分进行探讨。在这里,实用主义的进路主要是从司法的角度出发,探讨为什么需要区分,即这样区分是为了实现何种目的和追求。既然二者如此难以剥离,那么换一种方式思考,针对混合部分,探析哪些应当是陪审员判断的,哪些应当是法官判断的,也许会更有助益。

(二) 事实问题的内容确定

从认识论的角度看,通过列举一系列标准来界定事实问题和法律问题供实践操作不仅没有必要,对解决问题也没有太大助益,因为两个集合无论如何划定都存在交集部分。在解决交集问题的过程中,关键在于对事实问题的最小范围进行界定,之后再对二者的交叉部分确立判断的规则,那么法律问题自然迎刃而解。

选取事实问题作为切入点主要有以下几个原因:第一,相对而言,事实问题的区分更加困难,法律问题渗透至事实问题的类型繁多且相对复杂。第二,二者的区分重点也在于对事实问题的判断,就陪审制度而言,实施区分的目的在于将事实问题交于群众判断,改革路径是将事实问题从整个裁断中剥离出来,因此对事实认定的形塑理应是被优先考虑的。第三,分职分权的陪审制度中,认定事实是陪审员和法官共同的职权,而法律适用是法官专属的权力,鉴于法官之于陪审员的强势地位,且公权力具有扩张性,完整地规范事实问题有助于对公民权利的保障。第四,事实认定是法律适用的先决条件,先行确定事实问题的范围之后,法律适用可以在此基础上展开,而先行确定法律问题则不符合司法裁判的逻辑。

在这里,本书意图指出判断的关键点是在事实范畴内哪些是适合交由陪审员判断的问题。这取决于事实本身的性质,更取决于陪审员自身的能力,还取决于司法制度希望陪审员扮演的角色。所以,探究的重点在于认定或判断这些事实问题需要具备哪些能力。从总体上看,以下几类问题确定无疑地属于适宜由陪审员进行判断的事实问题范畴。这里借助了拉伦茨关于判断事实是否符合构成要件时的"必要判断"的研究,[1]从一定程度上说,陪审员在事实认定中最重要的工作也是对该事实是否符合构成要件的条件进行判断。

1. 以感知为基础的事实

此类事实主要是以自身的感知或传递此事件之人的感知认识为基础的事件。此类事实属于原始事实,与生活事实有所不同。[2]生活事实是在经验法则和逻辑的作用下对原始事实进行的认识,是经过人为注解的原始事实,且未经法律规范的加工。[3]举一个例子:某人听到一声响声,但不知道是枪声还是爆炸声抑或是碰撞声,但他看到有一个人拿着一支冒烟的枪,这样可以得出一个认识,即有人开枪了。这里实际上是将两个感知的内容联系起来,形成一个开枪的观念形象。对这种形象的陈述构成了未经加工的案件事实,这些都是基于感知而认识到的事实,应当完全包含在陪审员决定的事实问题之中。这种事实在诉讼中大量存在,例如出生的时间地点、物品的大小、房产的位置、物之损害或人身损害的情况等。这些客观的事实可以根据直接感知判断,并且通常不会有太大争议。

---

[1] 参见[德]卡尔·拉伦茨:《法学方法论》,陈爱娥译,商务印书馆2003年版,第166~177页。

[2] 当然,也有观点将生活事实等同于原始事实,并将其作为案件事实形成的开始阶段。参见吴经熊:《法律哲学研究》,清华大学出版社2005年版,第6~8页。

[3] 参见赵承寿:《司法裁判中的事实问题》,中国政法大学出版社2015年版,第51页。

2. 以对人的行为解释为基础的事实

此类事实不直接以人的感知为判断基础，还需要对行为作出一定的解释。了解此类事实不仅要观察行为的外观，还要了解行为人的意图，而判断的基础则是生活中的经验，也就是在日常法律生活中得到的知识，而并不需要法律专业知识。譬如，把硬币投入自动售货机是要购买物品，与向售货员扫码支付一样都是给付行为。又如，一个人拿着铁棍击打与之争执的人，观察者可以毫不费劲地将其理解为伤害他人。这些都是对所感知的行为加以注解。当然，对行为一开始的解释不一定完全准确，可能会随着认识的深入，根据掌握的信息等情况不断修正。例如，在德国著名的"特里尔葡萄酒拍卖案"中，一路人在拍卖现场举手，拍卖师看到有人举手后落锤成交。具有生活常识之人都会认为该人举手的行为是为了拍得这个葡萄酒，这是对行为的合理解释，然而在了解了他只是在和朋友打招呼的信息时，可能会对之前的判断作出修正，认为举手行为不是为了获得葡萄酒所有权。相比于解释举手这样的举动，如何解释口头和书面表达的意思表示则更为复杂。口头和书面表达人们直接感知的是发出声音或写下字迹，对此特别需要以语言为基础的注解，还要探究法律赋予了这些行为哪些意涵，这实际上受到了法律规范的影响，呈现出了一定的事实和法律的交织。但是，对行为的这种解释基本不需要复杂的法律专业知识，大众生活中原本就存在着大量的法律关系，人们辨别邀约承诺、物权转让等问题不存在障碍。并且，引入陪审制度就是为了让司法裁判更加接近生活的事实，在对行为进行考察时站在常人的视角上解释正是陪审制度设立的目的。

3. 依据其他社会经验判断的事实

还有一些事实单凭对行为的解释无法进行判断，还要借助其他社会经验。例如，摆摊射击气球是否是持有枪支的构成要件、枪支零件或仿真枪是否属于枪支、野外掏鸟窝是否属于非法捕猎野生动物、将 ATM 多吐出的钞票带走是否属于盗窃行为，以及对于诽谤、侮辱等行为的认定等。

还有一个典型的例子是正当防卫制度，近年来"于欢案""昆山案"等一系列案件暴露了正当防卫制度中存在的问题，激起了各界的反思。司法系统内部对正当防卫虽然达成了较高的共识，但是实际上却存在着对不法侵害认识偏差、轻易认定互殴情节等诸多问题，大多倾向于对正当防卫问题作出否定性评价。[1]与司法系统内的高度共识相比，司法系统外部的共识度却相当低，社会群体对正当防卫的审判结果并不认同。[2]对此，有学者批评刺杀辱母者案件的处理远离了社会大众的常情、常理和常识，因此造成了不良的社会影响。[3]实际上与其纠结于难以捉摸的正当防卫边界，不如将此问题交由陪审员处理，让民众站在被追诉人等当事人的视角上，根据社会经验，以一般的社会公众认知标准判断防卫是否正当，是否超过了必要的限度。

4. 价值争议的事实

还有一些事实问题的判断依靠社会经验不足以解决，还需要诉诸价值判断。当事人是否遵守诚信原则、是否尽到交易上必要的注意义务、是否满足期待可能性等都属于法律中诉诸价值判断的事项。价值判断就是法律对"善"的追求，法律规范

---

[1] 周光权："正当防卫的司法异化与纠偏思路"，载《法学评论》2017年第5期，第1页。

[2] 王芳："中国防卫权刑事审判共识度实证研究"，载《政法论坛》2018年第6期，第21页。

[3] 杨兴培："刺杀辱母者案的刑法理论分析与技术操作"，载《东方法学》2017年第3期，第37页。

中包含诸多关于"正当""合理""善意""公平"等含有价值判断的规定，是否符合这些要件虽然包含了法律规范的因素，但本质上是对事实的"定性"，可依赖一般人的价值观念进行，如果依赖法律的具体规定可能反而会力不从心。法律无法统一规定价值衡量的事项，与其让法官谨小慎微地动用自由裁量权，不如交由陪审员个案裁量。将此类价值判断交由人民陪审员进行是我国设立陪审制度的价值追求，即使司法裁判接近民意，接近社会价值取向。

还有一类价值判断也与陪审制度的价值取向十分契合，那就是对公序良俗的判断。公序良俗原则和前述诚实信用原则都是法律给予法官自由裁量权以克服成文法僵化的工具。[1]然而，在实践中，这一原则的适用却遭遇了诸多问题。例如，用道德标准代替具体的法律规则、在规则有规定的情况下适用原则、公共秩序与善良风俗之间界分不清等等。[2]所以，学者建议采取类型化的方法对何为公序良俗进行解释，并且寻找较为统一的适用标准。[3]当然，规范公序良俗的标准是必要的修法路径，不过这里也有更加"便捷"的方法，即将公序良俗的判断交由陪审员进行。虽然在价值判断中"公序良俗"等术语和基本要求是由法律所规定的，但是在认定时需要借助一般社会生活经验和地方民众风俗习惯。在对这些事由进行判断时引入陪审员的智识正是我国设立陪审制度的目的和当前改革陪审制度的初衷，并且该领域也是陪审员最容易发挥优势之处。

---

[1] 参见于飞："公序良俗原则与诚实信用原则的区分"，载《中国社会科学》2015年第11期，第146页。

[2] 参见蔡唱："公序良俗在我国的司法适用研究"，载《中国法学》2016年第6期，第236页。

[3] 李岩："公序良俗原则的司法乱象与本相——兼论公序良俗原则适用的类型化"，载《法学》2015年第11期，第54页。

5. 其他问题

除了前述事项之外，还有学者提出，最低限度的事实问题包括小前提的回溯涵摄、证明力判断、辩论全趣旨等等。[1]这些判断不完全准确，需要进一步分析。第一个指的是在判断构成要件是否可以适用先前认定的事实时，还需要根据构成要件对之前的事实进行补充，修正判断以供法律适用。而这种涵摄的推理是通过经验法则和二阶的间接事实完成的，依照的不是法律专业知识而是裁判者的自由心证，因此将其交由陪审员判断比较合适。

第二个证据可采性的问题包括了对相关性等问题的判断。在对证据问题的认定上需要运用一定的专业技术，并且在一些情况下较为复杂。英美法系在对证据进行初步合法性审查后会交由陪审员判断，因为在英美法系可采性被视为法律问题，而对证明力的判断则交给陪审员裁量。[2]所以，有研究指出，我国也应当引入法官对证据可采性判断的"看守职责"，将科学证据的可采性问题交由职业法官决定，而证明力则由负责事实认定的陪审员决定。[3]但是，前述的范围也存在问题。实际上，对非法证据排除问题的判断并不涉及技术认定，可以交由陪审员决定。我国的非法证据排除制度的主要目的在于遏制公安、司法机关实施的刑讯逼供等非法取证的行为，鉴于我国人民陪审制度是社会主义民主的象征，民众通过参与司法裁判监督和

---

[1] 高翔："陪审员参审民事案件中事实问题与法律问题的区分"，载《法律科学（西北政法大学学报）》2018年第3期，第183~184页。
[2] 参见张斌："两大法系科学证据采信结构评析——从事实认知的角度"，载《环球法律评论》2011年第2期，第79页。
[3] 参见余彦："人民陪审员'事实审'的困境透视与司法选择——以《人民陪审员法》第21、22条为分析重点"，载《湘潭大学学报（哲学社会科学版）》2018年第4期，第49页。

制约国家机关的诉讼活动,以防范人民群众的利益受到公权力的侵害。所以从这个角度看,由人民陪审员对非法证据进行认定可以有效提升我国的司法民主,最终促进司法公正的实现。

第三个内容指的是在交叉询问等口头辩论过程中呈现出的除了证据之外的其他材料,这些是除了证据之外的事实认定材料。例如,当事人对询问的抗拒程度和合作积极性,以及在庭审之中展现出的神态语气举止等情态证据,是当事人无法完全控制的本能表达。[1]不过,这些确实是陪审员据以判断的依据,但是很难认为这是一种需要陪审员裁断的事实。

(三) 交集内的判断标准

如前所述,即使限定了事实问题的范围也不可能完全排除其中的法律问题,所以在明确了认定为事实问题的范围和标准后,接下来就是对事实和法律交叉部分(尤其是上述标准内法律可能渗入的部分)进行区分,将其中交由法官判断的问题剥离出来。不过要明确的是:第一,前述对事实问题的划分是原则性的,而且在绝大多数情况下都是准确的,需要划分给法律问题的部分只是例外情况;第二,在二者不易判断的时候原则上应该尽可能地将问题归于事实问题,让陪审员在法官的辅助下对问题进行判断,这也是让公民民主权利最大化的方法。最初起草的《人民陪审员法》规定了存在分歧时按照事实问题处理。这说明法律草案的起草者已经注意到陪审员和法官之间可能出现错位行使职权的情况,最初的解决方案也是扩大事实问题的范围,但是由于各种因素该规定没有被纳入《人民陪审员法》的最终文本。不过,后续出台的司法解释重新确立了这一

---

[1] 参见蔡艺生:《情态证据研究》,群众出版社2014年版,第7页。

原则。[1]即便如此,仍然应当尽可能在理论上为交集内的判断提供一些指引。一般来说,交集内的判断标准主要有以下两项:

1. 重复出现的考量

事实问题如果是在未来的案件中可能重复出现,法官有必要将其提升为法律问题予以统一处理。例如,枪支的认定标准、哪些区域属于交通肇事中的道路等。重复出现的考量标准在英美判例法国家比较重要,一个明确的判例可以成为之后的法官在判决案件时的援引依据,因此在对这些重复出现的问题进行判断时应当谨慎合理,使之具有普遍适用的效力。如果该问题重复出现的可能性非常小,仅为特殊案件之中的个例,则这些事实问题就应当按照其本来的属性被归入事实问题由陪审员认定。因为无论陪审员得出何种结论,都不太可能被类推适用到其他案件之中。[2]我国虽然不是判例法国家,但是当前的改革也在追求"同案同判",通过建立类案检索机制、案例指导制度的方式实现这一目标。[3]类案同判是落实法律平等原则的重要方式,具有重要意义,[4]无论是否是判例法国家都应当予以重视。所以,在可能重复适用的问题上,法官可决定将一些事实问题视为法律问题进行判断,或者至少给予陪审员更多的指示。

---

[1] 参见《最高人民法院关于适用〈中华人民共和国陪审员法〉若干问题的解释》第9条。

[2] 参见陈杭平:"论'事实问题'与'法律问题'的区分",载《中外法学》2011年第2期,第330页。

[3] 孙海波:"'同案同判':并非虚构的法治神话",载《法学家》2019年第5期,第141页。

[4] 白建军:"同案同判的宪政意义及其实证研究",载《中国法学》2003年第3期,第133页。

2. 政策实施的考量

基于对在具有重大社会影响力的案件中充分发挥民意的考虑，《人民陪审员法》设置了事实问题和法律问题的区分，但在一些事项的判断上还需要考虑到司法政策的问题。例如，一些特殊的婚姻关系存在与否，以及一些极特殊的宗教和民族问题等，如果完全交由陪审员判断可能存在影响社会稳定和国际形象的风险。另外，如果一项法律适用具有高度统一的社会经验，将这种共识性的问题交由陪审员裁决将可能导致裁判结果与社会共识相悖的风险，如此便应该将其作为法律问题处理。[1]在这种情况下，法官应介入相关结果的认定。

实际上，由于陪审员和法官职权中的事实问题和法律问题的区分在上诉案件中并没有得到贯彻，大部分政策性考量可以通过上诉、抗诉等方式处理，最终都由法官进行判断。因此，这种问题在很大程度上仅具有理论探讨的意义。但是鉴于一审裁判具有既判力，还是不能完全将其忽视。

第二节 事实问题与法律问题区分的实践方案

前文在抽象理论层面探讨了事实问题和法律问题的区分，在分别解释了二者的含义之后，对其中相互交叉渗透部分进行了分析，并且初步划定了区分标准。但是，这种学理上的分析对于实践的帮助仍比较有限。实务部门更加关心的是是否有可以运用到陪审实践当中的行之有效的操作方法。鉴于此，本节聚焦的就是种种实践操作方案以及相关程序的构建。

---

[1] 参见陈杭平："论'事实问题'与'法律问题'的区分"，载《中外法学》2011年第2期，第331页。

第五章 人民陪审员参审职权

一、事实问题与法律问题区分的制度基础——七人合议庭的设立

事实问题和法律问题区分是有特定语境的,在我国之所以成为一个问题是由于陪审制度改革创设了由3名法官和4名陪审员组成的七人合议庭模式。在三人合议庭的"同职同权"模式下,区分二者虽然有一定意义,但清晰界定是没有必要的,因为对于事实问题和法律问题的审理,人民陪审员和法官享有同样的职权。在三人合议庭中,没有可能进行分权裁判,将事实问题交由一两名陪审员进行认定会让案件处理结果存在很大风险,毕竟部分陪审员是随机抽选产生,个人素质和能力以及责任感参差不齐,将如此重要的事实认定权赋予个别未知的陪审员,将使得当事人的权利处于较大的风险和不确定之中,反而可能不利于司法公正的实现。因此,七人合议庭的设立为陪审案件区分事实问题和法律问题奠定了制度基础。

(一)合议庭人数的确定

七人合议庭制度的确立是为了提高人民陪审员在合议庭中的影响力,形成"小团体"进行集体决策。这种制度安排有两个积极意义:一方面,人民陪审员一般不具有法律知识,采用的是"外行人"决策的方式,因此只有一定数量的人民陪审员共同参与决策,才能克服普通人持有的个体偏见,也才能代表人民群众的意见;另一方面,只有足够数量的人民陪审员参审,才能形成一股制约法官的力量。[1]

在这个新的制度中值得探讨的一点在于合议庭人数的确定问题。在新一轮陪审制度改革探索"大合议庭"制度后,《试点

---

[1] 参见刘计划:"陪审制改革中的几个问题",载《法律适用》2018年第15期,第95页。

实施办法》并没有硬性规定合议庭的总人数，而是交由各地在司法实践中探索。《试点实施办法》在必须原则上具有2名陪审员的基础上进行了选择性规定，在陪审员加上法官的人数方面，可选择的选项有"2+3""4+3""6+3"。在试点初期，有地方还尝试了9人、12人的合议庭规模。[1]最终，《人民陪审员法》确立了如今的七人合议庭模式。

　　合议庭人数的确定与陪审实质化的改革效果有直接关联，陪审员人数太少可能影响案件的公正处理，也不利于司法民主的充分体现；合议庭人数过多则可能挤占本就十分紧缺的司法资源。因此，立法人员对陪审人数的确定较为谨慎。由于受制于少数服从多数的合议表决规则，合议庭人员的数量只能是单数，所以在法律制度创设的过程中，立法机关考虑了5人、7人以及9人以上的多种方案。在立法说明中，立法机关指出：如果采取5人的合议庭，由于法律问题的裁决上必须由单数的"小合议庭"作出，因此法官人数应当至少为3人，这样陪审员便只有2人，过少的人数将使得陪审员在合议庭中难以发挥有效和实质参审的作用。而9人以上的合议庭过于庞大，将加剧法院的工作负担，耗费审判的成本资源，影响司法效率价值的实现。相比前两者，七人合议庭的法官和陪审员数量比较平衡。[2]最高人民法院在关于试点情况的报告中更为详细地解释了确定7人人数的理由：陪审员人数多于法官可以让陪审员更敢于发言，七人合议庭中陪审员与法官的人数基本平衡，甚至

---

〔1〕　梁伟、刘炳杰、时芸芸："《人民陪审员法》框架下'大合议'庭审的可行路径研究——以威海市环翠区法院试点探索为例"，载《中国应用法学》2018年第4期，第63页。

〔2〕　参见"全国人大常委会4月27日新闻发布会"，载搜骒时讯网：http://www.slmo.com.cn/view-159175-6.html，最后访问日期：2020年2月23日。

第五章 人民陪审员参审职权

略有优势，可以提升人民陪审员的存在感和积极性。[1]

然而，有学者对这种人数安排提出了严厉的批评，认为立法者对七人合议庭没有给出令人信服的理由，质疑立法决定的任意性。该学者指出，陪审员的人数必须超过法官的人数是一个牵强和缺乏实证数据支持的说法，参审积极性与人数没有直接的联系。[2]但实际上，七人合议庭的人数不仅是深思熟虑的结果，同时也是实践经验总结的产物。虽说立法机关没有给出确定七人合议庭人数的"科学"依据，但是根据一般经验来看，似乎也没有更理想的选择。该学者质疑的不完全是七人合议庭的人数，实际上质疑的是陪审案件中对合议庭的二元划分，甚至是事实问题与法律问题区分机制本身。[3]

本书第三章业已指出，若陪审员人数多于法官，则在表决过程中，作为整体的陪审员会在面对作为整体的法官时占据人数优势，进而在少数服从多数的规则下，拥有"反对"职业法官的资本。在一些可能存在职业法官司法腐败的案件中，陪审员的人数优势将使得法官无法单凭个人或组织的力量左右案件结果。从法官的角度上看，如果遇到外部权力干预或者社会舆论的压力，也可以把责任推给作为整体的陪审员，毕竟占多数的陪审员对结果的产生在形式上施加了更大的影响。法官可以据此告知干预者或社会大众"这是陪审员的决定"。

有学者认为，3名法官只需要争取到1名陪审员的支持就可以获得表决优势，这可能会使得七人合议庭再次异化为陪审虚

---

[1] 参见《最高人民法院关于人民陪审员制度改革试点情况的报告》。
[2] 参见左卫民："七人陪审合议制的反思与建言"，载《法学杂志》2019年第4期，第111页。
[3] 参见左卫民："七人陪审合议制的反思与建言"，载《法学杂志》2019年第4期，第110页。

化的阵地。[1]这个看法也是有一定道理的。现有的七人合议庭可以实现法官的卸责,但是从促进陪审实质化的角度出发,仍然还有完善的空间。只不过,为了稳妥推进改革,立法者先行规定了人数,这也是现阶段较为可行的方案,未来可以考虑在大合议庭制度中增加人民陪审员的数量,进一步扩大陪审员之于法官的人数优势。

(二)席位设置与空间布局

七人合议庭设置还需要考虑的一个问题就是法庭的布局。立法机关认为,七人合议庭的优势之一就是不需要大幅改造我国法庭的空间布局,可以在现有条件下完成审判。[2]不过,即便如此,七人合议庭组成人员依然不可能全部在已有的审判席位上落座,因此法庭设施还是要面临一定的调整。

法庭席位的空间布局绝不单纯是一个设施摆放问题,其中还涉及控辩平等、法官中立、尊重和保障被告人权利、无罪推定等一系列诉讼理念的落实,是司法人道主义和司法文明的象征。[3]如何规划陪审案件中的法庭布局事关陪审实质化能否实现。试想,如果陪审员被安置在不起眼的区域,那么其地位和作用也很可能被边缘化。

在美国,陪审团的席位通常在法官席位的左侧,也有的设置在右侧,一般准备14个位子,其中2个留给后补陪审员使用,陪审员的席位低于法官席位。在法国重罪法庭中,陪审员与法官一起在最高的审判台上就座。法官席的左下首是5个参

---

[1] 参见高通:"美国陪审团事实认知机制研究",载《比较法研究》2018年第6期,第167页。

[2] 参见"全国人大常委会4月27日新闻发布会",载搜骡时讯网:http://www.slmo.com.cn/view-159175-6.html,最后访问日期:2020年2月23日。

[3] 参见刘仁文:"论我国刑事法庭被告人席位的改革",载搜骡时讯网:《政法论坛》2017年第4期,第112页。

审员席位，右下首依次是4个参审员席位和检察官席位。[1]席位的安排与职权划分有所关联，职权主义和当事人主义国家的设置呈现出明显差异。英美陪审团是外挂式的形式，与法官分开就座体现了分权模式，而大陆法系则是内嵌式的形式，与法官共同就座显示出了共同裁判的意涵。

我国陪审制度改革后，七人合议庭的席位设置也引发了一定的关注，但法律以及相关解释、实施方案等对该问题的规定并不完全相同，司法实践中各地做法不一，有些地方临时搬一些桌子铺上蓝布就设立了大合议庭陪审员的临时席位。笔者认为，虽然七人合议庭在基层法院很少适用，北京5个参与试点的法院在3年间适用的五人（3+2）和七人（3+4）合议庭只占所有适用陪审程序案件的0.65%，[2]而这在全国已经算是较高的数据了，在较为偏远的地区甚至从未适用。但是，一旦适用，就应当保证法庭的庄严性，保持足够的司法仪式感。所以，布置时不可随意，在桌椅等设施的选材上应当尽量与法官保持一致。鉴于审判台空间比较有限，陪审员席位可以设置在法官席前面的左右两侧，略低于职业法官，但高于当事双方和证人等人员的席位。

二、实践中事实问题与法律问题区分的两种模式

在探讨了事实问题和法律问题区分的制度基础后，本书将目光回到具体的区分方式上。这部分关注的已经不再是学理上如何区分，而是在司法实践中如何认定一个问题是前者还是后

---

[1] 参见兰跃军："论我国刑事法庭席位设置"，载《中国刑事法杂志》2010年第12期，第67~68页。

[2] 龚浩鸣、梅宇："陪审制大合议庭事实审与法律审分离的程序保障——以北京市法院大合议庭陪审机制试点为基础"，载《法律适用》2018年第9期，第42页。

者。这关乎的不只是逻辑和理论,而是职权配置和程序机制的建设。虽然区分二者在英美法系中占据相对重要的地位,但大陆法系在20世纪也曾经引入陪审制度,因此部分国家也需要应对此问题。在这个问题上,大陆法系与英美法系采取了不同的路径,这与其本身诉讼模式的差异有关。

(一)"整体裁决+法官"指示模式

在英美法系陪审团制度当中,陪审团的裁决被分为两种类型:一种是整体裁决;一种是具体裁决。[1]整体裁决又被称为笼统裁决和一般裁决,陪审团只需要对最终的结论进行表态即可。例如在刑事案件中只需要作出被告人有罪还是无罪的认定,而无需回答关于定罪的具体问题。具体裁决又被称为特别裁决,此种裁决需要对个别的具体事实是否存在作出判断。这两者的区分在14、15世纪成了陪审员和法官之间"斗争"的方式。当时陪审员出于宗教上的原因,为了保护自己免遭"血罪",拒绝作出被告人有罪使其遭受刑罚的判决,拒绝成为"一锤定音之人"。由于司法制度对刑事陪审团有一定保护,因此反倒是民事陪审团抗争激烈。在民事陪审团中,陪审员竭力争取只作出具体判决而不是整体判决,也就是仅仅作出事实裁决,然后强迫法官宣布认定最终责任的危险判决。王室却总是以"虚假判决"为由强迫陪审团作出整体判决,直到16世纪才争取到作出具体判决的特权。[2]在刑事领域,陪审员的境遇要好得多。一方面,中世纪刑事陪审团并未受到"虚假判决"的威胁,也就是说如果被告人被判有罪,他们不能提起虚假判决的控诉,反倒是在判决无罪案件中王室有此权利,不过没有证据表明王室曾经行

---

[1] 整体裁决即"general verdict",具体裁决为"special verdict"。
[2] 一开始,他们拒绝作出判决,或者说是拒绝作出一致同意的宣誓判决,但国家通过暴力,如将陪审员监禁起来并断其粮水强迫其同意。

使过这项权利。另一方面,与民事陪审团不同的是,直到19世纪刑事陪审团都可以只作出具体判决,而无须宣告他人有罪,[1]虽然法官强烈希望陪审团能作出整体判决,即能给出一个针对法律问题的判决。[2]所以说,整体裁决和具体裁决的选择实际上关系到的是陪审员和法官之间的责任分担,是一个卸责机制。[3]但是,在如今的美国,实质意义上的具体裁决几乎不存在了,因为这被极易被认定为违反了宪法中关于获得陪审团审判的权利。[4]在整体裁决中,法官会就裁决所涉及的法律问题对陪审团进行指示,而这就是英美法系处理事实问题与法律问题区分的程序途径。

一般来说,法官的指示包含两种类型:第一类是一般性指示;第二类是实体性指示。[5]前者指的是法官在所有案件中都可能作出的指示,基本上是一般性规则,涵盖的是程序性内容和证据性内容。例如,关于庭审流程、控辩双方的定位、起诉书指控的事实和法律依据、举证和证明责任、证明标准、证据规则、辩护发言规则、陪审员职责、陪审团评议和表决规则等内容的指示。实体性规则则包括犯罪事实的构成要件、犯罪主观心态的含义以及一些具体的法律术语,例如教唆犯、帮助犯、主犯从犯等。可以发现,实体性指示的实际上就是法律问题向

---

[1] [美]詹姆士·Q.惠特曼:《合理怀疑的起源——刑事审判的神学根基》(修订版),侣化强、李伟译,中国政法大学出版社2016年版,第228、241、242页。

[2] 早在1285年英格兰就通过立法禁止法官使用暴力强迫陪审员作出整体判决。参见侣化强:《形式与神韵:基督教良心与宪政、刑事诉讼》,上海三联书店2012年版,第286~287页。

[3] 参见高童非:"近代早期英格兰的巫术诉讼",华东政法大学2017年硕士学位论文。

[4] Kate H. Nepevu, "Beyond 'Guilty' or 'Not Guilty': Giving Special Verdicts in Criminal Jury Trials", 21 *Yale Law and Policy Review* 21 (2003), p.263.

[5] 一般性指示为"general instructions",实体性指示是"substantive instructions"。

事实问题渗透的部分，英美法系通过法官指示制度将必要的法律知识带入陪审员的事实认定过程中。

在作为传统普通法地区的英格兰，指示是一种国家对司法实施的控制手段。英格兰采用巡回审判的方式保持国家政策的上传下达，而司法也成了国家治理的重要方式。[1]16、17世纪，在法官到全国各地巡回之前，国王会对其施加指示，由法官将这些指示带到各地。[2]这是英格兰的旧例，在这个时期其实践意义较为有限，因为即便没有指示，法官对国家的政策也相当熟悉。[3]在当时，法官也会对陪审员进行各种指示，甚至会对陪审员进行"威胁"，让其依照指示办理。

现代英美法系国家基于各种原因严格限定了法官的指示，其中有一定的政策考量。如前所述，法官将涉及司法政策的问题归入法律问题，而在事实认定时则通过指示传达信息。对于何时指示、如何指示，依然有一定的自由度。而指示的时机和内容实际上对案件的处理结果产生了一定的影响。

法官指示需要具有一定的形式，即法官通过口头的方式告知指示的内容，并且强调指示的效力。在指示的时候，法官通常会说："我的职责是为你们指示相关的法律规定，而你们的工作则是据此认定事实"；"在法律问题上你们必须遵从我给你们的指示，如果当时任何一方及其律师声称适用的法律与我指示你们的不相符，你们必须适用我指示你们的法律规范"；"虽然

---

〔1〕 参见于明：《司法治国：英国法庭的政治史（1154-1701）》，法律出版社2015年版，第167页。

〔2〕 对法官的指令最频繁的时期都集中在16世纪末到17世纪上半叶。See J. S. Cockburn, *A History of English Assizes* 1558~1714, Cambridge University Press, 1972, p. 183.

〔3〕 J. S. Cockburn, *A History of English Assizes* 1558~1714, Cambridge University Press, 1972, p. 184.

第五章　人民陪审员参审职权

你们对于法律是如何规定，以及应当如何规定会有自己的理解和想法，但是你们不应考虑我指示给你们的法律是否正当合理。如果你们作出的决定不是基于所指示的法律基础上，你们就构成了对先前宣誓的背离"。[1]

这些指示主要是强化法律的认可度，树立法官对法律问题进行判断的权威，防止陪审员个人理解法律，以及受到控辩双方带有主观性的诱导。法官在此还施加了一定的心理强制，通过告知"违背誓言"的后果约束陪审员的心理活动。基督教国家对誓言十分敬畏，不轻易发誓，而司法机关则利用宣誓来保证证言的真实性，[2]因为违背誓言者将承担灵魂上的责难和报应。[3]在这里，法官也运用了宣誓的机制促成法律的实施。不过在美国，陪审团也有"废除法律"的权利，可以无视法律作出被告人无罪的判决。首先，陪审团只需要作出整体裁决，无需说明理由；其次，陪审团的裁决一般不受上诉的审查，并且

---

[1] Leonard B. Sand et al., *Modern Federal Jury Instructions*, Vol. 1~3, (Matthew Bender Company, Inc., 2014).

[2] 虽然有人认为这种方式不一定十分有效。早在古希腊时期，柏拉图在《法律篇》中就强烈反对在审判中使用各派系的誓言。他认为，让诸派系在审判中发誓无异于迫使他们发伪誓："因为事实上这是一个很恐怖的事情，我们知道由于在国家里，诉讼过于频繁，几乎所有公民都是伪誓者。"（*Laws* 12.948b-d）参见［古希腊］柏拉图：《法律篇》，张智仁、何勤华译，孙增霖校，上海人民出版社2001年版，第399~400页。亦可见［意］吉奥乔·阿甘本：《语言的圣礼：誓言考古学》，蓝江译，重庆大学出版社2016年版，第65~66页。

[3] 当时法律规定，宣誓后若有遗漏所知悉之事，须处以罚金。所以证人同时可能面临经济损失的风险。此外，对宣誓的恐惧甚至直接催生了反对强迫自证其罪规则。参见彭伶：《不得强迫自证其罪原则研究》，中国检察出版社2009年版，第8~9、25~42、47~49页。See Lenard W. Levy, *Origins of the Fifth Amendment: The Right Against Self-Incrimination* (2nd ed.), 1986; Lenard W. Levy, "Origins of the Fifth Amendment and Critics", *Cardozo Law Review*, Dec. 1997; R. H. Helmholz, "Origins of Privilege Against Self-Incrimination: The Role of the European Ius Commune", *New York University Law Review*, Oct. 1990.

被告人受到禁止双重危险的保护;再次,陪审员享有豁免权,免受惩罚;最后,这种无效也是有限度地保障被告人宪法权利的体现。[1]

(二) 问题清单模式

相比于英美法系的法官指示制度,大陆法系发展出了问题清单模式。问题清单模式的基本运行机制是法官列出需要由陪审员认定的事实问题,之后陪审员依照清单逐一对这些问题进行判断并裁定,最后法官再根据裁定后的事实问题适用法律。因为被1796年法国的《犯罪与刑罚法典》采纳,这样模式的影响力不断扩大,主要适用于大陆法系采取陪审团制度的国家。《犯罪与刑罚法典》规定了审判长在陪审员评议之前应当对其提出三个问题:第一,指控的犯罪行为是否已经被证实;第二,被告人是否是前述行为的实行者;第三,被告人是否是有意为之。[2] 1941年,法国废除了陪审团制度,改为参审制,事实问题与法律问题也不再是划分职权的依据,在诉讼中法官和陪审员的关系是同职同权。在如今的大陆法系国家中,俄罗斯与西班牙仍然实行事实问题与法律问题区分裁判。

1. 俄罗斯的规定

俄罗斯陪审制度的发展较为曲折,几经改革、废止和重启。1864年的《陪审法》移植了法国前述法典的路径对事实问题和法律问题进行区分。此后,苏联废除了陪审团制度,将其转型为参审制,但1993年俄罗斯再次实行陪审团制度,并且几乎沿用了上述区分模式。《俄罗斯诉讼法》第339条规定法官交陪审团进行判断的问题清单应记载三类问题:第一类是基本问题,

---

[1] 参见陈学权:"美国刑事审判中陪审团适用法律权述评",载《比较法研究》2017年第2期,第78~79页。

[2] 参见施鹏鹏:《陪审制研究》,中国人民大学出版社2008年版,第49页。

这类问题就是对前述法国法典问题的继承。在此基础上还有一个综合性的判断也被视作此类基本问题，即综合三个问题判断被告人是否有罪。第二类是具体问题，即关系到刑事责任加重或减轻或者改变罪过性质以致被告人免除刑事责任的事实情节等。此外，还可以要求陪审团回答主观意图的程度、未遂的原因、共同犯罪性质和责任。第三类是被告人认罪是否可以从宽等问题。[1]

从俄罗斯的法律规定来看，问题清单的范围不仅仅包含了事实问题，其中许多问题还涉及法律的判断。例如，第一类基本问题包括了综合判断被告人是否有罪的判断，这显然不仅仅是事实问题。俄罗斯的《刑事诉讼法》第339条提醒法官注意尽量使用陪审员可以理解的语词，但这并不意味着其中不能含有关法律的术语。正如该法第340条指出的，法官的指示中需要包含指控罪名之犯罪构成。在回答问题清单中的问题之时，这种关于犯罪构成的了解是必要的。对于问题清单中使用的具体法律术语，俄罗斯也出台了相关规定进行限制。例如，杀人的故意或过失、手段特别残忍、激情杀人、超过正当防卫限度等等。[2]

关于问题清单的生成机制，俄罗斯的《刑事诉讼法》第338条规定了控辩双方可以对列表中问题的内容以及具体用词表述提出意见，也可以提出新问题。所以，如果辩方提出需要列入有关被告人罪轻、免除责任、无罪的事实和情节的请求，法官无权拒绝。法官在确定问题清单之前必须考虑控辩双方的意见

---

[1] 参见《俄罗斯联邦刑事诉讼法典》（新版），黄道秀译，中国人民公安大学出版社2006年版，第279~280页。

[2] 参见［俄］K.ф.古岑科主编：《俄罗斯刑事诉讼教程》，黄道秀等译，中国人民公安大学出版社2007年版，第469页。

和建议。

2. 西班牙的规定

1995年西班牙移植陪审团制度后也采用了大陆法系常见的问题清单模式。在被告人作出最后陈述后，陪审团裁决之前，法官会将一份列着多项事实问题的表格交由陪审团。在刑事案件中，所记载的问题都是围绕着被告人是否应当承担刑事责任的事实提出的。具体事实的列入基本上由控辩双方主导，因此其中既有有利于被告人的事实问题，也有不利于被告人的事实问题。陪审团回答的就是这些与被告人刑事责任紧密关联的事实是否已经在法庭上通过证据和控辩双方辩论得到证明。[1] 法官可以向陪审团提交的问题数量被严格限制，只能是和定罪量刑最密切关联的问题，一般是6个至8个。不过在个别案件中也有些问题是法官需要陪审团回答控辩双方在诉讼过程中主张的所有具体事实是否成立，这些问题可能多达54个，在极端情况下出现过95个。[2] 显然，要理解如此繁多的问题，并且这些问题的决定都对被告人定罪量刑产生重大影响，陪审团的压力和困难可想而知。

俄罗斯和西班牙虽然是职权主义国家，但是问题清单的形成却是在很大程度上由控辩双方主导。法官提出问题清单不能单凭自己的意志决定，而是要总结和依照控辩双方的意见进而提出问题，而控辩双方均可以要求法官对问题清单进行修改。对于最终提交给陪审团的问题清单，法官应同控辩双方充分沟通和讨论，因为如果其中一方对此有异议，则可以因此提出上

---

〔1〕 参见陈学权："刑事陪审中法律问题与事实问题的区分"，载《中国法学》2017年第1期，第62页。

〔2〕 See Stephen C. Thaman, "The Separation of Question of Law and Fact in the New Russian and Spanish", Jury Verdicts, Sean Doran and John D. Jackson, *The Judicial Role in Criminal Proceeding*, 59, Hart Publishing, 2000.

诉,而这种理由被视为是正当和可接受的。[1]

三、我国法官指示制度的构建

不难发现,无论采取何种模式,法官对陪审员的引导都是需要的。即便是列出了相关事实问题,其中也可能包含了许多法律知识,例如犯罪构成要件等,需要法官进行一定的辅助。在将法律知识引入陪审员裁判方面,大陆法系主要采取的是陪审员培训的方式。我国陪审员在选任后也会接受法院组织的培训,但将理论上的知识运用到司法实践中还是存在较大难度。在陪审制度改革增加事实问题与法律问题区分之后,鉴于二者的交织,在陪审员事实认定阶段,针对个案中的法律问题,法官有必要对陪审员作出指示。对此,《人民陪审员法》在第20条对我国陪审程序中的法官指示制度进行了初步规定。

法官指示必须被严格规制,法律和司法解释必须建立周全、完善的法官指示制度。这是因为法律虽然在七人合议庭中赋予了陪审员独立行使职权的权利,对事实认定进行裁决,但是法官的指示在时机和内容上如果不恰当、不适宜,可能会影响审判的公正性,使法官指示制度异化成为法官侵蚀陪审员权利,甚至控制陪审员决定、掌控事实认定结果的工具。因此,法律规范应当严格规制法官的指示,否则区分的意义将大为减损,陪审实质化的目标也将难以实现。

(一) 法官指示的时机

2010年颁布的一项司法解释首次在原则上确立了我国陪审案件中的法官指示制度。具体为,在合议庭评议案件时,先由

---

[1] 参见陈学权:"刑事陪审中法律问题与事实问题的区分",载《中国法学》2017年第1期,第63页。

法官介绍案件涉及的法律问题以及审查判断证据的相关规则，以便陪审员了解必要的法律知识。[1]这里的介绍法律知识只存在于合议庭评议程序的开始阶段，由于彼时国家还未实行事实问题与法律问题的区分，"同职同权"模式是陪审员和法官职权划分的唯一模式，因此法官指示的意义还相对有限。在如今的七人合议庭当中，法官指示的时机则需要重新考量。

实际上，即便是在"同职同权"的三人合议庭当中，法官对陪审员的全程指示也是十分必要的。不过，在三人合议庭中，陪审员落座于审判台上，在法官的左右，如果有疑问可以随时与法官商议。这是庭审中合议庭内部的沟通，不需要特别的程序。实践中，由于存在"陪而不审"的陪审虚化现象，陪审员在庭审中不仅不会向控辩双方发问，也不会与合议庭中的职业法官对话。这种渠道闭塞是双向的：一方面，陪审员即便在庭审中遇到不明白的问题，为了不干扰庭审的流畅性，出于不"打扰"法官的考虑，通常不会主动向法官询问；另一方面，法官在庭审中通常也不会照顾到陪审员的理解程度，不会顾及陪审员是否知晓专业的法律术语。即便实践中存在这种现象，但理论上法官和陪审员之间的沟通交流仍不存在任何空间、时间和程序上的障碍。然而，在七人合议庭中，陪审员与法官在模式上是适当分离的。在此模式中，陪审员就座的区域与法官席有一定距离，交流不便，并且法官难以同时与4名人民陪审员集体交流，因此需要在统一的时间和阶段内作出集中指示。

指示的阶段和类型包含以下几种：①初步指示。在庭审开始阶段，法官应当对全体陪审员进行初步指示，告知陪审员事实认定的职责、法官和陪审员的职权划分、诉讼基本流程、控辩双方职责和定位、证据审查的基本规则、陪审员庭审中的权

---

[1] 参见《最高人民法院关于人民陪审员参加审判活动若干问题的规定》第8条。

利等。在这个阶段，法官应当避免对案件的实体问题进行指示，否则可能造成陪审员主观上的偏差，法官不宜一次性进行过多的指示，必须考虑到陪审员的接受程度。②中间指示。法官对陪审员的指示可以贯穿庭审的全过程，具有全程性。庭审中陪审员可能遇到的任何疑难问题，法官均可以在法定范围内进行指示。在必要的时候可以休庭进行集体沟通，但是次数不宜过多，以免影响庭审的流畅性。对此，有学者建议引入"中间评议"的理念，促成法官和陪审员之间的良性沟通。[1]③最终指示。在庭审结束后，合议庭评议之前，法官应对认定事实需要的法律问题进行介绍，并进一步解释直至陪审员理解法律的含义。④补充指示。在评议过程中，如果陪审员对具体的法律问题不甚明了，法官也可以对个别问题作出补充指示。

(二) 法官指示的启动方式

指示的启动方式具有多元性，具体来说有三种形式：

第一种是法官依职权启动的指示。鉴于现实中陪审员的参与度不算高，因此法官依职权主动进行指示是指示的最主要方式。对陪审员进行指示应当是一种法定的职责和义务，即便没有任何人要求法官进行指示，法官也必须将审理案件必要的法律知识告知所有陪审员。

第二种是人民陪审员主动要求法官予以指示。人民陪审员在庭审中对控辩双方的陈述有疑问的可以向当事人、代理人及其辩护人发问，对于事实认识不清不能向法官寻求指示，而应当向当事人询问；如果在庭审中或者在评议阶段认为有法律上的疑问可以申请法官指示。人民陪审员对于必须由自己进行认

---

[1] 参见周欣、陈建新、聂玉磊："论法官指示制度之构建——兼论《最高人民法院关于人民陪审员参加审判活动若干问题的规定》第8条之适用"，载《现代法学》2011年第2期，第168页。

定的事实问题请求指示的，法官不能进行指示，有权明确拒绝。所以，是否进行指示最终也是由法官进行判断。庭审中的指示应当公开进行，控辩双方可以对陪审员不当的请求或者不当的指示提出异议。最终是否指示以及如何指示应当由法官依职权决定。

第三种是控辩双方申请指示。《美国联邦民事诉讼规则》第51条规定，当事人可以请求法官对陪审员进行指示。在我国，控辩双方如果认为庭审涉及的相关法律问题会给陪审员理解案件制造障碍，也可以向法官申请指示。另一方如果认为申请不当可以提出异议。最终的决定权依然由法官掌握，陪审员不得拒绝指示。

（三）法官指示的形式

为了庭审的顺利进行，不至于过分中断和拖延，法官的指示在通常情况下以口头的形式作出。不过，在传统上均是以口头的形式进行指示的美国也因陪审员不愿意理会法官指示，或者难以理解指示甚至对指示产生误解而进行了改革，将口头指示改变为书面形式。[1]例如，在最终指示时提供书面材料，同时可以自行决定提供电子版指示内容。[2]我国也可以探索在最终指示时向陪审员提供书面文书或电子版文件，以供陪审员准确理解指示的内容。相应地，在庭审中也可以出具书面的辅助材料。

美国陪审团制度在法官指示方面的另一项改革措施是扩大初次指示的内容。原先法官初次指示的范围仅限于诉讼程序、

---

[1] 参见高通："美国陪审团事实认知机制研究"，载《比较法研究》2018年第6期，第164页。

[2] William J. Caprathe, "A Jury Reform Pilot Project: The Michigan Experience", 48 Judges J. 26 (2009).

陪审员职责、控辩双方职责、陪审员行为规范等事项，不包含实体法律、专业术语等事项。原先的初次指示对于提高陪审员对案件的理解帮助不大，于是，有的州要求法院提前告知陪审员可能适用的实体法律内容，并且在涉及复杂问题的案件中在初次指示时向陪审团提供专业术语词典或汇编。[1]美国律师协会于2015年发布的关于陪审团审判的指导规则提出，在适当情况下可以交予陪审员初次告知、已经裁决可采的证据、当事人的约定等材料。[2]我国有学者提出可以就庭前会议中控辩双方的争议焦点形成问题清单并以书面的形式转交陪审员。[3]实际上不止如此，在庭前会议中，法官还可以了解控辩双方对证据材料是否存在异议，很大一部分法官还会在庭前会议中了解控辩双方的质证意见。[4]控辩双方在庭前对一些事实和证据均认可并已达成共识的，法官必须在进入案件审理环节前将相关的决定和情况告知陪审员。

此外，对于法官指示的形式还有一项要求，即这种指示应当以易于常人理解的方式作出。《日本裁判员法》第66条规定，法官在指示的时候应当保持耐心，使用易于裁判员理解的方式，同时给予裁判员发问的机会。由于法官指示的内容大多是专业的法律知识，因此法官的指示不能建立在法律专业背景上阐释，而是以"向大众普法"的姿态耐心、细心地讲解，尽量用平实的语言表达，避免再次用一个术语解释另一个术语，必要的时

---

[1] B. Micheal Dann & George Logan Ⅲ, "Jury Reform: The Arizona Experience", 79 *Judicature* 281 (1996).

[2] See ABA Principles for Juries and Jury Trials, 13-B.

[3] 参见胡云红、刘仁琦编著：《人民陪审员认定事实审判指引》，中国法制出版社2018年版，第204页。

[4] 左卫民："未完成的变革 刑事庭前会议实证研究"，载《中外法学》2015年第2期，第474~475页。

候还可以举例说明。实际上,这个工作并非易事,需要事先完成准备工作。

(四) 法官指示的内容

关于法官指示的内容前文已经较多地谈及,在此不再赘述,仅作简要的强调。法官所指示的重点应当是认定事实所需的实体法内容,也就是理论上法律问题向事实问题渗透的交集内容,主要是判断构成要件事实所需要的法律知识等,例如民事权利的构成要件、犯罪构成要件等,以及审查判断证据所需要运用的证据规则如证据采信规则、证据排除规则等,还涉及证明责任分配、证明标准的含义等。此外,法官指示的内容还应当包括诉讼程序和诉讼进程、陪审员的职责(如区分事实问题和法律问题的基本含义)、辩护人与代理人的角色定位(如独立性)等、陪审员的权利义务等。

这里还有一个事项需要强调,我国《法官法》等法律规范对法官的职业伦理进行了一系列规定,[1]以约束法官行为,保障案件审理的客观性和公正性。例如,保持客观、公正、不偏不倚;禁止运用庭审之外的信息;不得具有主观偏见;遵守回避的义务,如有回避情形应主动提出;禁止私下会见当事人及其相关人员;禁止接受请客送礼;保守审判相关的国家秘密、商业秘密、个人隐私等。国家对法官职业伦理的要求要远远高于对普通民众的道德要求,[2]陪审员虽然不需要严格遵守所有为法官设置的纪律,但上述办案纪律却也需要遵守,否则司法公正的价值目标将被大大减损。这些职业伦理的内容十分繁杂,

---

[1] 参见《法官法》第5条、第10条。但这是对法官最基本的要求,法官还受到了诸多纪律上的约束。

[2] 陈瑞华:"法官责任制度的三种模式",载《法学研究》2015年第4期,第16页。

且不易理解，法官不仅应当向陪审员强调这些伦理规范，还应当对其进行充分的解释，以确保其熟悉。在陪审制度改革后，相关责任认定机制还没有建立。虽然事后追责的模式不适合运用在陪审员这个主体之上，也有学者提出应当转变为事前控制，[1]但是这种事后的追责并非一概豁免。例如，收受贿赂故意枉法裁判等必然受到处罚。如果法官没有事先对陪审员作出审判伦理和纪律的指示，可能将其置于风险之中。

（五）法官指示的效力

法官指示的效力解决的是对于陪审员来说法官的指示是否具有强制力？陪审员是否一定要遵循？他们能否按照自己的理解进行判断？对此，需要区分来看，至少在初步指示和中间指示阶段，法官只是告知基本诉讼程序、证据规则等，由于案件还未开始审理，或者还处于心证的形成阶段，此时陪审员接受信息即可，无须进行具体的判断。在上述阶段中的指示只是沟通交流的信息，这种指示最多称得上是一种提示，故而不具有强制力。[2]

两大法系关于最终指示是否具有强制力的问题态度不一。在英美法系，基于陪审员和法官的职权划分，对法律问题的理解属于法官的职权范畴，法官的指示对陪审员具有效力。前文也已经展示了法官在对陪审团进行指示时的措辞，言语中法官不断强调陪审员不应当根据自己的理解和控辩双方律师的主张作出判断，而是应当遵循法官对法律的指示进行裁断。但是，在英美法系国家，陪审员不按照法官指示裁决的情况也时有发

---

[1] 参见樊传明："陪审案件中的审判责任制——以保障和管控人民陪审员裁判权为核心"，载《法学家》2019年第5期，第136页。
[2] 参见高翔："陪审员参审民事案件中事实问题与法律问题的区分"，载《法律科学（西北政法大学学报）》2018年第3期，第186页。

生，确定法官指示是否具有效力在更多时候都是基于理论的推演。这些指示具有的通常只是心理强制力，陪审团不遵从指示进而被上诉法院推翻裁决的情况只是极少数。

在大陆法系国家，即便运用了问题清单，其中关于法律的指示仍然没有明显的强制力，更多是一种参考。陪审员可以在接受指示的情况下，按照自己对法律的理解对相关问题进行决定。[1]这在很大程度上是由于大陆法系国家基本上都实行的是"同职同权"的模式。在我国，由于七人合议庭中陪审员和法官之间存在明显的权力划分，陪审员对事实问题的判断一般应当遵从法官的最终指示。但对于具体的心证过程，法律和制度无法加以限制，至多只能通过上诉进行解决。

（六）法官指示的救济

法官指示的救济是指当事双方对法官不当指示的救济。这里考察的是作为整体的合议庭与当事人之间的外部关系，而不是合议庭的内部关系。所以，这种救济权是当事人的救济权，陪审员之于法官不存在所谓对法官指示的救济。从外部关系看，不当指示包含两个方面：第一个是法官指示的法律等内容错误；第二个是法官的指示超过了必要限度。对于指示错误在理解上没有太大障碍，主要是指示的法律与实际规定不相符等情况，关键是如何理解法官指示超过限度。

法官的指示应当有一定的限度，不能对属于陪审员职权范围的事实认定问题进行指示，不能就事实和证据发表具有倾向性的意见。法官虽然可以对相关证据审查的规则进行介绍，但不能提醒陪审员注意某项证据的证明力，或者指出某项证据证明力低。法官虽然可以讲解证明标准（如内心确信、排除合理

---

[1] 唐力："'法官释法'：陪审员认定事实的制度保障"，载《比较法研究》2017年第6期，第8页。

怀疑等),但不能指示某个事实可能达不到上述程度。[1]法官的指示必须以明示的内容作出,不得暗示一些证据证明力的大小,以避免对陪审员的独立判断产生影响。

同时,法律应当赋予当事人在法官存在上述指示不当的情况下的救济权。首先是当场提出异议的权利,此外还有据此提出上诉的权利。关于异议权,《美国联邦民事诉讼规则》第51条规定,当事人在认为法官的指示存在问题,或者存在应当指示而没有指示的情况时,可以提出异议。在第一种情况下,当事双方应当在法官进行指示的时候及时提出,如果法官认为异议成立,则应当尽可能消除陪审员对不当指示的理解和印象,进行重新指示。在第二种情况下,当事双方需要在法官应当指示的时候提出,法官认为有必要指示的,应当进行指示。我国法律和相关解释没有规定当事人对法官指示不当的救济,在立法者和最高人民法院看来,法官指示是"法院专属职权",[2]这不利于保障当事双方的诉讼权利,法院没有尽到给予当事人必要诉讼关照的义务。[3]因此,我国也应当建立当事人对法官指示的异议制度。

除了异议权之外,当事人救济权的另一个体现是上诉权。如果上级法院审查认为在一审过程中存在法官指示不当的情形,即指示错误或指示超过限度,可能对审判结果的公正性造成影响的,应当以程序错误为由撤销原判,发回重审。

---

[1] 参见高翔:"陪审员参审民事案件中事实问题与法律问题的区分",载《法律科学(西北政法大学学报)》2018年第3期,第186页。

[2] 唐力:"'法官释法':陪审员认定事实的制度保障",载《比较法研究》2017年第6期,第11页。

[3] 相关研究参见陈永生:"论客观与诉讼关照义务原则",载《国家检察官学院学报》2005年第4期,第11页。

四、我国问题清单制度的建立

除了法官指示制度外,我国事实问题与法律问题的区分应当引入问题清单制度。各地在试点当中已经有一些尝试,50家试点法院运用了问题清单的案件,约占陪审案件总数的4.54%。[1] 虽然这个数据看上去较低,但是考虑到运用七人合议庭审理的案件本来就是极少数,这个数据实际上已经较为可观了。在试点过程中有的地方法院还制定了事实问题清单的指引,对不同种类的事实问题清单进行了说明。[2]

《人民陪审员法》没有就问题清单进行规定,但是随后出台的司法解释则正式确立了问题清单制度。[3] 由于立法和司法解释遵循了传统上"宜粗不宜细"的原则,对一些问题并没有细化规定,对实践的参考价值较为有限,因此学界有必要进一步研究探索问题清单制度的构建和完善。

问题清单虽然由法官制作,但其与法官指示不同。问题清单指示问题的汇总,一般不带有"知识输入"的功能。阅读问题清单,并不能帮助陪审员获得作出判断所必要的法律知识。所以,问题清单只是待认定事实的列表,不能代替法官指示的作用。问题清单的提出是在庭审结束之后,陪审员收到问题清单之后,法官需要对其进行一定的指示,说明回答问题所需的法律知识和注意事项。

问题清单中所列问题必须与案件事实认定紧密相关,不宜

---

〔1〕 参见周强:《最高人民法院关于人民陪审员制度改革试点情况的中期报告》。
〔2〕 参见胡媛、胡杏:"陪审制度事实评议机制研究",载《人民司法》2016年第34期,第45页。
〔3〕 参见《最高人民法院关于适用〈中华人民共和国人民陪审员法〉若干问题的解释》第13条。

过多,并且尽量以陪审员易于理解的方式表述。问题清单需由当事双方确认,如有异议可以请求法官予以修改,或请求就其中个别问题向陪审员进行一定的说明。最终递交陪审员手中的问题清单应当经过法官以及控辩双方的签字确认。

鉴于我国事实问题清单的实行还处于起步阶段,实践中如何列举事实问题还处于探索的过程中。许多法院尝试就不同案件类型制作模板,为将何种问题归类为事实问题并载入事实问题清单提供一些指引。当然,这些列举只是原则的和初步的,实践中案件的情况十分复杂,必须根据具体情况具体分析判断。笔者参考了B市不同类型案件的事实问题清单参考模板,但是发现其中划分的标准并不统一,将许多带有法律问题性质的问题归入了事实问题。因此,制定统一的事实问题清单范本供各地参考是我国司法机关进行顶层设计时亟须考虑和解决的问题。

对刑事诉讼而言,事实问题清单制度还需要明确的一个议题是,特殊问题和辅助问题[1],即发现起诉书中未指控的事实和出现事实的法律定性与起诉书中不一致时,是否可以修改事实问题清单。比如,起诉书中指控被告人实行盗窃,但法院发现存在"入户"的情节,或者实际上构成抢劫,是否可以将其列入事实问题清单?法国的刑事诉讼制度允许提出这些问题,[2]然而这与我国的法律不相符。如果检察机关认为存在上述情况,应当变更、追加、补充或撤回起诉,如果法院认为存在上述情况则应当建议检察机关采取上述方式,否则应当就指控的事实作出裁判,这样才符合诉审同一的原则,以及对被告

---

[1] 所谓"特殊问题",指审判长在案件审理时发现某项或若干加重情节在指控裁定中未被提及而决定予以补充的问题形式。所谓"辅助问题",指审判长在案件审理时发现主要犯罪事实的法律定性与指控裁定不一致而提出的问题形式。

[2] 参见施鹏鹏:"刑事问题列表制度研究——以完善人民陪审员事实认定机制为切入点",载《北方法学》2017年第6期,第76~77页。

人禁止不利变更的原则。

最后需要强调的是，事实问题清单只是提供给陪审员，帮助其理解案件事实争议，引导其进行事实认定，法律没有赋予事实问题清单以法律效力。该机制的目的不是让陪审员就事实问题"表决"。事实问题清单并不是要求人民陪审员填写的"选票"，否则法官也应当回答相关问题，并且以少数服从多数的方式作出事实认定。陪审员实际上是在回答事实清单所列明的问题后，根据自己的回答与法官共同对必要的事实问题进行表决。

第三节　未完成的改革：上诉案件中的区分机制

我国人民陪审制改革对大合议庭中事实问题和法律问题的区分作出了新的规定，但是这种区分都是在一审案件的审理中实现的。我国的上诉案件并不实行陪审制，根据《人民陪审员法》第15条的规定，无论是哪一类型的案件，适用陪审程序审理的都是第一审案件。[1]换言之，针对七人合议庭审理的案件，如果控辩双方提出上诉，或检察机关提出抗诉，在二审当中便不再区分，所有问题均由职业法官认定。这就出现了二审法官审查陪审员决定的情况，变相削弱了人民陪审制改革区分事实问题和法律问题以及合议庭组成主体职权重新分配的初衷，甚至可能损害陪审员的民主权利。由于我国的《人民陪审员法》并未规定这个问题，所以事实审和法律审的区分仍然不彻底，在上诉案件中还处于"未完成状态"。因此，学界有必要对二审中的区分展开研究，以推进这项改革的深化。

当然，这个问题不仅仅是大合议庭制度独有的问题，实际上，在法官和陪审员同职同权的三人合议庭模式中，也存在类

---

〔1〕　参见《人民陪审员法》第15条。

似的情况。七人合议庭的事实审部分也是法官和陪审员共同决定的,这与三人合议庭的情况没有实质差别。因此,本节主要关注的是七人合议庭审理在上诉制度中的延伸,同时也关注普通陪审案件与上诉审查的冲突问题。

一、陪审制度与上诉制度的冲突

在很大程度上,陪审制度和上诉制度具有相似的功能,二者都具有促进司法公正的功能,也都承担着提高司法公信力、增加判决可接受性的功能。对于陪审制度的这些功能,前文已经多次提及。对于上诉制度,有学者指出,该机制的安抚说服功能可以让原本心怀不满的当事人对判决的抵触心理有所缓解,从而提高判决的可接受度。[1]然而,从另一方面看,陪审制度与上诉制度实现上述功能的路径有很大差异,二者在价值理念和程序设计上存在诸多抵牾。是故,如何厘清陪审与上诉之间的关系是陪审制度改革需要面对的难题。当前,我国《人民陪审员法》并未对该问题作出任何规定,三大诉讼法对此也未予以特别关注,但七人合议庭事实问题和法律问题的区分机制也为将来的改革留下了契机。陪审与上诉之间的矛盾冲突主要集中在陪审员的决定是否可以被上级法院法官审查这个问题上。通过上诉制度审查陪审员的决定是基于以下理论预设:陪审员们的决定是可能出错的,并且司法机关有能力对这种错误进行审查判断。下文将指出,这两个预设都与陪审制度的价值理念不相符。

(一) 不出错的陪审团:从上帝的声音到公民的声音

陪审团的决定不可被审查主要基于两种观念:一种是历史

---

[1] 参见顾永忠:《刑事上诉程序研究》,中国人民公安大学出版社2003年版,第18页。

上将陪审团裁决作为"上帝的声音"的观念;另一种是近代以来将陪审团裁决作为"公民的声音"的观念。这两种观念都在原则上排除了包括上诉法院在内的任何主体审查陪审团裁决。

1. 作为"上帝声音"的陪审团裁决

在实行陪审团审判之前,英格兰广泛实行的是司法决斗和神明裁判制度,当然,司法决斗也可以被纳入广义神明裁判的范畴。神明裁判是一种精妙的卸责装置,可以将"错判致人损害"的良心谴责、灵魂罪责以及世俗报复转移给上帝承担。1215年教会为了避免教职人员承担宗教上的"血罪",下令禁止这些人员参与神明裁判,[1]而神明裁判也因此迅速在欧洲衰落。[2]在英格兰,神明裁判衰落后,陪审团制度作为神明裁判的替代品登上舞台,它成了英格兰重罪审判的唯一方式。[3]如此一来,原先推卸给上帝的全部责任和危险都转移到了陪审团身上。[4]作为整体的陪审团需要集体扮演原先上帝的角色,宣布受审之人有罪,以此作为对其施加刑罚的理由。

有学者指出:"陪审团不仅实现了与神明裁判相同的功能,也具有相同的性质。因为他们的裁决无须讨论而形式化地予以

---

[1] 参见1215年拉特兰宗教会议颁布的教令第18条。
[2] [英]罗伯特·巴特莱特:《中世纪神判》,徐昕、喻中胜、徐昀译,浙江人民出版社2007年版,第166页。此处还提供了13世纪司法记录的统计数据,这些材料也在实践层面印证了这一说法。
[3] Morris B. Hoffman, "Peremptory Challenges Should Be Abolished: a Trial Judge's Perspective", *University of Chicago Law Review*, Summer 1997, 64, p. 819.
[4] 威廉·德威尔也认为:"重刑犯被判死刑仍然与永恒的诅咒相联系,要作出生与死的重要判决也多是源自土地纠纷,因此法官们不愿意自己掌握案件决定权,也不愿意承担随之而来的风险,以免遭受责备或招致失败。首先,他们缺乏决定案件所需要的知识,也没有证据收集制度以资帮助。民众也没有强烈要求由法官代替上帝作出决定,因此他们把目光转向了陪审团。"参见[美]威廉·L. 德威尔:《美国的陪审团:一位美国联邦法官对陪审制度的激情辩护》,王凯译,华夏出版社2015年版,第41~42页。

第五章 人民陪审员参审职权

认可，人们无法质询其理由，更不用说去重启它。它约束法官，正如神明裁判曾约束他们一样。正是这种无法预测性并具有约束力的特性，使得陪审团被视为一种新的神明裁判。"[1]如同法国学者雅各布指出的，12个人对案件事实作出的裁决具有与上帝的裁判完全相同的地位。[2]既然陪审团被视作"上帝的声音"，当然就无法去质疑和重启，也无法在上诉活动中推翻陪审团的裁决。

2. 作为"公民声音"的陪审团裁决

近代以来，随着民主观念深入人心，陪审制度的价值也被重新解读，被赋予民主的象征。诚如前文所述，托克维尔等人强调陪审制度不仅是一个司法制度，更是一项政治制度。[3]陪审团的理念与近代西方的议会有异曲同工之处，陪审团到了近代之后其运作机制被视为"小型议会"，[4]也有学者运用议会的模型阐释陪审制度的原理。[5]菲利在评价19世纪欧陆陪审制度时指出，陪审团体现了人民主权，因为该制度承认法律权不仅来源于人民，而且还应当由人民直接行使。[6]在卢梭等近代思想家眼中，人民的公意是纯粹客观正确的神学范畴，甚至可

---

[1] [英]罗伯特·巴特莱特：《中世纪神判》，徐昕、喻中胜、徐昀译，浙江人民出版社2007年版，第181页。

[2] [法]罗伯特·雅各布：《上天·审判——中国与欧洲司法观念历史的初步比较》，李滨译，上海交通大学出版社2013年版，第44页。

[3] 参见[法]托克维尔：《论美国的民主》（上卷），董果良译，商务印书馆1988年版，第213页。

[4] Patrick Devlin, *Trial by Jury*, Penguin, 1956, p.64.

[5] 关于陪审团与议会观念的联系参见樊传明："陪审制导向何种司法民主？——观念类型学分析与中国路径"，载《法制与社会发展》2019年第5期，第93页。

[6] [意]恩里科·菲利：《犯罪社会学》，郭建安译，商务印书馆2017年版，第142页。

以为整个政治体提供合法性依据,[1]作为主权者的人民意志具有永不犯错的特征。[2]陪审员代表的是人民的公意,是公民的声音,自然也是"不会犯错"的,其他主体原则上无法对其进行审查。

移植陪审团的国家也都将其作为民主的象征,陪审团由此成了提升司法公信力的重要渠道。对此,肖恩·多兰阐释道:"在赞成陪审制度的诸多理由当中,最核心的是该制度体现了民主的参与,它将一般民众带入司法审判的专业领域,让其可以在司法的核心环节代表大众发声,并且其意见是决定性的,并且这种公众参与会使对司法的信赖在公民当中传播开来。"[3]既然陪审制度承载了这样的功能,那么对人民的决定进行审查甚至纠正,其正当性就存有疑问了。这种做法可能减损司法公信力,减损司法民主性。

在我国也有类似的情况。虽然我国不实行陪审团制度,但是在七人合议庭中,4名人民陪审员组成的小团体也具有"小型陪审团"的特征,也是代表人民群众参与审判。陪审员在这些案件中的集体决策也是"人民的声音",具有形式上的正当性和不可置疑性。这种理念也造成我国二审法院审查陪审员事实认定的裁定正当性不足。可见,从陪审员决策的民主性上看,上诉制度和陪审制度存在矛盾。

(二) 不说理的陪审团:上诉审查不具可操作性

判决说理是公开法官的心证过程,是法官权力公开的必由

---

[1] 张龑:"没有社会的社会契约——对卢梭公意理论与传统民意观的批判性考察",载《清华法学》2012年第6期,第135页。

[2] 参见[法]卢梭:《社会契约论》(第3版),何兆武译,商务印书馆2003年版,第31~37页。

[3] [美]肖恩·多兰:"陪审团审判",载[英]麦高伟、杰弗里、威尔逊主编:《英国刑事司法程序》,姚永吉等译,法律出版社2003年版,第347页。

之路，同时也是司法职能现代化的内在需求，可以使得当事人服判息诉。[1]此外，裁判说理是对当事人上诉权的保障：一方面，当事人可以通过判决理由寻找一审法官推理论证的错误，进而以此提出上诉；另一方面，二审法院审理案件时，需要对一审的审理情况进行了解，全面审查一审裁判作出的依据，从判决理由中判断一审法院判决的合法性。裁判文书的说理对上诉制度而言至关重要，但陪审员的决定却不能提供判决理由，传统的陪审团裁决也无须说明理由。

1. 外行的陪审员无法提供判决理由

无论是陪审团成员还是我国的人民陪审员，都是从人民群众中选取的非法律专业人士。这些人员通常不具备法律思维方式，无法掌握严密的司法推理论证，在多数情况下都是根据生活经验常识以及庭审中的直观感知作出判断。虽不能说其决定不是出于理性，但实际上可能也存在不少感性因素。正如有学者提及的，当一个案件呈现在陪审团面前时，这些普通公民不能保证其裁决均以证据为基础或其推理与所指示的法律相一致。[2]所以，要求陪审员就自己的裁判结果进行说理无异于在强人所难。即便陪审员给出理由，也很有可能是杂乱无章的，甚至难以理解，基本无法成为审查的依据。实际上，陪审团运作的机制就是建立在无须说理的特征之上，正因为其不需要说理，才能实现前述的卸责功能，即无论结果如何，都没有人可以找到理由质疑和批评人民的集体决定。

---

[1] 万毅、林喜芬："从'无理'的判决到判决书'说理'——判决书说理制度的正当性分析"，载《法学论坛》2004年第5期，第29页。

[2] 参见[英]麦高伟、杰弗里·威尔逊主编：《英国刑事司法程序》，姚永吉等译，法律出版社2003年版，第362页。

2. 人数众多难以形成统一意见

在 3 人等少数人员组成的合议庭中，统一意见的形成比较容易，即便有个别合议庭成员持有异议，也可以独立发表意见。但是，英美陪审团通常由 12 人组成，我国大合议庭由 7 人组成，其中包含了 4 名陪审员，在人数如此庞大的情况下达成一致意见的可能性不大。尤其是在陪审员群体中，由于没有经受过系统、专业的法学训练，思维方式和逻辑差异性较大，每个人的想法可能都有所不同，并且很难相互说服。在这种情况下，只能通过少数服从多数的方式得出最终结论，指定任何一名陪审员代表集体撰写判决理由都是不适宜的。

二、从审判主体出发的协调模式择选

基于上述原因，在陪审案件中如何对上诉制度进行设计就成了立法人员的一大难题。由于陪审具有政治功能、司法功能等多重价值，而上诉制度更是公民基本的诉讼权利，被国际公约所承认，因此有必要对二者进行一定的协调，以充分实现陪审制度和上诉制度的功能和价值。从审判人员的主体划分，世界范围内对陪审案件上诉问题进行处理的模式大体上存在以下几种。

（一）一审终审模式

第一种模式是取消上诉实行一审终审制，2000 年改革前的法国和比利时采用的就是这种模式。在这两个国家，其他案件均实行上诉审，只有在陪审案件中取消上诉，可见这种制度安排是在对陪审制度和上诉制度的冲突进行专门调适。这些国家虽然取消了陪审案件的上诉审，但也提出了一些理由：第一，这些国家均实行二级预审制度，这可以被看作是初审，而陪审团审判本身就是类似于上诉的二审；第二，这些国家均设有非常上诉制度，例如最高法院的复核和再审，这些程序可以实现上诉的功能。[1]

然而,这些理由并不充分,二级预审和非常上诉均不能等同于上诉。两国"无视被告人的上诉权"的做法也屡遭欧洲人权法院的批评,败诉更是时有发生。法国迫于压力于2000年进行了改革,在重罪制度中引入了"轮转上诉制度";比利时也进行了相关的改革。[2]因此,这种牺牲了上诉制度价值的做法存在内在缺陷,不宜作为他国借鉴的样本。

(二)由陪审团和法官共同审查模式

该模式是在上诉审时重新选取一批民众组成陪审团,对上诉案件进行审理。这种模式的典型代表是在2000年推行改革之后的法国。这种模式在承认"人民不会犯错"这个民主信条的前提下,将问题的解决诉诸"人民有权更改自己的决定"的政治哲学命题,试图用这种方式在不动摇陪审制度民主价值的情况下使之与上诉制度相协调。另一方面,法官在上诉审中动用了更多人数的公民组成陪审团,希望用"少数服从多数"的原则解决为何新的陪审团可以改革原先陪审团决定的道德困境。[3]

然而,这种办法也存在严重的问题,最为直接的问题就是该模式耗费了大量的司法资源,二审法院将动用大量的人力物力组织庞大的陪审团审理。如果放置在我国的环境下,实行这种模式,二审法院一般只会挑选法院所在市区的群众参与,其他区县特别是农村人员基本不会为了参与庭审而忍受旅途奔波,因此陪审员的代表性和广泛性不足。

更为严重的问题在于,这种让一群人反对另一群人的做法

---

[1] 参见施鹏鹏:《陪审制研究》,中国人民大学出版社2008年版,第104~105页。

[2] [法]Malabat Valérie:"法国法上之刑事参审团",李錇澂译,载《法学丛刊》2014年第10期,第131页。

[3] 参见施鹏鹏:《陪审制研究》,中国人民大学出版社2008年版,第111页。

正当性不足。如果认为陪审团是一个"小型议会",前提就是认可其足以代表民意,而公意是不可分的,不能按照时间和数量进行比较,没有理由认为之后的团体比先前的团体更能代表民意,也没有理由认为人数多的意见可以推翻先前人数少的意见。在此场合中,多数人是在事后实现对少数人的压制,而一般少数服从多数原则的适用是在同一时空场域下。作为团体决策中消除矛盾获得确定结果的方式,该机制不像"一致同意"原则那样追求的是消除各方分歧矛盾,而是在保留矛盾分歧的同时得出一个让众人都可以接受的结果。[1]如果可以在时空交错的情况下适用,不仅剥夺了先前少数人申辩、回应质疑的权利,也可能造成制度上的漏洞,即不怀好意之人拉拢更多人即可实现对既有民主决定的背离。此外,在一些机构团体的决议中,确实可以通过之后的决议推翻先前的决议,人们可以修正自己的决定也是自由意志的体现本无可厚非,然而这些情况实现的前提是主体的同一性,即前后表决的是同一批人或同一个团体。[2]反观上述陪审团,两次决定的主体是完全不同的两批人员,而人民组成的集合具有平等性,单纯由后一批人推翻前一批人的做法并不完全可取。

从另一个角度看,若为了避免陪审团不遵照法官对法律的指示而按照自己的理解作出判决,则在上诉审中再次设置陪审团审理也无法保证判决达到实质上的合法和合理。总之,前述机制虽然拥有一定的理论基础,但是该基础相当不充分,选取更多的陪审员推翻先前的决定至多是一种"规则游戏"。

---

〔1〕 李平:"论少数服从多数的合理性基础:中西之别及其成因",载《中外法学》2017年第5期,第1143页。

〔2〕 当然,每次表决的人员都可能不一样,由于决议是以集体名义作出的,是团体的决定,因此符合相关章程规定即可。

但比起一审终审制，这种模式在很大程度上保障了当事人的上诉权，具有一定的进步性。在上诉审中，由陪审团审查陪审团的决定，由法官审查法官的决定，也照顾到了陪审团和法官之间的职权划分，可以与一审的模式进行较好的对接。如果不考虑成本因素，也不失为一个可行的方案。

（三）由职业法官审查模式

第三种模式是由职业法官单独负责二审的审理，不引入陪审人员。英国、美国、西班牙、俄罗斯、意大利等国家均实行这种模式。由职业法官审查的模式又被分为两个亚类型：一个是法官全面审查模式；另一个是法官有限审查模式。多数国家为了衡平上诉和陪审之间的价值冲突都选择了后者。

在英美法系国家，对于上诉案件的审理，陪审团基本不参与，上诉法院通常也只审查法律问题。英国于1907年、1968年以及1995年分别颁布《刑事上诉法》，建立了对定罪案件的上诉制度。决定对已经定罪的案件进行上诉时的法庭由3名法官组成，而从上诉法院诉至议会则由2名法官决定。[1]1995年的《刑事上诉法》最终确立了法官感到定罪"不安全"时允许被告人上诉，而其他情况下则驳回上诉的制度。[2]在上诉的案件中，如果没有法律上的错误，上诉法院几乎不会推翻陪审团的决定。[3]在美国，上诉法院只审查法律问题而不审查事实问题，推翻陪审团的决定只能通过十分有限的审判无效、重新审判、

---

[1] [英]约翰·斯普莱克：《英国刑事诉讼程序》，徐美君、杨立涛译，中国人民大学出版社2006年版，第593～611页。

[2] 该术语延续自1968年《刑事上诉法》（CAA1968）第2条第（1）款。

[3] 此外，英国还确立了在有"符合条件的令人信服的新的证据"时的再审，但是在实践中，当事人几乎没能提出这样的证据足以推翻陪审团的裁决。相关讨论参见李昌盛："禁止双重危险原则在英国的发展"，载《人民检察》2006年第23期，第54～57页。

凌驾陪审团等方式进行，但这些方式都不是上诉程序。

在俄罗斯，针对陪审团裁决的上诉由联邦最高法院上诉庭受理，该庭可以以适用法律错误、判决不公正为理由将刑事案件发回重审。发回重审的案件应变更法官组成人员重新组成合议庭，从陪审团作出裁决之后的阶段重新开始审理。[1]从这个规定看，俄罗斯的上诉实际上也不能推翻陪审团的裁决，发回重审后审理的对象只是法官决定的法律适用部分。

三、从审查对象出发的协调模式择选

除了决定由哪个主体对陪审员决定进行审查之外，模式的选择还需要考虑上诉审中二审法院应当对哪些内容进行审查。质言之，这里考察的是二审审查的对象范围，也就是二审审理对象与一审审理对象的关系。考察陪审案件应当如何对审查对象进行审查首先需要全面了解上诉审查对象设置的几种模式，在此基础上再探究陪审案件的模式选择。

（一）上诉审查对象范围的三种模式

从一审和二审审查对象范围关系角度出发，各国采取的具有代表性的模式主要有三种：第一种模式是复审制，第二种模式是续审制，第三种模式是事后审查制。这是采用传统大陆法系的区分方式。[2]这三种模式在审理对象、审理范围、审理方式以及

---

〔1〕 参见高一飞：《上帝的声音：陪审团法理》，中国民主制治出版社2016年版，第176页。

〔2〕 英美比较法学者则将上诉模式划分为四类：仅仅根据记录审查；根据记录审查，但以上诉中采纳之证据为补充并以上诉法院就实质问题作出新判决为结果；根据记录进行上诉审查，以在上诉中有限地采纳证据为补充并以一审法院或上诉法院进行重新审判为结果；全面审理或重新审理（de novo）。参见傅郁林："论民事上诉程序的功能与结构——比较法视野下的二审上诉模式"，载《法学评论》2005年第4期，第37页。

裁判方式等各方面都有一定的区别。需要注意的是，这些模式只是理论上归纳的经典模式，不能涵盖所有国家的情况。即便一些国家被认为采取了其中一种模式构建上诉制度，这些国家在具体制度设计和司法实践中也会呈现出不同的样态，各具特色。

1. 复审制模式

复审制被称为"第二次一审"，其审理对象是原审案件本身，而不是对原审判决进行审理。本质上，复审制是对原审案件重新展开一次完整的审理。二审法官不受一审判决的限制，当事人也不需要提出具体的上诉理由。上诉法院完整地适用一审的规则收集和认定证据，可以要求当事双方重新举证质证。在审理范围上，复审制是对原审的所有证据以及新获得的证据展开审理，重新形成心证。换言之，二审审查的范围很广，不限于一审已经审查过的证据，也可以对一审未进行审查的证据或新发现的证据进行审查。除非考虑到当事人的审级利益，二审法院可以撤销原判作出新的判决。

2. 续审制模式

续审制主要为德国、日本等大陆法系国家所采用，是复审与事后审模式的折中。在该模式中，审理对象是已经经过裁判的案件。顾名思义，续审制是一审的延续，建立在一审的基础上。在二审当中，当事双方可以继续提交与案件有关的证据和材料。既然是一审的延续，那么一审的审理便具有效力，必须被遵循。原则上，已经在先前的一审中认定的事实不能被推翻或更改，已经被查证的证据也不能被再次调查，只能就新的证据进行审查。二审法院如果认为一审在事实认定、法律适用以及程序上存在问题，可以自行改判，原则上不能发回重审。[1]

---

[1] 参见孙远："论刑事上诉审构造"，载《法学家》2012年第4期，第134页。

3. 事后审制模式

事后审制的审理对象不是原审的案件,而是对原审判决的合法性进行审查,所以又被称为"一审中心模式"。通常来说,在该模式下,上诉法院不再重新认定事实,而是遵循事实认定,只审查实体法和程序法的法律适用问题。此模式需要上诉人说明具体的上诉理由,并且形式上应当提交上诉状载明该理由,而上诉人认为存在问题的部分则构成了上诉法院审查的内容。但是,事实认定的错误和适用法律的错误实际上是很难完全区分的,所以事实错误往往被评价为法律错误。[1]即便允许对事实进行审查,其也会被严格限制。二审法院只能调查当事人提供的新证据,不能审查原先已经经过调查的证据。针对一审的事实认定,二审法院只能通过一审的证据进行审查。德国的第三审采取的就是事后审制度,分为事实上诉和程序上诉。虽然这里使用的术语是事实上诉,但实际上这不是指对事实问题进行审查,而是指对原审在认定事实基础上所使用的实体法律进行审查,是典型的法律审范畴。[2]与事实上诉相比,程序上诉反而需要审查一定的事实性问题,但只限于程序性的事实。德国的第三审是针对法律错误提出的,而所谓的法律错误中的"法律"包含甚广——既包括成文的实体法律规定,也包含不成文的习惯法;既有议会颁布的法律,也囊括行政机关制定的法规;既包括本国法律,也包括外国法律。[3]

(二)陪审案件上诉审的对象范围

在考察了各国具有代表性的上诉构造之后,本书将进一步

---

[1] 参见黄朝义:"刑事第二审构造及其未来走向",载《月旦法学杂志》2007年第4期,第143页。
[2] 参见《德国刑事诉讼法典》第344条。
[3] 邵建东主编:《德国司法制度》,厦门大学出版社2010年版,第308页。

探究这些模式在陪审案件上诉审中的运用。前述的几种模式并非单一地适用于整个国家的诉讼制度。例如,德国就在不同的审级中选取了不同的模式,一般而言,事后审制度适用于较高级别的司法机关。但是,也有国家采用了单一的模式,例如我国的上诉制度。既然一个国家不是只能采用一种上诉审模式,那么就有必要单独考虑陪审案件中上诉模式的选择问题。并且在多个因素中,重点考察的是审理对象和范围的设置。

1. 陪审员参与的复审制模式

前文业已论及,2000年法国推行改革之后,针对陪审案件建立了区别于一般案件的轮转上诉制度。法国的陪审团只适用于重罪法院,改革后将重罪法院的判决上诉到另一个相同级别的重罪法院。在审理上诉案件时,合议庭在原先3名法官加6名陪审员的基础上增加3名陪审员。上诉案件实行复审制,由上诉法院重新审理,如果认为原审判决有误,则撤销原判决直接予以改判。2011年,法国统一了重罪法院和其他法院对判决理由的要求,因此重罪法院案件的审理也需要提供判决的理由。[1]

在德国,区法院管辖部分刑事案件,同样允许适用陪审制度,合议庭由1名法官与2名参审员组成。对于区法院的判决,允许就事实问题和法律问题向地方法院小刑事庭提起上诉。该法庭的组成方式与区法院相同,采取的是复审制的模式,重新审理整个案件。如果认为初审法院判决错误,则撤销原判予以改判。德国的这一模式是重新选取陪审员审理,实际上没有对陪审案件予以特别的关注。有学者指出,德国的上诉制度是历史经验的产物,而不是通过严密的逻辑论证构建起来的,因此

---

[1] 相关研究参见[法]Malabat Valérie:"法国法上之刑事参审团",李錪澂译,载《法学丛刊》2014年第10期,第131~149页。

有许多不合逻辑之处。[1]不过，这种参审的情况与我国的三人合议庭模式几乎相同，在这里，陪审与上诉的冲突不算激烈，要求国家对此种案件设置特别的上诉程序并不现实。

2. 事实和法律审的事后审模式

采取这种模式的主要是日本的裁判员制度。在推行裁判员制度改革过程中，日本法学界针对陪审案件上诉制度的设置曾经展开过大量的讨论。[2]2001年司法改革审议会发布文件指出，裁判员加入合议庭参与案件的审理也可能出现错误，这与法官组成合议庭审理并作出判决没有差别，所以针对定罪量刑问题都应当赋予当事人上诉的权利。但是，一审与二审的关系需要重新考量，在审判主体、审判方式等方面可以有所改变。[3]这个意见为裁判员审理案件的上诉程序提供了初步的方向，但是这个方案没有给出构建特别上诉制度的具体方案。法学界提出了五种方案，但最终的决定是不作改变，即裁判员参与审理的案件与原先所有法官审理的案件一样，实行一致的上诉规则。

因此，要想了解日本陪审案件的上诉构造，探究一般的上诉制度即可。在日本，上诉的理由可以是事实认定问题，也可以是法律适用问题，但通常上诉法院仅能审查已经经过一审调查的事实和证据，只有出于不得已的原因没能在一审辩论终结之前请求调查，以及证据可以证明的在一审辩论终结以后判决

---

[1] 参见[德]托马斯·魏根特：《德国刑事诉讼程序》，岳礼玲、温小洁译，中国政法大学出版社2004年版，第226页。

[2] 相关讨论可参见[日]后藤昭："裁判员制度事实认定争议之上诉救济"，林裕顺、李怡修译，载《月旦法学杂志》2013年第11期。

[3] 日本司法制度改革审议会于2001年公布的《司法制度改革审议会意见书》指出："裁判员参与审判的情形，亦有误判或关于刑之量定判断错误之虞，此与仅由法官审判判决的情形并无不同，故就有罪、无罪的判定与量刑等，均应承认当事人可提起第二审上诉。但关于第二审审判体之构成、审理方式等，在考虑与第一审审判体构成之关系下，有更行检讨之必要。"

之前发生的事实才可以成为审查的例外。二审发现判决错误的处理结果是撤销原判，发回下级法院重审。所以，在日本，裁判员参与审理的案件与其他案件一样，均采取以事实与法律审之事后审为原则，以续审为例外的上诉审构造模式。不过，在实践中，这种上诉模式出现了一定的异化，法官时常扩大调查的范围，日本最高法院也一再强调应当坚持事后审的性质。[1]需要注意的是，与刑事诉讼不同，在民事诉讼中，日本当前实行的是续审制的模式。[2]

3. 法律审的事后审模式

采取法律审的事后审模式的主要是美国等国家，德国在部分案件中也采取了这种模式。在美国，陪审团负责事实认定，当事人不能对陪审团的决定提起上诉，上诉法官也不能审查陪审团的事实认定。所以，在该类案件中，当事人只能就法官决定的法律适用问题提起上诉。陪审团不再参与上诉案件的审理，法官在原审陪审团已经认定的事实之上审查法律适用是否存在错误，这种形式就是法律审的事后审模式。与之类似的是德国地方法院一审案件的上诉制度，即便是适用参审制的案件，向联邦最高法院提起的上诉也只能针对法律问题提出。审理上诉案件的法庭由职业法官组成，基于一审中已经认定的事实对法律适用问题进行审查。

四、我国的模式选择：以事实问题和法律问题区分为核心

在考察了世界范围内较为典型的协调陪审与上诉制度冲突

---

[1] 参见杨杰辉、夏灵颖："陪审制度与上诉审制度的衔接与协调"，载《甘肃政法学院学报》2019年第6期，第92~94页。

[2] 参见[日]高桥宏志：《重点讲义民事诉讼法》，张卫平、许可译，法律出版社2007年版，第435~443页。

的模式后,本书将探讨我国陪审案件上诉制度的构建。本轮人民陪审制改革没有对此进行调整,并且日本等国家也没有针对陪审制度设置特殊的上诉制度。因此,这些调整是否有必要可能会引发一些争论。先前我国法官与陪审员之间的职权配置采取的是"同职同权"模式,在这种情况下,人民陪审员参与审理的案件和专业法官审理的案件在上诉方面没有足够的特殊性,不足以使推进上诉制度的改革呈现出明显的必要性和紧迫性。但是,在此次改革新设立七人合议庭且陪审员和法官职权适度分离后,学术界有必要重新审视我国陪审案件的上诉制度构造。

(一)我国陪审案件上诉审理主体的选择

我国《人民陪审员法》明确了陪审程序只适用于一审案件,第二审合议庭的组成人员均为法官。陪审团制度并没有在我国建立,所以陪审与上诉的冲突不算明显,立法者在制度设计过程中也没有遇到像英美法系国家那样严重的困境。但是,法国的情况与我国改革当中的一些做法有相似之处。在法国,只有重罪案件才适用陪审制度,合议庭的组成人员是3名法官和6名陪审员,他们共同负责审理事实问题和法律问题,属于"同职同权"模式。法国等国家的实践也表明,在大合议庭制度当中,陪审与上诉之间的冲突也需要谨慎对待。我国陪审制度与上诉制度之间也存在一定的冲突,主要表现为陪审员判决理由的缺失。尤其是在七人合议庭中,从理论上说,法官可以代表全体陪审员撰写判决意见,但这种做法的正当性值得商榷,其难以反映出真正决定判决结果的因素。

虽然在七人合议庭中,同样是法官和陪审团共同裁决,但这与三人合议庭不同,法官不太可能也没有必要和每名陪审员沟通并试图在评议时说服所有人一致同意,只需要遵从少数服从多数原则表决即可。而在事实认定部分,陪审员则扮演着十分重要的角色，从某种程度上说，如果就事实问题提出上诉，虽然可以审查法官在事实认定中的理由，但也不能忽视陪审员在其中的重要作用，最终事实认定依据何种理由作出、其合法性如何实质上都无法被全面审查。

因此，我国同样需要面对当事人上诉的陪审案件应当采取何种模式予以审查的问题。我国属于职权主义国家，诉讼以社会利益优先为导向、以国家权力为主导、以实质真实为目标，诉讼程序凸显司法机关的调查和控制权。[1]所以基于这种诉讼模式以及我国现有的制度，采取由职业法官审查的模式是比较可取的，也与我国陪审制度的定位相一致。

(二) 我国陪审案件上诉审理对象范围的模式选择

明确了我国当前陪审案件上诉审理的人员为职业法官，陪审员不再参与后，还需要进一步探究我国陪审案件上诉的审理对象和范围。在由职业法官审理的二审案件中，即便第一审有陪审员参与，世界各国也还是采取了复审制、续审制、事后审制等多种模式。我国需要根据立法和实践中的实际情况在采取何种模式上进行抉择。

1. 当前我国陪审案件的上诉模式

长期以来，我国适用陪审程序审理的案件与全部由法官组成合议庭审理的案件的上诉模式完全一致。对于我国现行的上诉模式是复审制、续审制还是事后审制，学界存在不同的意见。先看刑事诉讼，上诉案件中法官需要对一审的案件的事实认定和法律适用情况进行全面审查，不限于上诉的范围。[2]理论上普遍认为我国实行的是全面审查的复审制，但也有研究指出，

---

[1] 施鹏鹏：“为职权主义辩护”，载《中国法学》2014年第2期，第286~287页。

[2] 参见《刑事诉讼法》第233条。

发回重审制度表明我国的上诉构造并非完全是复审制,复审制只是可能的情形之一。[1] 从民事诉讼上看,学界对我国采取的是复审制还是续审制有一定争论。[2] 基于历史原因,我国在民事诉讼中实行的曾经也是复审制,有学者将其称为社会主义法系的"全面复审制"或"指导性复审制",[3] 但是复审制的模式存在诸多弊端,其他国家已经很少采用。我国立法者也意识到了这个问题,现行《民事诉讼法》第168条对民事诉讼二审的审查范围进行了规定,[4] 从表述中可看出,我国民事诉讼实行的是续审制模式。[5] 由于我国未专门对陪审案件设置特殊上诉制度,因此在我国当前的司法实践中,司法机关对陪审案件也实行的是这种上诉模式。

2. 我国的改革方案:事后审模式及其例外

我国陪审案件上诉制度的设置不能实行一元化的模式,而是应当在不同的程序中有所区别。差异化设置需要考虑两个因素,一个是合议庭组成模式以及案件的类型。在三人合议庭中,法官和陪审员同职同权,而在七人合议庭中,二者分职分权。虽然法官拥有事实认定和法律适用的权力,但是在七人合议庭中,按照此次改革的精神,立法者实际上将法官的部分权力让渡给了陪审员。在这种情况下,人民陪审员参与事实认定的结

---

[1] 参见孙远:"论刑事上诉审构造",载《法学家》2012年第4期,第138页。

[2] 例如,有学者认为,我国二审上诉模式为复审制模式,也有部分学者认为我国二审上诉模式应为续审制模式。参见傅郁林:"论民事上诉程序的功能与结构——比较法视野下的二审上诉模式",载《法学评论》2005年第4期,第40页;田平安主编:《民事诉讼法学》,中国检察出版社2002年版,第259页。

[3] 傅郁林:"论民事上诉程序的功能与结构——比较法视野下的二审上诉模式",载《法学评论》2005年第4期,第40页。

[4]《民事诉讼法》第168条规定:"第二审人民法院应当对上诉请求的有关事实和适用法律进行审查。"

[5] 庞小菊:"论上诉模式与发回重审的关系——兼论我国民事上诉模式的定位及其对发回重审事由的影响",载《西部法学评论》2013年第5期,第98页。

果应当具有更强的权威性,在二审中原则上不能进行更改,否则不仅改革的目的和效果会有所折损,也会导致推翻人民群众决定的正当性不足。所以,对于由七人合议庭一审的案件,在二审当中应当集中就法律适用正确与否进行审查,除非有新证据等情形,原则上不审查已经认定的事实和证据。所以,七人合议庭的上诉模式应当采取的主要是事后审制,并且是法律审的事后审制。当然,这里的法律问题既包含实体法适用的问题,也包含程序法的问题。[1]这样,二审法院受到的一审判决书没有载明陪审员具体判决理由的困扰就会大为减少。与一般程序相比,七人合议庭对当事人上诉权有一定的调整,因此在程序启动上应当更加尊重当事人的选择权,而非一味强制适用七人合议庭审理案件。

另一个需要考虑的是案件的类型,因为七人合议庭适用于刑事、民事、行政等多种类型的案件,而刑事案件与民事和行政案件有所不同,刑事案件的上诉程序是决定是否限制甚至是剥夺公民基本权利的程序,因此应当站在保护被告人权利的角度上慎重考虑,进行全面审查。另外,由于我国刑事诉讼的庭审实质化并未完全实现,证人出庭率极低,[2]因此"一审事实认定优于二审事实认定"的命题某种程度上说在我国并不成立。所以,在有限范围内,基于被告人的利益更改一审陪审员的事实认定具有合理性。在被告人上诉的案件中,基于禁止双重危险原则,不得认定被告人实施更严重的犯罪事实。如果一审事实认定存在问题,上诉法院可以推翻之前的事实裁定,认定轻

---

〔1〕 因此,上诉法院实际上还需要审查一定的程序性事实,但这并不违背事实问题与法律问题区分的原则。
〔2〕 刑事诉讼证人出庭率及相关数据统计参见陈光中、郑曦、谢丽珍:"完善证人出庭制度的若干问题探析——基于实证试点和调研的研究",载《政法论坛》2017年第4期,第41页。

罪或无罪。这是保障人权和司法民主价值冲突时的选择，同时从另一方面看，切实保障被告人权利也是司法民主的应有之义。笔者认为，即使是在抗诉案件中，二审法官原则上也不应该推翻先前无罪或罪轻的事实认定，只能基于已经认定的证据审查法律问题。

也有学者认为，效率和正当性问题是实行全面审查原则可能带来的隐患，建议在刑事诉讼中从事实问题和法律问题出发改革审级制度，建立三审制，并在第三审中严格贯彻事后审的法律审。[1]这样的改革举措本身没有太大问题，只是在可预见的未来不会实现。

(三) 七人合议庭上诉模式的形塑：法律审的事后审制

如前所述，除了部分刑事案件外，多数实行七人合议庭的案件均应当建立法律审的事后审制。[2]对于陪审案件应当采取何种上诉模式，学界的观点不一。有观点认为，民事案件应当建立事实审兼法律审的事后审制；也有观点认为，应当建立法律审的事后审制。[3]目前，法学界对事后审模式的认可度较高，但是事实审仍存在一定的争议。[4]

1. "事实与法律审的事后审"与"法律审的事后审"之选择

在肯定事后审的模式下，是否将事实问题纳入考量是存在一定争议的。首先需要明确的是，既然是事后审，就只能对判决而不是案件进行审查，并且应当尊重原审事实和证据。事实

---

[1] 参见魏晓娜："刑事审判中的事实问题与法律问题 从审判权限分工的视角展开"，载《中外法学》2019年第6期，第1592页。

[2] 参见《人民陪审员法》第16条。

[3] 参见张亮："陪审员参与民事审判之上诉制度构造——以上诉审审理模式为视角"，载《河北法学》2015年第11期，第196~198页。

[4] 也有学者认为，应当建立陪审员参与的事后审制。参见杨杰辉、夏灵颖："陪审制度与上诉审制度的衔接与协调"，载《甘肃政法学院学报》2019年第6期，第102页。

审与法律审的事后审模式也只是审查当事人上诉理由所限的判决内容，而不审查已经认定的案件事实。质言之，二审法院不会重新审查案件的证据，形成新的心证，只是审查判决中是否有错误。有研究指出，事实与法律审的事后审的优势在于为当事人提供更为充分的事后救济手段。[1]

然而，这种模式也存在一定的问题，除了成本较大、二审认定事实覆盖一审的正当性不足等问题外，审查的方式也值得商榷。在此种情况下，审查的具体方法是判断事实认定错误需要重点考虑的问题。在事后审模式中，审查事实认定十分困难，可行性如何也存有疑问。不难发现，这种审查严重依赖一审的心证公开。

但是，陪审与上诉制度的重要冲突是陪审员无法提供符合审查要求的裁决理由。从世界范围来看，实行陪审制的国家都需要考虑这个问题。美国等国家不允许就陪审团认定的事实提起上诉，也不需要陪审团提供任何判决理由，而德国等少数国家要求法官在有陪审员参加的案件中出具判决理由。[2]德国的法官在宣判后应当口头阐述判决理由，如果陪审员等合议庭其他组成人员认为该理由不符合多数意见则可以当庭予以纠正，不过此情况鲜有发生。参审员无须在书面的判决理由上签名，但是陪审员有权要求签名，虽然在实践中这种情况几乎未曾发生。[3]德国的书面判决理由应当在判决宣判后 5 个星期甚至更长时间内完成，虽然联邦最高法院一直强调判决理由应当基于

---

[1] 参见张亮："陪审员参与民事审判之上诉制度构造——以上诉审审理模式为视角"，载《河北法学》2015 年第 11 期，第 197 页。

[2] 德国判决理由制度参见［德］托马斯·魏根特：《德国刑事诉讼程序》，岳礼玲、温小洁译，中国政法大学出版社 2004 年版，第 149 页。

[3] 参见施鹏鹏：《陪审制研究》，中国人民大学出版社 2008 年版，第 123~124 页。

合议的结果，可实际上书面的判决理由却难以反映出陪审人员的意见。德国也没有设置一定的制度保障陪审员的意见可以影响书面判决的形成，除了合议庭成员，其他人也无法得知判决的具体理由是否得到了陪审员的支持。因此，德国实际上无法协调陪审员与判决理由之间的冲突，在实践中，判决理由扭曲陪审员意见的情况也并不鲜见。[1]这种情况与我国三人合议庭的判决形成机制较为相似，德国合议庭中参审员的人数不超过3人，法官与一两名参审员之间还是容易形成有效的沟通的。但是，在我国的七人合议庭中，法官与陪审员在合议过程中以及撰写判决理由时是否存在充分的沟通值得怀疑。

要求陪审员出具判决理由是不可能的，而法官在了解陪审员的意见之后根据其想法撰写判决理由通常也是不具可行性的，因为陪审员的意见可能杂乱无章，他们凭借"直觉"认定事实，这些因素必定无法在判决书中表达，当然也经不起上诉法院的审查。既然国家将事实认定的部分权力交由陪审员行使，就不能一味追求司法机关和体制内的职业法官"掌控"事实认定权，而是必须信任公民，并且接受其可能带来的后果。当事人既然选择了陪审程序，对陪审员没有提出回避请求，便应当信任从人民群众中选任的陪审员，接受在正当程序原则规制下的判决结果。因此，除了刑事案件之外，在七人合议庭案件中原则上采取法律审的事后审是正当且合理的。

2. 上诉制度中的事实问题与法律问题的区分

除了刑事案件之外，七人合议庭不仅在一审中需要区分事实问题和法律问题，由陪审员和法官共同认定前者，再由法官决定后者，在上诉当中也需要进行区分，即保留陪审员与法官的事实认定结果，仅由上级法院法官审查下级法院法官的法律

---

[1] 参见施鹏鹏：《陪审制研究》，中国人民大学出版社2008年版，第124页。

第五章 人民陪审员参审职权

适用是否正确。

除了陪审程序中的职权划分外,事实问题与法律问题本身与上诉也有着十分紧密的联系。对这两个问题的区分是建立在分权的制度基础之上的,无论是横向的陪审员与法官之间的分权结构还是上级法院与下级法院之间的分权结构,都需要面对这个问题。[1]英美法系对事实问题和法律问题区分机制的研究很多也是从审级制度的视角出发。对二者进行区分不仅是为了保证陪审员事实认定的终局性和权威性,并且还有统一国家法律适用、实施司法政策等多方面考量。

与陪审员和法官之间的职权划分一样,考虑上诉制度中的区分问题同样会遇到重重障碍。[2]对此,有观点认为,只要涉及法律概念的表达和评价就属于法律适用问题,而采用一般生活的概念进行表达的就是事实认定问题。如果一个事项只涉及法官个人认定的正确性则属于事实问题,而需要讨论规则是否进行了规定或者如何规定,则属于法律问题。但是,这种方法也并没有实际效果,因此也有观点认为采取语义上的分析进路难以得出可行方案,应当转向对上诉目的的区分。[3]

和法官容易扩张权力并挤压陪审员认定事实的范围相同,上级法院也容易扩大法律问题的范畴,挤占下级法院和陪审员的权力。有研究指出,这种扩张的趋势通过两种渠道进行:第一是将事实问题认定为法律问题,例如如果有证据应当调查而没有调查,本质上是事实认定问题,但时常被当作程序错误即

---

[1] 参见魏晓娜:"刑事审判中的事实问题与法律问题——从审判权限分工的视角展开",载《中外法学》2019年第6期,第1587页。

[2] 参见陈杭平:"论'事实问题'与'法律问题'的区分",载《中外法学》2011年第2期,第323页。

[3] 相关论述参见[德]克劳思·罗科信:《刑事诉讼法》(第24版),吴丽琪译,法律出版社2003年版,第519页。

法院违反收集所有证据的义务予以审查;第二个是把事实认定过程中违反了经验法则和逻辑法则的问题作为违反法律进行审查。[1]

对于具体的区分方法,前文已经花费了大量的笔墨进行阐述。实际上,陪审员与法官分权视角下的区分方法与上下级法院分权视角下的区分路径并没有实质区别,前述方法完全可以在这里适用,因此不再赘述。需要指出的是,假设在七人合议庭的庭审中,事实问题和法律问题已经经过了较为准确的区分,那么之前的区分结果便可以延续到案件的上诉阶段。当事人仅就已经区分出的法律问题进行上诉,而上诉法院也仅对已经被归入法律问题范畴的上诉理由进行审查即可。

3. 陪审员与法官之间错位行使审判权的上诉救济

然而,倘若一审中没有准确区分,在上诉中如何处理?已经有学者注意到,应当通过上诉对陪审员和法官之间的错位行使裁判权进行救济。[2]对于这种错位应当如何救济,《人民陪审员法》没有进行规定,本书在之前已经对这个问题展开了部分探讨。实际上,除了应当赋予当事人对事实问题和法律问题区分(即事实问题清单的内容)提出异议和修正的权利外,还应当赋予其通过上诉进行救济的权利。

事实问题和法律问题区分出现错误,即事实问题清单列举的问题错误,包括将法律问题列入事实清单、未将关键事实问题列入清单、事实清单表述可能造成误导等;从程序上看事实问题清单的形成方式不当,如未经控辩双方确认、并非由该案

---

[1] [德]克劳思·罗科信:《刑事诉讼法》(第24版),吴丽琪译,法律出版社2003年版,第516页。

[2] 参见陈学权:"人民陪审员制度改革中事实审与法律审分离的再思考",载《法律适用》2018年第9期,第32页。

审判人员制作等,都可以作为上诉或抗诉的理由,并且理应得到支持。这些问题如果有可能影响案件正确判决,便应当被认定为重大程序违法,应当撤销原判发回重审。无论是将事实问题视作法律问题,还是将法律问题视作事实问题,这种上诉理由本身都应当是一个法律问题。首先,《人民陪审员法》等法律是事实问题和法律问题区分的依据;其次,需要运用大量的专业法律知识来判断一个问题属于前者还是后者,并且该问题本身是一个程序问题,必然属于法律问题范畴。因此,将其作为上诉的理由不违背陪审案件上诉制度中"法律审的事后审"的模式定位。

第六章
我国陪审程序的构建

在讨论了陪审制的整体问题之后，本章将讨论人民陪审制在诉讼当中的具体程序设置问题。本书在前几章通常使用的是"陪审制度"或"陪审制"的术语，但是这一章本书将提出并大量使用"陪审程序"的概念。陪审制度是一个宏观的概念，本书的研究对象也是作为整体的陪审制度，在陪审制度中包含了陪审员的选任、培训、管理、奖惩等一系列与陪审有关的制度，当然也包含了陪审程序。而陪审程序是指狭义上在审判阶段运用陪审员参与的方式进行案件审理的程序。[1]

在英美法系，陪审团审判是一项法定程序，当事人拥有是否采取陪审团审判的程序选择权。先前学界尚未发现明确提出我国"陪审程序"的概念并体系化地探讨程序构建问题的研究。所谓法律程序就是形成法律决定的过程，法律程序包含了一系列环节，包括程序的启动和结束、程序主体的行为、法律决定的生成、审查和生效等。[2]由此概念出发，陪审程序就是通过陪审员参与的方式作出裁判的整个过程。笔者认为，人民陪审员参与审理的案件采用的是一整套区别于普通案件审理程序的特殊程序，法律围绕陪审员的职权行使在审判活动的从始至终

---

〔1〕 程序要求的是相对的集中性。例如，陪审程序的范围只涵盖在审判阶段，围绕法庭审理展开，如果跨越侦查、起诉、审判，乃至于上诉、再审等多个程序和制度，则难以称得上是一项程序。例如，"认罪认罚从宽"由多项制度组成，参与主体众多，横跨各个诉讼阶段，因此难以在整体上称为"程序"。

〔2〕 陈瑞华：《程序正义理论》，中国法制出版社2010年版，第4页。

第六章 我国陪审程序的构建

都设置了一系列不同的规则。陪审程序是依托于审判程序的,与简易程序类似,是在普通程序的基础上进行的适度改造,而不属于"特别程序"范畴。[1]从阶段上看,陪审程序主要包含了审前程序、[2]庭审程序以及合议程序,本章将分别就这三个阶段的程序进行初步探讨。

陪审程序的设置能否充分保障陪审员行使职权对陪审实质化改革意义重大。然而,《人民陪审员法》遵循了"宜粗不宜细"[3]的传统立法原则,没有对具体程序进行详细规定,而相关司法解释也没有将其细化成类似"三项规程"的程度。因此,这个问题不仅需要实务部门的进一步探索和经验总结,同时也需要理论界予以充分关注。

本书选取的"陪审程序"的内容都是与陪审紧密相关的程序和规则,从促进陪审实质化角度看,所有推进"以审判为中心"诉讼制度改革的举措,以及提升庭审实质化水平的举措通常都有助于陪审实质化的实现,但是本书只选取具有陪审特征

---

[1] 以刑事诉讼为例,《刑事诉讼法》单独设置了一篇规定了刑事诉讼的特别程序,包括未成年人刑事案件诉讼程序,当事人和解的公诉案件诉讼程序,缺席审判程序,犯罪嫌疑人、被告人逃匿、死亡案件违法所得的没收程序,依法不负刑事责任的精神病人的强制医疗程序。这些程序大多数不是审判程序,只有缺席审判是一个例外。实际上,缺席审判程序不应当被视为特别程序,应当被规定在刑事诉讼法的"审判"部分,作为审判程序的例外情况。相关研究参见杨宇冠、高童非:"中国特色刑事缺席审判制度的构建——以比较法为视角",载《法律适用》2018年第23期,第25页。

[2] 审前程序不是指审判阶段之前的程序,其仍然属于审判程序的范畴。审前程序又被称为审前准备程序或庭前程序,是指法院受理案件后至开庭审理前,为保证当事人充分平等地行使诉讼权利和实现庭审的顺利进行,以整理当事人的诉讼主张和证据关系为目的,法院和当事人所进行的民事诉讼活动应遵循的一系列步骤和规程。参见宋向今:"民事诉讼审前准备模式探讨",载曹建明主编:《中国审判方式改革理论问题研究》,中国政法大学出版社2001年版,第718页。

[3] 相关讨论参见万其刚:"对'宜粗不宜细'的新思考",载《法学杂志》1997年第6期,第39页。

的有别于一般程序的部分予以论述。其他措施（例如证人出庭等）虽然也有助于陪审实质化的实现，但不属于陪审程序的范畴。陪审程序主要是围绕陪审员职权行使设置的，但是其前提是必须考虑到当事人诉讼权利的保障，后者才是陪审程序设置更为直接的目的。

第一节 陪审案件的审前程序

陪审案件的审前程序通常不为人所重视，因为陪审员几乎不参与审前程序。实践中，陪审员一般都是在开庭之日才来到法院，事先基本上对案件一无所知，所以绝大多数陪审员参与的审判活动都仅限于庭审活动，甚至连庭审之后的合议也不参加。英美法系为了确保随机遴选的陪审员不接触到案件材料，均严格禁止陪审员参与庭前的阅卷，他们只要参加庭审和评议即可。但是，我国职权主义的诉讼模式在这方面有不同的理念和做法。笔者认为，陪审程序的开始应当提前至审前阶段，如果陪审员只在庭审时才介入案件，将加剧陪审虚化的现象。同时，当事人在审前阶段也应当拥有一定的程序选择权，虽然陪审员不参与程序启动环节，但是该环节也属于审前程序的重要内容。

一、陪审程序的启动

陪审的启动程序是整个陪审程序的开端，启动程序解决的是以何种方式决定一个案件是否需邀请陪审员参与。一般认为，在我国按照启动主体不同，可以将陪审的启动方式分为两种：一是法院主动依职权启动；二是当事人申请启动。但是，这两个方式实际上都是"可以"适用陪审程序的情形，《人民陪审员法》第15条、第16条分别列举了3项和4项原则上必须适用陪审制度的案件,[1]在这些案件中,当事人和法官均没有程序选择权,属于强制性规定而非任意性规定。除此之外,其他一审的民事案件、行政案件以及刑事案件均属于可以适用陪审程序的案件,最终是否适用由法官决定。依照《人民陪审员法》第17条的规定,即便是当事人申请适用的,法官也是"可以"适用而非"应当"适用,即法官具有裁量权和最终决定权。

(一) 法律强制适用

《人民陪审员法》第15条和第16条规定的情形是法律规定必须适用陪审程序的案件类型,属于法定强制适用的情形。《人民陪审员法(草案一审稿)》第15条规定的是"可以"适用,没有作强制性规定,但是一些地方人大代表认为法院的裁量权过大,不利于陪审员作用的发挥。最终,立法机关采纳了该意见,删除了"可以"二字,实际上成了"应当"适用,虽然法律没有将其写明。[2]这些案件虽然是由法院审查判断是否符合法律规定的情形,但是组成七人合议庭的几类情形规定得十分明确,法院没有裁量的余地。必须强制适用陪审程序的类型是可能判处10年以上有期徒刑刑罚的刑事案件、民事和行政公益诉讼以及拆迁、环保、食药安全等案件。除了这里提到的《人民陪审员法》第16条的前三项之外,其他类型的案件法院均有一定的裁量权。

这些需要法官进行主观裁量的事由包括第15条中的"群体利益""公共利益""群众广泛关注""社会影响较大""案情复杂"以及第16条中的"社会影响重大"等。这些情形虽然有一定的客观标准,但是法官在其中还是拥有较大的决定权。这些

---

〔1〕 需要注意的是,其中这两条的最后一项均是兜底条款,实质上是法官依职权决定的范畴。其他类型中也有一些标准法官拥有一定的裁量和决定的空间。

〔2〕 最高人民法院政治部编著:《〈中华人民共和国人民陪审员法〉条文理解与适用》,人民法院出版社2018年版,第171、183页。

规定实际上是为了扩大陪审程序的适用范围，防止法院不用或少用陪审程序。但实际上，陪审程序却存在被"过度适用"的情况。因此，从理论上说，对这些问题的判断标准应当从严把握。

法律和司法解释还规定了禁止适用的问题，也就是在一些案件中不得适用陪审程序。《人民陪审员法》第15条第2款规定，如果其他法律规定必须由法官组成合议庭或者独任审判，则不得适用陪审程序。[1]在《刑事诉讼法》中，简易程序可以适用独任制审理，但也不排斥陪审员与法官共同组成合议庭；在速裁程序中由法官一人独任审理，不得适用陪审程序。此外，最高人民法院审理的一审案件由3名至7名法官组成合议庭审理，不适用陪审程序。根据《民事诉讼法》的规定，简易程序适用独任制审理，选民资格案件和承认外国离婚判决的申请都由法官组成合议庭审理，不适用陪审程序。需要注意的是，需要裁定的执行程序以及非审判程序的特别程序都不适用陪审程序。

关于《人民陪审员法》的司法解释还明确提出了三种禁止适用陪审程序的案件类型，分别是民事诉讼中的特别程序、督促程序、公示催告程序案件，以及申请承认外国法院离婚判决的案件，另外还有裁定不予受理或者不需要开庭审理的案件。[2]实际上，这些类型只是将已有的规定明确化，并且也没有完全列举，有所遗漏。

(二) 法院依职权适用

虽然从严格意义上说，法律强制适用的案件也需要法官审查后决定邀请人民陪审员，而当事人申请适用的案件最终启动陪审程序也需要法官的批准。但是，"法院依职权启动"的案件

---

[1] 参见《人民陪审员法》第15条第2款。
[2] 参见《最高人民法院关于适用〈中华人民共和国人民陪审员法〉若干问题的解释》第5条。

并不包括法律强制适用陪审程序的案件,也不包括当事人申请适用的案件,[1]在这两类案件中,陪审程序的适用不完全是法院施行职权的结果。

法院依职权启动的案件实际上在很多情况下是"非必要"适用陪审程序的案件,所以在调控案件陪审总量和陪审率上,这部分案件应当被重点控制。当前,我国陪审案件适用率居高不下,许多没有必要甚至不应当适用陪审程序的案件也邀请了人民陪审员参与,这实际上是不符合陪审制度的应然定位的。

当前我国司法案件的陪审率畸高,笔者在F省N市J区法院了解到,2019年该区法院适用普通程序审理案件2972件,其中陪审员参与陪审案件2390件,陪审率为98.42%。有研究对2013年我国各地陪审案件的比例进行了统计,许多省市都达到了90%以上。[2]据官方统计,2013年全国一审普通程序的陪审率为71.7%,比2006年提高了52%。[3]2014年这个比例又有所增加,当年人民陪审员共参审案件219.6万件,陪审率达到了78.2%。[4]2015年《人民法院报》刊发文章对陪审率畸高的现象进行了反思和批评,认为其违背了司法规律,使陪审制度的功能发生了异化,文中还透露有的地方法院的陪审率甚至达到了

---

[1] 本书认为双方当事人都申请适用陪审程序的,法官应当适用,而不能行使裁量权,这应当成为下一步改革的举措。

[2] 参见苗炎:"人民陪审员制度启动模式研究",载《当代法学》2015年第4期,第112页。

[3] 参见毛磊、张洋:"最高法向全国人大常委会报告人民陪审员工作情况",载《人民日报》2013年10月23日。

[4] 2013年5月,最高人民法院进一步提出了2年内实现人民陪审员数量翻一番的"倍增计划"。到2014年底,全国人民陪审员共20.95万人,增加了12.5万人,增幅为146.5%。2014年人民陪审员共参审案件219.6万件,占一审普通程序案件的78.2%。参见周强:《深入推进人民陪审员制度改革大力弘扬社会主义司法民主——在人民陪审员制度改革试点工作部署动员会上的讲话》,2015年4月28日。

100%。[1]在本轮人民陪审制改革试点期间，一审法院适用陪审程序的比例达到了77.4%，[2]也就是说，人民陪审制改革并没有使畸高的陪审率降低。

通过这些数据可以发现，我国陪审的适用也存在"二八定理"，但却是倒置的二八比例。其中有许多案件是不在陪审适用范围之内，但却仍然适用陪审程序。其中不仅有法院将人民陪审员作为补充人力资源的考量，还有一个重要原因是许多地区法院系统都设置了陪审程序参与率的考核指标。如果法院未能在一定比例的案件中邀请人民陪审员参审，可能在考核时承担不利后果，这也变相助长了陪审制度范围扩大的不正之风。

因此，陪审数量限制的主要对象就是法院依职权启动的案件范围。笔者在 F 省 S 时调研时了解到，该市 2017 年至 2019 年间 2 万余件人民陪审员参与审理的案件，没有一件是当事人申请适用陪审程序的。F 省 N 市部分法院也均呈现出这种"一边倒"的样态。足以见得，这部分案件可以"调控"的空间和幅度是巨大的。

虽然在可自由裁量的案件中法院有权决定是否启动陪审程序，但是为了将陪审适用范围限定在重大案件中，一方面除了《人民陪审员法》第 15 条和第 16 条规定应当适用陪审程序的情形之外，若非当事人申请，其他案件原则上不应当适用陪审程序；另一方面，前文已经提及，对于《人民陪审员法》第 15 条和第 16 条规定的需要法院主观判断的因素，应当从严把握。

---

〔1〕 胡夏冰："案件陪审率，应该是个什么指标"，载《人民法院报》2015 年 1 月 13 日。

〔2〕 参见《最高人民法院关于人民陪审员制度改革试点情况的报告》（2018 年 4 月 25 日在第十三届全国人民代表大会常务委员会第二次会议上）。

第六章 我国陪审程序的构建

（三）当事人申请适用

有观点认为，一个案件是否启动陪审制、启动陪审制之后组成几人合议庭都应当由人民法院依据职权来自主决定，案件当事人不应当具有就陪审制的启动和合议庭的组成要求复议或提起上诉的权利，这是法院审判权独立的体现。[1]这种理解在现行法律框架上看并无不当之处，然而在应然层面却值得商榷。

由于前文所论及的价值取向，无论是民事还是刑事案件，都应当充分尊重当事人的意愿。在陪审制度的启动上，应当控制法院主动依据职权启动的案件类型。在申请启动陪审的案件类型方面，赋予当事人更广阔的权利。在没有法律规定必须适用陪审程序的情况下，应当赋予当事人更大的自主权。具体来说，民事案件中如果双方当事人明确拒绝适用陪审程序，法院不应当强制适用，刑事案件中如果被告人明确拒绝陪审员的参与，法院也不应当启动陪审程序；如果被告人申请适用陪审程序，法院原则上应当准许，除非在黑恶势力、恐怖活动、毒品等案件中陪审员参审可能会受到来自被告人方面的威胁，可能存在潜在危险等情况。[2]

《人民陪审员法》第17条规定，即便当事人申请适用陪审程序，法院也有权自行判断。法院"可以"决定适用陪审程序，而非"应当"适用。立法者如此规定是在一方申请适用而另一方没有申请或是拒绝适用的情况下给予法官决定的权力。[3]对于一方申请而另一方不同意情形下的处理方法，目前最高人民法院仍然没有形成统一的意见，其初步的想法是如果不同意适

---

[1] 姚宝华："人民陪审员法第十六条第一项理解之我见"，载《人民法院报》2018年12月12日。
[2] 对此例外情况相关规定没有予以明确，下文中笔者还将对此进行讨论。
[3] 最高人民法院政治部编著：《〈中华人民共和国人民陪审员法〉条文理解与适用》，人民法院出版社2018年版，第205页。

用的一方对不同意适用陪审程序未能说明理由,〔1〕法院可以依职权启动陪审程序。〔2〕笔者认为,当事人的程序选择权应当被赋予更重要的分量,并且鉴于我国陪审制度还存在"虚化"等不正常现象,陪审员难以在实践中发挥实质作用,无法为合议庭贡献智识力量,达不到群策群力的效果。因此,在非法定强制适用的案件中,如果一方或双方当事人明确拒绝适用陪审程序,法院一般不得启动。

在《人民陪审员法(草案)》审议过程中,有地方代表建议赋予当事人对陪审程序的异议权。当时,立法人员认为决定是否适用陪审程序属于法院职权范围内的事项,因此在程序设计时没有必要太过复杂,所以没有采纳上述意见。〔3〕虽然法律没有对此作出明确规定,但是当事人对适用陪审程序存在异议(例如认为案件不属于《人民陪审员法》第15条、第16条规定的情形等)当然有权向法官提出异议,由法官对其理由进行审查。同时,这个问题也可以通过上诉解决,如果剥夺当事人程序选择权可能影响审判公正,应当以程序违法为由予以救济。

既然当事人有申请权,可以在非法律强制适用陪审的一审案件中对陪审程序的启动施加影响,那么就应当对此进行一定的程序构建。首先,法院应当在恰当的时间告知当事人其享有申请适用陪审程序的权利。根据司法解释的规定,在非强制适用陪审程序的案件中,法院应当给予当事人5日时间供其提出

---

〔1〕 这里针对的是单纯不适用陪审程序,从字面意思看不包括管辖异议、因要求法官回避而同时不认可陪审程序等。鉴于这些情况下如果异议和申请被驳回,人民陪审员介入案件加入合议庭中是有助于监督法院和法官审理案件的,因此在这种情况下需要进一步保障当事人的权利,了解其准确的意见,区分不同的情况。
〔2〕 最高人民法院政治部编著:《〈中华人民共和国人民陪审员法〉条文理解与适用》,人民法院出版社2018年版,第208页。
〔3〕 最高人民法院政治部编著:《〈中华人民共和国人民陪审员法〉条文理解与适用》,人民法院出版社2018年版,第205页。

是否适用陪审程序的申请。法官作出决定后,应当及时告知当事人。[1]该规定较好地保障了当事人的程序选择权,不过这个规定有两个问题:第一,如果案件不属于可以适用陪审程序的案件,例如属于该解释中明确列出的三项禁止陪审员参与的案件,以及法律规定的必须独任审理或由法官组成合议庭的案件,没有必要赋予其申请权,但合议庭组成人员确定后应当及时告知;第二个问题是,该司法解释只明确了当事人可以申请适用陪审程序,但实际上也应当有权明确拒绝适用陪审程序。因为如果当事人在5日内没有申请,但法院依然依职权决定适用陪审程序,该决定具有法律效力,此时当事人如果再拒绝适用,法院很可能会不予考虑。因此,前述司法解释实际上应当规定当事人可以提出拒绝适用陪审程序的请求。

另外,无论当事人是否提出申请,法院都需要对案件是否属于可以适用陪审程序以及是否应当适用陪审程序的情形进行审查。部分地方法院由立案庭决定陪审案件的启动,有的法院由承办法官或主审法官决定启动。对于启动条件的审查也应当设置一定的规则予以规制。

(四)检察机关建议适用

这里需要注意的是,一般而言,对于陪审程序的启动,检察机关没有参与决定权。我国法院均认为该项权力是法院的专属权力,这是否意味着检察机关在其中处于"角色真空"状态,值得进一步讨论。在检察机关提起的公益诉讼中,法律规定一律实行七人陪审程序,法院和检察院没有自由裁量权。在刑事诉讼中,被告人享有获得陪审的权利,即便被告人拒绝陪审也属于被告人的"权利放弃"。笔者认为,在这个问题上,无论是

---

[1] 参见《最高人民法院关于适用〈中华人民共和国人民陪审员法〉若干问题的解释》第2条。

法官还是作为控辩双方中一方的检察机关原则上都不应当加以干涉。但是，鉴于当前的制度没有完全落实上述被告人的权利，陪审程序的启动依然是由法官主导，尤其是在被告人对适用陪审程序不置可否的情形下。因此，即便检察机关没有决定权，但其仍然可以就陪审程序的适用向法官提出建议以供法院参考。例如，对于社会影响力较大的案件，建议适用陪审程序，或案件涉及国家秘密和个人隐私，建议不适用陪审程序。检察机关的建议不具有实质效力，仅供法院参考。

另外，由于检察机关拥有法律监督权，对于法院在法律规定应当适用陪审程序的案件中决定不适用陪审程序或明确拒绝适用陪审程序，以及适用陪审程序的类型错误，检察机关也应当通过法定途径在审前通知法院予以纠正。不过，在这个问题上，法院和检察官一般都保持了良好的沟通。笔者在F省N市P县进行调研时一位法官在访谈中说道：

> 前几天检察机关移送过来的一件案件，是关于食品安全的，检察院的人说这个案件涉及公共利益，按照新出台的《人民陪审员法》的规定，要用新的七人陪审制度。我在这之前没看过这部法律，根本不知道有这样的制度。检察院跟我说了以后我就去查了一下法律，还真的是这样，所以现在已经决定用七人合议的程序了。但是具体怎么用我们也不了解，还要再研究一下，这也是我们县第一起采取这种形式审理的案件。[1]

从以上访谈中可以得知，检察机关可以对适用陪审程序相关问题提供建议，与法官进行沟通。但是，这并不能说明检察机关建议适用是一种法定的陪审程序启动方式。这只是对法院

---

〔1〕 F省N市P县访谈材料。

依职权启动的一种补充,并且是在法律强制适用的情形下监督法院施行《人民陪审员法》的规定,因而不能将其与前述三种启动方式相提并论。

二、陪审员的个案遴选程序

前文已经对人民陪审员的选任进行了较为全面的研讨,虽然部分涉及了个案的遴选,不过主要还是集中在司法行政机关、法院、公安机关等有关部门如何从人民群众中选取一定人员赋予其人民陪审员的资格,而这些不属于本书提出的陪审程序的范畴。在个案中确定组成合议庭的陪审员是陪审程序的重要组成部分,是陪审程序审前环节的重中之重。

(一)陪审员的随机抽选程序

按照这一轮人民陪审制改革的部署,人民陪审员参与案件的审理需要经过"三次随机",而个案中从陪审员名单中选取陪审员组成合议庭则是其中的"第三次随机"。根据《人民陪审员法》的规定,所有参与案件审理的陪审员都应当通过随机抽取的方式确定,不能由法官进行"个别联系"。依照当前的立法精神,即便是专家陪审员也必须单独从建立的专家陪审员库中随机抽取,不能指定某个专家参与审理。

虽然《人民陪审员法》对于遴选程序没有具体的规定,不过最高人民法院关于《人民陪审员法》的司法解释较为详细地规定了个案遴选的程序,在一定程度上弥补了我国在实践操作规范上的缺失。该司法解释提出,开庭7日前,法院从陪审员名单中随机抽取陪审员,并且可以随机抽取需要的候补陪审员,并确认递补的顺序。[1]专家陪审员也遵循上述规定,但是从专

---

[1] 参见《最高人民法院关于适用〈中华人民共和国人民陪审员法〉若干问题的解释》第3条。

门的陪审员库中抽取。然而,此规定并非操作细则,也是较为原则的规定。

关于如何从陪审员名单中随机抽选陪审员,法律和司法解释没有作出明确规定,各地的做法也不一样。有的省市统一建立了专门的人民陪审员数据库,将全省市的人民陪审员信息全部录入数据库,当需要陪审员参与案件审理时,相关人员都必须通过该计算机系统抽取。这种方式是当前最为理想的方案,不仅运用科技手段减轻了法院抽选的负担,简化了工作流程,并且在方便、快捷的基础上加强了对全省市范围内陪审员随机抽取工作的监督,在很大程度上减少了"私下指定"的现象,有效提高了陪审实质化的水平。也有的地方没有建立统一的随机抽选信息系统,而是由使用陪审员的法院自行建立数据库并且通过计算机进行随机抽取。这种方式是符合法律规定的,虽然可能存在一些不规范的情况,或者存在在选取中掺杂人为因素的潜在风险,但是总体上也是可以较好地执行随机抽选的要求。

可是,笔者在调研中了解到,也有一些地方没有落实《人民陪审员法》和相关司法解释关于随机抽选的要求。例如,在法律和司法解释明确提出应当实施随机抽选之后,H省P市法院在陪审员的个案遴选上还是采用传统的方法,即由有需要的法官自行打电话联系较为熟悉的陪审员参与自己案件的审理。可见,人民陪审制改革举措的落实情况,不同地区之间存在很大差距。相较而言,较为发达、法治水平较高的城市,尤其是参与前期试点地区的法院一般都较好地执行了随机抽取的要求,但也有一些较为"偏远"的地区存在执行不力的情况,甚至出现了无视法律规定的情况。

既然司法机关没有主动适用的动力,而且不执行法律也没

第六章 我国陪审程序的构建

有行政上的不利后果,那就有必要赋予当事人未实施随机抽选的法律救济,即设置诉讼程序上的不利后果。如果有证据证明一审法院没有实施随机抽选程序,当事人可以以程序违法为由提起上诉。如果程序违法可能造成审判不公正,则应当撤销原判,发回重审。这种方法可以倒逼法院贯彻落实法律关于随机抽选的要求。但是,一方面,当事人证明未实施随机抽选可能影响审判公正难度很大,另一方面,即便证明成功,发回重审对司法资源的耗费成本也相当大。是故,相对更理想的方式是通过法院内部行政考核等方式调整法官行为,促进随机抽选的实现。

当然,最接近"一劳永逸"的方法是加强建设计算机抽选平台,实现"算法治理"和"数据治理"。如果统一通过"机器抽选",就有可能在更大程度上减少人为操控的空间,并且易于对相关数据统计进行监控。因此,随机抽选程序的构建应将着力点放在技术层面和操作环节。[1]

在《人民陪审员法(草案)》审议时,有代表提出要真正实施人民陪审员的"一案一选",[2]也有学者认为应当做到"一案一选",[3]并且这也是最高人民法院改革陪审制度的方向。从前述司法解释中可以看出,法律制定者也倾向于在个案中实现"一案一选"。不过,笔者在调研中了解到,不少法院认为在每个案件中随机抽选实施难度较大,而且十分烦琐,还将耗费大量司法资源。此外,在实践中,虽然陪审员已经经过正

---

[1] 参见刘方勇、周爱青、孙露:"人民陪审员遴选机制改革与立法评析",载《中国应用法学》2018年第4期,第60页。
[2] 参见谢文英:"明确人民陪审员'一案一选'",载和讯网:http://news.hexun.com/2013-10-28/159118155.html,最后访问时间:2020年3月22日。
[3] 施鹏鹏:"人民陪审员制度的改革历程及后续发展",载《中国应用法学》2018年第4期,第28页。

式的任命和培训,已经在陪审员名单中,但在个案通知参审时,陪审员还时常以各种事务为由推脱或者希望调整时间。虽然陪审是公民的义务,但我国的法院一般都会尊重陪审员的意愿,不会强制其到庭参加,所以如果每次随机抽选后都要与陪审员确认和协调时间,一旦庭审与陪审员个人安排有冲突,还将启用候补陪审员进行递补,甚至需要重新抽选,这将牵扯法官不少的精力。

基于这些原因,有的地方开始探索一定的变通方式,即建立类似"值班律师"的"值班陪审员"制度,即每日随机抽选少量陪审员到法院"值班",而派出法庭则每周随机抽选若干陪审员到法庭"值班"。当日或当周该法庭所有需要陪审的案件都由这批陪审员负责。[1]该机制虽然没有做到"一案一选",但也不违背法律和司法解释要求的开庭7日前进行随机抽选的规定。这些陪审员也是随机产生的,每日或每周一换,通过"值班"履职之后一定期间内不再被作为抽选的对象,因而具有较强的随机性和流动性,不会造成"驻庭陪审员"和"编外法官"的异化现象。同时,这种方式还有一定的好处,即这样可以较为平均地分配每个陪审员陪审案件的数量。此外,这种方式还可以较大幅度地减少陪审员个人的不确定性,促进审判活动顺畅、有序进行。笔者认为理想状态下实行"一案一选"当然可以最大限度地保障陪审独立性,促进陪审实质化,但为了平衡司法效率的价值追求,"值班陪审员"的方案也可以继续探索,在措施成熟且保障合法性和正当性的前提下进行推广。

(二)抽选的时间和主体

随机抽选的程序确定后,还需要解决如何监督陪审员的抽

---

[1] 参见刘方勇:"坚持和完善人民陪审员随机选定机制",载《人民法治》2019年第10期,第62页。

选问题。除了统一运用计算机系统随机抽取之外，还应当规范执行抽选的人员以及抽选程序的见证人问题。首先要解决的问题是，陪审员应当由何人确定。在一些地方，陪审员的选取由审理案件的承办法官负责。但是，这种模式可能遭遇监督不力的问题，无法确认陪审员确系随机抽取产生的，尤其是在信息化技术化手段不健全的地区更是如此。法官会习惯性地选择自己熟悉并值得信任且已经长期"合作"的陪审员共同审理案件，这样可以对陪审程序甚至审理结果进行把控。这显然是造成陪审虚化的重要原因，要推行陪审实质化改革就必须杜绝这种做法。

同为合议庭中的法官不宜参与陪审员具体人选的确定，而是应当由法院相对独立的部门负责随机抽选工作。人民陪审制改革推行后，一些法院设立了专门的陪审员管理办公室，[1]该部门专门负责陪审事务，由其负责个案的抽选比较妥当。况且，这些人员熟悉陪审员的情况，便于与陪审员沟通时间安排等事宜。在大多数法院，陪审工作还是由法院政工部门负责，[2]主要是由政治处负责，也有法院由院办公室负责，这些机构处理人民陪审员的选任、培训等一系列事务。在这种情况下，由其负责全部三次随机抽选也是一个可行的方案。另外，由分案的立案庭负责部分陪审员的抽选也是一个实践中的选择。总之，禁止审理案件的法官参与决定陪审员人选，在陪审员和法官之间设置较为严格的隔离程序是陪审实质化改革的应然要求。在此程序中，由法院相关内设部门确定个案的陪审员人选和候选人之

---

[1] 2007年，北京市西城区人民法院设立了专门的人民陪审办公室，隶属于院办公室，专司陪审事务。包括选任、培训、表彰、开庭前的排期、发放补贴等。参见祖鹏、李玉华主编：《人民陪审制度的理论与实践——以北京市西城区人民法院为研究对象》，法律出版社2012年版，第65页。

[2] 参见2005年最高人民法院颁布的《最高人民法院关于人民陪审员管理办法（试行）》第2~4条之规定。

后，再通知主审法官，这样才可确定合议庭的组成人员。

然而，有一些地方没能由相对独立的部门负责陪审员的抽选；也有地方尚未建立数字化的管理平台，即便有其他部门抽选，也无法保证随机抽选的进行。为了保障随机抽选的真实性，在前述环节难以实施的情况下，可以由当事双方共同参与抽选程序，见证和监督随机抽选结果的产生。例如，可以考虑在庭前会议等场合解决陪审员的确定问题，选择当事双方在场的时候通过计算机等方式确定陪审员人选。只要在当事人的监督下进行，便不必拘泥于抽选的形式，在条件有限的地区，人工"抓阄"都是完全可行的方法。

（三）人民陪审员的通知程序

人民陪审员经过随机抽取被选为某个案件的合议庭组成成员或候补成员后，法院应当及时通知陪审员参与案件的审理。根据相关司法解释的规定，通知的对象有两类：一是人民陪审员和候补陪审员；二是陪审员所在的单位。由于一些单位可能对法律的认识不够深入，存在不允许职工或员工在工作时间参与案件审理的情况，需要法院出具文书予以协调。一些单位即使愿意配合，也需要一定的材料予以证明。因此，司法解释有必要规定通知单位的机制，但是这种通知不是每个案件的必经程序，只有在有必要时才需通知人民陪审员所在单位。[1]由于实践中存在个别陪审员临时因故缺席的情况，为了保障庭审的顺利进行，提升司法效率，法律允许法院从陪审员名单中抽取一部分人员作为该案陪审员的候补。对于候补陪审员，法院也必须进行通知，要求其在开庭之日到庭候审。

关于通知的内容，司法解释规定对人民陪审员和候补陪审

---

[1] 参见《最高人民法院关于适用〈中华人民共和国人民陪审员法〉若干问题的解释》第4条。

员应当将案件案由、当事人姓名或名称、开庭地点、开庭时间等事项一并予以告知,后两项尤其不可遗漏,否则陪审员将无法到庭参审。对于候补陪审员,法院还可以告知其递补的顺序,让其早做准备。对单位的通知可以不必如此详细,只需要告知参加开庭的时间地点即可。

关于通知的形式,该司法解释规定对单位的通知应采取书面的形式,加盖法院的公章(见图6-1)。对陪审员和候补陪审员的通知相关规定没有作出具体要求,实践中可以灵活掌握。从理论上来看,法院只需要让陪审员接受和了解到上述信息即可。不过需要注意的是,许多地方都是通过电话通知的方式,鉴于陪审员及候补陪审员可能出现信息遗忘或记忆错误等情况,在电话确认后还应当将通知以书面的形式通过短信、邮件等方式发送至陪审员处。在工作上做到全程留痕也可以明确日后的责任认定和划分。

参审通知书(单位)

_____:

　　依法参加审判活动是人民陪审员的权利和义务。你单位_____系甲省乙市_____区(县)人大常委会正式任命的人民陪审员,根据《中华人民共和国人民陪审员法》《最高人民法院关于适用〈中华人民共和国人民陪审员法〉若干问题的解释》等规定,经随机抽取程序,被抽选为我院_____庭_____案的合议庭组成人员,该案定于_____年____月____日____时____分在_____开庭审理。请予以支持配合。

　　特此通知。

　　　　　　　　　　　　　　　_____法院(盖章)
　　　　　　　　　　　　　　　　　年　　月　　日

图6-1　参审通知书范例(单位)

陪审员的通知程序不仅是将信息发送至陪审员与候补陪审员即可，还需要收到通知对象的反馈，即陪审员与候补陪审员明确表示可以参加庭审，否则还需要与之进行协调，甚至重新抽选后再次通知。在我国，陪审的义务性特征较弱，通常来说，法院并不强制人民陪审员到庭参审。无论是初次选任还是个案的遴选，都较为重视陪审员的个人意愿。

最后，需要注意的是，陪审人员确定之后还需要将合议庭的组成人员，包括陪审员的信息，以及候补陪审员的递补顺序等告知当事人，以便其行使回避等权利。这虽然不属于这里所说的陪审员的通知程序，但也有部分内容需要进行协调。例如，陪审员抽取后还不是正式的合议庭成员，此时还不能将其信息告知当事人，只有在其确认可以参与，法院正式组建起该案的审判组织后，才可以将合议庭组成人员告知当事人。

三、陪审案件的庭前准备

陪审案件的庭前准备程序关系着案件审查、程序分流、非法证据排除、证据开示、明晰争议等诸多关键事项。陪审案件的庭前准备程序有一些特殊的问题需要研究，主要是陪审案件庭前会议的内容确定与对陪审员信息的传达方式，以及陪审员是否应当参与庭前阅卷、如何参与庭前阅卷等争议问题的解决。

（一）陪审案件的庭前会议

我国人民陪审员曾经广泛参与庭前程序，甚至可以参与庭前调查。我国原先实行预审制度，预审庭由 2 名陪审员和 1 名法官组成，预审后决定开庭审理的，预审庭的组成人员自动成为该案的合议庭组成人员。[1]随着法院对公诉案件进行审查的

---

[1] 参见王敏远：\"中国陪审制度及其完善\"，载《法学研究》1999 年第 4 期，第 27~28 页。

预审制度的废除,人民陪审员参与庭前程序面临新的问题。

2012年《刑事诉讼法》和《民事诉讼法》修改时增加了庭前会议制度,之后相关司法解释对该制度进行了补充和完善。部分陪审案件开庭审理之前,法院会召开庭前会议,因此庭前会议中陪审程序事项的协调和决定,以及陪审员是否参加庭前会议等问题有必要予以明确。另外,《人民陪审员法》创立了七人合议庭制度,对于适用七人合议庭审理的陪审案件庭前会议程序需要予以重点研究。

1. 庭前会议中关于陪审程序事项的决定

从立法意图上看,庭前会议是为了让法院在庭审之前针对可能影响审判公正的问题先行听取意见,这样有助于法官明确案件的主要争议焦点,妥善安排庭审过程。[1]其目的是为庭审做准备,以提高诉讼效率,实现审判公正,促进庭审连贯性,保障审判活动的顺利开展。[2]庭前会议是为了贯彻集中审理原则,既有程序准备,也有实体准备。[3]在庭前会议中,各方虽然可以对主要争议焦点予以明确,但不对事实和证据问题进行实质性审查,庭前会议中各方主要围绕程序性事项进行审查。[4]换言之,庭前会议的首要功能在于避免正式庭审活动过多地被程序性事项打断,因此预先在庭前对程序问题进行初步

---

[1] 参见郎胜主编:《中华人民共和国刑事诉讼法释义》(最新修正版),法律出版社2012年版,第395页。

[2] 参见卞建林、陈子楠:"庭前会议制度在司法实践中的问题及对策",载《法律适用》2015年第10期,第48页。

[3] 熊跃敏、张润:"民事庭前会议:规范解读、法理分析与实证考察",载《现代法学》2016年第6期,第150页。

[4] 最高人民法院指出,庭前会议的设立目的是"为确保庭审程序的顺利和高效进行而设置的,并非确定案件事实的审判程序。因此,庭前会议主要是程序性审查,即围绕回避、出庭证人名单、非法证据排除等与审判相关的问题,了解情况和听取意见"。参见张军主编:《〈中华人民共和国刑事诉讼法〉适用解答》,人民法院出版社2012年版,第295页。

审查,以便在后续的庭审活动可以集中精力解决实体问题。[1]

由此可见,诉讼分流和程序选择是庭前会议的功能之一。[2]那么陪审程序的选择是否也可以通过庭前会议解决就是一个值得探讨的问题。笔者认为,当事人如果申请适用陪审程序或拒绝适用陪审程序,法官没有按照其意愿依职权决定相关事项,当事人及其代理人、律师在庭前会议中可以再次提出异议,与法官沟通和协商,如果确有违法之处,法院应当及时纠正。

2. 人民陪审员参与庭前会议问题

最高人民法院颁布的关于庭前会议的规程规定,刑事案件庭前会议的主持人员是承办法官,其他合议庭组成人员亦可以主持庭前会议。[3]关于民事案件的庭前会议主持人员,法律没有明确规定。在司法实践中,民事案件庭前会议的主持人员主要有三个主体:第一是承办法官,既包括主审法官,也包括合议庭中的其他成员;第二是法官助理等司法辅助人员,这种模式主要是为了减轻法官的办案压力和工作负担;第三是合议庭之外的其他法官,例如由专门的预审法官主持,这样可以防止法官在审前接触证据材料和双方当事人,形成对案件的预断。[4]在刑事案件中,庭前会议的主持主体与上述基本一致。[5]笔者认为,庭前会议需要处理的不仅仅是程序问题,还有涉及实体的证据

---

[1] 汪海燕:"刑事审判制度改革实证研究",载《中国刑事法杂志》2018年第6期,第24页。

[2] 参见陈卫东、杜磊:"庭前会议制度的规范建构与制度适用——兼评《刑事诉讼法》第182条第2款之规定",载《浙江社会科学》2012年第11期,第37页。

[3] 参见《最高人民法院人民法院办理刑事案件庭前会议规程(试行)》第3条第1款。

[4] 熊跃敏、张润:"民事庭前会议:规范解读、法理分析与实证考察",载《现代法学》2016年第6期,第151页。

[5] 汪海燕:"刑事审判制度改革实证研究",载《中国刑事法杂志》2018年第6期,第23页。

交换、归纳事实争议点、决定证据排除等问题,这些事实和证据问题必须在主审法官的主持下进行,不宜由法官助理或其他法官主持。

从相关规定来看,庭前会议的主持者可以是合议庭中的其他成员,那么作为合议庭组成成员之一的陪审员便也是合法的庭前会议主持者。不过,在实践中,这种情况几乎没有发生过,不仅是因为法院不召集陪审员参加庭前会议,还因为法院一般认为陪审员不具有组织审查相关事项、作出程序安排的专业能力和司法经验。既然陪审员无法成为庭前会议的主持者,那是否可以成为庭前会议的参加者仍值得进一步探讨。

当前,在司法实践中,不通知陪审员参加庭前会议是各地法院的普遍做法,而理论界则形成了不同意见。有学者提出应当充分保障陪审员参加庭前会议的权利,[1]但也有观点认为陪审员提前参加庭前会议将使陪审员对案件产生主观预断。并且,庭前会议主要解决的是程序问题,不进行事实认定,不属于陪审员发挥其作用的事项。[2]但是,笔者认为,不应当禁止陪审员参加庭前会议。首先,我国的诉讼模式并不排斥审判人员在庭前接触证据材料,甚至要求其在庭审之前熟悉案件情况。其次,我国的陪审制不是二元结构,没有围绕证据排除设置种种制度上的隔离措施,将危险的信息阻断在庭审之外,[3]即所谓的没有选择践行"控制陪审团理论"[4]。再次,虽然庭前会议

---

[1] 潘金贵、蔡岱燐:"论陪审实质化改革的机制构建",载《贵州民族大学学报(哲学社会科学版)》2016年第3期,第173页。

[2] 参见陈学权:"人民陪审员制度改革中事实审与法律审分离的再思考",载《法律适用》2018年第9期,第33页。

[3] 参见樊传明:"证据排除规则的陪审制基础",载《人大法律评论》2018第1期,第278页。

[4] See Lisa Dufraimont, "Evidence Law and the Jury: A Reassessment", 53 McGill L. J. 199, 215 (2008).

主要处理程序性问题，但是非法证据等问题实际上不只是法律问题，还对事实认定产生直接影响。前文也已提及，为了增强非法证据排除规则对司法机关和侦查机关的监督制约效力，有关非法证据排除的事项应当交由人民陪审员决定。最后，当前我国陪审制度的问题在于陪审员游离于案件审理之外，基本不参与实质讨论，所以陪审制度的问题在于陪审员不介入而不是过度介入或者提前介入。陪审员参加庭前会议有助于陪审员了解案件情况，有利于陪审实质化和庭审实质化改革目标的实现。当然，可以预见，在实践中，陪审员不会有多大的意愿参与庭前会议，所以法律在这个问题上的态度应当是既不禁止其参与，也不强制其参与。

此外，还有一个问题需要注意，如果陪审员在庭前会议中接触到当事人，法官应当向陪审员强调遵守有关审理案件的纪律要求，严禁私下接触当事人。不过，从另一个角度看，我国的许多县城还具有一定的"半熟人社会"性质，人际网较为庞大，市民之间虽然名字没有较深印象，但相互见面即可认出。在这种情况下，提前照会当事人反而可以发现一些回避的事由。

最后，需要明确的是，如果陪审员没有参加庭前会议，法官应当在开庭前告知其庭前会议的相关情况，并且对其进行答疑和解释。虽然相关规定要求法官在开庭之前宣读庭前会议报告的相关内容，[1]但是法官的义务不只是报告相关内容，在需要的时候还应当向人民陪审员解释相关问题，告知其案件的争议焦点及其含义。

3. 七人合议庭陪审案件的庭前会议程序

相比于三人合议庭的陪审案件，适用七人合议庭案件的庭

---

[1] 参见《最高人民法院人民法院办理刑事案件庭前会议规程（试行）》第24条。

前会议承担了更多的功能,鉴于该制度实施不久,相关程序的构建需要予以重点关注。相关法律和司法解释对需要召开庭前会议的案件进行了列举,[1]其中没有对陪审案件作出专门规定。笔者认为,采用七人合议庭审理的案件,应当一律召开庭前会议。因为《人民陪审员法》所规定必须采用七人合议庭审理的案件都是重大、复杂、社会影响力大的案件,召开庭前会议可以帮助合议庭人员提前梳理相关争议,慎重处理相关问题。七人合议庭案件的诉讼程序相对繁杂,召开庭前会议还可以事先解决一些程序问题,以提升庭审效率。当前,我国庭前会议的实施情况并不理想,适用率偏低。[2]实际上,在所有案件中,最应当召开庭前会议的非七人合议庭案件莫属。

就七人合议庭案件的事实问题与法律问题区分机制而言,庭前会议也可以发挥独特的功能和作用。有法院尝试在庭前会议中与当事人协商事实争议的焦点,提前制作事实问题清单,在庭审开始之前交给陪审员,取得了良好的效果。[3]具体来说,法院在证据交换之前或庭前会议结束之后,应向人民陪审员介绍庭审的计划,列明争议事实的问题清单,并询问陪审员对该清单是否有疑问。[4]这种做法有助于人民陪审员了解案件情况,不至于在庭审中花费大量精力理解案件的争议问题,让其专心

---

[1] 例如,《最高人民法院关于适用〈刑事诉讼法〉的解释》第183条。
[2] 参见秦宗文、鲍书华:"刑事庭前会议运行实证研究",载《法律科学(西北政法大学学报)》2018年第2期,第153页。
[3] 参见王晓飞:"北京法院试水'大合议庭'审案",载《京华时报》2015年9月10日。
[4] 参见龚浩鸣、梅宇:"陪审制大合议庭事实审与法律审分离的程序保障——以北京市法院大合议庭陪审机制试点为基础",载《法律适用》2018年第9期,第44页。

实质听审，还可以让其在庭审中有针对性地发言。[1]但是，笔者注意到，在实践中，法官除了在庭前询问人民陪审员对事实清单所载的问题有无疑问外，还询问其在庭审调查环节如何向当事双方提问，[2]这是十分不妥当的做法。暂且不论控辩双方还未在庭审中发表意见展示证据，陪审员无法判断哪些事项存有疑问需要进行发问，法官提前与陪审员沟通也会在很大程度上影响陪审员心证的独立性。如果在庭前陪审员就已经在法官的"指导"下确定了法庭调查环节的问题，相当于是对庭审进行预演和彩排，这就使得陪审成了"走过场"，造成陪审虚化的情况。长期以来，司法实践中存在法官预先准备好问题安排陪审员发问的现象，[3]本轮陪审制度改革就是要破解这种陪审虚化的问题，如果在庭前会议事先商议庭审中要提出的问题，将使陪审虚化愈演愈烈。

上述地区法院实际上是将事实问题清单的制作从庭审结束之后大幅提前至庭前准备阶段。这种方法确实可以让陪审员的事实认定更为清晰、准确，使陪审员可以在当事双方就事实问题进行举证质证时事先对可能的争议点有一定的留意，可以辅助陪审员对事实和证据的认知，有助于陪审员在庭后对事实问题进行判断。这种事实清单还可以使得陪审员在庭审过程中第一时间记录下自己对事实问题的理解和判断，有助于之后还原心证过程。这样可以让陪审员在忠实于自己本意的情况下对事

---

[1] 参见陈学权："人民陪审员制度改革中事实审与法律审分离的再思考"，载《法律适用》2018年第9期，第33页。

[2] 参见龚浩鸣、梅宇："陪审制大合议庭事实审与法律审分离的程序保障——以北京市法院大合议庭陪审机制试点为基础"，载《法律适用》2018年第9期，第44页。

[3] 参见张建伟：《刑事司法体制原理》，中国人民公安大学出版社2002年版，第327页。

实进行认定，可以在一定程度上防止法官在评议时对陪审员意见进行潜在的干扰和影响。

不过，需要注意的是，审前制作并在庭审时发放给陪审员的只是初步的清单，具有法律效力的清单是在庭审环节结束后，合议庭评议之前，由法院提供给陪审员进行裁决的事实问题清单。正式的问题清单必须由法官签发，并且经过控辩双方确认后方可生效。[1]所以，在正式的事实问题清单生成之前，法官还应当针对庭审中呈现出的新的争议焦点等内容对原先的事实清单进行修改、删除、补充，以及对相关表述进行完善，以提高准确性和可理解性，在此还应当注意保障当事人提出异议的权利。

最后，需要强调的是，庭前的事实问题清单其性质相当于对陪审员的初步指示。如果陪审员没有参加庭前会议，法院也没有制作相关清单，法官也应当对七人合议庭的所有陪审员就庭前会议的相关情况进行集体指示。在此法官不仅必须宣读庭前会议报告，还应当就相关内容进行详细说明，回答陪审员的提问。

(二) 陪审员的庭前阅卷程序

人民陪审员是否应当在庭前阅卷在理论上也存在一定的争议。实际上，不仅如此，就职业法官是否应当在庭前阅卷，我国理论界和实务界也发生过激烈的争论。只有解决了第二个问题，梳理了我国案卷移送模式的变迁，才能在此基础上考察人民陪审员是否应当在庭前准备阶段接触案卷材料的问题。

1. 我国案卷移送模式的变迁

在这个问题上，刑事诉讼法学界已经有了十分充分的讨论。我国现行《刑事诉讼法》确立的是案卷移送主义的模式，法官在

---

[1] 笔者建议，庭前制作的问题清单的制作程序也应当照此办理。

审理案件前会对案件的主要证据情况进行查阅、了解。卷宗制度长期以来一直是区分职权主义和当事人主义诉讼模式的重要考量因素。通常来说，职权主义的诉讼模式一般都奉行"卷宗并送主义"，而当事人主义的诉讼模式则实行"起诉状一本主义"。[1]我国1979年《刑事诉讼法》确立的是全案移送模式，而在1996年修改该法时，立法者引入了诸多英美对抗式诉讼模式的元素，例如弱化了法官主导作用，尤其是讯问被告人等调查性权力。[2]而其中一个重要举措是，为了应对当时饱受诟病的庭前阅卷制度，立法者取消了全案卷宗移送的规定，只移送证据目录、证人名单和主要证据的复印件或照片，[3]体现了英美"起诉书一本主义"的影响。这项改革实际上是从"案卷移送主义"和实体性审查转向"复印件主义"和以程序性审查为主，意图控制法官在审前接触案件信息的范围，保障审判的中立和公正。但是，该法实施后不仅没有取得预期的效果，反而对审判质量有所减损，[4]于是庭后移送卷宗这一变通方法应运而生。[5]同时，由

---

[1] 作为职权主义国家的意大利试图平衡两种模式中的优劣势，为了在减少法官预断的情况下实现法官发现真实的职能，采取了折中的"双重复卷宗"制度。该制度是在预先侦查法官发布审判令后，初始的侦查卷宗便一分为二，一份是庭审卷宗，交由庭审法官查阅，可以在庭审中宣读，并可成为最终判决的依据；另一份为公诉人卷宗，仅为控辩双方所有，庭审法官不得接触，以避免在庭审前全面了解案件材料。但实践效果表明，"双重卷宗"制度从一开始便陷入了价值混乱、技术杂糅的窘境，既无力实现真正意义上的当事人主导，也削弱了法官推进诉讼、实现真实的职能。参见施鹏鹏："意大利'双重卷宗'制度及其检讨"，载《清华法学》2019年第4期，第97页。

[2] 左卫民："当代中国刑事诉讼法律移植经验与思考"，载《中外法学》2012年第6期，第1150页。

[3] 参见1996年《刑事诉讼法》第150条。

[4] 参见汪建成："刑事诉讼法再修订过程中面临的几个选择"，载《中国法学》2006年第6期，第91页。

[5] 步洋洋："我国刑事案卷移送制度的演变分析"，载《湖南社会科学》2016年第4期，第85页。

第六章　我国陪审程序的构建

于卷宗移送内容的变化,辩护律师庭前阅卷的范围也随之发生变化,"律师阅卷难"问题相伴而生。基于这些实践中出现的问题,2012年《刑事诉讼法》重新确立了"案卷移送主义"的模式。[1]

我国立法和司法实践都表明,赋予我国法官庭前阅览卷宗的权力不仅符合我国职权主义诉讼模式的定位,也可促使法官熟悉、了解证据,有效发挥庭审职能,促进实质正义和实体公正的实现。故而2012年的这种改变被称为是一种"务实"的选择。[2]那么,在此基础上需要解决的是,陪审员是否也可以在庭前接触案卷材料,和法官一样在开庭前阅卷,以熟悉案情,以便为后续庭审活动做准备。

2. 关于陪审员阅卷的理论争议

对于是否应当允许陪审员阅卷,理论界存在截然相反的两种意见。有学者认为,法官尚且未必能够只通过参加庭审就准确认定事实和证据,期待陪审员可以完成这项工作是不现实的。[3]但是也有学者旗帜鲜明地反对人民陪审员参与庭前的阅卷,反对的理由主要有以下几点:第一,从社会心理学的认知失调理论可以得出陪审员参与庭前阅卷会对心证产生先见和预断;第二,法官可以庭前阅卷是因其具有职业经验,可以客观公正地

---

〔1〕 有关部门在解释该变化时指出:这项改革在司法实践中的效果不佳主要是法官在庭前对大部分案卷材料并不熟悉,不了解案件主要的争议问题,难以更好地主持、把握庭审活动。而且,由于检察机关不在庭前移送全部案卷材料,辩护律师也无法通过到法院阅卷来了解全案证据,特别是对被告人有利的证据。参见王尚新、李寿伟主编:《〈关于修改刑事诉讼法的决定〉释解与适用》,人民法院出版社2012年版,第175页。

〔2〕 参见孙远:"全案移送背景下控方卷宗笔录在审判阶段的使用",载《法学研究》2016年第6期,第155页。

〔3〕 参见潘金贵、蔡岱燐:"论陪审实质化改革的机制构建",载《贵州民族大学学报(哲学社会科学版)》2016年第3期,第173页。

辨别对被告人有利和不利的证据,防止审前预断,而这种能力是普通民众不具备的;第三,即便赋予陪审员阅卷权,也无法改变其庭审不提问、合议不发言的情况;第四,庭前阅卷势必威胁到人民陪审员通过直接审理而产生的心证;第五,陪审员的监督职能体现在其防止和弥补法官将因庭前过度阅卷而形成的预断及成见带入最终心证中的现象。[1]

笔者认为,当前陪审实质化改革不仅有必要允许陪审员庭前阅卷,还应当鼓励陪审员阅卷,甚至在一定程度上要求陪审员阅卷。如前所述,包括我国在内的多个国家在反思全案卷宗移送模式时,质疑的都是法官可能在庭前接触案卷材料从而产生预断和偏见。[2]然而,采取职权主义诉讼模式的国家仍然坚持法官庭前阅卷,并不是因为其有足够的能力抵御庭前信息的影响,而是相比之下,保障实体公正、促进庭审全面发现客观真相的价值大于产生预断的潜在风险。奉行卷宗移送模式的国家采取的态度是信任职业法官,然而正如前文谈及陪审员认定事实的优势时指出的,也有研究认为职业法官实际上更容易因职业习惯而产生预断。[3]特别是在刑事案件中,法官极易因我国定罪率畸高而形成被告人有罪的偏见。从这个角度来看,陪审员庭前阅卷不仅不一定会产生预断,反倒可能起到纠正法官思维缺陷的

---

[1] 参见黄河:"裁判者的认知与刑事卷宗的利用——直接审理原则的展开",载《当代法学》2019年第5期,第128、136页。

[2] 参见陈瑞华:"案卷移送制度的演变与反思",载《政法论坛》2012年第5期,第14~15页。

[3] 也有研究指出,法官的裁判方式主要是一种教义学思维:法律知识传习和法律职业训练,使绝大多数法律概念、规则和标准已在法官头脑中定型;法官据此裁剪案件事实使之格式化,通过逻辑涵摄得出裁决;在追求同案同判目标的背后,实际上是在提供"批量式"的司法正义。这种裁判方式尽管是现代法治价值的表征,但于个案而言也有局限性。参见樊传明:"陪审员裁决能力问题研究——优秀的还是拙劣的事实认定者?",载《中国刑事法杂志》2018年第2期,第104页。

作用。

还有研究表明,法官并非认知科学的专家,其对证据的评判能力并不比普通人强。[1]此外,针对陪审员可能对传闻证据、DNA证据过于看重等观点,有实验提出了相反的结论。例如,陪审员实际上不会对其作出过高的评价,或者法官同样也会作出类似的评价。[2]所以,没有证据显示法官比陪审员有更好的抵御能力,允许法官庭前阅卷而禁止陪审员庭前阅卷的正当性何在,需要更多的证据予以说明。

另外,我国的诉讼模式建立在职权主义的基础上,这种模式就是赋予包括陪审员在内的合议庭成员较大的权威。一般来说,在广泛实行的三人合议庭中,进入合议庭的陪审员在职权上没有差异,整个合议庭共享审判权。英美法系的陪审团和法官的二元结构呈现出的是对陪审员能力的"不信任",对陪审员实施的是类似家长式的管制。[3]但是我国陪审员是从人民群众中挑选出来的,受人民之托参与国家管理,对司法权进行监督。理论上,陪审员不仅应当被信任,而且拥有相当高的权威,当然有权利在庭前行使职权。

3. 我国现行的模式选择

从以上分析中可以看出,是否可以允许陪审员庭前阅卷不完全是一个理论问题,其还涉及价值判断和选择问题。即便是在禁止陪审员阅卷的德国,理论和司法判例也经历了长期的争论,至

---

[1] See John A. Love, "The Applicability of the Rules of Evidence in Non-jury Trials", 24 *Rocky Mountain Law Review*, p. 482; Dale Nance and Scott Morris, "Juror Understanding of DNA Evidence", 34 J. Legal Stud. 2005, p. 395.

[2] Angela Paglia and Regina Schuller, "'Jurors' Use of Hearsay Evidence: The Effect of Type and Timing of Instructions", 22 *Law & Human Behaviour* 1988, p. 501.

[3] See Bernard Grofman and Heathcote Wales, "Modeling Juror Bias", 5 *Legal Theory* 221, 224 (1999).

今仍然存在正反两个完全对立的阵营。[1]所以，一个国家是否允许陪审员阅卷不仅基于历史传统，也需要考虑当下的需求。当前，我国陪审制度改革的当务之急是推进陪审实质化进程，为了实现这一基础性目标，其他价值在合理限度内作出牺牲也是正当的。

有学者指出，实现"以审判为中心"的改革目标首先要排除以人民陪审员作为阅览案卷的主体。[2]诚然，排除人民陪审员的庭前阅卷资格的确有可能促进"以审判为中心"目标的推进。无论是陪审员还是法官，审判人员在庭前阅卷接触相关证据材料都可能造成庭审虚化。然而，改革应当循序渐进，不同改革目标的实现应当有先后顺序。庭审实质化的实现不能只依靠出台强制性规定，还有赖于司法环境的改变，以及法官、检察官律师观念的转变。也正是基于这个原因，我国《刑事诉讼法》再次改革了案卷制度。所以，在通往庭审实质化的道路还相当长的情况下，禁止陪审员和法官庭前阅卷并不可取。冀望于限制审判人员在庭前接触案卷而倒逼庭审实质化的举措不仅收效甚微，还可能降低审判质量，以致付出难以估量的代价。

我国的庭审制度并非英美法系那样的法官和陪审员的二元结构，即我国的制度不是以陪审员认知为中心展开庭审活动。在英美法系国家，司法机关通过控辩激烈对抗、证人出庭等多项措施贯彻直接审理原则和言词原则，[3]推进陪审员对各项证

---

[1] 在德国刑事诉讼中，禁止非职业法官（陪审员）接触检察官所提交给法官的卷宗材料，同时在开庭审理阶段，只允许检察官宣读起诉书的主文而非全文。参见黄河："裁判者的认知与刑事卷宗的利用——直接审理原则的展开"，载《当代法学》2019年第5期，第133页。

[2] 魏晓娜："以审判为中心的诉讼制度改革：实效、瓶颈与出路"，载《政法论坛》2020年第2期，第166页。

[3] 直接言词原则包含了直接审理原则和言词原则，相关区分参见刘玫："论直接言词原则与我国刑事诉讼——兼论审判中心主义的实现路径"，载《法学杂志》2017年第4期，第106~107页。

据展开多维度认知。在我国,司法实践中长期存在庭审虚化的现象。陪审虚化和庭审虚化这两个司法实践中的"病灶"是相互滋长、羁绊而生的。庭审虚化导致了陪审虚化,而陪审虚化加剧了庭审虚化。因此,庭审实质化是陪审实质化改革的重要举措,反之亦然。促进陪审实质化改革也是实现庭审"从虚转实"的重要路径。[1]在可以预见的时间里,无论是法官还是陪审员都没有办法完全依靠庭审对事实问题和法律问题进行准确的认定和适用。一项对陪审员的访谈显示,即便是具有法律专业背景的陪审员,也难以在事前不了解案情的情况下发挥作用。[2]这就需要在庭审实质化改革还未取得显著成效的情况下,允许法官和陪审员通过更加充分的庭前准备,实现对案件的公正审查和裁判。

出于这些缘故,虽然我国《人民陪审员法》没有就陪审员是否可以参与庭前阅卷表态,但随后颁布的司法解释明确提出,法院在开庭之前应当为陪审员阅卷提供方便。[3]这一规定的出台肯定了陪审员庭前阅卷的权利,也施加了法院告知陪审员其有权阅卷并为其阅卷提供便利条件的义务。在此有一个问题需要澄清,法官庭前进行阅卷是其职责所在,但陪审员庭前阅卷的性质如何界定值得探讨。2010年最高人民法院印发通知,要求陪审员应当在开庭前完成阅卷工作。[4]因此,在很长一段时间内,我国陪审员负有庭前阅卷的义务。然而,这样的规定根本没有在实践中得到普遍遵守,这种"一刀切"地强制要求陪

---

[1] 参见何家弘:"刑事庭审虚化的实证研究",载《法学家》2011年第6期,第124页。

[2] 参见刘方勇:《人民陪审员角色研究》,法律出版社2016年版,第92页。

[3] 参见《最高人民法院关于适用〈中华人民共和国人民陪审员法〉若干问题的解释》第8条。

[4] 参见《最高人民法院关于进一步加强和推进人民陪审工作的若干意见》第13条。

审员庭前阅卷的做法在现阶段根本没有可行性,实际上也没有必要。[1]所以,2019年出台关于适用《人民陪审员法》的司法解释没有要求陪审员应当阅卷。从该规定来看,陪审员的庭前阅卷是一种权利,而不再是法律要求其必须履行的义务。换言之,陪审员也可以无条件选择不在庭前进行阅卷。

不过,确实需要注意的是,为了尽可能避免陪审员形成预断,在陪审员阅卷之前应当向其充分地说明,特别是在刑事案件中告知其证据还未经法庭调查确认,并且提醒注意对被告人有利的证据,以便将庭前阅卷的不利因素限制在最小范围内,使两种因制度安排而产生冲突的价值尽可能平衡和协调。

4. 陪审员庭前阅卷的现实困境与制度构建

在解决了理论上的争议后,本书将转向实证层面,探析我国司法实践中人民陪审员的庭前阅卷情况。一项对法官进行的问卷调查显示,在过半数法官的印象中,陪审员很少参与庭前阅卷。[2]据调研了解,在实践中,几乎没有陪审员会专程前往法院阅卷,而少数陪审员会利用庭审当天提前到达法院的时间翻看案卷材料。然而,绝大多数的陪审员到达法庭的时间根本不足以完成阅卷,即便可以,其也没有意愿进行阅卷。在很多地方,陪审员的准点到庭率很低,时常影响庭审的进程。更有甚者直接缺席庭审导致法院另行组成合议庭或者更改开庭日期,在这种情况下遑论陪审员主动进行阅卷了。[3]所以,实践中陪审员若是有意阅卷,通常都是在庭审过程中临时翻阅案卷,或

---

[1] 在实践中,就连非承办法官也很少进行庭前阅卷。相关调查问卷数据参见史立梅、范琳:"司法体制改革背景下刑事审判合议庭运行机制问题研究",载《贵州民族大学学报(哲学社会科学版)》2015年第2期,第115页。

[2] 参见廖永安等:《人民陪审员制度实证研究(2004—2014)——以中部H省为分析样本》,中国人民大学出版社2018年版,第277页。

[3] 参见刘方勇:《人民陪审员角色研究》,法律出版社2016年版,第92页。

者利用庭审环节的间隙重点查阅案件部分内容。在实践中,陪审员的庭前准备环节在大多数情况下是由法官对案件进行介绍并且作出相关的指示。

陪审员庭前阅卷的积极性不高实际上是可以理解的。造成这种现象的原因具有多样性,但最主要的还是经济问题。庭前阅卷是一个需要投入大量精力和时间完成的工作,有时仅一个案件的案卷就可能"堆积如山",即便是职业法官,在很多时候都不能完成所有案件的阅卷工作。笔者在某二线城市了解到,陪审员参审案件的补助为50元左右,而很多地方仍然执行30元的标准。有的法院无论开庭多少次,每个案件都统一补助30元,[1]还有的地方会将陪审的报酬与庭审的时长挂钩,[2]然而没有法院会将陪审员庭前阅卷的工作计入发放报酬的范畴。可以说,陪审员阅卷着实是一项"额外的无偿劳动",这也难免会造成陪审员阅卷积极性不高。相比之下,法官对陪审员阅卷大多持欢迎的态度,并不会有意设置障碍,[3]但是在陪审员没有利益回报的情况下,法官也不便开口要求陪审员专程前来阅卷。当然,除此之外,陪审员不愿进行阅卷还有一个原因是其认为阅卷没有太大必要,只有少数复杂案件才需要庭前阅卷。此外还有一些因素,例如距离较远交通不便、少数务农人员文化水平较低没有能力完整阅卷等。[4]在《人民陪审员法》将文化条件降低至高中后,后一种现象可能会有所增加。毕竟,案件材

---

[1] 参见廖永安、刘方勇主编:《谁的陪审?——人民陪审访谈录》,中国人民大学出版社2018年版,第86页。

[2] 参见祖鹏、李玉华主编:《人民陪审制度的理论与实践——以北京市西城区人民法院为研究对象》,法律出版社2012年版,第73页。

[3] 参见祖鹏、李玉华主编:《人民陪审制度的理论与实践——以北京市西城区人民法院为研究对象》,法律出版社2012年版,第50页。

[4] 参见廖永安等:《人民陪审员制度实证研究(2004—2014)——以中部H省为分析样本》,中国人民大学出版社2018年版,第85~86页。

料涉及大量专业术语，陪审员不是"识字"和具有一般阅读理解能力就可以进行有效阅卷的。在这种情况下，法官应当在合理范围内给予一定的指导和解释。

为了提升人民陪审员庭前阅卷的积极性，笔者建议最高人民法院颁布规定，要求法院为专程前来阅卷的陪审员提供额外的报酬和交通补助。这项报酬与参审报酬分开计算，统一发放。另外，报酬的金额不宜以阅卷的时长为限，可以按照案卷数量的多少进行浮动计算。

此外，虽然相关规定没有强制要求陪审员参加庭前阅卷，只是要求法院通知其享有庭前阅卷的权利，但笔者认为，法官应当通过各种方式积极促成陪审员前往法院阅卷。例如，在告知其享有阅卷权的同时进一步邀请其到法院阅卷，主动询问其时间安排，积极为其协调相关事宜，创造和提供便利条件。

对于庭前阅卷的通知时间，法律没有作硬性要求。有统计表明实践中大部分陪审员会在开庭前 5 日接到法院的通知，但是也存在开庭前 1 日方才接到通知的情况。[1] 笔者认为，法官应当在合理的时间内通知陪审员其有权前往法院进行阅卷。司法解释规定开庭 7 日前法官对个案的陪审员进行随机抽选，而陪审员确定之后法院就应当将开庭的时间、地点等事项告知陪审员。[2] 这里的规定没有载明此时应当告知其享有阅卷权，并且从该解释第 8 条"开庭前"的表述来看，其发生可以晚于"陪审员确定后"的权利通知时间，只需要在开庭之前告知即

---

〔1〕 该统计表明：86.9%的陪审员能在开庭前 5 天申请或接到法院进行庭前阅卷的通知，开庭前 1 天申请或收到法院庭前阅卷通知的陪审员比例为 3.8%。参见郑成良、李文杰："人民陪审实践：法治中国语境下的考量与反思——基于上海三区法院陪审运行之研究"，载《法学杂志》2016 年第 11 期，第 81 页。

〔2〕 参见《最高人民法院关于适用〈中华人民共和国人民陪审员法〉若干问题的解释》第 3 条、第 4 条。

可。笔者认为,在确定陪审员之后,法院在通知其时间地点时就应当一并告知其享有阅卷权。在时间安排妥当后,法院应当立即主动与陪审员协调阅卷时间。由于阅卷时间并不像开庭时间那样具有确定性,因此法院应当赋予陪审员一定的自由选择空间,允许其在合适的时间前往法院阅卷。并且,关于阅卷事项的通知时间一般不宜晚于开庭前7日,至迟不得晚于开庭前3日。

最后,庭前阅卷是人民陪审员的法定权利,陪审员在行使这项权利时应当获得各方的配合。陪审员参加庭前阅卷频率很低的原因之一也是工作缠身,单位公司不予放行。在这种情况下,法院也可以在向单位出具参审通知书时载明庭前阅卷的时间和地点,与单位协调相关事宜。

第二节 陪审案件的庭审程序

陪审程序中庭审环节制度和规则的构建对于我国整个诉讼制度改革都具有重要的意义。当前,我国正推行庭审实质化改革,要求构建以庭审为中心的裁判机制,贯彻落实直接言词原则,避免庭审流于形式。[1]庭审实质化改革与陪审实质化改革之间是相辅相成的,陪审实质化是实现庭审实质化的重要途径,[2]而庭审实质化也可以促进陪审实质化水平的提高。所以,从理论上说,所有促进庭审实质化的举措都是有益于陪审实质化实现的,[3]都

---

[1] 参见汪海燕:"论刑事庭审实质化",载《中国社会科学》2015年第2期,第103页。

[2] 参见何家弘:"刑事庭审虚化的实证研究",载《法学家》2011年第6期,第124页。

[3] 除非认为陪审制度的存在有碍于庭审实质化进程建议将其废除。在国家推行陪审实质化改革,颁布《人民陪审员法》等一系列法律规定后,这种观点如今基本已经偃旗息鼓,至少没有在主流学术圈内"大行其道"。如前所述,学者主要是将促进陪审员实质参审作为庭审实质化的路径,也不是予以限制。

属于本书的研究范畴。但是，为了使本书的论述更为集中，本节只选取与陪审直接相关的内容，或者说只选择陪审程序的组成部分展开研讨。

有学者认为，陪审是否达到实质化不能以陪审员是否在庭审中发言作为判断标准，陪审员在法庭调查和法庭辩论阶段的主要任务就是认真听审，围绕事实与证据发表意见。[1]这个观点是有道理的，陪审员是否实质参审不能只看其是否发言，但是不能就此认为陪审实质化的实现更为关键的环节在于评议阶段，而不重视对陪审案件庭审环节相关程序的构建。一方面，庭审过程中的调查、辩论环节中展现出的事实和证据问题是陪审员庭后评议的重要依据，在我国陪审员普遍不阅卷的情况下更是如此。另一方面，陪审员可以通过"只听不言"就达到实质参审的重要前提是庭审本身的实质化，如果庭审虚化不仅是陪审员，即便是法官也无法在庭审环节认定事实。而在对事实和证据抱有疑问的情况下，陪审员应当向当事人发问，以实现庭审实质化。这一点在刑事诉讼中更为重要，否则如果在庭审结束之后陪审员仍然存有合理怀疑，就属于未排除合理怀疑的情况，应当作出被告人无罪的表决。

一、陪审员的回避程序

回避程序是陪审程序的重要内容，是促进陪审实质化的前提。回避具有双重属性，既是司法人员的义务，也是当事人的权利。在整个诉讼阶段合议庭组成人员都可以自行回避，当事人也可以申请回避。在庭前会议制度建立后，实践中有不少法院会在庭前会议中解决回避问题，但是回避最重要的场合还是

---

[1] 李玉华、张思尧、杨亮：《中国特色陪审制度的新发展》，中国政法大学出版社2014年版，第153页。

在庭审过程中，因此回避本质上应当是一项庭审程序。回避程序是当事人行使回避权的最后机会，也是最佳时机。正如有学者指出的，回避要求的是"当面性"和重在"见到此人"，让合议庭成员充分"暴露"在当事人面前是申请回避权的应然要求。[1]这类似于当事人与应当回避的合议庭成员面对面确认，并且"当面对质"。因此，只有在各方齐聚法庭之际，才能更加全面地就回避问题进行处理。

（一）现行陪审员回避事由的立法模式

根据《人民陪审员法》和司法解释的规定，当事人有权针对人民陪审员提出回避，而陪审员的回避按照审判人员回避的有关规定实行。[2]由此可见，我国陪审员的回避事由是与法官完全一致的，法律确立的是法官与陪审员合一的回避模式。也就是说，如果出现法官需要回避的情形，陪审员也应当回避；如果不具有法官回避的情形，陪审员也无须回避。这种立法模式虽然简洁、高效，但却是存在问题的，没有充分考虑到陪审员自身的特殊性。

我国对审判人员回避的规定比较分散，《刑事诉讼法》第29条和第30条、《民事诉讼法》第44条、《行政诉讼法》第55条都对回避事项进行了列举。除了《行政诉讼法》的规定相对简略外，《刑事诉讼法》和《民事诉讼法》都较为详细地列举了需要审判人员进行回避的事项，内容差别不大。此外，最高人民法院2011年关于回避问题的专门规定还完整列举了审判人员回避事项，除了涵盖了三大诉讼法中的情形，还对部分问题进行了

---

[1] 栗峥："推进以审判为中心的诉讼制度改革"，载《求索》2020年第1期，第16页。

[2] 参见《人民陪审员法》第18条。

细化。[1] 本书将主要就该专门规定所列举的事项进行研究说明。

总结而言，我国审判人员的回避包括三种类型：第一，亲缘关系回避，与当事人有特定亲属等关系的或者自己的近亲属与案件有利害关系的；第二，身份冲突回避，是该案当事人或代理人，或者担任过该案的证人、辩护人、审判人员等；第三，其他原因回避，例如具有可能影响审判公正的不正当行为等。前两类是客观的亲缘或职业事由，相关人员没有作出不当行为，而第三类则是审判人员因违反职业道德伦理，甚至是违法违纪而不得参与案件审理，这相当于审判人员被剥夺资格，具有惩罚的意味。上述规定中的这些事项陪审员都有可能涉及，陪审员如果确实存在特殊关系，或者实施了不当行为，也都必须回避。

需要注意的是，这种一元模式也有一个例外。司法解释规定，如果以人民调解员身份参与了案件的调解，在案件进入诉讼阶段后该调解员便不能担任此案的陪审员。[2] 虽然司法解释没有将其明确为回避事项，但实践中如果有此情况陪审员也应当回避。不过，这并不属于针对陪审员回避的特殊立法，这与法官等人员回避事项中的先前担任过该案的审判员、辩护人、证人等无实质差别。也就是说，我国针对陪审员和法官回避事项的立法仍然是一元模式。

（二）法官与陪审员回避事由一元模式的缺陷

在我国，陪审员和职业法官的回避遵循完全一致的模式，但是这些规定在制定之时是站在职业法官的角度考虑的，例如

---

[1] 参见《最高人民法院关于审判人员在诉讼活动中执行回避制度若干问题的规定》第1条。

[2] 参见《最高人民法院关于适用〈中华人民共和国人民陪审员法〉若干问题的解释》第6条。

介绍案件、担任过审判员和辩护人等规定。这些规则强调的是职业性和专业性，没有充分地认识到来自普通群众的陪审员的回避问题具有特殊性。总体来说，陪审员和法官回避事由一元模式存在一系列的问题。

首先，现行规定中的回避事由项目繁多，且十分复杂，用有学者的话说就是"重叠"和"臃肿"。[1]其中一些术语（例如"近亲属"等）范围的界定，还有一些具体的不当行为都不易于理解。这些事项需要法官运用法律专业知识和长期积累的职业经验，特别是对司法职业伦理和纪律形成的准确和全面的认知加以判断。在没有充分培训和强调的情况下，陪审员是否可以完全理解规定的内容令人生疑。

其次，我国当事人申请回避的比例极低，实践中有相当一部分的回避是通过自行回避进行的，而且法官自行回避的事由实际上比法定范围更大。笔者在F省N市P县法院调研时，一位基层法官说道，他不参与自己村里案件的审理，即便与当事人不属于近亲属关系也会申请回避，否则会牵涉复杂的人情关系。在熟人社会或半熟人社会中，法官往往会不参与可能会遭遇说情、打招呼的案件或者存在其他潜在纠葛的案件，预先使自己免于陷入为难的境地。也有问卷调查显示：实践中，97%的回避事由都是与当事人熟悉，比如存在同学、师生、校友、同乡和朋友等关系，[2]而这些关系并没有被列入法律法规。但是，指望陪审员清楚了解相关规定后自行作出回避的决定不太现实。这是由于我国法官和陪审员的管理体制和责任追究机制有很大

---

[1] 赵钢："回避制度之改良与保全机制之完善——以《民事诉讼法》修改为背景的思考"，载《法律科学（西北政法大学学报）》2012年第6期，第161页。

[2] 张友好："论我国申请法官回避的现状及改革"，载《清华法学》2012年第4期，第153页。

的区别。

我国法官是政法体制内的人员,不仅需要遵守法律,还应当遵守各项纪律,并且服从法院系统内部的各项管理制度。这些严格的管理体制促使法官自觉按照法律的规定自行回避。法官还要考虑个人的仕途以及工作的绩效考核,如果事后因回避问题被排除出合议庭,可能会对案件审理进度造成影响,由院长决定其回避甚至会给领导和同事留下负面的印象,影响今后的仕途。而且,如果案件因为回避问题被上级法院撤销原判、发回重审,更是会严重影响个人的考核。基于这些原因,法官完全不排斥自行回避,并且可以做到主动回避。然而,我国法律对陪审员的管理十分松散,陪审员没有足够的动力详细了解回避的规定后自行回避。

更为关键的是,我国法律和规定构建了严密的法官责任体系,除了民事责任、刑事责任之外,还包括大量的纪律责任。[1] 本轮司法体制改革更是将司法责任制放置于"牛鼻子"的核心地位,[2] 通过各项举措对法官的行为施加了较强的约束。前述规定中法官的不当行为包括在诉讼过程中私下会见当事人及相关人员、为当事人推荐律师、索贿、接受请托宴请、借款借物等。这些行为都属于法官纪律和法官职业伦理严厉禁止的,但是法律对陪审员没有明确提出上述要求。如果法官实施了这些行为,不仅会被要求回避、不得参与案件审理的后果,更会被追究责任。

(三)陪审员回避的功能定位

现有的陪审员和法官回避事由合一的模式并不适配陪审员的身份特征,不利于实现公正审判的价值追求。回避事由的设

---

[1] 参见陈光中、王迎龙:"司法责任制若干问题之探讨",载《中国政法大学学报》2016年第2期,第32页。

[2] 张文显:"论司法责任制",载《中州学刊》2017年第1期,第39页。

定首先应当判断可能存在的风险,并且尽可能通过这些规定从源头上加以预防。从源头上看,法官的职业伦理并不完全适用于人民陪审员。法官职业伦理是对司法官的职业规范,其远高于对一般公民的道德要求。[1]譬如,法官不得参与特定的集会、示威游行;不得发表关于政治、民族、宗教的相关言论;不得私自离境。又如,法官应当保持公道正派的社会形象,树立司法尊荣感和权威感。如果法官违反了职业伦理的要求,会招致一定的不利后果,而前述需要回避的不当行为都属于严重的违纪行为,甚至可能构成犯罪,法官自然不会拿自己的"饭碗"做赌注。然而,陪审员并不受这些纪律的约束,即使参与或实施了这些行为,只要不构成犯罪,便不会被实质性地追究责任。也就是说,陪审员实施不当行为的代价是极小的,更准确地说是几乎不存在任何风险。

虽然在被选为陪审员后,法官可以告知陪审员其作为合议庭成员也需要遵守审判人员的行为规范,但暂且不论陪审员是否可以清楚地理解相关规定,单凭无追责机制这一点,就无法对其行为进行约束,无法像对法官那样相信其可以自觉遵守规定并自行回避。更何况,陪审员是在被选中并确定为案件合议庭成员以后才有义务遵守这些纪律要求,回避针对的是此前的行为而不是此后的行为。这种"提醒和警告"并不会对庭审之前的回避发挥作用。

通过上述讨论可知,现行的回避制度在陪审员问题上存在一定的缺陷,将对法官的回避要求照搬至陪审员身上并不是一劳永逸的理想方法。法官不仅经过严格的职业训练,还在司法大环境中浸淫多年,一般可以预先判断哪些案件自己依法应当

---

[1] 陈瑞华:"法官责任制度的三种模式",载《法学研究》2015年第4期,第16页。

回避,哪些案件可能对自己造成不便最好不牵涉其中。我国现行的分案制度主要是采取庭长分案模式,也有地区实行轮流分案和简单随机分案模式。[1]在庭长分案模式下,庭长比较熟悉和了解庭内各个法官的情况,一般会在分案之前或分案之时就回避等问题及时与法官沟通。而在轮流分案和简单随机分案模式下,法官在分案后也可以就有关回避的事项进行汇报。即便到了阅卷过程中,法官发现存在回避的事由,也可以申请退出此案将案件移交其他法官办理。然而,在陪审案件中,陪审员接到参审通知时一般都不知晓国家关于审判人员回避的规定,参审通知信息里一般只是简单说明案由、当事人姓名和开庭的时间地点,这些信息对判断回避问题来说还远远不够。与法官职责要求其庭前准备不同,陪审员一般不参加庭前会议,大多也不会进行庭前阅卷,通常直到开庭之时才会接触当事人,并且直到庭审结束都不会自我审查是否具有回避事由。

所以,法官的回避制度具有一种"兜底"或"补救"的性质,由于一些法官对回避规定的认识有所不足,或者确实出现了一些不当行为,回避程序只是针对这些少数没有自行回避的法官进行审查。然而,陪审员在个案中是通过随机抽选产生,事先并不知道其个人情况,也不了解该人是否符合个案关于回避的要求。对陪审员的审查在选任环节主要由司法行政机关统一开展,在此之后不再进行审查。所以,在庭审过程中,陪审员的回避程序实际上应当承担的是初步筛选的功能,故而应当扩大陪审员回避事由的范围。

有学者指出,从司法责任制出发,鉴于陪审员对绝大多数的法官司法责任均是免责的,而且他们也不在意在法院的职务

---

[1] 王小新:"法院分案系统的检视与重构——以 X 法院刑事案件分配为例",载《法律适用》2016 年第 4 期,第 112~113 页。

第六章　我国陪审程序的构建

级别、工作前景、工资报酬、绩效考核,当然也不会关心法律共同体内部的同行评价。因此,对陪审员的管理应当从事后的追责转向事前的管控。[1]在无法对实施不当行为的陪审员进行追责的情况下,通过回避程序对陪审员的资格条件进行更大范围的筛选符合事前管控的定位。

(四)陪审员回避的规则构建

陪审员回避事由的范围应当有所扩大,应当将一些不适用于法官的回避事项纳入陪审员回避的范畴。美国陪审团回避被分为有因回避和无因回避两种,其中有因回避包含了"事实偏见"和"隐含偏见"。[2]前者指的是如果候选的陪审员承认他们不能公正地对案件的相关问题作出判断,例如有陪审员明确声称自己因为宗教原因绝对不会在任何情况下作出有罪判决,检察机关会对其提出回避申请。隐含偏见判断起来比较困难,例如自己或家人曾经受到过某类犯罪的侵害,可能会在此类犯罪中难以保持客观、公正的立场。在美国,曾有案例将一名曾经堕胎的女性排除出陪审团。[3]但是,这种经历也不是回避的绝对事由。如果陪审员向法官说明自己可以保持理性,严格依照法律和指示作出判断,法官也可将其纳入陪审团的最终名单。[4]

在我国,如果陪审员对案件相关的某个问题存在一定的偏见,发表过带有强烈倾向性的言论,可能会对特殊案件的处理造成不当影响的,当事人也有权予以回避。除此之外,其他合

---

[1] 樊传明:"陪审案件中的审判责任制——以保障和管控人民陪审员裁判权为核心",载《法学家》2019年第5期,第137页。
[2] 事实偏见即"actual bias",而隐含偏见则是"implied bias"。
[3] Harris v. Nation Women's Health Organization, jury selection, note 1, at 135~143.
[4] 同样在"哈里斯案"中,还有一名信奉天主教的女士说"她相信胎儿是人,不认同堕胎",但她却让法官相信她不是一个缺乏理性的人,并且能够按照法庭上展示的证据作出裁决,而不是根据自己的宗教信仰。See Harris v. Nation Women's Health Organization, jury selection, note 1, at 135-143.

理的理由也可以成为回避的事项,例如与当事人熟识、存在远亲关系等。但是,另一方面,扩大回避事项,增列详细的回避事由又无此必要,这种做法可能会加深陪审员理解的难度。比较妥善的做法是赋予当事人更大的自主权,不用事无巨细地将所有情形一一列举。

英国思想家霍布斯在论述陪审案件的回避制度时指出,陪审制度的原理就是诉讼双方可以对候选人提出异议,直到12个陪审员均无异议后,再由其进行审判。他认为该机制的好处在于,既然有了自己选定的法官,被裁判的任何一方就不会对裁决的结果提出任何的争议。[1] 这种理念实际上是赋予当事人对自己权利的自决权,类似于仲裁制度那样将争议交给自己认可之人,按照这种形式和程序作出的结果都应当是可接受的,在这种情况下限制其对陪审团的裁决提出上诉的做法也是正当的。我国陪审制度的重要价值和功能就是实现裁判的可接受性,加强法官和人民群众的联系,让陪审员进入合议庭,充分保障人民群众的利益。在这种理念下,应当赋予当事人更大的自主权,让其得以在一定程度上"挑选自己案件的法官"。

有鉴于此,笔者认为,当事人只要可以提出合理的理由,都应当准许其回避申请。我国法律规定法院可以根据审判需要抽取一定数量的候补陪审员,这些候补陪审员也需要在开庭时到庭候审,如果陪审员需要回避,候补陪审员可以随时递补参审。是故,即使小幅扩大了回避的范围,增加了回避的频率,也不会对案件的正常审理造成太大影响。

还有学者建议在我国引入类似美国陪审团的无因回避制度,

---

[1] Thomas Hobbes, Leviathan, Chapter 23.

赋予当事人各一次无因回避的机会。[1]这个做法当然可以在更大程度上保障当事人的自主权，但是我国为了保障合议庭成员权威、加快庭审效率，短期内恐怕难以采纳这项建议。笔者认为，是否赋予无因回避还需要考虑两个现实因素：第一，参加陪审虽然是我国公民的一项法定义务，但法院并不强制人民陪审员到庭，现实中，人民陪审员的到庭情况不甚理想。笔者在F省N市调研中了解到，在实践中，法院一般都会多通知一名候补陪审员到庭做准备。如果采取无因回避的方式必然将大幅增加候补陪审员的数量，这在当前还是比较困难的。第二，即便有大量的候补陪审员可以在庭审中做到"无缝对接"，但是现行法律和相关司法解释允许甚至鼓励陪审员参加庭前阅卷。如果陪审员花费大量精力参加庭前会议，或者庭前专程前往法院阅卷，而到了庭审之后被无因回避，可能会降低人民陪审员参审的积极性。从长远来看，如果庭审实质化程度提高，人民陪审员不必通过庭前阅卷等方式了解案情，庭审中控辩双方围绕普通群众的认知展开交锋，加之法律强制要求人民陪审员到庭参审，司法机关也愿意投入更多精力联络人民陪审员参审，可以赋予当事双方无因回避的权利。毕竟，陪审是当事人的一项权利，应当赋予其更大的自主权，而且实践中也有一些理由不便明确指出，例如某位陪审员有宗教等倾向，或者对某一问题存有偏见，抑或是与该案法官长期合作"交往过密"等。在这些情形下，赋予当事人无因回避的权利可以更充分地保障其诉讼权利。

最后，还有一个问题需要顺带指出。前文介绍，有学者认为对陪审员无法被事后追责，那就把管理的重点提前至事前。

---

[1] 李响："人民陪审员回避制度改革的法理与情感逻辑"，载《深圳大学学报（人文社会科学版）》2019年第4期，第105页。

还有观点认为，除了要注重事先阻断之外，还需要做到事中的控制，如果在案件审理过程中发现陪审员之前有不当行为，审判长可以解除陪审员职务。[1]该观点有一定的道理，确实有可能在庭审之中才发现陪审员之前存在不当行为，而且有的案件审理时间很长，中间经历多次开庭，在审理过程中陪审员有可能出现"被污染"的情况。由于相关部门无法对陪审员进行事后追责，为了保护当事人的权利，应当及时将这些陪审员排除出合议庭。由于候补陪审员也可以进入法庭全程旁听庭审，因此对已经进行过的庭审无须重新审理。不过，这个改革建议有两个问题值得商榷。第一，我国法官和人民陪审员在合议庭中的地位是平等的，在大部分案件中，法官和陪审员也是同职同权的，由审判长解除陪审员的职务不符合陪审制度中法官和陪审员的权力分配原则。在当事双方同意的情况下由审判长决定更换，或者在一方申请的情况下由法院院长决定比较合理。这样也可以防止法官因为意见不合等原因而解除陪审员职务，促进陪审实质化的实现。第二个问题更为严重，我国陪审制度与英美法系不同，陪审员的数量相当少，每一位陪审员肩负的职权都相当重要，在庭审中更换陪审员与我国基本的职权主义诉讼模式有所抵牾。由于我国并未建立法官和陪审员更换后的程序更新机制或不实行程序倒流的其他替代性程序，因此在候补陪审员数量不充分且未全程旁听庭审的情况下更换陪审员将违背直接言词原则。[2]因此，现阶段更为现实的方案是在事后通过上诉的途径予以解决。在二审中不实行陪审制度，不会遭遇

---

[1] 参见李响："人民陪审员回避制度改革的法理与情感逻辑"，载《深圳大学学报（人文社会科学版）》2019年第4期，第105页。

[2] 参见张建伟："审判中心主义的实质内涵与实现途径"，载《中外法学》2015年第4期，第875页。

类似的问题。

(五) 陪审员回避程序的改革

如前所述,陪审员的回避程序应当承担比如今更重要的功能,法律有必要扩大回避的事由。要实现这个设想首先应当对陪审员的信息进行充分的披露。法官是体制内的人员,对其个人档案信息,单位了如指掌。但是,按照法律的规定,除了少量单位推荐和自我推荐的之外,陪审员多数都是通过常住人口信息系统随机抽选的。不仅法院对陪审员了解不足,就算是常住信息登记表也经常出现信息缺失的情况。在陪审员较少自行回避故而较为依赖庭审中当事人申请回避的情况下,当事人难以获得足够的信息对陪审员的适格性进行判断。

信息披露和信息知悉是回避制度的基石。然而,我国在回避问题上的信息发现机制采取的是偶然发现模式,也就是说,由于信息闭塞等原因导致当事人只能通过偶然的机会发现审判人员存在回避的事由。[1]这种偶然发现的模式对于大量通过自行回避排除相关事由并且已经由单位进行严格审查的法官而言,影响尚且相对较小的,但是对于通过随机抽选又缺乏初步筛选的陪审员来说,是远远不足的。

鉴于此,陪审程序除了在通知参审时应当告知陪审员需要自行回避的事由,以及如果存在相关事由必须主动汇报申请回避之外,还需要设置信息披露机制。陪审员不仅需要在选任后填写详细的个人信息表,交由法院留存备查,还需要在被确定为个案的合议庭成员时,再次针对具体案件情况向法院提供相关信息。法院收集到信息后,应当将法官和陪审员的个人信息(包括家庭关系、财产和投资信息、教育信息、诉讼历史等)经

---

〔1〕 参见韩波:"论回避制度的根基:信息披露",载《法律科学(西北政法大学学报)》2011年第1期,第144页。

过一定处理后,在保证必要隐私空间的情况下提供给当事人进行审查。

在此基础上,笔者建议在我国人民陪审员的回避程序中引入英美陪审团的预先审核机制。[1]美国联邦法院通常是由法官主持预先审核程序。在此程序中,法官会对候选陪审员进行集体提问,或者发放问卷让候选陪审员填写。问题不会很多,主要集中在与案件偏见有关的事项上。之后,再根据回答的反馈,针对个别陪审员展开具体的询问。州法院采取的大多是由法官主持控辩双方共同主导的预先审核程序,[2]这种方式比较冗长耗时。在后一种模式下,控辩双方一般不采取集体询问方式而是采取逐个询问候选陪审员的方式,并且问题范围较广,不仅限于与该案偏见直接相关的问题,既可以提开放式的问题,也可以提仅需要候选陪审员回答"是"与"否"的封闭式问题。控辩双方根据候选陪审员回答的情况在法官的允许下可以向个别人员提出引导性问题,以进一步了解其倾向性。在现阶段,我国可以先考虑引入法官审查的机制,但当事双方有权参加并提出回避请求。这相当于在庭审回避之前增加设了一道过滤网,可以有效保障当事人申请回避的权利。

此外,由于陪审员的回避事项有一定的扩大,所以法院在个案中应尽可能安排几名候补陪审员,或者每日统一安排几名

---

[1] 预先审核的遴选被称为"voir dire",这个法语词表示的意思是"听他们讲"(to see them say),后被用来指称在陪审团成员遴选程序中针对候选陪审员的偏见性进行预先审核的过程。

[2]《联邦刑事诉讼规则》规定:"在法官主导的预先审查过程中,控辩双方都有权对候任陪审员进行质疑。" See USCS Fed Rules Crim Proc R 24 (a). 然而,1973年,美国联邦最高法院首席大法官认为律师的参与使得这个程序变得冗长而低效。随后,联邦法院主要由法官进行审核,而州法院保持原有的模式。See Barbara Babcock, "Voir Dire: Preserving 'Its Wonderful Power'", *Stanford Law Review*, 27 (1975).

候补陪审员,如果有某个案件中的陪审员被决定回避,则随时进行递补。最后,需要在此强调的是,有关陪审员回避事项的程序也应当参照法官的回避进行,由院长作出决定,而不能由审判长作出决定。

二、法庭调查程序

针对法庭调查环节,本书主要围绕两个与陪审有关的问题进行研究:一个是针对"陪而不审"的现象,对陪审员的发问程序进行探讨;另一个是对陪审案件中当事人与参与人的隐私保护予以关注。第二个问题在我国理论界尚未有比较成熟的研究,本书也只是在此对庭审中参与人的隐私保护程序进行初步的探索。

在此之前需要明确的是,在法庭调查阶段,发问只是判断是否实质参审的指标之一。在法庭上,陪审员还需要认真地听取控辩双方的举证质证意见,认真查阅相关证据。在实践中,当司法警察或者当事人将证据出示给法官后,法官都会仔细查看,但是法官时常因忘记或认为没有必要抑或为了节省时间而不将证据交由陪审员查看。这些做法应当予以纠正,否则将影响陪审员心证的形成,最终只能简单附和法官的意见。

(一) 陪审员的发问

虽然当前陪审实质化的一大顽疾是"陪而不审"的现象,不过"陪而不审"问题很难通过程序设计解决,其关键还是提升陪审员的参审意识,促使陪审员主动投入庭审当中。也正是因为这个缘故,虽然解决"陪而不审"的口号喊了很长时间,但真正行之有效的做法并没有出现。在今后很长一段时间里,"陪而不审"的问题仍然会成为陪审实质化的重大障碍。

1. 实践中陪审员的发问状况

陪审员在庭审中很少发问已成为学术界和实务界的共识,

对这种不发问的严重程度有必要进行详细了解。一项对当事人的访问显示,除了 20% 的当事人自称"不记得"之外,接近 40% 的当事人印象中陪审员没有发问,接近 25% 的当事人声称陪审员只是偶尔发问。对法官进行的统计表明,70% 的法官都表示陪审员从来没有发问过或只是偶尔发问,而对检察官进行询问的这项数据则是 67.4%。[1]可见,在这个问题上,法官和检察官的印象是大体一致的。在对律师进行调查时,超过 88% 的律师认为陪审员从来没有发问或只是偶尔发问,其中超过 1/5 的律师反馈陪审员从来没有发问过。[2]律师统计的数据比体制内的司法人员高出许多,由此可以想象陪审员的统计数据中,不发问和偶尔发问的比率会低不少。有研究指出这个数字是不到五成。[3]

综上,在我国的陪审程序中,人民陪审员发问的频率是相当低的。笔者曾经在许多省市旁听过案件,几乎从未遇到陪审员发问的情况。造成这种现象的原因具有多元性。例如,陪审员对庭审不够重视、陪审员事先对案件不了解、陪审员不具有专业知识担心发问闹笑话、[4]担心发问占用庭审资源或影响庭审流畅度给法官造成不便等等。

2. 陪审员发问的程序设置

我国法律没有对陪审员的发问进行限制,陪审员当然有向当事人发问的权力。有研究对陪审员和法官开展问卷调查,以期探究陪审员在何时进行发问比较合适。其中大部分人认为陪审员可以在当事双方对所有证据发表完意见之后进行发问,与

---

[1] 刘方勇:《人民陪审员角色研究》,法律出版社 2016 年版,第 94 页。
[2] 刘方勇:《人民陪审员角色研究》,法律出版社 2016 年版,第 94 页。
[3] 刘方勇:《人民陪审员角色研究》,法律出版社 2016 年版,第 95 页。
[4] 参见廖永安等:《人民陪审员制度实证研究(2004—2014)——以中部 H 省为分析样本》,中国人民大学出版社 2018 年版,第 284~285 页。

认为陪审员可以随时发问的人数几乎相同。另外有少数人认可陪审员在每一项证据双方发表意见后发问。[1]

需要明确的是，在庭审过程中，三人合议庭的法官和陪审员座位距离较近，一般都可以随时沟通交流，并且陪审员向法官咨询不需要特别的程序。但是，陪审员在向证人、当事人及其代理人和律师等主体发问时，需要中断正在进行的环节。出于庭审管理的需要，陪审员应当遵守法庭秩序，经审判长同意后方可提问。

采取集中发问的模式可以使法官易于把控庭审的进程，有效提高庭审的效率。但是，这种方式不利于陪审实质化目标的实现。如果陪审员在法庭调查过程中对控辩双方的陈述有疑问，不具有庭审经验的陪审员若是不及时提出很可能在之后选择不再提问。从理论上说，陪审员随时都有权发问，但是在任何时候都可以向当事人发问的模式下，倘若陪审员发问频率较高，确实可能会严重影响庭审的流畅度。一般来说，在听完控辩双方对每项证据发表的意见后，陪审员在此基础上进行发问比较合理。不过，鉴于法律没有对陪审员的发问作任何限制，可以在提问不频繁的情况下允许陪审员在自认为需要的时候发问。需要特别注意的是，如果陪审员需要对证人进行发问，则可以在交叉询问结束之后进行提问，不宜打断控辩双方的质证。

最后，虽然当前陪审制度中"陪而不审"的情况比较常见，陪审员的发问率也十分低下，但是发问是陪审员的权利而不是义务，不能为了纠正陪审员不问问题而强制陪审员发问。不过，在法庭调查结束之前，若是陪审员全程没有提问，法官可以提醒其有权发问。陪审员是否发问不能作为陪审员是否实质参审

---

[1] 参见李玉华、张思尧、杨亮：《中国特色陪审制度的新发展》，中国政法大学出版社2014年版，第224页。

的唯一指标。除了提问之外,陪审员还应当认真听取控辩双方的意见,仔细观察当事人举动,审慎思考案件的事实和证据问题,为之后的评议和裁决做准备。

(二) 当事人和诉讼参与人的秘密和隐私保护

在陪审程序中,由于有来自普通群众的人民陪审员的参与,一些程序需要进行一定的变通,使之符合陪审制的特殊构造。例如,陪审案件庭审程序中的法官指示制度、特殊回避程序等。除此之外,还有一项与当事人和其他诉讼参与人基本权利密切相关的问题值得深入研究,那就是陪审案件中的隐私权保护程序。

1. 陪审制度与秘密和隐私保护的冲突

我国法院审理案件是以公开审判为原则,而不公开审判只是一种例外情况,仅严格地适用于涉及秘密和隐私的案件。根据我国三大诉讼法的规定,法定不公开审理的案件包括涉及国家秘密、个人隐私以及未成年人等问题的案件;酌定不公开审理的包括涉及商业秘密、离婚案件等。[1]为了防止这些秘密和隐私泄露,法律规定在这些特定案件中,普通民众不能旁听审理过程,案件的审理只在审判人员、控辩双方当事人及其代理人、律师、证人、司法辅助人员等必要人员在庭的情况下进行审理。

然而,问题在于人民陪审员也属于普通民众,只是临时被选为个案的审判人员。在绝大多数的时间里,这些陪审员与普通民众并无二致。如果陪审员参与审理的案件涉及上述不公开审理的情况,这些秘密和隐私就存在通过陪审员之口泄露到社会中的可能,从而使国家安全和个人隐私处于风险之中。参与

---

[1] 相关内容界定参见倪寿明:"司法公开问题研究",中国政法大学 2011 年博士学位论文,第 120~134 页。

审理的职业法官在任职前经过严格的职业伦理训练,又在漫长的职业生涯中养成了判别何为秘密并且保守秘密的职业习惯。更为重要的是国家出台了一系列法律和纪律严惩泄露秘密的法官,如果不遵守规定将危及整个职业生涯甚至会承担严重的法律后果和责任。可是,对陪审员来说,泄密的代价是可以忽略不计的,除了极其严重的可能被追究刑事责任外,陪审员与参审相关的行为活动几乎都是免责的。况且,颁布规定严惩泄露秘密的陪审员也是不合理的,可以算得上是强人所难,因为将只有自己知道的重要事项告知他人在某种程度上说是人之本性,往往只有经过严格训练的法官才能做到。所以,这里出现了人民陪审的权利和维护国家安全、保护当事人隐私权的价值冲突,需要理论界予以厘清。

早在20世纪50年代,司法机关就注意到了陪审程序与不公开审理程序的冲突问题。有些地方认为陪审程序和公开审理程序都是为了教育民众,所以不适用陪审程序的案件就是不公开审理的案件。例如,有法院认为简单民事案件和轻微刑事案件对民众的教育意义不大,故而采用不公开审理的形式。[1]对于陪审原则与公开审判原则之间的冲突如何协调这个问题,司法部出台文件明确表示在不公开及适用不公开政策的案件中也可以适用陪审程序,[2]提出了是否公开审判与是否适用陪审制相区分的原则。但是,该文件也提醒注意在不公开审理的案件中做好人民陪审员的保密工作。笔者认为,"提醒注意保密工作"固然十分有必要,但是仅靠提醒远不足以在保障公民参审的同

---

[1] 参见王继超:"谈谈刑、民事案件审理程序中的几个问题",载《法学研究》1957年第4期,第39、41页。

[2] 参见司法部1954年3月27日《同意把对外不公布的政策的原则精神告诉陪审员,但应注意对陪审员的保密教育的函复》。司法部1956年4月13日《关于法院组织法第八、九条所规定的问题的解答》。

时大幅降低秘密和隐私遭到泄露的风险。

2. 不公开审判程序与陪审程序冲突的困境所在

不让陪审员吐露隐私和秘密最好的办法不是警告其不要泄密，而是不让其知悉秘密。所以，不公开审理的案件应当尽可能不适用陪审案件。前文已经多次强调，法律应当赋予当事人对程序选择的自主权，是否适用陪审程序应当充分尊重当事人的意愿。虽然按照《人民陪审员法》的规定，即使当事人没有申请适用，法官也可以依职权启动陪审程序。但是笔者认为，如果当事双方拒绝陪审程序或一方拒绝陪审程序且能说明合理理由，法院应当采纳其意见，不得依职权适用陪审程序。如果当事人认为陪审员可能侵犯其隐私权或者泄露国家秘密，可以申请不适用陪审程序。[1]采取上述原则处理，大部分陪审程序与当事人隐私权的冲突都可以得到妥善的解决。然而，问题不止于此，还有两个问题无法通过这种方式予以解决。

第一，《人民陪审员法》第15条、第16条规定了多类法院应当强制适用陪审程序的案件，在这些案件中，无论是当事人还是法院都无法影响陪审程序的启动。在这些案件中，当事人的隐私和秘密即使有泄露的风险，法院也必须邀请人民陪审员参与审理，其中部分案件甚至必须适用七人合议庭，由4名陪审员和3名法官组成合议庭。在强制适用陪审程序的案件中，如何保护相关人员的隐私成了需要解决的难题。法律没有规定这些案件必须公开审理，因此可以通过不公开审理的方式阻断社会大众对案件情况的知悉，所以重点在于解决陪审员泄露秘密和隐私的情况。

---

[1] 最高人民法院的意见是如果当事一方申请适用陪审程序，但另一方拒绝，法院可以依职权决定。最高人民法院政治部编著：《〈中华人民共和国人民陪审员法〉条文理解与适用》，人民法院出版社2018年版，第205页。

第二，庭审过程中可能需要暴露的秘密和隐私不只有当事人的，证人的隐私、刑事案件中被害人的隐私也值得保护。但是，这些主体却不像当事人那样有影响程序进程的机会，他们没有拒绝适用陪审程序的权利。在法律允许的前提下，假如当事双方均申请适用陪审程序，法院不应当依职权拒绝适用陪审程序。在这种情况下，即便法院决定不公开审理该案，陪审员也可以参审。

3. 陪审案件隐蔽作证制度的引入

首先需要明确的是，只要适用陪审程序允许陪审员参与庭审，相关隐私和秘密就有相当大的可能性被泄露。事实上，即便全部都由法官组成合议庭，也不能排除秘密被泄露的可能。案件一旦进入诉讼程序，这种秘密和隐私就会被置于一定的风险之下，不可能完全杜绝泄密，而这种风险有时候也是司法活动必须要承担的代价。为了在条件允许的情况下最大限度地防止秘密和隐私被泄露，一方面，应当建立事后追责制度，如果泄密造成严重后果，无论是法官还是陪审员都应当承担一定的责任；另一方面，由于陪审员的特殊性，对陪审员的管理重点应当从事后追责转向事前预防和事中控制，因此需要对庭审程序进行改造，在相关隐私、秘密与陪审员之间建立一定的隔离机制。

在庭审中，相关隐私和秘密都是通过证据的形式（如举证和质证）呈现的。因此，这种隔离注定是有限的，不可能只是因为涉及隐私和秘密而将任何合法且可采的证据排除出陪审员的视野，否则陪审员就无法形成完整的心证，最终可能造成审判结果的不公正。所以，只能在有限的领域设置一定的隔离程序，这主要集中在证人作证程序上。笔者建议，在不公开审理的陪审案件中引入隐蔽作证程序。

证人提供的证据主要是言词证据，证人的相貌以及一些其他个人信息对案件的裁判基本没有关联。虽然陪审员可以通过情态证据（例如表情、神态、反应、动作等）辅助判断，但是这种证据的法律地位在我国还未正式确立，还不具有证据资格，[1]而且对事实的认定只是起到间接的辅助作用，将其排除出陪审员的视野具有正当性。证人出庭作证的直接目的是接受当事双方的对质，防止秘密取证。[2]由于当事人享有对质权，法庭有义务保证证人出庭接受面对面的质询。这项权利被称作"眼球对眼球"的权利。[3]但是这项权利在一定情况下也会因保护证人隐私等原因而被限制。比如，一些国家在刑事诉讼中为了避免证人受到被告人的威胁，在证人出庭时要求被告人暂时退庭。[4]又如，我国《刑事诉讼法》自2012年以来也确立了隐蔽作证制度。[5]

不过，这种隐蔽作证制度是在被告人和证人之间设置的隔离措施，针对的并不是作为合议庭成员的陪审员。并且，这个制度仅限于极其严重的且被告人有很强社会危险性的案件，而适用陪审程序的不公开审理案件的范围远不止于此。所以，有必要将这个制度引入陪审程序，在陪审案件中运用采取不暴露外貌、真实声音等方式作证，而在此情况下，陪审员仍然可以对其进行询问。

---

[1] 证据法学所研究的"情态"是指提供口头证据者在陈述时外显的各种下意识反应和活动。情态信息是一种主要依靠直觉进行认知的生理与心理活动的对应伴生关系，具有客观表达证人内心活动的特性，在刑事诉讼领域可被用于辅助判断人证的可靠性，也可被用作侦查线索和少数特殊案件中的实质证据。情态证据在我国尚不具备形式合法性，其不具证据资格且使用不规范。参见陈麒巍："情态证据刍论"，载《中国刑事法杂志》2009年第1期，第88页。

[2] 郭烁："对抗秘密取证：对质权属性及范围重述"，载《现代法学》2020第1期，第55页。

[3] 易延友：""眼球对眼球的权利'——对质权制度比较研究"，载《比较法研究》2010年第1期，第52页。

[4] 例如，如果被告人在场会使证人受到压迫而不能充分供述，《日本刑事诉讼法》第304条允许在辩护人在场的情况下可以让被告人暂时退庭。

[5] 2018年《刑事诉讼法》第64条和第154条延续了这一规定。

4. 域外处理方式之借鉴

在这个问题的处理上，日本有一个著名的裁判员参与审理的案例可供我国参考借鉴，即2006年青森县发生的一起入室抢劫强奸案。在该案裁判员的选任过程中，审理所的职员首先要求候选人对相关事项进行保密，之后要求其填写问卷。为了更有效地做好隐私保护工作，问卷（即当日质问票）增加了关于被调查者住址、职业等事项，以此注意被调查者与被害人的空间距离等。工作人员在发放案件材料时选择用字母A、B代替被害人姓名，以保护被害人的隐私。确定6名裁判员和3名替补裁判员后，案件进入审理程序。在检方宣读起诉书的时候，审判长提醒应当采用A、B的方式指代两名被害人，并且严禁透露被害人的姓名、住址、年龄等基本个人信息。在庭审当中，法庭关闭了整体的大型监控录像设备，用合议庭人员手边的小型设备代替。被害人进行陈述时采取的是电话方式，只有检察官和辩护人可以通过小型监视器观看。[1]

被害人利用视频或遮挡部位的方式进行陈述等措施较为有效地保护了被害人的隐私，然而也有不足之处。虽然运用的是视频的方式而不是当面陈述，但是被害人还是将相关情况（包括案发的经过）告知了裁判员，存在隐私泄露的风险。根据裁判员的亲身经历，虽然他们观看的视频并不能看得很清楚，即使在外相遇也无法辨认出被害人，但是如果声音等信息没有经过技术处理，国民裁判官与被害人如果是邻居或有其他相关的共同经历，仍然有可能导致其隐私受损。[2]

---

[1] 参见李立丰：《司法民主与刑罚适用——以日本裁判员制度为研究视角》，中国政法大学出版社2015年版，第190页。

[2] 参见李立丰：《司法民主与刑罚适用——以日本裁判员制度为研究视角》，中国政法大学出版社2015年版，第191页。

这些措施对我国均有一定的借鉴意义，我国有必要对涉及国家秘密、商业秘密、个人隐私等事项的陪审案件设置特殊的庭审程序，在陪审员和相关隐私秘密之间设置隔离措施。对此，我国已经有了可资借鉴的制度，只需将《刑事诉讼法》第 64 条的隐蔽作证扩大至陪审案件即可，同时注意对证人作证声音和画面的技术处理。

在此，笔者提醒注意，《刑事诉讼法》第 64 条的规定是为了保护证人不受威胁，第 154 条保证了"线人""卧底"等技术侦查人员的安全，而在黑社会犯罪、恐怖活动犯罪、毒品犯罪等案件中，不仅上述证人、侦查人员[1]可能受到威胁，危及人身财产安全，从普通群众中选出的人民陪审员同样可能成为"高危群体"。在面对这些穷凶极恶的罪犯时，无论是陪审员还是职业法官都是弱势群体，但是法官负责审判工作就必须或多或少地承受职业风险，而要求随机抽选的人民群众承担这样的压力和风险是不正当的。所以，此类案件原则上不应当适用陪审程序，而如果属于法律规定必须适用陪审程序的范畴，也需要考虑对陪审员的保护问题。《人民陪审员法》第 28 条规定了对陪审员的保护措施，[2]然而这种"宣告性"的立法作用相当有限，并且依靠事后的追责也难以收获良好效果。

由于被告人享有回避等权利，需要陪审员进行相对充分的信息披露，故而进行完全的信息隔绝是不可能的。笔者建议，此类案件一律不适用陪审程序。在现阶段法律未作改变之前，必须在庭审中采取有效措施保护陪审员的个人信息，在对被告

---

[1] 笔者认为，侦查人员出庭也应当具有证人身份，不过鉴于当前理论界对此还有争议，故而将其分列。相关讨论参见杨宇冠、高童非："职务犯罪调查人员出庭问题探讨"，载《社会科学论坛》2018 年第 6 期，第 36 页。

[2] 参见《人民陪审员法》第 28 条。

人进行信息披露时进行匿名等处理，或者只向辩护律师适度披露。此外，还可以在庭审中采取特殊方式遮蔽面部等体貌特征，以及宣判后采取不在判决书中签字等保护性措施。相关部门应当尽快研究此项议题，出台相关规定，提前保护人民陪审员及其亲友的人身、财产、隐私等安全。

三、法庭调解程序

法庭调解指的是民事诉讼中当事双方指在审判人员的主持下，在庭审阶段进行调解的诉讼活动。法庭调解不是庭审的必经程序，而是由审判人员酌情决定是否进行调解。诉中调解既可以是承办法官主持，也可以是由法官助理主持，还可能是由专门的调解法官主持。人民调解员虽然基本不会主持调解活动，但会参与庭前的调解。[1]虽然有些人民调解员同时也是该法院的人民陪审员，但此时其身份还不是该案中的人民陪审员。庭审中的调解则统一由审判长主持，作为合议庭成员的陪审员也有权参与调解活动。[2]

（一）作为庭审程序的调解

我国古代司法活动十分重视调解的作用。在共产党领导的革命根据地，调解在纠纷处理中扮演了重要角色，并且延续到了中华人民共和国成立之后。[3]从创立之初，人民调解制度与

---

〔1〕 参见胡道才："调审适度分离：'调解归调解，审判归审判'的另一路径——以南京两级法院改革试点工作为研究对象"，载《当代法学》2014年第2期，第78~79页。

〔2〕 参见《最高人民法院关于适用〈中华人民共和国人民陪审员法〉若干问题的解释》第10条。

〔3〕 和陪审制度一样，我国现行的调解制度也是中国共产党意识形态、经验和实践的产物。相关研究参见黄宗智、尤陈俊："调解与中国法律的现代性"，载《中国法律》2009年第3期；[美]陆思礼："毛泽东与调解：共产主义我国的政治和纠纷解决"，载强世功编：《调解、法制与现代性：中国调解制度研究》，中国法制出版社2001年版。

人民陪审制度之间就存在紧密的联系,人民陪审员在初期就大量承担了调解的工作。[1]在20世纪50年代,案件进行调解时原则上应当有人民陪审员参与,法律当然也不禁止审判员单独进行调解。[2]人民陪审员可以全面参与调解活动,只是不能单独组织调解,调解活动必须由法官主持。[3]

有研究在总结了我国调解制度的发展历程后指出,20世纪90年代之后,我国的调解曾经进入一个低潮期。2004年党中央提出了构建和谐社会的要求之后,法院系统开始倡导"调解优先",我国进入了"大调解"时代。[4]2012年《民事诉讼法》第122条规定了"先行调解"制度,而法院的调解则几乎覆盖了全过程,可以延伸至庭审之中。[5]不过,也有学者认为,先行调解应当被限定为立案之前的调解即诉前调解,与诉中调解

---

[1] 1957年最高人民法院在文件中提出了主持调解一般由审判员和人民陪审员共同进行。详见1957年2月23日《最高人民法院关于"主持调解的审判人员"是否包括人民陪审员等问题的批复》。

[2] 1964年的文件就允许法院在开庭前的试行调解中不邀请人民陪审员参加,由审判员独自进行详见1964年1月18日《最高人民法院关于民事案件在开庭审理前试行调解时不必邀请人民陪审员参加的批复》。

[3] 即便案件经过陪审员的合议,只要尚未宣判,法官都可以在无陪审员参加不经陪审员合议的情况下自行调解达成协议,此时达成的调解书也不必由陪审员署名,审判员只需将调解情况告知陪审员即可。详见1964年1月18日《最高人民法院关于民事案件在开庭审理前试行调解时不必邀请人民陪审员参加的批复》。

[4] 我国法院调解的发展经历了四个阶段:调解为主阶段1949年至1981年;着重调解阶段:1982年至1990年;自愿调解阶段:1992年至2003年;调解优先,调判结合阶段:2004年以来。参见周法:"诉讼调解60年",载《人民法院报》2009年9月27日。

[5] "对于先行调解的适用时间并未有所限制,只要是当事人起诉到人民法院即可,至于是收到当事人起诉状或者口头起诉后、尚未立案之前,还是人民法院依法立案受理后、移送业务庭审理之前,抑或是开庭审理前或者开庭审理后均在所不问。"参见最高人民法院民事诉讼法修改研究小组著:《〈中华人民共和国民事诉讼法〉修改条文理解与适用》,人民法院出版社2012年版,第272页。

和执行调解并列。[1]从理论上说，只要案件判决尚未作出，便都可以以调解的方式结案。虽然有许多学者认为应当改革"调审合一"的模式，进而提出审判程序和调解程序应当分离，[2]但是我国法院现在仍然可以在法庭审理阶段进行调解。

在当前"案多人少"的背景下，调解承担了促进诉讼分流、提升诉讼效率、实质化解决纠纷等功能。[3]不过，到了庭审阶段，诉讼分流和提升效率的价值已经较为有限，法官仍然愿意通过调解的方式结案更多的是因为调解是一个卸责机制，它可以使法官摆脱判决案件带来的责任和压力，并且避免案件裁判结果被上诉法院审查。[4]

综上，调解虽然主要是庭审前的活动，也本应当是庭审之前的活动，但是在调审分离还没有被立法者和改革者完全采纳的情况下，庭审阶段仍然可以进行调解。调解环节也是庭审程序的组成部分之一，而不是按照调审分离原则建立的游离于庭审程序之外的程序。也就是说，当庭调解活动是在庭审过程中进行的，而不是休庭后在庭外程序中进行。在当庭调解时，正在进行的庭审环节暂时停止，各方集中精力讨论调解事宜，如果双方不能达成调解协议，则庭审其他环节继续进行。

---

[1] 李德恩："先行调解制度重述：时间限定与适用扩张"，载《法学论坛》2015年第2期，第48页。

[2] 李浩："调解归调解，审判归审判：民事审判中的调审分离"，载《中国法学》2013年第3期，第17页。

[3] 参见吴英姿："'调解优先'：改革范式与法律解读——以O市法院改革为样本"，载《中外法学》2013年第3期，第539页。

[4] 这个观点也已经被一些学者所认可。有研究认为：一般而言，学院派的法官更喜欢判决；而经验派的法官更喜欢调解，因为调解不需要将事实和法律分得那么清楚，也可以不写判决书，更不会出错案。参见强世功、赵晓力："双重结构化下的法律解释——对8名中国法官的调查"，载梁治平编：《法律解释问题》，法律出版社1998年版，第222~246页。

(二) 陪审员是否有助于调解

之所以将当庭调解视为陪审程序的一项内容进行讨论,是基于这样的一个论断:人民陪审员的参与有助于案件的调解。如果这个命题成立,就可能会对庭审程序造成一定的影响,即在适用陪审程序的案件中,法官等主体可能更积极地在庭审环节在人民陪审员在场的情况下询问当事人是否愿意调解,更为主动地推进调解的达成。

1. 法官参与调解的短板

我国学界对法院调解的质疑理由之一就是法官对促成调解并没有显著优势,在一定程度上反而存在难以克服的劣势。这主要体现在以下方面:首先,在案多人少的大背景下,调解促进效率提升的效果不明显。如果调解可以实现,相比诉讼而言确实可以节约一定的司法资源,但是调解失败的概率也不小。这种投入前景并不可观,极有可能与产出不成比例。更何况,调解本身也是费时费力的,如果要真正做好调解工作,法官也需要投入大量时间了解案情,分析事实和法律问题,判断可能的判决结果等。在"诉讼爆炸"时代,法官很难腾出足够的时间完成这项工作。在诉前调解活动中,法官在介入时大多数对案情还不了解,要么和当事人一起花费大量时间梳理案情,要么在不了解案情的情况下调解,这样的调解效果可想而知。其次,学院出身的法官更擅长的是处理已经经过整理的"案卷化"的法律事实,对于未经公诉机关、律师等主体加工的事实是不敏感的。[1]再次,我国乡村已经从熟人社会步入半熟人社会,而城市已经基本上呈现出陌生人社会的格局,调解维系熟人社会当中的人们之间亲密关系的功能大大降低。而且,久坐办公

---

〔1〕 邵六益:"悖论与必然:法院调解的回归(2003-2012)",载《华东政法大学学报》2013年第5期,第114页。

室和法庭的职业法官是否有足够的途径了解社风民情,是否可以与群众充分沟通促成调解也存有疑问。此外,法官的职责就是审判案件,法官的角色需要保持消极中立,与社会公众保持一定的距离感。可是,调解工作却要求法官主动介入纠纷之中,扮演"牵线人"与"和事佬"的角色,这不仅是法官本职工作之外的负担,还与消极中立的定位不相符。最后,如果在个案当中,法官在法庭调查和法庭辩论之前就参与了调解,可能会在之后的审判活动中形成预断,影响案件处理结果的客观公正。

2. 陪审员的优势是否存在

那么,陪审员在促成调解上的优势是否真的存在?这个问题需要进一步探究。实证研究表明,陪审员一般都对自己在案件调解工作中起到的作用十分自信,认为陪审员这个主体可以促进调解的达成,因为民众比较认可陪审员,而陪审员与人民群众的联系沟通也比较多。还有陪审员甚至认为其主要工作就是参与案件调解。对法官的访谈也得出了相似的结论,多数法官认为陪审员在调解工作上具有优势。一方面,陪审员从群众中来,当事人比较容易对其产生亲近感。陪审员可以用平实、朴素的语言与当事人沟通,相比于习惯了"法言法语"的法官来说,陪审员的表达和沟通方式更容易被当事双方接受。另一方面,参与调解的陪审员多是乡镇的政府工作人员或基层自治组织的人员,所以这种小范围内的威望会对调解的促成产生积极作用。[1]

但是,也有实证统计数据表明,有陪审员参与的案件的调解率相较于没有陪审员参与的调解率不高反低,甚至远低于平均的结案率。对一些法官的问卷调查也显示,他们对陪审员是

---

[1] 参见刘方勇:《人民陪审员角色研究》,法律出版社2016年版,第120~121页。

否真的比法官更容易促成调解也持有很大的疑问。[1]陪审员是否有助于促成调解最重要的视角应当是当事人及其律师视角，而一项对律师的访谈显示，其并不认为陪审员相比于法官在调解问题上具有明显的优势。[2]从这些证据可以看出，那些认为总体上陪审员在调解中可以发挥重大作用的观点只是基于原始的印象，未能得到实践的检验。

从当事人角度考虑，不到万不得已之时，人们不会将案件诉诸法院。诉诸法院的矛盾纠纷多是积怨已久、难以化解，先前在私下里亲朋好友通常已经进行了多轮斡旋还是无果。更何况，法律规定的适用陪审程序的案件都是相对重大、复杂的案件，不易于调解。这些因素都造成了陪审员在此类案件的调解中难以发挥想象中的作用。其实，法律为了促进矛盾的化解已经要求法院邀请人民群众共同组成合议庭处理，因此没必要过于追求陪审员的调解职能。

毋庸讳言，法官参与调解确实存在前文提到的诸多问题，然而当事人到法院进行调解，更多的是希望借助"官方"的资源在低成本的情况下解决纠纷。当事人调解看重的是法官的权威，希望的是由专业人士预测案件的审理结果，以此作为调解决策的参考，而这些都是人民陪审员不能提供的。所以，人民陪审员有助于调解的达成可能只在少数一些特定的案件中才成立。

（三）人民陪审员参与法庭调解的限度

本轮陪审实质化改革的一个主要方向就是让人民陪审员与

---

[1] 参见刘方勇：《人民陪审员角色研究》，法律出版社2016年版，第124~126页。
[2] 参见张永和等：《武侯陪审：透过法律社会学与法人类学的观察》，法律出版社2009年版，第314~315页。

人民调解员的角色分离,具有代表性的举措是明确规定已经以人民调解员的身份参加过案件的调解,便不得担任该案的人民陪审员。[1]调解和陪审是两个性质迥异的活动,参与陪审是公民的一项权利和义务,而调解不具有此属性。陪审员大部分都是通过随机抽选的方式从常住居民名单中选出,而调解员一般都是主动报名参与这项工作。法院不宜赋予陪审员过多的额外工作,例如参与调解、法制宣传等。陪审员的角色定位应当回归至其应然状态。

许多法院为了应对"案多人少"的问题,通过单位推荐和个人推荐的方式组织了一个由人民群众组成的值得法院信任的队伍参与案件的处理,以补充法院的人力资源。在诉前调解阶段,这些人的身份是人民调解员;在案件审理阶段,其会再次担任陪审员以缓解法官人手不足的问题。一些人民陪审员和人民调解员之间虽是不同的群体,但二者之间却时常互通,互换角色。可以说,人民陪审员和人民调解员是法院"共享"的人力资源。

一些法院任命的人民陪审员同时也是该法院的人民调解员,这种做法虽然有不合理之处,却也没有违背法律的规定。但是笔者认为,一旦人民调解员被抽选为个案的人民陪审员,其核心任务就是参与案件的审理,与法官共同作出裁决,调解只是附带的活动,不能本末倒置,将工作的重心放在案件的调解上。在陪审案件中,人民陪审员与法官之间的职权划分更多是在对事实问题和法律问题的认定上,而不是在调解和审判上。

人民陪审员参与法庭调解不仅对促成调解没有多大帮助,反而可能不利于案件的公正审理。理由有以下几点:

---

[1] 参见《最高人民法院关于适用〈中华人民共和国人民陪审员法〉若干问题的解释》第6条。

其一,本轮陪审制改革要求人民陪审员主要通过随机抽选的方式产生,而且个案陪审员的确定也一律通过随机抽取的方式进行。在这种模式下,法院无权挑选有助于该案件调解的相关人员,比如让当事人所在乡镇街道人员成为案件陪审员。所以,作为合议庭成员的人民陪审员通常都是陌生人,当事人也没有理由对这些陌生的群众产生超越法官的信任感。

其二,前文在质疑法官调解效果时曾指出,法官工作繁忙,很可能没有时间详细了解案件情况,也不一定有耐心和精力像陪审员那样与当事人详细沟通、了解矛盾争议。但是,在法庭调解活动中,这种信息优势出现了倒置。法官通过庭前阅卷、召开庭前会议等庭前准备活动较为清楚地了解了案件的基本情况和双方的争议焦点,而陪审员几乎不参与这些庭前准备工作,在庭审之后也大多对案件一无所知,尤其是在司法解释明确了曾经担任过该案人民调解员的人员应当在后续诉讼活动中回避之后。这就意味着陪审员在信息掌握上必定处于绝对的弱势地位,自然也无法有针对性地展开调解。

其三,如果法庭调解先于法庭调查进行,则相当于陪审员在当事双方举证质证之前就接触了大量的证据材料。如果调解没有成功恢复法庭调查程序,此前在调解中的各方观点和证据展示很可能使陪审员产生预断,这会造成法庭调查和法庭辩论环节形同虚设。职业法官可能有足够的能力和经验将调解活动中的证据和辩论与法庭调查和法庭辩论中的证据和辩论区分开来,在最终事实认定和法律适用过程中不考虑调解时各方的言谈举止。但是,不能认为来自普通民众的人民陪审员也可以满足如此高的要求。

理论上说,贯彻调审分离原则,将庭审程序和调解程序区分开来,交由不同的主体主持进行是理想的模式。如果完全的分离无法做到,即不能要求一旦案件进入庭审程序就不能以调解的方式结案,那么为了保护陪审员心证过程,避免不当干扰,在陪审案件中便只能允许在庭审程序结束之后继续开展独立的调解活动。若是陪审案件的调解先于法庭调查等活动进行,陪审员便应当回避,不能参与调解活动。

四、当庭宣判程序

在我国的诉讼制度中,法院宣判包括当庭宣判和定期宣判两种类型。前者是在经过法庭调查、法庭辩论、最后陈述等法定流程之后,经过短暂休庭评议便当场立即宣布判决;而定期宣判是休庭后不立即宣判,在之后另行指定日期宣布判决。不过,这里的划分只是宣判的时间有所不同,无论是当庭宣判还是定期宣判,需要经历的宣判程序是一致的,即召集当事双方到庭,全体起立后由审判长宣读判决。

(一)作为庭审程序的宣判程序

对于宣判程序是否包含在庭审程序当中,学界存有一定的争议。审判活动包含了两部分内容,一个是"审",一个是"判"。"审"又包括了对实体内容的审查和对程序内容的听审或听证;"判"则包括了实体判决和程序裁定。[1]在我国的诉讼理论中,审判也包括了审理和裁判两个部分。这两个部分的程序是相对独立的,例如法律规定审理可以采取不公开的方式进行,但是宣判一律公开,即使是不公开审理的案件也必须公开宣判。

---

〔1〕 参见杨宇冠、杨依:"'以审判为中心'的若干问题研究",载《西北大学学报(哲学社会科学版)》2016年第3期,第110页。

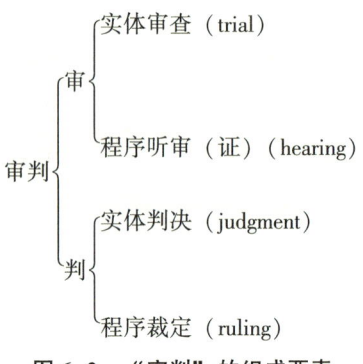

图 6-2 "审判"的组成要素

我国庭审程序必然包含法庭审理程序,而庭审的"审"是否包括"审"和"判"则有疑问。根据我国法律的规定,无论是当庭宣判还是定期宣判,审判长均会宣布休庭。[1]"休庭"和"闭庭"有所不同,"休庭"只是庭审程序的暂停,而"闭庭"是庭审程序的结束。按照这个逻辑,评议阶段只是庭审的暂停,而宣判则是庭审的继续,但比较矛盾的是,在宣判之前有许多书记员并没有宣布开庭。[2]

按照我国当前的理论和实践,一般来说,庭审包含从开庭直到宣判结束整个过程,宣判才是庭审程序的终结。虽然定期宣判之时距离之前的庭审活动已经相隔多日,有的前后甚至间隔多年,是否仍然属于庭审程序存在争议,但至少当庭宣判是庭审程序的组成部分这个观点还是可以被学界所认可的。

(二)对当庭宣判的争议

长期以来,我国的当庭宣判率一直十分低下,大部分案件

---

[1] 例如《刑事诉讼法》第 200 条之规定。
[2] 一方面,宣判程序的难以找到详细的操作规范;另一方面,许多法院定期宣判十分随意,法官甚至根本不宣读判决书,只让当事人在送达回执上签字领取判决书即可。参见魏胜强:"司法公正何以看得见——关于我国审判方式的思考",载《法律科学(西北政法大学学报)》2013 年第 6 期,第 37 页。

第六章 我国陪审程序的构建

都是以择日宣判的方式结束。1998年以来,我国司法改革的方向之一就是提升当庭宣判率。[1]本轮司法体制改革以司法责任制为中心,推进庭审实质化改革和速裁程序改革,以及最高人民法院开展的"三项规程"等各项工作对当庭宣判率的提升都有助益。得益于这些改革措施,2018年1月最高人民法院第四巡回法庭运行一年以来的当庭宣判率为50%;[2]北京市在2018年全年一审的当庭宣判率已经接近60%;[3]湖南省长沙市长沙县更是做到了当庭宣判率直逼80%,从而引发了全国法院系统的关注。[4]

对于各地法院相继亮出当庭宣判率"成绩"的现象,早有研究提醒注意,这些数据背后可能存在一些"水分",更准确地说是存在一些隐患。研究者通过考察总结各地提升当庭宣判率的举措主要有三个:第一是行政命令,第二是指标考核,第三是经济刺激。[5]在符合司法规律的前提下,提升当庭宣判率的举措应当是"还权于法官",增强法官的独立性和自主性,排除法院内部的行政干预,让法官可以完全根据庭审中当事双方的举证质证,根据法官在庭审过程中对案件事实和法律的认识进

---

[1] 1998年底,肖扬院长在全国高级法院院长会议上提出"要逐步提高当庭宣判的比例"。参见肖扬:"全面推进人民法院的各项工作 为改革、发展、稳定提供有力的司法保障——在全国高级法院院长会议上的讲话",载《中华人民共和国最高人民法院公报》1999年第1期。

[2] 参见南都社论:"提高当庭宣判率有赖司法责任制扎实落地",载《南方都市报》2019年1月7日。

[3] 参见孙颖:"完善'三项规程'推进庭审改革 本市法院一审当庭宣判率近60%",载《北京晚报》2019年6月27日。

[4] 2018年数据显示,该院当庭宣判率达到78.96%。参见姜国:"长沙县法院近八成案件当庭宣判,全国300余家法院来学习",载《长沙晚报》2018年11月26日。

[5] 参见兰荣杰:"制度设计与制度实践之间——刑事当庭宣判制度实证研究",载《中国刑事法杂志》2008年第3期,第99~100页。

行裁判。这样法官可以忠实于自己的心证、按照自己的意愿作出裁判，而无须在庭后请示汇报，或者在庭后对案卷内容进行大量的研读研判而不是根据庭审的情况作出决定。[1]然而，通过前述三项手段和方式提升当庭宣判率可能会导致"先定后审"情况出现，即在庭审之前预先通过详细阅卷研判、提前请示汇报等方式作出决定，有的竟然提前草拟了判决书的底稿，所以才能在庭审中当即作出决定而无须择日宣判。以这种方式提升当庭宣判率会致使这项改革要求出现异化，本是为了促进庭审实质化的重要举措却可能造成庭审虚化，最终效果也会适得其反。

还有学者对当庭宣判提出了全面的质疑。传统观点认为提高当庭宣判率对转变"审者不判，判者不审"现象、提高办案效率、防止暗箱操作增进透明度、让当事人感受到公平正义、提升判决可接受度、提高法官素质等价值目标都是有益的，而该研究对当庭宣判可以促进上述目标实现的观点进行了一一批驳，提出当庭宣判的举措无法实现改革者的初衷。[2]这些理由虽然不都成立，但是这些对当庭宣判的质疑大体上是合理的。

笔者认为，当庭宣判是值得追求的，从长远来看也应当成为我国司法体制改革的目标。但是，在司法责任制等相关改革还没有完成，法院内部行政体制运作机制还没有改变之前，强行要求当庭宣判将适得其反。诚如学者指出的，司法裁判中的这种即时决策的广泛化需要满足一定的前提，否则庭审实质化无法催生正当的判决方式。[3]

---

　　[1] 这两种不当的判决生成机制的运作方式参见王彪："法院内部控制刑事裁判权的方法与反思"，载《中国刑事法杂志》2013年第2期，第69、72页。
　　[2] 参见蒋利玮："质疑当庭宣判"，载《法学》2005年第2期，第107~108页。
　　[3] 参见孙皓："关于刑事当庭宣判的逆向反思"，载《当代法学》2020年第2期，第119页。

(三) 宣判方式与繁简分流

既然如此,当前推进当庭宣判率就没有意义了吗?也不尽然。从繁简分流的角度看,对于简单的、无太大争议的案件,当庭宣判是很有必要的。这样不仅可以避免案件处理的过分拖延,也可以防止庭审后的不当干扰。对于一些案件,例如刑事诉讼中被告人认罪认罚的案件、适用速裁程序的案件等,法官不需要花费太多的精力在庭前研究案件上,庭长、院长等领导一般也不会试图左右判决结果,当庭宣判几乎不会造成不利的后果。此外,这些案件一般都是法官独任审理的案件,不需要包括陪审员在内的合议庭共同商议,法官可以自行即时决策。值得注意的是,庭审实质化改革的重点不在于这些案件,所以提升这些案件的当庭宣判率不能说明庭审实质化的水平有所提高。

相比之下,对复杂疑难的案件应当在程序上做到"繁者更繁",这也包括了庭审前后的程序。在当前庭审实质化没有完全实现、法官办案能力素质和办案习惯方式没有明显改变的情况下,[1]选择择日宣判,以更加慎重、稳妥的方式处理案件并无不妥。更何况,对于此类案件,合议庭成员需要较多的时间评议,需要详加推敲,撰写判决理由等。庭审实质化和定期宣判不完全冲突,关键在于判决应当忠实于庭审的情况。虽然当庭宣判更容易根据庭审内容决定,但并不意味着定期宣判无法达致这种目标,关键在于保障机制的推行,对从休庭到作出判决这个过程进行监控。从长远来看,随着司法责任制和庭审实质

---

[1] 有学者指出,正是因为心证能力,导致裁判者当庭无力作出判断。在当庭宣判的压力下,心证能力不足的法官会变本加厉地陷入更为严重的先判后审。参见元轶:"庭审实质化压力下的制度异化及裁判者认知偏差",载《政法论坛》2019年第4期,第100页。

化改革的各项措施的逐步落实并取得显著成效，我国应当在疑案复杂案件中逐步推行当庭宣判制度，而判决书的撰写则可以在宣判之后的固定期限内完成。

（四）陪审案件当庭宣判之提倡

《人民陪审员法》规定必须适用陪审程序的案件都是相对重大、疑难、复杂的案件。按此说法，陪审案件是否也无须提倡当庭宣判？笔者认为，鉴于陪审案件的特殊性，应当予以区别对待。对于由人民陪审员组成的三人合议庭审理的案件，应当鼓励当庭宣判，而七人合议庭原则上则应当当庭宣判，除非该案需要提交审判委员会讨论。

陪审案件应当予以特别对待，这主要是基于以下方面的考虑：第一，法官具有丰富的司法经验，可以在庭审之后较长的时间里记忆庭审过程，还原庭审场景。然而陪审员对审理案件通常相当陌生，过了一段时间后要么对庭审的记忆已经十分模糊，要么受到庭审之后其他不当信息的干扰，导致其改变想法和判断；第二，即便可以通过庭后研究案卷的方式发现和核实客观事实，陪审员也不愿也不便在庭审之后查阅案卷；第三，陪审员都是普通大众，在庭审日之后再次召集较为困难，而法官则不存在上述问题。鉴于此，应当鼓励陪审案件在庭审休庭后立即作出决定，当庭宣判。合议庭是一个整体，所有成员都应当共享信息，基于相同的证据材料同步作出判断，故而不能要求陪审员在庭后立即给出意见，而法官则可在此基础上继续加工案件材料，另行决策。

当庭宣判也是陪审实质化的要求，它可以真正让陪审员发挥实质作用，对司法决策施加影响。由于陪审员的实质参与，案件的结果在审前是不确定的，法官无法单凭自己的意愿做决定，这样可以防止当庭宣判异化为庭审虚化的助推器。虽然如今陪审员实质参审的程度较低,但是只要保证在裁判生成机制上陪审员拥有决定权,陪审实质化的水平便会得到大幅提升。所以,与庭审实质化不同,陪审实质化的重点不完全在于庭审过程,更关键的一点是陪审员可以对裁判的结果施加实质性的影响。

当然,鉴于我国目前的司法状况,强制要求所有陪审案件均当庭宣判既无必要,也不合理。如果审判长在陪审案件中选择定期宣判,也必须在休庭之后及时评议,并且全程严格记录。日后法官制作判决书时应当严格遵循评议的结果,如果最终案件的处理结果与合议结果不相符,人民陪审员有权提出异议。

与三人合议庭相比,七人合议庭的机制有所不同。七人合议庭中陪审员与法官之间的关系是分职分权,陪审员和法官共同负责事实问题的认定,再由法官在已经认定的事实基础上负责解决法律适用问题,陪审员不参与法律问题的决定但可以发表意见。[1]这就表明,七人合议庭案件不能适用三人合议庭的判决生成机制,前者需要严格制定事实问题和法律问题区分的决策程序,不能如同三人合议庭那般简单会面后统一意见或者之后个别商讨案件情况,而需要采取七人参与的表决程序。鉴于陪审员庭审结束之后一般不再前往法院,因此对这种事实问题和法律问题的认定,陪审员必须当场决定,否则事后组织补充合议十分困难。

此外,由于陪审制度与判决理由制度存在冲突,笔者在前文中曾经建议,在通过七人合议庭审理的案件中,合议庭对事实认定可以不出具具体的判决理由,如果可以实现,也就省去了法官撰写判决理由所需的时间。此外,有学者提出定期判决实际上是一种卸责机制,即通过庭审之后请示领导的方式减轻

---

[1] 参见《人民陪审员法》第22条。

自己的责任，或者在庭审后查阅资料进一步研究以避免错判，而当庭宣判相当于剥离了这层保护机制，使法官暴露于风险和压力之下。[1]然而，大合议庭的制度让多于法官数量的陪审员参与案件决策，本身就构成了更加正当和有效的卸责机制。[2]由于陪审员是不被追责的且无须出具理由，在少数服从多数的机制下，即便出现问题或领导对判决不满，法官的司法责任和政治责任也会被相应减轻。[3]

针对陪审员是否应当在判决文书上署名，不同国家有不同的做法。例如，德国不要求参审员署名，这与我国的做法不同。笔者认为，不应当强制要求人民陪审员在裁判文书上署名，尤其是在七人合议庭案件中。案件判决的结果可能不是人民陪审员希望的结果，他们的意见可能在合议庭中处于少数，无法成为最终的表决结果。在这种情况下要求人民审判员在其反对的裁判文书上签字并公开，可能对其造成不当的压力和风险。加之人民陪审员并不承担司法责任，与裁判文书署名的"负责制"理念不一致。反观法官，其职责要求必须承担与常人不同的压力，在当前的制度框架下，法官不应当拒绝署名。当然，人民陪审员不署名只是原则性要求，如果人民陪审员经询问同意或主动提出希望署名，也应当允许人民陪审员在裁判文书上署名。在我国，少数意见不被写入判决书中，赋予陪审员拒绝署名的权利也可以为其提供一种表达态度的途径和方式。

---

[1] 参见兰荣杰："制度设计与制度实践之间——刑事当庭宣判制度实证研究"，载《中国刑事法杂志》2008年第3期，第101页。

[2] 参见高童非："我国刑事司法制度中的卸责机制——以法院和法官为中心"，载《浙江工商大学学报》2019年第5期，第113页。

[3] 有学者也赞同在陪审案件中有限豁免法官对错案结果的责任。参见樊传明："陪审案件中的审判责任制——以保障和管控人民陪审员裁判权为核心"，载《法学家》2019年第5期，第139~140页。

第三节　陪审案件的合议程序

在审理案件时，当案件经过法庭调查和辩论、最后陈述，以及可能存在的法庭调解阶段之后，审判长会宣布休庭，案件由此进入合议庭的合议阶段。合议程序结束后案件会进入最后的宣判程序。所以，合议程序不包含在庭审程序之中，属于审判阶段独立的诉讼程序。广义上的合议程序不仅包括评议程序，还包括了合议之后的表决程序以及异议程序。

对于陪审实质化来说，庭审程序的规则构建固然重要，但是实质化的基础是结果生成的实质化，之后才是过程的实质化。也就是说，陪审程序合议规则的构建相较参审规则而言更为重要。陪审实质化不仅要解决"陪而不审"问题，还要解决"审而不议"问题。前者是后者的基础，后者是前者的最终目的。陪审员即便在庭审中不发言也不意味着其没有实质参审，[1]但是如果陪审员在合议阶段没有发言，则必然构成陪审虚化，并且其危害性比庭审阶段的"陪而不审"更为严重。

我国法律和相关规定没有为陪审案件设立特别的合议程序，陪审案件的合议与其他案件没有不同之处。但是，陪审案件却有其特别之处，合议庭是由陪审员和法官共同组成，虽然法官和陪审员地位平等，并且在绝大多数的三人合议庭中法官和陪审员也是同职同权的，然而双方在法律知识上存在较大差距，这种知识不对等又会造成权力的不对等。[2]陪审员和法官的法

---

[1]　参见李玉华："'陪而不审'之我见 法学教授陪审员的视角"，载《法律适用》2010年第7期，第93页。

[2]　知识和权力的关系参见 [法] 米歇尔·福柯：《规训与惩罚》（修订译本），刘北成、杨远婴译，生活·读书·新知三联书店2012年版，第29页。

定权力固然没有高低之分，但在司法场域内，法官相对于陪审员却拥有着绝对的权威。当前，合议程序中的各方处于平等的状态，法律对陪审员和法官一视同仁。但鉴于双方知识和权力的不均衡，法律应当对合议程序中的陪审员给予特殊关照。如果法律不对已有的合议规则和程序进行改造，着重保护陪审员发表意见的权利和效力，可能会使陪审员在合议中处于边缘地位，难以起到应有的作用，有损于陪审实质化的实现。

鉴于我国法律确立了陪审程序的双轨模式，与三人合议庭的陪审程序相比，七人合议庭的程序呈现出完全不同的机制。在此改革背景下，适用七人合议庭审理的案件应当在合议程序中体现出更多的特殊性，以满足新模式的需求，尤其是要适配事实问题和法律问题区分机制的需求。基于此，本书在宏观层面考察所有陪审案件的合议程序的同时，将重点关注七人合议庭中合议程序的构建问题。

一、陪审案件的评议程序

合议程序的主体和关键在于评议程序，这本该是陪审实质化改革的最重要内容之一，但是当前新出台的《人民陪审员法》及司法解释对评议的规定十分欠缺，这些规则没有对陪审员的评议权利予以特殊和充分的保护，只是强调了陪审员独立发表意见且拥有优先发言权等。[1]这些规定尚不足以保障陪审实质化的实现，最高人民法院有必要单独制定陪审员参与案件合议的规程。

（一）评议的原则

合议庭的评议需要遵守一定的原则，其中包括独立评议原则、自由评议原则、平等评议原则、秘密评议原则、及时评议

---

[1] 参见《人民陪审员法》第21条、第22条；《最高人民法院关于适用〈中华人民共和国人民陪审员法〉若干问题的解释》第12条、第13条。

原则、集中评议原则等等。其中，前两项含义比较清楚，即各合议庭成员可以自由和独立地发表意见，不受到任何个人和组织的干扰。平等评议原则指的是各个主体在评议时处于平等地位，没有任何人可以以其意见压制他人的意见。对此，需要特别说明的是，为了保证陪审员的实质参审，可以赋予本属于弱势地位的陪审员更优先的地位。例如，可以优先发言，且可以赋予其意见特殊的效力。这不属于违反该原则的情况，而是为了促进合议庭内部陪审员和法官之间的力量均衡。对此前文已有论及，在此不再展开。下文将对后三项原则进行讨论，这三项原则虽然是所有采取合议庭这一审判组织审理的案件在合议时都应当遵循的原则，但是在陪审案件中，这些原则的落实显得更为重要，因其不仅有助于保障陪审员的参审职权，也有助于实现案件的公正审理。

在讨论各项原则之前，有必要明确的是，评议原则的实现基础在于评议的实质化。有研究指出，当前我国司法实践中存在合议弱化甚至虚化的现象，承办法官或主审法官从庭前到庭审再到合议最后到制判均处于绝对强势的主导地位，评议过程成了法官的"独白"，不仅陪审员成为陪衬和附庸，其他合议庭成员发挥的作用也甚为有限，[1]毫无参与感和责任感可言。基于"与自己无关"或"碍于同事情面"等缘故，其他法官最可能的行为即为附和承办法官的意见而简答表态，在合议过程中基本没有商议，更不会有辩论和说服。数据显示，在33.5%的案件中非承办法官皆以"同意承办法官意见"作为表态。[2]无

---

[1] 参见朱福勇："论合议庭的评议对象与论证表达"，载《法律科学（西北政法大学学报）》2017年第1期，第135页。

[2] 参见王庆廷："角色的强化、弱化与衡平——负责制视角下的合议庭成员考论"，载《安徽大学法律评论》2008年第1期，第180页。

论是否是陪审案件,在司法实践中都应当尽快扭转这种"合而不议"的虚化现象,之后才有探讨落实评议原则和建立评议规则的现实基础。接下来,本书将对秘密评议原则、及时评议原则和集中评议原则进行初步的讨论。

1. 秘密评议原则

合议程序与庭审程序的最大区别在于,庭审程序原则上应当公开进行,而合议过程则是秘密进行。虽然大陆法系与英美法系在庭审和合议程序上有诸多差异,但均坚持了"秘密评议"的原则。不仅评议的过程不公开,参与合议之人对评议的内容也负有保密义务。[1]具体来说,秘密评议原则有以下两个方面的含义:第一,评议的过程不公开,既包括各个合议庭成员观点的具体内容,也包括某观点由何人提出;第二,合议结束之后包括陪审员在内的每一位参与评议的审判人员都对评议和表决的结果保密,相关内容只能通过宣读和发布判决书的方式对外有限披露。

对于确立"秘密评议"原则,大陆法系主要考虑的是确保法官可以自由发言,避免合议过程中的不同意见被上诉人用作上诉的理由、维护法官的权威等。[2]英美法系主要也是为了确保陪审员裁决的终局性,维护社会公众对陪审团的信任感,[3]此外还可以保障评议自由,让参与人可以不受制约地、直率地发表看法,而发言评议的内容也不受审查。[4]相比之下,合议庭在庭审中的行为是受到审查的,例如上诉时合议庭的不当行

---

[1] 两大法系国家以及国际公约对合议秘密原则的规定。参见倪寿明:"司法公开问题研究",中国政法大学2011年博士学位论文,第141~142页。

[2] 参见吴从周:"民事裁判书附记不同意见书?",载《民事法学与法学方法(四)》,新学林出版有限公司2010年版,第461页。

[3] Alison Markovitz, "Jury Secrecy During Deliberations", 110 Yale L. J. 1493 (2001), p. 1505.

[4] 参见陈龙环:"英国陪审团评议秘密规则",载《河北法学》2006年第9期,第112页。

第六章 我国陪审程序的构建

为可能会成为判断程序是否公正的审查内容;在我国,检察机关参与的案件中,公诉人也可以实施法庭监督职能,对合议庭的不当行为进行监督;[1]相关纪律也对法官在合议庭中的行为进行了规范和约束。

虽然我国司法程序的透明度相对不足,且判决说理的充分性不甚理想,但仍然应当坚持评议秘密原则。尤其是在陪审案件中,陪审员来自于普通民众,不像法官那样可以依靠职业素养抵御判决带来的社会舆论等压力,也缺乏法院这一单位组织给予的保护机制,因此制度设计者应当格外注重对陪审员评议中相关言论的保密。审判人员不得为了卸责透露某个观点、某项决定实际上是由哪几位陪审员提出或作出的。同时,也应当注意陪审员自身承担的保密义务。普通群众可能对保密义务不熟悉,且不存在对陪审员的追责机制。因此,应当对陪审员进行特殊的指示,告知其发表的意见将被严格保密,且不得向任何人透露评议过程中其他人的言论。

根据我国的相关规定,在对错案进行追究时,追责机关应当根据合议时各法官发言的内容确定责任。[2]如果按此执行,评议笔录是可以在错案追责时对追责人员公开,且内容可以被审查。但是,这种公开应当受到严格限制:一方面,这种审查应当仅限于法官,不适用于陪审员;另一方面,这种追责的公开应当仅限于法院内部的部门和相关人员,其他机关(如监察

---

[1] 按照相关规定,检察院如果认为法庭的审判活动存在违法情况,可以在法庭审理活动结束后提出纠正意见。有地方已经将此规定付诸实践,形成了一些有代表性的案例。对此,有研究提出法律还应当赋予公诉人当庭监督的权力,丰富检察监督的手段和方式。参见杨宇冠、郑英龙:"检察机关的法律监督——以法庭审判监督为重点",载《求索》2018年第5期,第105页。

[2] 参见2015年《最高人民法院关于完善人民法院司法责任制的若干意见》第30条。

机关）的人员不得直接查阅、摘录和复制评议记录。

2. 及时评议原则

及时评议原则指的是庭审结束后，合议庭应当尽可能早地对案件进行评议。及时评议原则得以确立是因为如果庭审和评议时间相隔太久，合议庭对庭审中各方言词的印象和记忆就会减弱和淡化，此时再进行评议，合议庭成员据以判断的依据就不是庭审中控辩双方在举证质证时提出的主张和辩论的理由，而是依据庭后查阅案卷材料的信息以及庭外其他信息而作出的理解和判断。或者说，审判人员已经难以通过对庭审的直观感受，依据庭审过程中在控辩双方的参与下形成的心证进行决断。这样的做法不仅不符合直接言词原则的导向，也不符合证据裁判原则的要求。现代诉讼制度还要求确立集中审理原则，即不间断审理原则。该原则的内容之一就是庭审后迅速作出裁判，及时评议原则也是集中审理原则的要求。在刑事诉讼中，及时评议还是防止案件过度拖延、保障被告人快速审判权的重要举措。[1]

我国的宣判制度分为当庭宣判和定期宣判，对于当庭宣判的案件，在短暂的休庭期间，合议庭会立即进行评议，之后当庭宣判。法院在这些案件中通常可以很好地实现及时评议原则的要求。但是，当庭宣判的案件大多是独任制审理的案件，[2] 法官自行决定即可，不存在评议环节。而在由合议庭审理的案件中，当庭宣判率并不理想。[3] 在司法实践中，庭审结束后合

---

[1] 快速审判权与审判期限的关系参见李本森："美国刑事快速审判权的宪法检验与立法嬗变"，载《环球法律评论》2017年第3期，第147页。

[2] 根据《最高人民法院、最高人民检察院关于在部分地区开展刑事案件认罪认罚从宽制度试点工作情况的中期报告》透露："对于认罪认罚案件……适用速裁程序审结的占68.5%，适用简易程序审结的占24.9%，适用普通程序审结的占6.6%；当庭宣判率为79.8%，其中速裁案件当庭宣判率达93.8%。"而这些速裁案件都是由法官独任审理，没有陪审员和其他法官组成合议庭。

[3] 参见《最高人民法院关于人民法院合议庭工作的若干规定》第9条。

议庭成员各自散去投身于其他事务，到了需要作出判决的时候由承办法官先给出处理意见，然后再简单征询其他合议庭成员的意见。即便存在合议也是在日后法官之间的讨论，而对于陪审员而言，承办法官时常不询问其意见，只是让其在评议意见书上签字确认即可。[1]

为了改变因评议拖延而影响合议庭成员的心证转化为合议和裁判依据的问题，我国有必要在定期宣判的案件中也要求合议庭在案件庭审结束后立即进行评议。如果当天评议确有困难，至迟也必须在第二个工作日进行评议。如此可以更充分地保障陪审员的参审权利，[2]因为陪审员有自己的工作，不像法官那样每日在法院坐班工作，在庭审当日后再要求陪审员专程前往法院评议会对其正常工作生活构成不必要的打扰。实践中，正是出于这些原因，法官有时会忽视陪审员意见自行作出决定，这就造成了陪审的虚化。此外，需要注意的是，虽然当前一些法院推行远程视频审理，允许当事人以即时通讯的方式参加审理，但是评议环节原则上应当由合议庭成员面对面进行，承办法官不宜仅通过电话征求陪审员或其他法官的意见。

3. 集中评议原则

集中评议原则要求评议过程不间断，合议庭成员在作出结论前不得进行其他案件的审判工作。集中评议原则和及时评议原则之间有密切关系，二者都是集中审理原则的要求，及时评

---

[1] 叶榅平："论我国合议庭制度的完善"，载《法商研究》2010年第6期，第128页。

[2] 关于陪审案件中的及时评议原则，《试点实施办法》第20条有原则性的规定："适用人民陪审制审理案件的，庭审完毕后，审判长应当及时组织合议庭评议案件。当即评议确有困难的，应当将推迟评议的理由记录在卷。"该规定虽然缺乏更具体的、刚性的程序规则，但至少表明立法者已经注意到了确立该原则对于保障陪审员参审权利的重要性。遗憾的是，在之后出台的《人民陪审员法》和相关司法解释并没有包含这一规定。

议原则规制的是从庭审到评议的集中性,而集中评议原则规制的则是评议过程中的集中性。司法实践中可能出现庭审之后合议庭当即进行了评议,但是评议没有一次性完成,而下一次评议时间与第一次间隔很长的情况。这样不仅无法保证合议庭成员对庭审活动有较为清晰的印象和记忆,甚至连初次评议的内容和各方观点可能都已经有所遗忘。所以,这两个原则虽然目的是一致的,但又是缺一不可的。

集中评议原则要求评议不间断,尽可能一次完成,如果有多次评议,间隔不能太长,更不能换人。[1]在我国,合议庭重复评议的比例并不低。[2]由于陪审员庭后不易召集,合议庭通常会在初次评议时简单询问陪审员的意见,之后的评议均在法官之间进行,不再邀请陪审员参与,只在结果形成后再"告知"陪审员。显然,这是有违集中评议原则的。

此外,集中评议原则要求评议应当一直进行,直到形成决议。司法实践中还有一种不当做法是法官与陪审员共同合议或者法官简单询问陪审员意见后,尚未在该次评议中表决形成决议,甚至存在两种不同的意见僵持不下导致评议出现僵局而中断或搁置,然而法官此后便不再召集包括陪审员在内的合议庭另行商议,而是自己研究案卷调查相关证据,在后续信息的辅

---

[1] 《意大利刑事诉讼法》规定,法庭审理结束后,立即进入评议阶段。除非在需要宣读以速记方式制作的庭审笔录或者需要听取或观看审理中的录音或录像等非常必要的情况下,否则法庭评议不能中断。《俄罗斯刑事诉讼法》规定,在工作期间内,评议法官离开评议室只能作短暂休息。而对于陪审员的评议,即使到了夜间,也只能在经过审判长的许可下,且在工作时间结束后中断评议休息。参见胡忠惠、庄乾龙:"域外刑事评议表决制度诉讼机能研究——兼论我国刑事评议表决制度的完善",载《甘肃政法学院学报》2011年第4期,第129页。

[2] 实践中,重复评议现象为数不少,参见赵峰、柳建安:"论合议庭评议案件制度的功能",载《江南大学学报(人文社会科学版)》2004年第3期,第26页。

助下自行作出决定。即便法官的决定与其他合议庭成员的最后意见相一致,这种做法也是不正当的。合议庭应当根据共同已知的证据材料和相关信息作出判断,尤其是陪审员和法官除了在法律知识方面有所差异外,不能在事实问题的证据上形成信息不对等。虽然法律不禁止法官庭外调查,更不禁止庭后阅卷,但法官在了解证据信息后应当向陪审员及时披露,及时根据新的情况进行集体评议。这种新的评议与之前未完成的评议不能间隔过久,也就是说,若无特殊情况,法官庭后调查和研究的时间不能太长,否则便不符合集中评议原则的要求。不过,在与陪审员共同形成决议后,法官在撰写判决书时可以查阅及检索有关规定和类案补充相关资料,完善说理的逻辑和论据,但是不能改变合议庭评议的结论。由于在撰写判决书过程中,评议的决议已经形成且原则上不能更改,所以这并不违反集中评议的原则。

集中评议原则还要求在同一次评议中应当有时间和空间的限制。除非需要进行必需的餐饮休息,否则不得中断评议。评议过程中合议庭成员均不得离开评议室,除了合议庭成员和书记员等必要的辅助人员之外其他人员也一律禁止进入评议室。[1]此举除了处于保密的需要外,也是为了防止合议庭成员受到其他人员或外界信息的不当干扰。

最后需要注意的是,不能为了追求评议不间断而压缩评议的时间。我国合议庭评议案件的时间很短,比较简单的案件只有三五分钟,而相对复杂的案件实际上又不是通过合议进行解

---

[1] 笔者认为,基于学术上实证观察和研究的需要以及实习传教的需要可以在极个别情况下允许相关人员旁听评议,但必须严格遵守保密义务。例如,在日本,司法修习生也被允许旁听评议。参见马荣、葛文:"合议庭评议过程密与结论适当公开",载《人民司法》2015年第15期,第110页。

决的。按照《人民陪审员法》的规定,陪审案件大多是重大、疑难、复杂的案件,司法实践中这些案件除了合议之外还有很多是通过专业法官会议、审判委员会以及各庭的行政例会解决的。可是后面这些场合几乎都是在陪审员不在场的情况下讨论和解决案件,这不仅削弱了合议的功能、违背了集中评议原则,同时也侵犯了陪审员的参审权利。

对于评议时间的长短,有的国家有所要求。英国根据案件的性质和疑难程度决定评议的时间,例如刑事案件不得少于2小时。[1]大陆法系国家一般对此没有作硬性规定,德国法律规定评议时间太短不能成为上诉法院的审查对象,也不能成为上诉理由。[2]有研究介绍道,在日本刑事诉讼中,被告人认罪的案件评议时间都在7小时20分到30分,并且无论是在被告人是否认罪的案件中,这个时长都有持续增加的趋势,其中不认罪的案件时长涨幅更加明显。2012年,被告人不认罪的案件平均评议时长为12.9小时。对于复杂疑难案件这个时间更是会大幅延长。2012年的数据显示,开庭次数在6次以上的案件平均需要18.2个小时用于评议。[3]相信这样的数字足以令我国的法官和陪审员深感讶异,然而日本约58.4%的裁判员认为这个时长是合适的。[4]限制评议次数,延长评议的时间,充分和集中地讨论并得出结论,将问题尽可能在评议中解决而不是搁置

---

[1] 高一飞:"陪审团一致裁决原则的功能",载《财经法学》2018年第6期,第116页。

[2] 参见胡忠惠、庄乾龙:"域外刑事评议表决制度诉讼机能研究——兼论我国刑事评议表决制度的完善",载《甘肃政法学院学报》2011年第4期,第129~130页。

[3] 参见李立丰:《司法民主与刑罚适用——以日本裁判员制度为研究视角》,中国政法大学出版社2015年版,第196页。

[4] 李立丰:《司法民主与刑罚适用——以日本裁判员制度为研究视角》,中国政法大学出版社2015年版,第196页。

争议之后求助于其他人员,是我国合议庭评议程序改革的方向,这点对于陪审员参与的案件更为关键。

(二) 评议的规则

除了落实原则性要求之外,根据陪审案件的特殊性,我国有必要在人民陪审员参与合议的案件中设置特殊的评议规则,以保障陪审员的实质参审权。评议规则制定的主要方向是通过程序的设置弥补人民陪审员在评议过程中相较于法官的弱势地位。

在英美法系以及俄罗斯等国家,评议程序的主持者为首席陪审员,法官不能进入评议室。首席陪审员也是来自普通民众,与所有陪审员处于平等地位,因此可以较好地照顾到各个参与者的情况。在我国,法官即审判长是评议程序的主持者,陪审员是参与者,如果立法者对评议程序不加以规范,赋予程序主持者过大的自由度,法官很可能会有意无意地压缩陪审员的参审空间。为了促进陪审实质化,我国应当从发言程序和分组评议等方面制定评议规则,完善评议程序。其中,发言顺序适用于包括三人合议庭和七人合议庭在内的所有陪审程序,而分组评议则适用于采取七人合议庭审理的陪审案件。

1. 发言顺序规则

长期以来,我国合议庭评议的顺序是先由承办法官对事实问题和法律问题甚至是案件结论发表意见,之后由其他法官补充,最后由陪审员表态同意。[1]在这种模式下,由于法官具有知识和经验上的绝对优势,承办人对案件又比较了解,陪审员很可能会受到先前法官意见的影响,放弃自己与法官相左的观点,转而附和法官的意见。在法官之间也会形成心理强制或示

---

[1] 参见罗金寿:"合议庭改革报告",载《学习与探索》2011年第2期,第101页。

范效应,使得其他法官遵从权威成员的意见。[1]

为了避免陪审虚化和合议虚化,解决"形合实独"的"一言堂"问题,[2]应当规定评议开始后,先由审判长向陪审员作出指示,例如介绍案件基本情况和证据情况、陪审员权利和义务、[3]评议规则、必要的实体法规定、证明标准等证据规则等等。之后进入对事实和证据的评议阶段,由人民陪审员先发言,再由法官发言,承办法官倒数第二个发言,审判长最后发言。[4]对于非承办法官之间以及人民陪审员之间应当如何确定发言顺序,德国陪审员参与的合议庭评议发言顺序为我国提供了可资借鉴的模板,即按照年龄排序。[5]出于尊重和信任等原因,年轻的陪审员和法官往往不愿意当面反驳年长者的观点,进而选择保留自己的意见而附和经验和资历较长之人的意见。所以,在陪审员和法官轮次的发言时,都应当让年龄较小的合议庭成员优先发言。

每个合议庭成员均应当先形成独立的个体认知,在此基础

---

[1] 参见吴英姿:"审判委员会讨论的群体决策及其规制",载《南京大学法律评论》2006年第1期,第185~201页。合议庭评议时,由于"信息级联"的存在,极易出现上述情况。相关研究和实验参见[以色列]丹尼尔·卡尼曼、[法]奥利维耶·西博尼、[美]卡斯·R.桑斯坦:《噪声:人类判断的缺陷》,李纾等译,浙江教育出版社2021年版,第121~125页。

[2] 参见史立梅、范琳:"司法体制改革背景下刑事审判合议庭运行机制问题研究",载《贵州民族大学学报(哲学社会科学版)》2015年第2期,第114~115页。

[3] 例如,陪审员有独立自由发表意见的权利,有优先发言的权利,有保密义务等。

[4] 《最高人民法院关于人民法院合议庭工作的若干规定》第10条第1款规定的合议庭评议案件时的发言顺序为:"先由承办法官对认定案件事实、证据是否确实、充分以及适用法律等问题发表意见,审判长最后发表意见;审判长作为承办法官的,由审判长最后发表意见。对案件的裁判结果进行评议时,由审判长最后发表意见。"然而,这个规定在实践中没有得到有效执行,并且由承办法官首先发言也不合理,容易给后续发言人员造成影响。

[5] 《德国法院组织法》第197条。

上再形成团体评议。原则上，只有在一个合议庭成员发言完毕后，下一个成员才能发言。合议庭成员可以围绕案件自由发言，应当充分保障合议庭成员的发言机会，一般不得打断或限时。所有合议庭成员都必须实质发言，不能拒绝发言或简单表态赞同与否。只有当所有人都发言之后才能进入自由讨论和辩论环节。在自由讨论阶段仍然应当注意保障陪审员发言的优先顺位，在对具体问题进行决议时应当首先询问陪审员的意见，让陪审员先行表态。审判长拥有评议程序的管理权，例如提醒合议庭成员围绕案件发言等。

2. 分组评议规则

在由3名法官和4名陪审员组成的七人合议庭中，合议庭成员的评议规则与三人合议庭的评议规则应当区别开来。这一方面是由于七人合议庭的评议与三人合议庭不同，后者体现了小团体决策的特征。英美法系的陪审团制度是一个典型的团体决策模型，在该模式下每个人会不断审视自己的立场，表达自己的观点，检验自己的心证。[1] 只有当人数较多时，这种特征才更为明显，各方才能发挥团体的记忆优势还原庭审中当事人言谈举止等细节，才能通过整体力量纠正个体的缺陷。[2] 这种模式将所有陪审员集中在一起组织成一个紧密的团体，法官不会对陪审员的评议进行干涉，这对我国人民陪审制有借鉴意义。[3] 我国本轮人民陪审制改革新设立的七人合议庭的评议与陪审团相似，也呈现了小团体决策的特征，可以通过制度设计使这种

---

[1] 参见［美］伦道夫·乔纳凯特：《美国陪审团制度》，屈文生、宋瑞峰、陆佳译，法律出版社2013年版，第55页。

[2] 参见樊传明："陪审员裁决能力问题研究——优秀的还是拙劣的事实认定者？"，载《中国刑事法杂志》2018年第2期，第99~100页。

[3] 参见樊传明："人民陪审员评议规则的重构"，载《比较法研究》2019年第6期，第191页。

决策方式的优势更加明显。

另一方面,《人民陪审员法》规定在七人合议庭中对法官和陪审员职权进行分工,所以七人合议庭审理的案件也需要体现事实问题和法律问题区分的机制。对此,本书在之前的章节已经进行了较为详细的阐述,在此仅作简要的强调。在合议开始之前,法官应当对陪审员进行必要的最终指示,包括案情和证据、相关程序、法律规定、证据规则以及需要注意的其他问题等。之后法官会将经控辩双方确认的事实问题清单分发给人民陪审员,陪审员逐一对清单上的问题进行独立自主的思考和判断,但不限于这些问题。最后,陪审员参与评议,相互讨论辩论。

基于以上原因,七人合议庭中的评议程序也应当作出相应调整,不仅为了在人数较多的情况下维持评议秩序,也是为了保障陪审员的独立参审。在七人合议庭中,法官和陪审员之间的关系是分职分权,这种职权上的划分也应当体现在程序方面。虽然法官和陪审员共同参与事实问题的认定并共同表决,而陪审员不参与法律问题的表决仅对法律问题发表意见,但法律不是意在削弱陪审员在七人合议庭中的权利,反而是在强调陪审员在事实认定中的重要性,希望陪审员可以发挥自身在事实认定上的优势。因此,在七人合议程序中,应当着重保障陪审员认定事实的独立性,具体的路径是建立适度分离的分组评议机制,明确陪审员和法官的职权分工,使陪审员在事实认定上的意见形成合力,发挥陪审员小团体决策的优势。

这种模式是在前述七人合议庭评议程序的基础上,对陪审员和法官的评议环节进行细化。后续步骤是在初步指示和分发事实问题清单后,法官和书记员退出评议室,开始第一阶段的评议。陪审员在秘密的情况下对事实问题进行评议,由陪审员自由选举一人担任组长负责程序管理。针对每个事实问题清单上的问题，4名陪审员均进行一轮发言，发言先后按照年龄从小到大排序。每个陪审员就每个事实问题进行表态后，进入自由讨论环节。在此环节中无须表决，每名陪审员形成自己的独立意见即可，但是各个陪审员之间应当充分沟通说服，加强集体心证。陪审员讨论的内容完全保密，不可追责。讨论的过程中任何人不得记录，[1]更不允许监听，陪审员之间负有相互保守秘密的义务。陪审员在评议过程中如果遇到问题可以寻求法官的补充指示，但是否启动补充指示应当以半数以上陪审员表决同意为前置条件。法官的补充指示仅具有参考意义，没有强制效力。[2]此外，在陪审员评议时，法官也可对事实问题进行评议，法官的发言顺序同上。

第一阶段评议结束后，三名法官和书记员进入评议室中，接下来的过程将被记入评议记录，评议记录严禁对外公开。先由陪审员向法官阐述观点，之后法官加入评议，所有人可以自由讨论。在这个阶段，陪审员也可以改变和修正自己在上一阶段的观点。经充分评议后，法官和陪审员对事实问题进行表决。

第二阶段评议结束后，案件进入法律适用问题的评议阶段，七名合议庭成员均留在评议室内参与评议。在此阶段，陪审员不参与表决，但是可以发表意见。陪审员依次优先发表意见，之后法官进行评议，发言顺序同上。在对法律适用问题的评议上，虽然法律没有明确写明强制陪审员参加，但按照立法的逻辑也应当允许陪审员参与法官的评议和见证法官的表决。

---

[1] 陪审员为了理解其他人员的观点，梳理自己的思路，可以允许做笔记。但在评议结束后，该材料应当当众销毁，不得带出评议室。
[2] 这里借鉴了韩国分组评议的模式。参见樊传明："人民陪审员评议规则的重构"，载《比较法研究》2019年第6期，第193页。

有学者认为，在法律适用问题的评议过程中，陪审员在发表意见后就应当退出评议室，由法官继续进行评议。[1]笔者认为，陪审员应当全程参与整个案件的评议和判决过程，不应当在发表法律适用意见后即退出评议室。合议庭是一个整体，陪审员自始至终拥有案件的审判权。《人民陪审员法》第22条和相关司法解释[2]规定，人民陪审员可以在法律适用的评议阶段发表意见，并且该意见应当被写入评议记录，这实际上与事实问题的评议没有区别，即陪审员在法律适用的评议阶段也享有评议权。况且，司法解释明确规定待评议结束之后，人民陪审员应当在评议记录上签字确认。[3]这里的评议记录是对整个评议过程的记录，不只是对事实问题评议的记录。所以陪审员应当全程参与案件的评议，不能提前离开。

虽然陪审员一般不具备专业法律知识，不擅长处理法律问题，但其在场就是对法官行为的一种约束和监督。我国人民陪审制的功能之一就是代表人民参与国家管理，对司法人员的行为进行监督。全程参与法律问题的评议并见证表决结果的产生是陪审员参审和监督权利的应然组成部分。由于法庭内部的法官之间长期合作高度熟悉，且拥有相对一致的目标，因此形成了关系稳固、具有高度凝聚力的小决策群体。由法官组成的合议庭或评议小组成员之间高度友善协作，相互认同，愿意继续维持这种身份和关系。为了维系这种组织结构和人际互动，法官之间会有意无意地削弱合议的功能，使决策案件的需要让位

---

[1] 参见樊传明："人民陪审员评议规则的重构"，载《比较法研究》2019年第6期，第196页。

[2] 参见《最高人民法院关于适用〈中华人民共和国人民陪审员法〉若干问题的解释》第13条规定。

[3] 参见《最高人民法院关于适用〈中华人民共和国人民陪审员法〉若干问题的解释》第14条。

于凝聚关系的需要。[1]这种做法会导致合议庭原本集思广益、群策群力的功能异化为共同规避职业风险。甚至导致固定成员之间互相关照和利益交换，使得合议制度中互相监督制约的机制异化为权力寻租的手段。[2]人民陪审员加入合议庭的目的之一正是打破这种小团体内的心照不宣，重新注入被群体一致的表象所掩盖的个体差异性。因此，即便在法官对法律问题进行评议的阶段，陪审员也应当参与评议，并视情况发言。

二、陪审案件的表决程序

待合议庭全体成员评议结束后，案件进入表决程序。表决必须与评议连续进行，中间不得间断。在三人合议庭中，只有一轮表决，即合议庭成员对事实认定和法律适用问题进行充分合议后对裁判结果进行表决。在陪审员参与的七人合议庭中，法律设置了两轮表决，即七人共同就事实问题进行表决后，由三名法官对法律问题进行表决。鉴于七人合议庭的特殊性，本书将重点对七人合议庭的表决程序进行研究，但也会兼顾了三人合议庭中的表决机制。

（一）表决方式

表决程序首先要解决的是合议庭成员以什么样的形式作出表决。各国根据各自的司法传统、诉讼理念和实践需要设置了不同的模式。在司法实践中，可供合议庭采用的表决方式主要有三种：第一种是口头表决的方式；第二种是举手表决的方式；第三种是匿名投票表决的方式。

---

[1] 参见毕鹏程、席酉民："群体决策过程中的群体思维研究"，载《管理科学学报》2002年第1期，第27页。

[2] 参见刘峥："我国合议庭评议机制的检讨及完善"，载《人民司法》2008年第21期，第7页。

1. 口头表决

口头表决是指在评议之后各合议庭成员口头发表最终意见进行表决。口头表决是我国一直以来合议庭表决时采取的方式,[1] 理论界对此褒贬不一。质疑者主要认为口头表决的方式将个人的选择公开暴露在所有合议庭成员面前，缺乏"隔离性"，这样合议庭成员在表决时可能有所顾虑，譬如碍于情面而不愿公开反对他人，因而这种方式不能充分保障合议庭成员的自由决策权。[2] 也有学者持不同意见，认为我国应当坚持口头表决的方式。比如有文章指出，口头表决之所以是恰当的主要是基于两个理由：第一，口头表决只是小范围的公开，根据秘密评议原则，合议和表决的结果都不得对外透露，法官一般不必担心自己的表决被他人得知，从而背负负担；第二，合议庭成员应当对自己作出的表决结果负责，而公开表决就是合议庭成员对自己决策负责的最好方式。[3]

对于这个问题，笔者将在随后予以回应。口头表决还有一个问题在于表决是有顺序的，即各个主体的发言有先后次序。这样一来，先发言的人员可能存在"定基调"的现象；后表决的成员可以根据先前发言表决的情况做选择，出现"跟票"的情况；中间发言的人员可能存在"找平衡"的行为将责任和压力推卸给之后表决的人员。

2. 举手表决

举手表决的方式曾经被广泛应用于我国人民代表大会等场合的表决当中，在司法活动中运用得并不多。举手表决和口头

---

[1] 参见《最高人民法院关于人民法院合议庭工作的若干规定》第10条第3款。

[2] 参见彭海青："我国合议庭评议表决制度功能缺失之省思"，载《法律科学（西北政法大学学报）》2009年第3期，第133页。

[3] 参见林劲松："我国合议庭评议制度反思"，载《法学》2005年第10期，第20页。

表决有很大的相似性,即都是在表决群体中公开展示自己的观点。对于我国合议庭的表决是否应当采取匿名方式的问题,笔者认为,在三人合议庭中无需匿名表决。首先,表决结果和评议过程一样不对外公开,这已经为合议庭成员发表观点提供了保护。其次,评议阶段各方已经就自己的观点进行了充分的阐述和辩论,即便持不同意见也需要详细阐述理由,三人合议庭中人数很少,哪位审判人员持哪种意见会作出何种表决结果一目了然,匿名意义不大。再次,在我国对于裁判结果合议庭集体对外负责,而对内则有责任区分。合议庭内部责任划分的重要判断依据之一就是根据合议的发言情况。[1]在这种情况下,出现错案时不能只依靠发言认定责任,如果在评议时发表了适当的言论但最终仍然投票支持错案的认定,虽然可以减轻责任,却不能免除责任。公开表决就是为了让法官对自己的决策承担责任,让其慎重对待投票。最后,即便发表少数意见也不需要承担压力,司法机关应当理性对待异议。美国法院甚至要求法官将反对意见载入判决书,许多著名的异议判决甚至影响力超过了多数意见,日后被采纳为裁判的理由。[2]虽然我国判决书不载明反对意见,但是不同意见应当被写入合议庭的评议记录。如果说评议过程应当被记录,那么表决是否匿名就已经不重要了。表决匿名的目的无非就是鼓励法官在评议时发表的意见与其最终的表决结果相反。我国法官在表决时必须遵从自己的心证过程,并且在评议时应当说明理由且试图说服其他法官,而前述言行不一的策略和行为显然不应被鼓励。

---

〔1〕 参见 2015 年《最高人民法院关于完善人民法院司法责任制的若干意见》第 30 条。

〔2〕 参见[美]马克·图什内特编著:《反对有理:美国最高法院历史上的著名异议》,胡晓进译,山东人民出版社 2010 年版,第 1 页。

由此观之，举手表决和口头表决都可以实现上述目的，但是二者的区别在于举手表决是各个成员同时表决，没有时间差。如此一来，就避免了前述合议庭表决时由表决顺序造成的不当行为。因此，笔者认为在三人合议庭的表决中采用举手表决的方式为宜。

3. 匿名投票表决

匿名投票的方式被许多国家采纳，例如英美法系的陪审团就是采用匿名投票的方式进行表决，每名陪审员在纸条上写是有罪还是无罪，最后由首席陪审员计票。法国、德国和意大利等国家的合议庭在表决时也采用了匿名投票的方式。[1]匿名投票的具体方式有很多，既有传统的在纸条上书写最终意见的，也有通过电子计票器或手机软件等方式投票的。

笔者认为，在七人合议庭的陪审案件中应当采用匿名投票的方式对事实问题进行表决。与法官不同，陪审员是不被追责的，即便之后发现了冤假错案，也不应当因其评议和表决行为被追责。并且，陪审员在一定程度上不需要以规范的形式通过法律思维阐述判断的理由，也可以依据朴素的正义感判断。因此，法律并不排斥陪审员在表决之前改变想法，也不要求陪审员对其每个决定和判断都说明理由。采取不记名投票的方式可以让陪审员毫无顾忌地作出决定，这也符合陪审制度的价值定位。另外，七人合议庭人数较多，沟通和表达的充分程度和达成一致的难度较三人合议庭有所提高。相比于口头表决的方式，采取匿名投票的方式可以降低沟通成本，在不追求意见统一的

---

〔1〕《法国刑事诉讼法典》第356条规定，法庭及陪审团先进行评议，然后采用书面表决的方式，投票表决。德国、意大利也是采用投票的方式表决。参见彭海青："我国合议庭评议表决制度功能缺失之省思"，载《法律科学（西北政法大学学报）》2009年第3期，第133~134页。

情况下高效、便捷地进行表决。

所以，在七人合议庭中，法官也应当与陪审员一起通过匿名投票的方法表决。在七人合议庭中，由于事实认定主要是陪审员的职责，法官在事实认定过程中即便有所偏差也应当被施与一定程度的豁免。在事实问题裁决之后，三名法官单独对法律问题进行裁决，此时适用三人合议庭中的表决方式即可。

(二) 表决次数

表决的次数解决的是两个问题，这两个问题虽然都涉及表决次数，但应当予以区别对待。第一个是对于同一问题是否可以重复表决；第二个问题是对于案件的表决是进行概括的表决还是对具体事项一一表决。《人民陪审员法》规定了七人合议庭之中对事实问题进行表决后对法律问题也进行表决，所以在此类陪审案件中至少存在两次表决。不过这个例外情况与这里提及的表决次数不是一个层面的，进一步说，此类案件也需要解决事实问题的表决是概括表决还是对各项争议事实逐一表决。

1. 同一事项的表决次数

对于同一事项是否可以重复表决的问题，笔者认为，只要合议庭依照法定程序对一个事项作出表决，该决定就具有终局效力，原则上不得变更，也不能重新表决。[1]否则，在表决之后相关人员可能通过各种方式向合议庭成员施压，或者合议庭成员之间相互进行利益交换，这样造成的让步、妥协和改变都是不正当的。我国不像英美法系国家那样，评议环节只有陪审员参加，法官不得进入评议室，这样陪审员之间可以畅所欲言、

---

[1] 有学者在对5件在合议庭已形成多数意见的情况下重新合议的案件，发现其中的4件经重新合议后改变了原来的多数意见。参见赵峰、柳建安："论合议庭评议案件制度的功能"，载《江南大学学报（人文社会科学版）》2004年第3期，第26页。

相互讨论。我国采取的模式是陪审员和法官一起对事实认定或法律适用问题进行表决。可以想象,通常要求重新表决的不会是人民陪审员而是法官,因为后者可能肩负一些来自法院行政上的"指示",允许多次表决可能会造成法官对人民陪审员作出不当指示。因此,应当消除决策过程中潜在的可能造成干扰和不公正的制度空间,确立表决的终局性。例如,在刑事案件中,如果第一次表决结果是无罪,不能强行要求或劝诫投出无罪票的法官或陪审员改为有罪。即便之后法官或陪审员自愿改变想法,原则上也不得重新表决。这就要求合议庭成员一方面在表决之前应当经过充分的评议,全面阐释各种观点,不排斥异见,尽可能说服异议者,努力解决所有争议问题;另一方面表决时必须慎重,考虑周详,充分认识到自己的表决可能造成的后果,表决之后不得反悔。如果需要启动异议程序(例如提交审判委员会讨论),则在评议时不得表决,在表决之前即在评议出现异议难以解决时就中止评议并提出将案件提交审判委员会。在审判委员会讨论之后,合议庭恢复评议,此后再进行表决。

同时,对于合议庭评议,我国法律没有确立一致同意的表决规则。合议庭成员之间在裁决结果出现分歧时,只要遵照法律规定的少数服从多数原则即可得出结论,不需要像传统英美法系陪审团裁决那样经过一次次的妥协和让步,[1]通过多轮投票力求形成一致裁决。当然,如果我国将来在刑事案件或者死刑案件中采取了一致同意的表决规则,也应当允许对案件处理结果进行多次表决,以追求一致裁决或确认不一致。

2. 不同事项的表决次数

案件的事实问题和法律问题的争议往往不只有一个,例如

---

[1] 参见林劲松:"我国合议庭评议制度反思",载《法学》2005 年第 10 期,第 20 页。

在刑事案件中处理了是否构成犯罪的各种事实问题后，还需要解决量刑的问题。许多问题之间具有独立性，例如裁定构成犯罪不必然推理出应当判处何种刑罚。所以，此次人民陪审制改革引进事实问题清单也是考虑到需要裁决的事实问题不只有一个问题，而是相互关联的一系列问题。这种区分方式不像英美法系那样简单回答"是否有罪"或"是否适用死刑"即可。在司法实践中，由法官组成的合议庭在评议时会对所有的事实问题和法律问题进行讨论，之后得出一个大致的处理方案。此时，法官只需要口头表决是否同意这样处理即可。然而，这种需要大量专业知识和司法经验的决策模式并不适合陪审员。

笔者认为，在七人合议庭中，根据案件审理的需要，对于不同的事项可以采取多次表决的方式。具体何时需要表决可以根据事实问题清单列出的问题决定，但不宜太频繁。不是所有事实清单上的问题都需要表决，如果分歧不大可不进行表决。如果对事实问题清单上的问题均没有太大分歧，可以采取概括的表决。

为了尽可能避免前后表决冲突，应当先就基础性问题进行表决，再层层递进。例如，先对被告人是否在犯罪现场进行表决，再对其是否实施了盗窃行为进行表决。关联问题的表决应当在之前问题表决结果的基础上进行，即假设前一个事实发生判断后一个事实是否发生。如果可以从前一个问题的表决结果必然推理出后一个结果则可不另行表决。

(三) 表决规则

这里的表决规则指的是据以形成裁决的表决应当满足什么样的结果。这个问题十分重要，因为规则的设置直接决定了案件的处理结果。庭审中各方博弈，合议庭充分评议，最终可能就因为表决规则不同而形成截然相反的处理结果。表决规则如何设置不仅是通过统一的理论推演而成,还是基于某种政策性的考量,类似于证明标准高低的设置,需要考虑到不同案件的情况,在不同类型的诉讼活动中采取多元化的合议庭表决规则。

1. 一致同意规则

一致同意规则一般被适用于刑事诉讼,典型的运用一致同意规则进行决策的是英美法系的陪审团制度。该规则要求只有经过陪审团全体成员一致认定被告人有罪,才可对其定罪科刑,只要有一名陪审员不同意,就必须重新评议,直到获得全体同意为止,否则就应当宣告被告人无罪或解散陪审团。[1]所以,该规则又被称为一票否决规则。不过,近年来,原本作为陪审团制度核心的一致同意规则在英美法系国家有所松动。英国1967年的立法对该规则进行了更改,允许在经努力仍无法形成一致裁决的情况下采用多数决规则。[2]美国在陪审团制度中长期恪守一致同意规则,但是在1972年的一个案例中,最高法院认为宪法并没有规定一致裁决规则,州法院有权决定在非重罪案件中适用绝对多数的表决规则。[3]上述判决引发了很大的争议,当前美国只有俄勒冈州和路易斯安那州这两个州完全许可在

---

〔1〕 例如《美国联邦刑事诉讼规则》第31条第1款规定:"陪审团的裁决必须一致。"

〔2〕 《英国1967年刑事司法法》规定:如果陪审团未能在两小时内达成一致裁决,可以是绝大多数人同意的裁决。随后1974年颁布的《英国陪审团法》明确规定,在刑事法院或者高等法院,下列情况中可以采用多数决:陪审团人数不少于11人时,有10人同意该裁决,或在10人陪审团的情况下,有9人同意该裁决。如果最终没有形成法定比例的多数人意见,即陪审团形成了"僵局",陪审将被解散,由控诉方决定是否重新审理。

〔3〕 在1972年的"Apodaca v. Oregon案"中,3名被告人按照俄勒冈州法律被不一致的陪审团(分别是11:1、11:1和10:2)定罪,他们以违反宪法第六修正案的理由上诉至最高法院。最高法院作出裁决:"尽管联邦法律要求联邦陪审团必须一致达成刑事判决,但州陪审团可能以不一致的方式判定被告人有罪"。See Apodaca v. Oregon, 406 U.S. 404 (1972).

刑事案件中以绝对多数的规则对被告人是否有罪进行裁决。[1]

前文已经对一致同意规则进行了部分阐述,该规则的目的是将陪审员作为整体紧紧地"绑"在一起,共同承担作出判决的责任。[2]这种一致裁决就如同神明裁判中的"上帝的声音",陪审团必须作为整体扮演上帝的角色,作出一致的、不可被质疑的决定。[3]该规则在反对"多数人的暴政"、实现普遍正义、体现协商民主等方面具有重要价值,可防止公众的激情和偏见对正义造成伤害。[4]

不可否认,一致裁决规则具有一定的局限性,[5]不宜被推广到所有案件之中,但是其代表了对定罪的慎重,在刑事诉讼中有特殊的意义。表决规则与证明标准有内在的关联。通常来说,证明标准较低的案件,表决的标准也相应较低。例如,适用优势证明标准的案件没有必要适用一致同意的裁决规则。然而,刑事诉讼要求"排除合理怀疑",这是英美法系证明标准体系中最高的证明标准,[6]它与一致同意的规则互为表里。美国最高法院的马歇尔大法官指出,只要有一名陪审员存在合理怀疑就说明控方没有履行证明责任,因为每一个人的意见都应当

---

[1] Kate Riordan, "Ten Angry Men: Unanimous Jury Verdicts in Criminal Trials and Incorporation After McDonald", 101 *Journal of Criminal Law & Criminology* (2011), p. 1404.

[2] 参见[美]詹姆士·Q. 惠特曼:《合理怀疑的起源——刑事审判的神学根基》(修订版),佀化强、李伟译,吴永耀校,中国政法大学出版社2016年版,第236页。

[3] 陪审团一致同意的裁决被视为"上帝声音最可靠的显示"。参见高一飞:《上帝的声音:陪审团法理》,中国民主法制出版社2016年版,第78页。

[4] Johnson v. Louisiana, 406 U. S., at 369~378 (1972).

[5] 参见高一飞:"陪审团一致裁决原则的功能",载《财经法学》2018年第6期,第125~126页。

[6] See Rolando del Carmen, *Criminal Procedure and Evidence*, Harcourt Brace Jvanovich, inc, p. 22.

被尊重,一名陪审员的怀疑就已经具有合理性。他进一步指出,在判断是否具有合理怀疑时,一致裁决是唯一可以使反对声音(即合理怀疑)得以表现出来的渠道。[1]道格拉斯大法官也提出,只有一致同意规则才能让每一名陪审员都审慎和努力地排除合理怀疑,而多数决规则通常会在异议者充分阐释、论证和争论其合理怀疑时就被多数人的表决不当地忽略了,这显然无法达到排除合理怀疑的程度。[2]一致同意规则使对案件尚有合理怀疑的陪审员可以通过投反对票阻拦定罪,这样他们就不会在没有排除合理怀疑的情况下让无辜者蒙冤,也就无须背负由此带来的道德上的责任和压力。

我国2012年《刑事诉讼法》在修正时引入了排除合理怀疑的标准。对此,有学者指出,我国合议庭的表决规则与该证明标准存在冲突,少数服从多数的表决规则说明在三人合议庭中可能有一人没有排除合理怀疑,而在七人合议庭中可能有三人仍然存在合理怀疑,在实质上造成了定罪证明标准的降低,因此建议在刑事诉讼中引入一致同意原则。[3]该建议对落实排除合理怀疑的证明标准、提高司法机关办案质量、减少误判率具有重要意义。虽然这个方案在短期内还难以实现,但从长远来看仍然应当成为我国合议制改革的努力方向。

在陪审团制度中,一致裁决不仅适用于定罪阶段,同时也适用于对死刑案件的量刑。判处被告人死刑必须经过两次"一致同意",第一次表决的对象是定罪问题,第二次是死刑的适用问题,

---

[1] Johnson v. Louisiana, 406 U.S., at 309~403 (1972).
[2] Johnson v. Louisiana, 406 U.S., at 396 (1972).
[3] 参见杨宇冠:"论中国刑事诉讼定罪证明标准——以排除合理怀疑为视角",载《浙江工商大学学报》2017年第5期,第13页。

此举在实质上提高了死刑案件的证明标准。[1]在我国,可能判处死刑的案件适用的是人民陪审员参加的七人合议庭,在此类案件中可以通过两次表决的方式对死刑决定的作出进行慎重表决。另外,鉴于死刑应当适用最高的证明标准和证明方式,[2]在难以于短时间内在所有刑事案件中推广一致同意规则的情况下,有必要先行在死刑案件中要求所有合议庭成员作出一致同意的表决结果。

2. 少数服从多数规则

少数服从多数的原则不仅是我国合议庭的表决规则,还作为民主集中制的体现被广泛运用于国家的政治生活。党和国家机构内的许多表决都采用了少数服从多数的规则。少数服从多数规则是多数决规则的一种形式,完全意义上的少数服从多数规则又被称为简单多数规则。除此之外,多数决规则还包含了严格多数规则、相对多数规则等。这些表决规则在各国的合议庭表决的实践中都有涉及。

第一,严格多数规则。严格多数规则在司法决策中运用得较为广泛,该规则要求的是决策团体中形成较大比例的表决结果,例如2/3、4/5、9/10等。前文提及的美国两个州对一致同意规则设置例外时,引入的就是严格多数规则。英国在对一致同意原则进行改革后也选择了严格多数规则。大陆法系国家大多以严格多数规则作为合议庭表决的规则。例如,《法国刑事诉讼法》第359条规定,在由12名成员组成的重罪法庭合议庭中

---

[1] 参见杨宇冠:"论死刑案件证明标准之完善——新《刑事诉讼法》实施问题思考",载《清华法学》2012年第3期,第74页。

[2] 1984年联合国《关于保护面对死刑的人的权利的保障措施》规定的死刑案件的证明标准是:"只有在对被告人的罪行根据明确和令人信服的证据,对事实没有其他解释余地的情况下,才能判处死刑。"

对不利于被告人的裁定至少应当获得 8 票赞成。[1]又如,《德国刑事诉讼法》第 263 条第 1 款规定,无论是定罪还是量刑,不利于被告人的裁决在五人合议庭中必须获得 4 名法官或陪审员的支持,而在审理较轻犯罪的三人合议庭中应当获得 2 名合议庭成员的支持。[2]

第二,简单多数规则。简单多数规则是我国合议庭裁决所采用的规则,决策团体中的成员半数以上支持即可作出决议。一般而言,在刑事诉讼中,简单多数规则是对前述两个原则性规则的例外和补充,通常应用于量刑问题的裁决、程序性问题的裁定、轻罪案件的定罪以及法律审的第三审等。[3]当然,也有国家(如苏联和中国)在刑事诉讼中广泛运用简单多数的表决规则。

第三,相对多数规则。相对多数规则即最大少数裁断规则,运作起来比较复杂。其机制是若结果中各方均未获半数以上的支持,则去掉票数最少的意见再次表决,一直进行到形成半数以上的结果为止。它是一个旨在简化分歧、促进裁决结果形成的机制,是在简单多数规则基础上的改造。这种表决规则在刑事诉讼中运用得相当有限,且有许多不同的表现形式。[4]例如,

---

[1] [法]卡斯东·斯特法尼、乔治·勒瓦索、贝尔纳·布洛克:《法国刑事诉讼法精义》,罗结珍译,中国政法大学出版社 1999 年版,第 774、777 页。

[2] 参见[德]克劳思·罗科信:《刑事诉讼法》(第 24 版),吴丽琪译,法律出版社 2003 年版,第 454 页。

[3] 《法国刑事诉讼法》第 698-6 条规定:"对那些公开辩论有可能危害国防机密的案件所做的判决,即使是不利于被告人的判决,也均由组成法庭的职业司法官以 7 票之简单多数通过。"《德国法院组织法》第 197 条规定:"对诉讼要件之成立与否以及诉讼费用的表决仅要求简单多数。"另外,在第三审上诉法院的裁判中,我国在除《刑事诉讼法》第 263 条以外的其他情形下只要求简单多数即可作出裁断。《日本裁判所法》第 7 条规定:"最高裁判所的裁判除最高裁判所有特殊规定之外,其裁判要根据过半数的意见决定。"

[4] 参见姚莉:"刑事审判组织表决规则研究",载《法学研究》2009 年第 1 期,第 112 页。

德国法官和陪审员对刑罚事项的表决就采用了这种形式。[1]

3. 我国陪审案件表决机制的改革

我国合议庭的表决机制适用的均是简单多数规则，单一的规定无法满足不同类型案件和不同审级的要求，因此应当建立多元化的表决规则体系。例如，在刑事诉讼中，死刑的适用必须经过合议庭的一致同意，这样可以对死刑施加程序控制，实现减少死刑适用的目标。对于刑事案件可以选择严格多数规则，尽可能与排除合理怀疑的证明标准相适应。在民事诉讼、行政诉讼等其他案件中可以维持简单多数的表决规则。

有学者认为，陪审案件是由普通民众加入合议庭审理，因此在刑事诉讼中应当避免单凭陪审员的意志作出有罪判决。具体来说，三人合议庭中只能有一名陪审员，这样陪审员无论如何都不可能只凭一己之力形成多数意见，必须要争取到至少1名法官的支持；在多人合议庭中，陪审员的人数不应当超过法官，而此时采取严格多数规则也可以避免单凭陪审员的投票即可定他人的罪。[2]实际上，在我国有罪判决率极高的原因在于法官受到同上下级法院、检察机关等机关的利益裙带关系或者受到其他的压力，不愿意作出无罪判决，这是不合理的。[3]反观陪审员，这个群体才是潜在可能制造"例外情况"的因素。所以，没有必要对陪审员的人数进行限制，相反，应当适度增加陪审员的数量。本次人民陪审制改革遵循的就是后一种路径，

---

[1] 参见胡云红：《陪审制度比较与实证研究》，人民法院出版社2014年版，第110页。

[2] 参见姚莉："刑事审判组织表决规则研究"，载《法学研究》2009年第1期，第121页。

[3] 在2001年至2018年间，我国法院无罪判决率最高为2001年的8.8‰，人数为6597人。自2011年开始，我国法院无罪判决率均不到1‰，且呈下行趋势，到了2018年仅为0.57‰。具体数据及其不合理之处参见肖沛权："论庭审实质化视角下定罪证明标准的适用"，载《政法论坛》2019年第5期，第188页。

在重要案件中增加人民陪审员的数量,甚至刻意追求陪审员人数超越法官。[1]其实,只需要不对陪审员的出罪进行过多限制,就可以在一定程度上改变有罪判决率畸高的问题,例如设置一致同意的表决规则或严格多数的表决规则。

三、陪审案件的异议程序

异议的程序保障是产生高质量的异议和改变人民陪审员"审而不议"问题的核心,[2]为了保障和促进陪审员实质参审和有效参审,法律对陪审案件的异议程序给予了特殊的关注。所谓陪审案件的异议程序指的是在陪审案件合议过程中,合议庭成员之间如果出现重大分歧,或有合议庭成员对结果提出异议而适用的程序。在没有陪审员参与的合议庭评议中也存在异议程序,那么陪审案件的异议程序应该有哪些特点便是首先要考虑的问题。方向有二:其一,充分信任陪审员,规定陪审员的决议比法官更难被推翻或更改;其二,由于陪审员来自于普通民众,专业性不足,且不擅长司法断案,所以对陪审员可能出现问题的裁决应当设置更严格的审查程序。对这个问题的回答是研究陪审案件异议程序的核心。笔者认为,从陪审实质化角度出发,陪审员的裁决应当具有更高的效力,无论是法官还是法院都不能轻易改变或自行改变陪审员的决定。陪审案件的异议处理机制有两类:一类是合议庭内部的处理机制;另一类是合议庭外部的处理机制。原则上,异议应当在合议庭内部处理和解决,通过外部途径解决只能是例外情况。

---

[1] 参见《最高人民法院关于人民陪审员制度改革试点情况的报告》。
[2] 参见郭倍倍:"人民陪审员制度的核心问题与改革路径",载《法学》2016年第8期,第96页。

(一)陪审案件异议的内部处理机制

如前所述,我国合议庭的评议规则是少数服从多数,这种表决规则是在不消除分歧的情况下得出参与者认可和接受的决策结果。[1]质言之,这种表决规则是允许异议的存在的。然而,这并不意味着合议庭可以放任异议的存在,只在庭审结束后直接投票表决依照多数意见作出判决。法律设置评议程序就是要求合议庭成员在决策之前进行充分的沟通,以增进决策的合法性和合理性,这是协商民主的体现。合议庭成员之间如果出现观点的分歧,应当进行讨论甚至是辩论,合议庭成员之间相互负有说服责任。

1. 求同存异下的裁决

理想情况是所有合议庭成员在评议后达成统一的意见,以一致同意的表决结果通过裁决,这在绝大多数情况下是可以实现的。然而,在极少数情况下合议庭成员之间可能会各执己见,无法达成一致,只能通过少数服从多数的规则进行投票表决,按照多数意见制作判决。那么问题在于,合议庭在什么情况下或者说什么时候可以放弃辩论和说服,进而转入表决程序,即是否可以在异议未消除的情况下结束评议,进行表决。对于这个问题,不同国家有不同的处理方式。《俄罗斯刑事诉讼法》规定,只有在3小时之内陪审团无法达成一致裁决时,才可以在存有异议的情况下进行投票。在英国,这个时间被设定为2个小时。[2]韩国实行的是分组评议,即陪审员在评议室内单独评议,法官不得参加,而法律设置了特殊的法官介入程序。如果

---

[1] 参见李平:"论少数服从多数的合理性基础中西之别及其成因",载《中外法学》2017年第5期,第1142页。

[2] 参见樊传明:"人民陪审员评议规则的重构",载《比较法研究》2019年第6期,第196页。

陪审员认为他们对证据问题难以把握，经超过半数陪审员同意可以听取法官对审查判断证据的意见，此时法官的意见没有强制效力，陪审员听取后仍然可以根据自己的想法进行判断；如果陪审员就被告人是否有罪无法达成统一意见，就必须听取法官意见，之后再进行表决，此时法官的意见具有强制效力。[1]

关于这个问题，我国的法律并没有作出任何规定。从现行法律上看，只要评议程序的主持人认为评议已经充分，就可以结束评议进行表决。这样的设置使评议程序存在被虚置的风险，主持者可能在异议尚未被充分阐释和辩论的情况下草率地发动表决程序，这样不仅没能发挥合议制度汇聚集体智慧群策群力的优势，还可能因合理的异议没有被充分重视而造成司法不公。这种风险在陪审员参与的案件中显得更为明显。由于陪审员一般不具有司法经验，可能无法迅速厘清思路，理解证据内容，因而需要为其提供更充分的时间对案件情况进行梳理。特别是在七人合议庭审理的案件中，由于合议庭人数众多理论上需要商议的时间也比较长，所以有必要规定合议庭成员异议时的评议时限。根据我国的司法实践，法律可以规定，在七人合议庭当中，如果评议时间少于3个小时，则不得在有异议的情况下进行表决。

2. 异议的效力

合议庭成员发表异议，无论最终能否成为多数意见影响判决结果，其首先具有的效力是都应被写入笔录，做到存档留痕。《人民陪审员法》规定，人民陪审员的意见如果和其他合议庭成员存在分歧，应当在评议笔录中载明陪审员的异议。[2]这里法律只是起到了强调的作用，提醒法官不能忽视陪审员的不同意

---

[1] 参见樊传明："人民陪审员评议规则的重构"，载《比较法研究》2019年第6期，第196页。

[2] 参见《人民陪审员法》第23条第1款。

第六章 我国陪审程序的构建

见。《刑事诉讼法》《民事诉讼法》等法律对此也都作了类似的规定,明确提出合议庭成员的少数意见应当被载入笔录。[1]

在我国,不论是法官还是陪审员,其提出的异议均不载入判决书,也不得对外公开,其中有维护司法权威的考虑。在很多时候,为了实现司法的职责,法院对外必须统一口径,即便是协同意见也会削弱判决的力量,更何况是反对意见。判决的说服力和权威性以及对批评的承受力取决于意见的一致性。[2]虽然法官的异议不能被写入判决书,但是异议可以起到另一个作用,即免除异议者撰写判决书的职责。[3]我国的合议庭作出裁决后,由承办法官或主审法官制作判决书,如果这些人员对判决持不同意见甚至是反对意见,选派其担任判决文书的执笔人不仅勉为其难,也无法实现判决书的充分说理。这里有一个比较矛盾的问题,在三人合议庭中可能存在2名陪审员与1名法官的意见不一的情况,而在七人合议庭中也可能出现4名陪审员与3名法官意见相左的情况。在这种情形下,理论上说,法院也应当按照多数意见作出裁决,此时作为少数意见的法官将难以承担阐述判决理由的任务。在此情况下,一种可能的处理方案是该判决不载明具体理由,而陪审员的决定也无法被上诉法院审查,但这实际上透露了评议时各方的表决结果,有违秘密评议原则,也与我国的判决说理制度相矛盾。在司法实践中这种情况通常会提交审判委员会讨论,法官最终会依照审判委

---

[1]《刑事诉讼法》第184条规定:"合议庭进行评议的时候,如果意见分歧,应当按多数人的意见作出决定,但是少数人的意见应当写入笔录。评议笔录由合议庭的组成人员签名。"《民事诉讼法》第42条规定:"合议庭评议案件,实行少数服从多数的原则。评议应当制作笔录,由合议庭成员签名。评议中的不同意见,必须如实记入笔录。"

[2] 参见沈寿文:"司法的民主性抑或独立性——'法官异议'性质的解读",载《法商研究》2014年第3期,第105页。

[3] 参见《最高人民法院关于人民法院合议庭工作的若干规定》第12条。

员会的意见和理由制作判决书。

在合议庭中发表异议的另一个效力是在日后对错误裁判结果进行追责时减轻或免除异议者的责任。合议庭的集体负责可以使个人责任发生转移,[1]而合议庭本身也是一个卸责的装置。根据相关规定,[2]如果出现错案,合议庭中的法官应当共同对外承担错案责任,这里的"共同"意味着合议庭是一个紧密联系的小团体,合议庭首先是以集体名义作出裁决,而不像美国那样只是以持多数意见法官的名义作出裁决。这种共同承担责任的模式要求合议庭的少数意见者如果认为多数意见存在问题,应当负有说服的责任和义务,与多数意见者讨论和辩论。如果难以说服,可以转而寻求外部帮助。同时,规定提出,在对错案进行追责时,应当根据合议庭的发言情况和过错的程度作出判断。按照这个规定,法官如果在合议庭内部发表不同意见,可以在将来追究责任时减轻责任;如果已经尽到自己的义务但仍然因为其他因素没能阻止错案的发生,也应酌情予以免责。值得注意的是,既然认定责任的标准之一是视合议时发言情况而定,那是否意味着率先提出错误主张,或积极推动错误决定达成之人会承担更多的责任?笔者认为,没有其他理由支持的情况下,不应当加重处罚积极发言主张观点之人。合议庭是集体承担责任,尤其是多数意见持有者当中的每位法官的投票权重都是相同的,他们都对结果的造成起到一样的作用。发言是否积极在很多情况下与个性有关,也与发言顺序有关。顺位在前的人率先提出观点,之后的合议庭成员补充或修正是正常现

---

[1] 参见王保林:"论合议庭负责制的实现机制——以心理学群体决策理论为视角",载北大法宝:http://www.pkulaw.cn/fulltext_form.aspx?Gid=335582 995&keyword=&Search_Mode=,最后访问时间:2020年3月12日。

[2] 参见2015年《关于完善人民法院司法责任制的若干意见》第30条。

象。如果处罚积极发言之人，实际上就是在处罚言论本身，这会与评议自由和豁免原则发生严重冲突。另外，如果这种错误的追责模式得以确立，则会诱发评议中趋同从众的行为，[1]即只要简单附和他人观点即可减轻责任，将导致严重的合议弱化或合议虚化。当然，这里的所有责任追究都是排除陪审员责任的，他们只是作为合议庭成员对外承担名义上的道德责任，只要陪审员的裁决是基于良心作出的，即便发生错案也无从指摘。

（二）陪审案件异议的外部处理机制

陪审案件异议的外部处理机制指的是异议不在合议庭内部解决，而是通过一定的程序和途径提交给外部部门和人员处理的机制。包括《人民陪审员法》在内的法律和相关规定都设置了合议庭异议的外部处理机制，即在合议庭意见出现重大分歧时可以提交审判委员会讨论。依照法律规定，审判委员会拥有决定权，合议庭应当遵照审判委员会的意见作出判决。有文章评价这种方式相当于"架空"了陪审员的职权，将使陪审虚化"历史重演"。[2]

上述批评是有道理的。陪审员对法官意见的异议是陪审制度追求的效果，而法官对陪审员的决定提出异议进而提交审判委员会进行更改，与陪审制度的价值存在抵牾。陪审制度的价值和目的之一就是代表人民监督司法机关，打破司法系统的利益链，[3]督促法院实现司法公正。反观审判委员会，则是法院

---

[1] 参见余亚宇："群体决策心理视角下的合议庭评议功能之弥合"，载《法律适用》2014年第1期，第10页。

[2] 参见刘奕君："模式、依据与冲突：人民陪审员参审职权研究"，载《法学杂志》2018年第9期，第132页。

[3] 或者说是将一种副作用相对较小的牵制力量打入具有抱团倾向与同谊情结的司法机关。参见李响："人民陪审员回避制度改革的法理与情感逻辑"，载《深圳大学学报（人文社会科学版）》2019年第4期，第101页。

利益的集中代表,是政法逻辑的化身。有学者通过对审判委员会讨论记录进行研究后指出,审判委员会讨论的问题不仅限于事实认定和法律适用的疑难问题,还牵涉大量对政治因素、社会效应和涉诉信访因素的考量,并且推动政治问题法律化。[1]也就是说,审判委员会委员基本上不参与庭审,他们的讨论和决定的依据不完全是控辩双方在庭审中对证据的交锋情况,而是对大量庭外因素的考量。此外,我国相关规定还保留了政法委协调案件的机制,而政法委协调案件后形成的意见也需要经由法院内部的行政化链条予以落实,[2]审判委员会在此链条中扮演了关键的角色。所以,前述审判委员会的种种决定虽然可能会通过某种形式披上法律的外衣,或者说经过法律的"虚饰",但实质上难言公正。

陪审员加入合议庭的功能之一就是转变这种情况,让司法正义"看得见"。可是,法律又允许将异议提交审判委员会讨论,表现出陪审制在价值选择和立法思路上存在不协调之处。不过,也不能轻易否认审判委员会具有宏观把握和纠偏的功能,既然《人民陪审员法》设立了异议的外部处理机制,那么对于陪审实质化改革来说,就只能在此框架下通过程序的设计使不利的因素降至最低,尽可能保障陪审员的实质参审权。

1. 启动机制

根据《人民陪审员法》的规定,启动异议的外部处理机制需要满足一定的条件,只有在法律规定的情况下才能将异议提交审判委员会讨论。首先,启动应当由适格的主体提出;其次,

---

[1] 参见邵六益:"审委会与合议庭:司法判决中的隐匿对话",载《中外法学》2019年第3期,第719、720、724页。

[2] 魏晓娜:"以审判为中心的诉讼制度改革:实效、瓶颈与出路",载《政法论坛》2020年第2期,第164页。

只有在法定情形下才可启动;最后,应当经过法定程序启动。

第一,启动的主体条件。《人民陪审员法》规定的有人民陪审员参加的合议庭如果出现异议,法官和陪审员都可以请求将分歧提交审判委员会讨论。法律没有对合议庭内部申请的人数比例进行规定,例如规定半数以上同意才可提交。理论上说,只要有一名陪审员提出异议就可以启动外部的异议处理程序。并且,法律也没有限制只有提出异议之人或持少数意见之人才可以申请提交审判委员会讨论,即便是持多数意见的合议庭成员,如果认为分歧难以解决且比较重要,也可以申请提交审判委员会讨论。由于将异议提交审判委员会讨论等方式应当被定位为一种避免法官一意孤行滥用职权的"风险规避方案"[1],因此对陪审员的异议权应当予以倾斜保护。

第二,启动的情形。法律规定异议有两种处理方式,一般的分歧只需要记入评议笔录,之后按照少数服从多数进行表决即可,只有出现重大分歧时才可以提交审判委员会讨论。对于什么样的分歧属于重大分歧,法律没有规定,需要相关规则予以细化。笔者认为,重大分歧可以是对重要事项的分歧,比如直接影响对被告人定罪的事实认定和法律适用问题等。此外也需要看异议的人数,比如在七人合议庭中有多人持有异议。在这些情况下,如果合议庭成员认为表决结果可能造成司法不公,法官应当承担自己的职责,陪审员也应当履行义务提请提交审判委员会讨论。关于启动的时机,法律也没有规定。笔者认为,这种申请应当在合议庭对该事项进行表决之前提出,法官的申请应当被严格限制,因为表决之后结果即生效,重复评议更改之前的表决决定不具有正当性。

---

[1] 参见陈卫东:"司法责任制改革研究",载《法学杂志》2017年第8期,第41页。

第三，启动的程序。按照法律规定，申请交审判委员会讨论必须经过法院院长的批准，即是否提交审判委员会讨论的决定权掌握在院长手上。并且，法律没有规定应当提交审判委员会讨论的具体的情形，也就是说，院长拥有较大的自由裁量权。笔者认为，对于法官的申请，院长可以拥有较大的裁量权，有权自行决定是否提交审判委员会讨论，但是对于陪审员提出的异议则不应加以严格限制，原则上均当提交审判委员会讨论。

2. 审查机制

审查机制涉及的是审判委员会的讨论程序，解决的是审判委员会在讨论过程中如何保障人民陪审员的参审权。首先应当明确的是，无论是法官还是陪审员申请将分歧提交审判委员会讨论，陪审员都必须参加讨论，法院应当为陪审员参加审判委员会讨论提供经费、时间等方面的支持和便利。我国《法院组织法》等法律和相关规定明确将审判委员会的性质定位为审判组织，[1]而且还是法院中的最高审判组织，[2]其承担的是审判职能，进行的是审判活动。如果在陪审案件中，陪审员不参与审判委员会讨论，相当于没有参与部分审判活动，这也是"陪审虚化"的表现。在此，唯一的例外是在由七人合议庭审判的案件中，法官对事实认定没有异议，但就法律适用存在重大分歧。此时提交审判委员会讨论陪审员可以不参加。在此情形中，审判委员会仅讨论法律适用问题，不得改变陪审员的事实认定结果。

在合议庭评议中，陪审员有优先发表意见的权利，在审判委员会的讨论过程中，陪审员也应当优先发表意见。这里的发

---

[1] 参见《人民法院组织法》第36条。
[2] 参见《最高人民法院关于改革和完善人民法院审判委员会制度的实施意见》第3条。

言顺序与合议庭评议顺序相同,即陪审员先行发表意见,之后承办法官和审判长发言,法院领导最后发言。由于审判委员会委员大多没有参加案件的审理,可能不了解案件情况,所以在陪审员发表意见之前,承办法官或主审法官可以对案件情况进行介绍,并归纳争议问题和背景,但是不得对分歧发表倾向性意见。陪审员发表意见之后,法官才能进行表态并阐述理由。

在当前的司法实践中,审判委员会的意见具有效力,合议庭应当按照审判委员会的决议处理。笔者认为,在我国的司法体制下,法官在办案时需要承担一定的行政义务,需要听从审判委员会的意见。但对于陪审员来说,审判委员会的决议不应当对其具有强制力。在七人合议庭审理的案件中,审判委员会讨论对陪审员应当仅具有参考价值。讨论后,全体合议庭成员应当进入评议室评议,进而就事实问题表决,产生最终的裁决结果。如果审判委员会已对法律问题作出决议,法官应当按照审判委员会的意见作出裁判。

后 记
玉鉴琼田三万顷 着我扁舟一叶

本书是在我博士论文的基础上删减修订而成。前阵子在公众号推送中看到周雪光教授提出:"只有认真写作、锤炼的文字,才值得认真阅读。"读罢汗颜。2020年4月,当我在键盘上敲完最后一个字,提交审核系统后,看着完稿的论文,满心戚惶却又无可奈何。老实说,这篇论文与我往日读过的诸多学者的博士论文比起来,可谓是相去甚远,远未达到我心目中"优秀"的水平。这一沓看似厚重却相当粗疏的文稿有太多不尽如人意之处,然而却预料之外地收获了答辩委员和评审专家的肯认。

之所以选择以人民陪审员制度作为研究对象,不仅是因为2018年《人民陪审员法》颁行后,这个主题短暂地成为学术热点,还因为我多年来对英美法系陪审团制度的发展抱有浓厚的兴趣。不过,陪审制度只是我研究的更为宏大问题中的一个阶段性命题,可以说是在为下一阶段研究做铺垫。希望如今积累的文字可以在未来成为下一个研究成果的一块拼图。

谈及我国人民陪审制度的沉疴宿疾,稍有了解之人都会脱口而出:"陪而不审""审而不议"。在得知我博士论文选题意向后,身边也有人善意地提醒道:这个制度在中国没有前途,这个主题的研究也无可持续性,改革热度一过就无人问津了。然而,我注意到,一方面,就是这个饱受诟病且"没有前途"

后 记

的制度，却一次次被中央文件提及，全国人大常委会甚至于2018年颁布了专门法律予以全面改造；另一方面，一轮轮陪审实质化的改革要求和具体措施均没有撼动实践中陪审虚化的格局，没有触及固有的利益链条。正如黄宗智教授指出的，这种"悖论现象"在学者眼中恰恰是要研究的问题和发现新概念的契机。在我看来，越是"奇怪"的制度越能激发学者的研究兴趣。我的硕士论文选择了欧洲司法史上看似极为荒谬的"巫术诉讼"为题，初衷就是要探究正式的国家刑事司法机器为何集体失灵，制造出如此多"无中生有"的冤案。令人敬仰的学者可以从常人熟视无睹的现象中独具慧眼地觉察出新的问题，但对于我们青年学子来说，多一点猎奇心态未尝不是一件好事。

2017年，我从华东政法大学法律史专业"跨专业"考入中国政法大学，跟随杨宇冠教授研习刑事诉讼法学。从当初坐在"冷板凳"上钻研史料文献，到如今投入了中国司法制度改革的最前沿。我有幸在杨老师的指导下，迅速完成了角色的转变，摸索清了诉讼法学科的研究模式。不过，自己时常怀念当年每个泡在书堆史料里的日夜，怀念那种安宁惬意的心境。而今想潜心治学却不免感受到诸多压力。当今高校的科研评价体系被讽为"青年学者还没把冷板凳坐热，板凳就被人抽走了"。希望自己今后可以少一些功利和浮躁，也但愿自己能拥有沉下心钻研学术的底气和本事。

先前看了不少前辈的博士论文后记，多数人都提到了撰写博士论文"艰难困苦"的心路历程。但在我看来，撰写博士论文是一个"孤独而又不孤独"的过程。学术研究就是用个人有限的认知在无垠且永恒的知识时空中求索探寻，犹如"玉鉴琼田三万顷，着我扁舟一叶"，时常让人感到茫然和无助。然而，个人的学识虽是有限的，但求知的心是无限的。正所谓"心外无物，心外无理"。跳动的内心尽管在客观的物理维度上是那样渺小，在另一意象空间中却和知识一样可延展至无限大。它与无尽的学问本体一样纯粹，最终达至"表里俱澄澈"的境界。只要怀揣着对知识的赤子之心，坚守着"独立之精神、自由之思想"，微小的人类个体在"三万顷"无涯学海中即便如蜉蝣之于天地，也能"稳泛沧溟空阔"，实现学术抱负。在写作过程中，每每想出一个观点，完成一部分创作，就像是推开了一层屏障，由此触摸到研究对象新的脉搏，仿佛与其共享着至纯的呼吸与心跳。此时，扁舟向着光与真理无风自动。这样的心路历程，又怎能称得上孤独呢？

最后是一些感谢的话。首先要感谢我的导师杨宇冠教授，当年承蒙杨老师不弃，将我召入门中，三年来悉心指导，言传身教。杨老师潜心学术，几乎整日在科研楼办公室钻研写作，我也因此有幸得以随时向老师请教。2018年，为了完成中国法学会关于监察法与刑事诉讼法衔接的课题，杨老师与我在办公室夜以继日，"并肩奋战"，一个多月的时间几乎每日从上午写作至深夜。在这个过程中，杨老师相当于"手把手"教导我如何查阅资料、拟定大纲、撰写文章、修改校对，我之后能够取得诸多成果也得益于这段毕生难忘的经历。上述事例只是导师对我关怀和教导的一个缩影，事实上导师对我的影响是深远持久的。他治学严谨，严于律己，值得我终身学习！师母李立教授不仅是我英语专业课授业恩师，平日里对我也关怀备至，在此特别感谢！

中国政法大学诉讼法学学科的陈光中先生、卞建林教授、顾永忠教授、汪海燕教授、李本森教授、刘玫教授、卫跃宁教

后 记

授、郭志媛教授等诸位恩师通过授课、论文指导等多种方式给予我帮助和教诲，在此一并表示感谢！

感谢学位论文答辩委员会成员卞建林教授、谢鹏程所长、高景峰主任、汪海燕教授、卫跃宁教授通过我的论文答辩并一致推荐为优秀学位论文。各位委员在答辩过程中给予我指点和启发，令我倍感珍惜。正所谓"文章千古事，得失寸心知"。自己深知博士论文还有许多不足之处，感谢各位委员包容。

自我入职以来，我的博士后合作导师中国人民大学法学院陈卫东教授在学术上时常提点我，敦促我精进学业；诉讼法教研室的刘计划教授、李奋飞教授、魏晓娜教授、程雷教授、杜磊副教授对我这个新人关怀备至，让我在相对陌生的环境中感受到了温暖，在此向各位老师致谢！

硕士阶段法律史学科严苛的学术训练令我至今受益匪浅。读者不难发现，本书也带着法律史等交叉学科的浓厚印记。借此机会也向我的硕士生导师华东政法大学何勤华教授，以及华东政法大学的李秀清教授、苏彦新教授、冷霞教授、于明教授，还有现任教于同济大学的陈颐教授表示感谢。

感谢我的家人在我求学之路上给予我毫无犹疑的支持，让我得以心无旁骛地做自己喜欢的事情，希望此生可以不辜负他们的寄望。由于新冠肺炎疫情的缘故，我博士生涯的最后半年无法返校，也正因如此我可以有相当长的时间在家与他们相伴。希望这种陪伴在今后不至成为一种奢侈。

在写作过程中，我也有过许多焦虑和迷惘。感谢在此期间一直陪伴和鼓励我的女友世佳，没有她的付出本书的写作定然不会如此顺利。平日里我基本上忙于学术，大部分时间都待在书桌前与电脑屏幕相对。但愿往后的生活可以时常"赌书消得泼茶香",平淡而充满乐趣。

今年,我的博士论文有幸被评为中国政法大学优秀博士学位论文,由研究生院遴选和资助,在中国政法大学出版社出版。在此期间,出版社的丁春晖编辑对文稿进行了专业和细致的编校,对于我提出的各种繁琐的修订要求,他都给予了极大的耐心和宽容。在此特别向他表示感谢!

高童非
2021 年 3 月 2 日